Peter R. Gerke

Rechnergesteuerte Vermittlungssysteme

Springer-Verlag
Berlin · Heidelberg · New York 1972

Dipl.-Ing. Peter R. Gerke
Siemens Aktiengesellschaft,
Zentrallaboratoriumfür Nachrichtentechnik,
München

Mit 162 Bildern

ISBN-13:978-3-642-65356-8   e-ISBN-13:978-3-642-65355-1
DOI: 10.1007/978-3-642-65355-1

Library of Congress Catalog Card Number 72-80289

Vorwort

Bereits seit 80 Jahren gibt es die Technik der automatischen Vermittlung von Nachrichten. Ein Beispiel für den erreichten hohen Leistungsstand bietet die Bundesrepublik Deutschland: Der Selbstwählverkehr ist im inländischen Fernsprechnetz vollständig verwirklicht, und 95% aller Auslands-Fernsprechverbindungen werden von den Teilnehmern selbst gewählt. Dies alles gelang im wesentlichen mit den ,,klassischen" Elementen der Vermittlungstechnik, mit elektromechanischen Wählern und Relais. Seit mehr als zehn Jahren jedoch werden von einigen Fernmeldeverwaltungen und von der Fernmeldeindustrie neue Wege untersucht und verfolgt, auf denen durch Einbeziehen der Methoden elektronischer Datenverarbeitung eine wesentliche Erweiterung vermittlungstechnischer Leistungsmerkmale möglich ist. Nun wird es Zeit, das auf diesem Gebiet bisher Geschaffene zu sichten, zu ordnen und einem breiteren Kreis interessierter Fachleute und Studierender vorzustellen.

Diese Aufgabe setzt sich das vorliegende Buch. Es geht auf allgemeine, vermittlungstechnische Gesichtspunkte nur soweit ein, als sie im Zusammenhang mit rechnergesteuerten Vermittlungssystemen stehen, setzt jedoch keine vermittlungstechnischen Grundkenntnisse voraus. Es soll dem Berufsanfänger die Einarbeitungszeit erleichtern, dem Praktiker ein Hilfsmittel sein, sich in die neue Vermittlungstechnik einzuarbeiten, aber auch den Studenten möge es anregen, sich mit dieser interessanten Technik zu beschäftigen.

Vielen Kolleginnen und Kollegen aus dem Hause Siemens danke ich, daß sie mit freundlicher und hilfsreicher Kritik zu dem Werden des Buches beigetragen haben!

Gräfelfing, im Frühjahr 1972

Peter Gerke

Inhalt

I. Einleitung und Überblick

1. Bedeutung und Kennzeichen neuer Nachrichtensysteme

1.1 Kommunikationsformen

Kommunikation ist der Nachrichtenaustausch zwischen Partnern! In dieser lapidaren Kürze bleibt die Aussage unscharf, wir müssen nach Einzelheiten fragen, wenn wir Nachrichtensysteme klassifizieren wollen. Partner können Menschen oder Tiere sein, aber auch Maschinen im weitesten Sinne des Wortes treten in Kommunikation. Der elektrisch geladene Weidezaun teilt sich dem Vieh auf unliebsame Weise mit, der Rauchmelder signalisiert den Ausbruch des Feuers zur Meldezentrale. Nicht vergessen sei der Dialog von Mensch zu Mensch, eine Kommunikationsform, die einen Bereich vom Transzendenten bis zum Trivialen umspannt und die sicher wesentlich zur Evolution des Menschengeschlechts beigetragen hat.

Um etwas Systematik in die Vielfalt der Kommunikationsformen zu bringen, soll eine Katalogisierung versucht werden. Es lassen sich etwa folgende Klassen bilden:

a) *Der Dialog.* Kennzeichen ist die Beteiligung von zwei an sich gleichberechtigten Partnern (Bild 1.1). Jeder der Partner kann Informationsquelle oder Informationssenke sein.

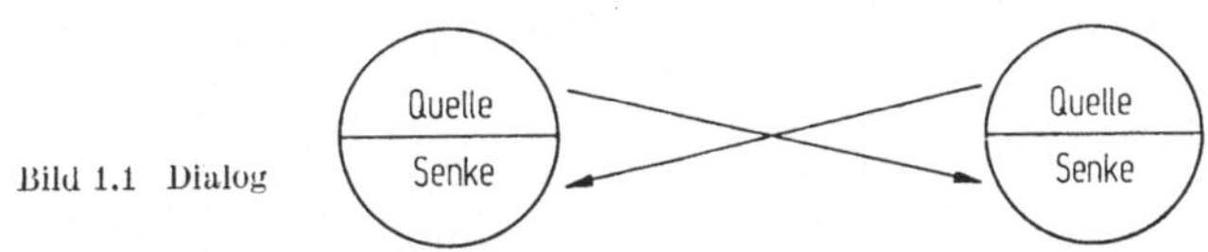

Bild 1.1 Dialog

Es gibt Sonderformen und Abarten des Dialogs wie etwa den Monolog, unter dem hier die Dominanz eines Partners verstanden sein soll. Beispiel: Automatischer Weckdienst im Fernsprechnetz. Einer der Partner gibt Informationen ab, der andere nimmt sie auf, der Dialog ist verkümmert. Eine Ausdehnung des Dialogs auf mehrere Partner führt zur Konferenz.

1   Gerke, Vermittlungssysteme

b) *Die Informationsverteilung.* Eine Informationsquelle gibt gleichartige Informationen an verschiedene Informationssenken ab. Die Identität der Informationssenke ist für die Quelle ohne Belang (Bild 1.2). Die Verteilung erfolgt für alle Senken gleichzeitig oder nacheinander. Beispiele: Fernsehprogramm, Rundschreiben.

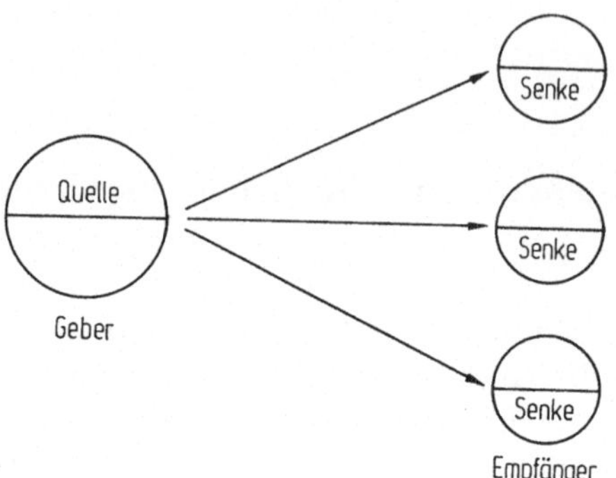

Bild 1.2 Informationsverteilung

c) *Die Informationssammlung.* Eine Informationssenke fragt Informationsquellen nacheinander ab, die Identität der Informationsquelle ist wesentlicher Bestandteil der Information (Bild 1.3). Beispiel: Zählerablesung.

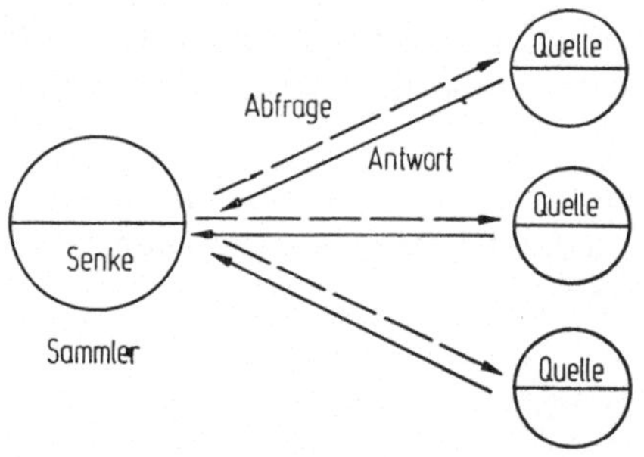

Bild 1.3 Informationssammlung

1.2 Struktur von Nachrichtensystemen

Die Kommunikation an sich ist noch kein hinreichendes Merkmal für ein Nachrichtensystem. Hinzu kommt
— die Möglichkeit des Informationsaustausches auch über weite und weiteste Entfernungen;
— die Möglichkeit, wahlweise mit einem von vielen vorhandenen Partnern in Verbindung treten zu können. So wenigstens soll im folgenden ein Nachrichtensystem verstanden sein.

Damit ergibt sich die in Bild 1.4 angedeutete Struktur eines Nachrichtensystems.

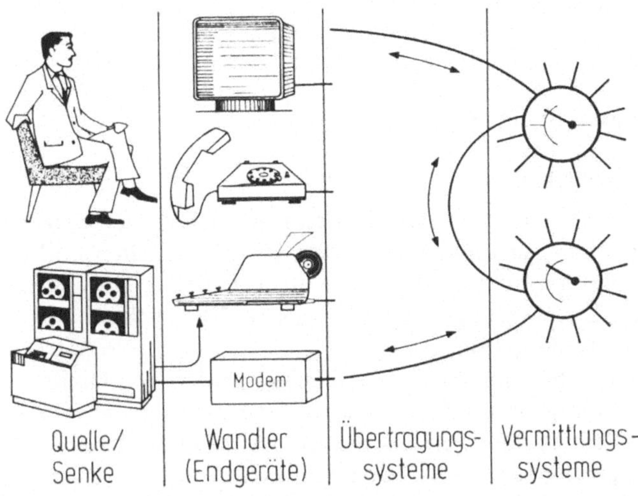

Bild 1.4 System der Fernkommunikation

a) Teilnehmer am Nachrichtennetz sind Menschen oder nachrichtenverarbeitende Maschinen. Demzufolge ergeben sich die Kommunikationsmöglichkeiten von Mensch zu Mensch, von Maschine zu Maschine oder von Mensch zu Maschine.
b) Träger für die Fernübermittlung von Nachrichten ist die elektromagnetische Welle. Die Übertragung erfolgt drahtgebunden oder drahtlos. Die verschiedenen Übertragungssysteme sind zum Teil mehreren Nachrichtensystemen gemeinsam.
c) Wandler oder Endgeräte sind notwendig, um die dem Teilnehmer eigene Informationsdarstellung an das Übertragungsmedium anzupassen. Demzufolge gibt es elektroakustische, elektrooptische oder elektromechanische Wandler. Im Verkehr zwischen Maschinen ist im allgemeinen nur eine Umwandlung in verschiedene elektrische Darstellungsweisen notwendig, um Datenfluß, Codierung und Redundanz für den jeweiligen Teil des Nachrichtensystems zu optimieren.
d) Vermittlungssysteme haben zwei wesentliche Funktionen innerhalb eines Nachrichtensystems. Erstens erlauben sie die Auswahl eines Partners aus im Prinzip beliebig vielen an das Netz angeschlossenen Teilnehmern. Zweitens geben sie die Mittel an die Hand, die Zahl der in einem Nachrichtensystem benötigten Nachrichtenkanäle zu reduzieren. Anstelle der potentiell für die Verbindung von n Teilnehmern benötigten $n(n-1)/2$ Nachrichtenkanäle konzentrieren sie den Verkehr ent-

1*

sprechend der Tatsache, daß nur ein bestimmter Anteil aller Teilnehmer gleichzeitig miteinander kommuniziert.

Den Vermittlungssystemen als Teil von Nachrichtensystemen sind die nachfolgenden Ausführungen gewidmet.

1.3 Probleme neuer Nachrichtensysteme

1.3.1 Kennzeichen vorhandener Netze

Es wäre sicher verkehrt, die Leistungsfähigkeit der heutigen Nachrichtensysteme und ihren Beitrag zur wirtschaftlichen und kulturellen Entwicklung gering zu achten. Ein fast anderthalb Jahrhunderte währender Entwicklungsgang hat unsere Nachrichtennetze zu hoher technischer Reife geführt.

Man kann das Jahr 1833 mit dem Telegrafen von Gauß und Weber [1.1] als Anfangspunkt für das erste Nachrichtennetz setzen. Bereits im Jahr 1875 wurden in Deutschland etwa 14 Millionen Telegramme über ein Leitungsnetz von 170000 km befördert. Die Telefonie begann mit dem Versuch von Philipp Reis (1861) und dem ersten technisch brauchbaren Telefon von Gray und Bell (1876) später, hatte jedoch den unschätzbaren Vorteil, die Kommunikation von „privat" zu „privat" zu ermöglichen, während das Telegrafennetz bis in seine Endstellen (Telegrammannahme, Telegrammablieferung) „amtlich" blieb. So überflügelte die Telefonie sehr rasch die Telegrafie, führte bereits 1892 mit Almon B. Strowger [1.2] die automatische Vermittlung ein und zählte im Jahr 1913 in Deutschland schon 2,5 Milliarden Telefongespräche gegenüber 64 Millionen Telegrammen [1.3].

Wesentlich für die Telegrafie mußte also die Erschließung eines privaten oder kommerziellen Teilnehmerkreises zur unmittelbaren Kommunikation werden. Das erste öffentliche Fernschreibnetz wurde in Deutschland — auf diesem Gebiet führend — vergleichsweise spät im Jahr 1933 in Betrieb genommen, es hat sich bis zum Ende der 60er Jahre einen Kreis von über 70000 Teilnehmern erschlossen.

In der Bundesrepublik Deutschland stehen heute folgende allgemein zugängliche, öffentliche Nachrichtennetze zur Verfügung:

a) *Das Fernsprechnetz*. Es ist das weitest verästelte Netz, das nach dem Stand vom 1. 1. 1970 255 Millionen Haupt- und Nebenstellen in aller Welt erreichen kann [1.4]. Die Zahl der Sprechstellen in der BRD selbst betrug zum gleichen Zeitpunkt 12,46 Millionen, davon 7,5 Millionen Hauptstellen. Die Zahl der Inland- und abgehenden Auslandgespräche überschritt 8 Milliarden. Fernsprechkanäle weisen mit 4 kHz eine mittlere Bandbreite auf.

b) *Das Telex-Netz.* Es erreicht etwa 350 000 Anschlüsse in aller Welt und ist damit dem Fernsprechnetz in der Ausbreitung um fast 3 Zehner- potenzen unterlegen [1.5]. Es ist speziell für die Übertragung digitaler Nachrichten eingerichtet und erlaubt Telegrafiergeschwindigkeiten von 50 Baud. 24 Telegrafiekanäle lassen sich in einem Fernsprech- kanal unterbringen.

c) *Das Datex-Netz.* 1967 begann die Bundespost mit der Einrichtung eines Netzes für höhere Telegrafiergeschwindigkeiten von zunächst 200 Baud, das sich in rapidem Wachstum befindet. Ein Fernsprech- kanal umfaßt 6 Datex-Kanäle. Es ist geplant, die Telegrafiergeschwin- digkeit noch wesentlich zu erhöhen [1.6, 1.7].

Neben diesem Beispiel aus Deutschland sei noch das Breitband- Datennetz der Western Union Telegraph Company (USA) erwähnt, das sich im Aufbau befindet [1.8]. Es stellt mit speziellen Übertragungs- und Vermittlungssystemen Bandbreiten bis 48 kHz pro Kanal zur Verfü- gung.

Für den Aufbau der Nachrichtennetze gilt, daß sie sich im allgemei- nen in das universell verwendbare, drahtgebundene und drahtlose öffentliche Übertragungsnetz eingliedern und sich mit eigenen End- geräten, eigenen Vermittlungen und ggf. auch eigenen Multiplexeinrich- tungen an ihre spezifischen Bedingungen anpassen.

1.3.2 Verbesserung und Erweiterung der Kommunikationsmethoden

Es ist zu fragen, ob die Nachrichtennetze der Gegenwart auch in Zu- kunft ausreichen werden. Hierzu müssen die Anforderungen der Zu- kunft näher präzisiert werden. Für die einzelnen Kommunikations- formen gelten verschiedene Gesichtspunkte.

a) *Der Dialog*

α) Kommunikation von Mensch zu Mensch. Als wesentlicher Zukunfts- faktor ist das „Bildfernsprechen" zu betrachten, bei dem sich die Gesprächspartner zusätzlich gegenseitig sehen. Dabei mag darin noch gar nicht einmal der wesentliche Effekt des Bildfernsprechens liegen, sondern vielmehr in der Übertragbarkeit von Zeichnungen oder Texten und vielleicht in der besseren Durchführbarkeit von Fernkonferenzen.

Die Problematik des Bildfernsprechens ist der Bandbreitenbedarf, der für analoge Übertragung bei 1 MHz liegt. Das ist in dem allgemein noch nicht breitbandfähigen Übertragungsnetz in der Ortsebene, an das die Teilnehmer angeschlossen sind, besonders schmerzlich, denn dieses Netz trägt mit über 30% bereits jetzt den relativ größten Teil der Investitionen für einen Fernsprechanschluß. Dieses Netz *vollstän- dig* für große Bandbreiten auszulegen erfordert den Einsatz sehr hoher Mittel [1.9]. Außer den für die Übertragungssysteme notwendigen

Aufwendungen müssen auch die Vermittlungssysteme für die Breitbanddurchschaltung eingerichtet werden. Daß geeignete Endgeräte notwendig sind, ist selbstverständlich. Die notwendigen hohen Investitionen führen zu einer gewissen Unsicherheit in der Vorhersage des Zeitpunktes der allgemeinen Einführung [1.10]. Immerhin wurde in den USA im Juli 1970 mit dem „Picturephone"-Dienst offiziell zunächst in Pittsburgh begonnen [1.11]. Die dortige Fernsprechgesellschaft schätzt, daß der Dienst in den 80er Jahren zur Standardeinrichtung der Haushaltungen gehören wird.

β) Kommunikation von Mensch zu Maschine. Die Bedeutung dieser Kommunikationsform bedarf keiner weiteren Erläuterung. Auch hier beginnt die Fernkommunikation eine immer größere Rolle zu spielen. Das Fernsprechnetz als das weitest verzweigte Nachrichtensystem bietet sich hierfür in erster Linie an. Anwendungsfälle sind zum Beispiel:

— Bestellungen bei Warenhäusern;
— Managementinformationen über Lagerbestände, Tagesumsätze usw.;
— Fernunterricht, programmiertes Lernen [1.6].

Das Fernsprechnetz stellt die notwendige Übertragungskapazität an sich schon zur Verfügung. Allerdings müssen zweckmäßige Endgeräte noch allgemein eingeführt werden. Zur Dateneingabe ist anstelle einer Fernsprechstation mit Wählscheibe eine solche mit Wähltastatur vorzuziehen. Die Daten können z. B. akustisch durch Vocoder oder optisch auf Datensichtgerät ausgegeben werden.

Hier sind aber die Auswirkungen auf die Vermittlungstechnik besonders interessant. Folgende neue Anforderungen müssen die Fernsprechvermittlungen erfüllen [1.12]:

— Aufnahme von Wählinformationen, die mittels Tastatur eingegeben werden. Das ist sinnvoll, wenn auch — wie oben erwähnt — die Daten mit Tasten eingegeben werden.

— Prüfen der Berechtigung des Zugangs zu Datenverarbeitungsanlagen Selbstverständlich dürfen z. B. Managementdaten nur von Befugten abgerufen werden.

— Gegebenenfalls Pufferung von langsam eingegebenen Daten, um diese in einem Block schnell zur Datenverarbeitungsanlage übertragen zu können.

— Durchlässigkeit für Daten, auch wenn deren Übertragungsband außerhalb des Fernsprechbandes von 300 bis 3 400 Hz liegt.

Neben dieser Kommunikation im Fernsprechnetz unter teilweiser Mitbenutzung der normalen Endgeräte dieses Netzes gibt es einen mehr „professionellen" Datenverkehr z. B. in Reservierungssystemen oder im Buchungsverkehr, der sich etwa zwischen Schalterbeamten und zentralen Datenverarbeitungsanlagen über spezielle Endgeräte abwickelt. Die Anforderungen an viele Komponenten des Nachrichtennetzes sind hier wesentlich höher. Raten wie etwa 4800 bit/s sind durchaus zweckmäßig, die Aufbauzeit für die Verbindung sollte weniger als 1 s betragen, vor allem aber sind Wahrscheinlichkeiten für unerkannte Fehler zwischen 10^{-7} bis 10^{-9} zu fordern [1.6].

γ) Kommunikation von Maschine zu Maschine. Mit dem oben erwähnten Datenverkehr kommt man schon in den Bereich der Anforderungen, die für den Informationsaustausch zwischen Maschinen gelten. Im Verkehr zwischen Datenverarbeitungsanlagen wird eine sehr weitreichende Skala von Übertragungsgeschwindigkeiten überstrichen, in der 2400 bit/s auch noch ihren Platz finden. Zwei wissenschaftliche Anlagen in Karlsruhe und München sind z. B. über eine 48-kHz-TF-Primärgruppe mit einer Übertragungsgeschwindigkeit von 40800 bit/s verbunden [1.13], es laufen jedoch bereits Versuche mit Raten von Mbit/s [1.14]. Wieweit solche Übertragungsgeschwindigkeiten in das öffentliche Nachrichtennetz eindringen werden, ist noch ungewiß.

b) *Die Informationsverteilung*

Informationsverteilung ist heute schon in Form von Ansagen, Programmen und Rundschreiben üblich. Für die Zukunft erwartet man die Fernübertragung von Zeitungen, womöglich sogar Briefen. Das sctzt die entsprechende Verbreitung geeigneter Endgeräte voraus, bietet aber z. B. mit der Wahrung des Briefgeheimnisses nicht allein technische Probleme. (Streng genommen gehört die Verteilung von Briefen in die Kommunikationsform „Monolog".)

c) *Die Informationssammlung*

Die Sammlung von Unterlagen über Kasseneinnahmen und die verkauften Artikel von Filialbetrieben für die Verarbeitung in einer zentralen Datenverarbeitungsanlage ist ein Beispiel, das ein leistungsfähiges und zuverlässiges Datennetz erfordert. Für die Sammlung von Zählerständen von Gas-, Elektrizitäts- und Wasserzählern in privaten Haushaltungen ist dagegen das weiter verzweigte Fernsprechnetz geeignet [1.15]. Derartige Datensammelsysteme passen sich mit ihren Prozeduren und Endgeräten an die öffentlichen Nachrichtennetze an, wenn sie sie benutzen.

d) *Wählverfahren und Wählhilfen*

Spezieller Auftrag an die Vermittlungstechnik ist die Verbesserung und Erweiterung der Selbstwähltechnik, d. h. des Verbindungsaufbaus ohne

Mithilfe von Personal. Ungeachtet des bereits erreichten hohen technischen Standes gehören dazu Aufgaben wie:

— Einrichtung des weltweiten Selbstwählfernverkehrs. Das ist großenteils ein Problem der Zeichengabe zwischen den Vermittlungsstellen. Es muß dafür gesorgt werden, daß sich die Vermittlungssysteme der verschiedensten Länder gegenseitig verstehen.

— Einführung der Tastenwahl, die einerseits bequemer, andererseits Voraussetzung für die Wirksamkeit von neuen Datendiensten ist.

— Kurzwahl. Die Teilnehmer am Nachrichtensystem kennzeichnen häufig gewählte Rufnummern mit einem zwei- oder dreistelligen Zifferncode, die Vermittlungsstelle nimmt dem Teilnehmer die Arbeit des Wählens ab.

— Anrufumleitung. Der Teilnehmer veranlaßt die Vermittlung, Anrufe zu einer frei wählbaren Rufnummer oder zum Fernsprechauftragsdienst umzuleiten.

— Telefonpause. Der Teilnehmer läßt Anrufenden durch die Vermittlung mitteilen, daß er nicht gestört zu werden wünscht.

Dies sind nur einige Beispiele aus einer Fülle von neuen Betriebsmöglichkeiten [1.16, 1.17, 1.18].

1.3.3 Wachstum der Nachrichtennetze

Es gibt mehrere Theorien, mit denen sich das vermutete Wachstum von Nachrichtensystemen beschreiben läßt. Sie gehen im allgemeinen davon aus, daß der Anstieg der Teilnehmerdichte abhängig ist von der schon erreichten Dichte und vom Abstand zu einem Sättigungswert. Dabei wird berücksichtigt, daß der Wunsch nach Teilnahme am Nachrichtennetz mit der Anzahl der schon erreichbaren Teilnehmer steigt, weil damit der Nutzen für den Einzelnen größer wird. Die Bestimmung des Sättigungswertes ist einigermaßen schwierig, er ist abhängig vom Bevölkerungszuwachs, dem Kommunikationsbedürfnis, dem Stand und Entwicklungstrend der Technik u. a. [1.5].

In einer Studie [1.10] wird bis zum Jahr 1985 mit einer Zunahme der Fernsprech-Hauptanschlüsse im EWG-Raum um etwa 200% gerechnet. Während es in der Bundesrepublik Deutschland im Jahr 1969 7,3 Millionen Hauptanschlüsse gab, schätzt man hierfür im Jahr 1985 die Zahl 21 Millionen. In Frankreich zum Beispiel liegen die Vergleichszahlen bei 3,68 Millionen für 1969 und 15,5 Millionen für 1985. Die Fernsprechdichten werden bis 1985 von etwa 10% auf 30% steigen. Man erwartet jedoch für hochindustrialisierte europäische Staaten eine Sättigungsdichte von 60% [1.5].

Stärker auseinander gehen die Schätzungen über den künftigen Umfang des Datenverkehrs. Immerhin gibt es Voraussagen, daß bis zum Jahr 1975 50% oder mehr aller Datenverarbeitungssysteme zu Fernverarbeitungssystemen erweitert werden [1.13]. In anderen Prognosen erwartet man allerdings nicht, daß der Umfang des Datenverkehrs mehr als 10% des Fernsprechverkehrs einnehmen wird [1.10].

Worin liegt nun die Problematik des Wachstums? Natürlich müssen die nötigen Investitionsmittel beschafft werden, natürlich müssen die Nachrichtensysteme technisch die erhöhten Kapazitäten bereitstellen. Aber das Hauptproblem liegt woanders. Das wird sofort klar, wenn man den erwähnten Wachstumsraten von 200% die im gleichen Zeitraum erwartete Bevölkerungszunahme um lediglich 10% gegenüberstellt. Das bedeutet praktisch:

— Die Systeme müssen weitgehend automatisiert gefertigt werden. Der Trend geht damit zu noch stärkerem Einsatz der Elektronik.

— Die Systeme müssen mit wenig Personal wartbar und betreibbar sein. Das führt zu einer weitgehenden Automatisierung der Wartung und Verwaltung.

Schließlich sei noch daran erinnert, daß auch *Raum* für die Erweiterung oder Neuinstallierung von Systemen häufig nur in beschränktem Umfang zur Verfügung steht. Es besteht also die Tendenz zur Verkleinerung oder Miniaturisierung der Systemkomponenten, wofür z. B. die neuen Halbleiter-Integrationsmethoden wirksame Wege eröffnen.

1.3.4 Zuverlässigkeit

Künftige Nachrichtensysteme werden sich an der Zuverlässigkeit der bestehenden Netze zu orientieren haben. Die Zuverlässigkeit der „klassischen" Nachrichtensysteme ist ausgezeichnet. Das liegt daran, daß zentrale, für viele oder alle Verbindungen gemeinsam wirksame Komponenten der Steuerung nicht sehr häufig sind, d. h. die Redundanz der Systeme ist durch Dezentralisierung hoch.

Neue Systeme werden größer, werden komplexer und bekommen auf Grund der erweiterten Bedingungen zentrale Steuerungen. Darauf wird noch eingegangen. Durch Verdopplung oder Verdreifachung zentraler Steuerungsteile muß dafür gesorgt werden, daß die Sicherheit dezentral gesteuerter Systeme nahezu erreicht wird. Ganz erreichen läßt sie sich nicht, da redundante zentrale Steuerungen den Ausfall lediglich entsprechend unwahrscheinlich machen, aber nicht ausschließen.

Höhere Sicherheit läßt sich auch durch Verwendung zuverlässigerer Bauteile erreichen. Hier kommt der Trend der modernen Halbleitertechnologie zu immer größeren, integrierten Schaltungskomplexen dem Wunsch nach Erhöhung der Zuverlässigkeit wohl entgegen.

Im ganzen ist das Erreichen der notwendigen Zuverlässigkeit eines der wichtigsten und diffizilsten Probleme der modernen Systemplanung und Systementwicklung.

2. Grundlagen der Vermittlungstechnik

Im Rahmen dieser Abhandlung gilt das ganz besondere Interesse den Vermittlungssystemen innerhalb der zukünftigen Nachrichtensysteme. Einige allgemeine, grundlegende Prinzipien sollen zunächst erläutert werden, soweit sie für die nachfolgenden Betrachtungen eine Rolle spielen.

2.1 Aufteilung der Verkehrsverluste

Eine wesentliche Aufgabe der Vermittlungstechnik ist es, den anfallenden Nachrichtenverkehr in der jeweils gewünschten Zielrichtung auf die zur Verfügung stehenden Kanäle zu verteilen. Aus wirtschaftlichen Gründen ist die Zahl der Kanäle so bemessen, daß in den Zeiten des Spitzenverkehrs, der sogenannten Hauptverkehrsstunde, nicht *alle* Verbindungswünsche berücksichtigt werden können. Es treten Wartezeiten auf, oder es gibt Verluste B, die meisten als Anzahl C_V der verlorenen zur Anzahl C_A der angebotenen Belegungen definiert werden:

$$B = \frac{C_V}{C_A}\,.$$

Wenn man Verluste in den Übertragungssystemen zuläßt, ist es nicht sinnvoll, Vermittlungssysteme völlig verlustfrei auszuführen, zumal dies sehr hohen Aufwand erfordert. Es ist also eine sorgfältige Optimierung des gesamten Nachrichtensystems in Hinblick auf eine wirtschaftliche Aufteilung der Verluste auf die einzelnen Komponenten des Systems notwendig [2.1].

Bild 2.1 zeigt an einem Modell, wo die Verluste auftreten. Ein Teilnehmer A versucht einen Teilnehmer B zu erreichen. Die Verbin-

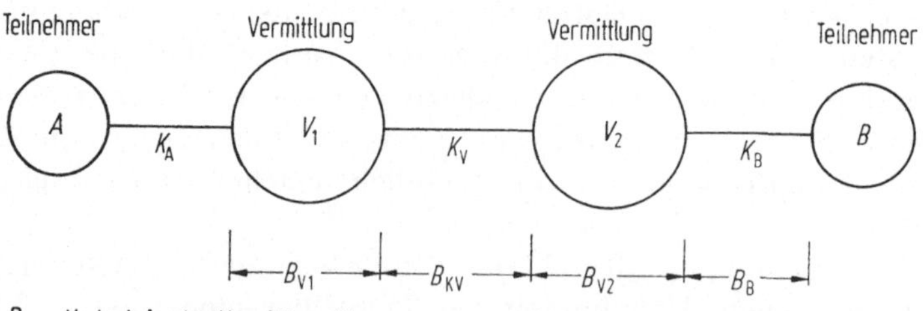

B_{V1} Verlust in der Vermittlung V_1 B_{V2} Verlust in der Vermittlung V_2
B_{KV} Verlust auf dem Bündel zwischen V_1 und V_2 B_B Verlust durch „Teilnehmer besetzt"

Bild 2.1 Aufteilung der Verkehrsverluste

dung verläuft über zwei Vermittlungsstellen V_1 und V_2 sowie einen Verbindungskanal K_V zwischen den Vermittlungsstellen.

Auf dem Kanal K_A zwischen Teilnehmer A und der ersten Vermittlungsstelle V_1 tritt kein Verlust auf, da der Kanal dem Teilnehmer fest zugeordnet ist. Die Vermittlungen V_1 und V_2 sind über ein Bündel von Kanälen K_V miteinander verbunden, von denen einer für Teilnehmer A belegt wird. Die Vermittlung kann also aus einer Vielzahl von weiterführenden Wegemöglichkeiten eine auswählen. Hier läßt sich der durch die Vermittlung verursachte Verlust ohne größeren Aufwand klein halten, z. B. 0,1%. Auf den Kanälen des Bündels K_V wird man verschieden hohe Verluste zulassen. Handelt es sich z. B. um ein Direktbündel zwischen V_1 und V_2, wobei V_2 auch zusätzlich noch über Umwege erreichbar ist, so kann der Verlust mit 5% oder wesentlich mehr geplant werden. Das hat den Vorteil, daß die Kanäle gut ausgelastet werden können. Besteht dagegen über das Bündel K_V die einzige oder letzte Verbindungsmöglichkeit, so sollte der Verlust nicht mehr als 1% sein.

In der Vermittlung V_2 besteht die Aufgabe, zwischen zwei festen Punkten zu vermitteln, nämlich zwischen dem Eingang in die Vermittlung und dem Ausgang, an den der Kanal des Teilnehmers B angeschlossen ist. Der Verlust für eine solche Punkt-zu-Punkt-Verbindung kann höher angesetzt werden, um den Aufwand in der Vermittlung klein zu halten, z. B. also 2%. Das ist auch insofern berechtigt, als auf dem anschließenden Kanal K_B zum Teilnehmer B die Verluste durch individuelle „Teilnehmer-besetzt-Fälle" häufig höher sind und auf 20% und mehr hochlaufen können. Da die Verwaltungen daran interessiert sind, das Netz nicht durch zu häufige Teilnehmer-besetzt-Fälle unnötig zu belasten, werden derartige „Vielsprecher" jedoch veranlaßt, einen weiteren Anschluß zu mieten.

Bei hinreichend kleinen Verlusten ist der Gesamtverlust von A nach B gleich der Summe der Einzelverluste [1.2].

Eine weitere, für Vermittlungen wichtige Kenngröße ist die Erreichbarkeit k der abgehenden Kanäle. Selbstverständlich muß von jedem Eingang aus jeder Ausgang erreichbar sein, sofern an diesen Ausgängen Teilnehmer angeschlossen sind. Handelt es sich dagegen um weiterführende Bündel, so begnügt man sich oft damit, lediglich 10 oder 20 Kanäle dieses Bündels von einem Eingang aus zu erreichen. Das verringert unter Umständen den Aufwand in der Vermittlung, läßt aber den Ausnutzungsgrad der abgehenden Kanäle kleiner werden.

Bild 2.2 gibt ein Beispiel. Dabei ist der Verlust des abgehenden Bündels, das aus 40 Kanälen bestehen möge, z. B. mit $B = 1\%$ vorgegeben. Bei Erreichbarkeit $k = 10$ kann jeder Kanal des Bündels im

Mittel zu 56%, bei $k = 40$ — also bei „vollkommener Erreichbarkeit" —
zu 73% ausgelastet werden.

Den Grad der Ausnützung gibt man in „Erlang", abgekürzt „Erl",
an. Läßt man einen Verlust von z. B. $B = 5\%$ zu, so erhöht sich die
Belastbarkeit der Kanäle auf im Mittel 0,67 Erl bei $k = 10$ und 0,87
Erl bei $k = 40$. Diese Werte gelten unter gewissen Voraussetzungen,
die hier jedoch nicht erläutert werden sollen.

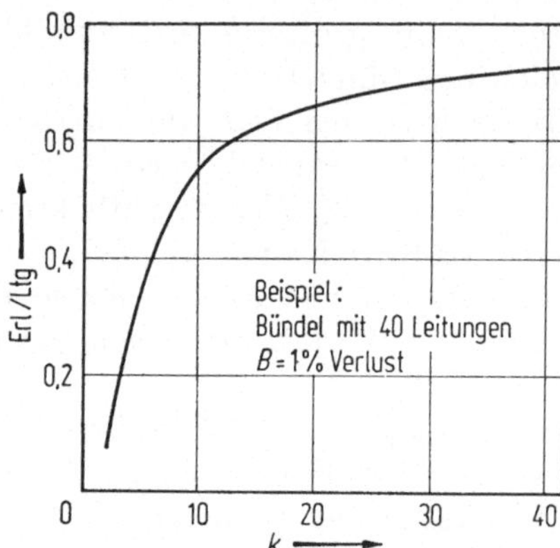

Bild 2.2 Belastbarkeit von Leitungen in Abhängigkeit von der Erreichbarkeit k

Es müssen also im Hinblick auf die Verkehrsdurchlässigkeit folgende Bedingungen an eine Vermittlung gestellt werden:
— ein vorgegebener Verkehrsverlust darf durch die Vermittlung nicht
überschritten werden;
— die Erreichbarkeit der Ausgangsleitungen muß genügend groß sein.

2.2 Informationsträger

Die Funktion der Vermittlung, Nachrichten zu verteilen, wird ganz
wesentlich beeinflußt von der Struktur dieser Nachrichten selbst. Für
die Informationsträger lassen sich folgende prinzipielle Möglichkeiten
unterscheiden:

a) *Analoge Signale.* Das Signal ändert seinen Wert kontinuierlich in
Abhängigkeit von der Zeit. Bild 2.3 gibt Beispiele. Das Signal ändert
seine Amplitude (Bild 2.3a) oder die Pulsdauer (Bild 2.3b) oder die Pulsphase (Bild 2.3c) kontinuierlich.

b) *Digitale oder digitalisierte Signale.* Das Signal ändert seinen Wert
nur in diskreten Stufen in Abhängigkeit von der Zeit. Die Zahl der
Stufen kann groß sein (Bild 2.4a) oder nur die Werte 1 und 0 umfassen
(Bild 2.4b).

Digitale Signale dieser letztgenannten Art haben den Vorteil, sich
an die Funktionsweise der *Steuerung* von Vermittlungssystemen anzu-

passen, die ebenfalls digitale Signale auf binärer Basis verarbeitet. Warum das vorteilhaft sein kann, wird im nächsten Abschnitt unter b) behandelt.

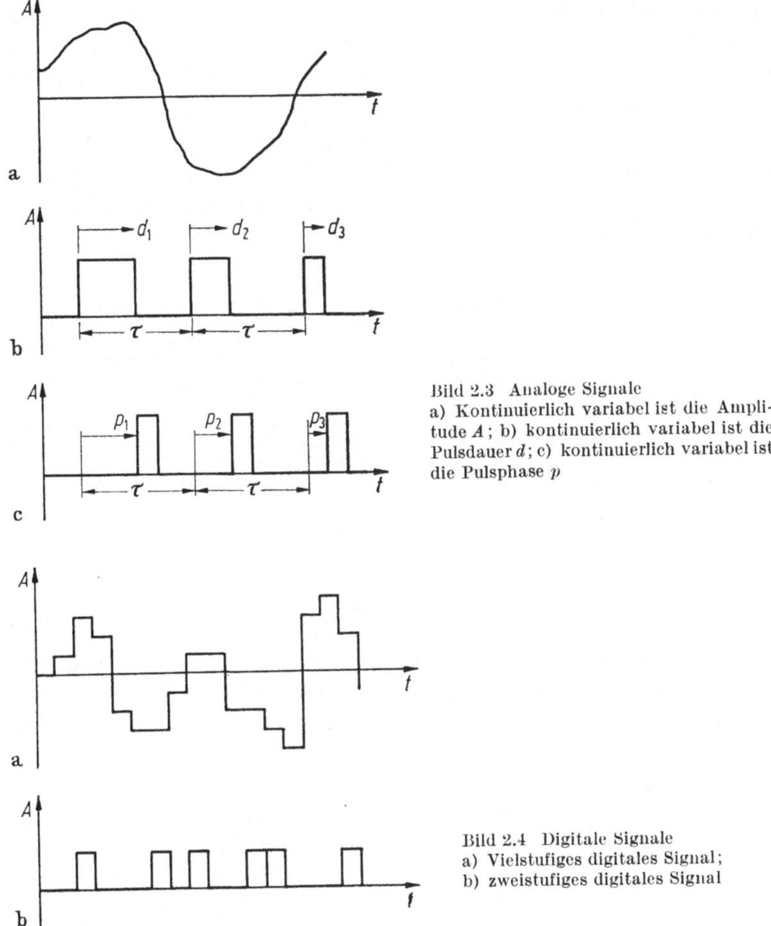

Bild 2.3   Analoge Signale
a) Kontinuierlich variabel ist die Amplitude A; b) kontinuierlich variabel ist die Pulsdauer d; c) kontinuierlich variabel ist die Pulsphase p

Bild 2.4   Digitale Signale
a) Vielstufiges digitales Signal;
b) zweistufiges digitales Signal

2.3 Vermittlungsverfahren

Aus dem Vorhergehenden lassen sich zwei grundsätzlich verschiedene Vermittlungsverfahren ableiten.

a) *Die Durchschaltevermittlung* (Bild 2.5, „circuit switching network"). Kennzeichen ist, daß für die Dauer der Verbindung ein Kanal im Durchschaltenetz („Koppelfeld") der Vermittlung dieser Verbindung fest zugeordnet wird. Die Kanäle münden an der Vermittlung in „Endschaltungen", von denen Signale für die Steuerung abgenommen bzw.

in die Steuerungssignale für die nachfolgenden Verbindungsabschnitte
eingespeist werden. Das Durchschaltenetz muß für einen bestimmten
Verlust dimensioniert werden, wie besprochen.

Die Durchschaltevermittlung ist für alle Nachrichten- und Kommunikationsformen geeignet. Es können also analoge oder digitale
Nachrichten für Dialog, Informationsverteilung und Informationssammlung vermittelt werden. Das Durchschaltenetz ist im Prinzip „transparent", d. h. es werden Nachrichten — weitgehend — unabhängig von
ihrer Bandbreite bzw. Übertragungsgeschwindigkeit und ihrer Codierung durchgeschaltet. Gewisse Einschränkungen, die insbesondere
für die Informationsverteilung bestehen, kommen im nächsten Abschnitt zur Sprache.

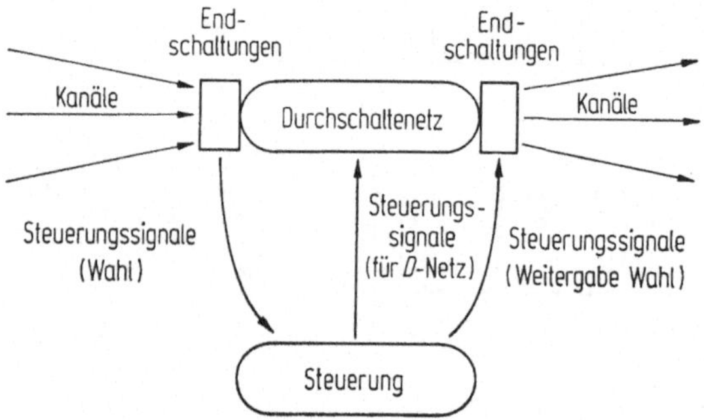

Bild 2.5 Prinzip der Durchschaltevermittlung

b) *Die Speichervermittlung* (Bild 2.6, „message switching network"). In
der Speichervermittlung werden die vollständigen Nachrichten durch
die Steuerung von der ankommenden Leitung abgenommen und wieder
zur abgehenden Leitung verteilt.

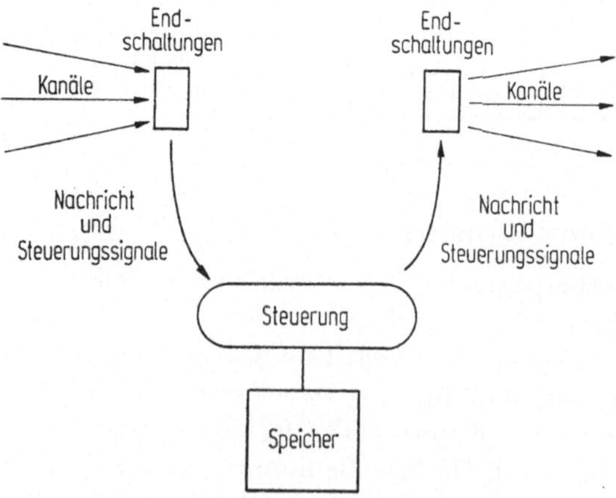

Bild 2.6 Prinzip der Speichervermittlung

Sind alle Kanäle in Zielrichtung belegt, kann die Steuerung die ganze Nachricht z. B. auf Lochstreifen oder Magnetband zwischenspeichern. Die Vermittlung stellt also ein „Wartezeitsystem" dar, die Abgangsleitungen können höher als bei Verlustsystemen belastet werden. Beispielsweise ergibt sich bei einer mittleren Wartezeit, die der mittleren Nachrichtendauer entsp.icht, bei einem Bündel von 10 Kanälen bereits eine mögliche Auslastung von 0,9 Erl pro Kanal [2.2]. In der Praxis müssen Leitungsbelastung, Wartezeiten und dadurch bedingter Speicheraufwand [2.3] sehr sorgfältig gegeneinander abgewogen werden.

Die Speichervermittlung ist — wie bereits erwähnt — wegen der binären Arbeitsweise der Steuerung speziell für binäre Nachrichten, insbesondere also Daten, geeignet. Sie bietet die interessante Möglichkeit einer gewissen Nachrichtenmanipulation. Nachrichten können vervielfacht (Rundschreiben), unter Berücksichtigung von Prioritäten weitergegeben und in ihrer Übertragungsgeschwindigkeit, ihrem Format und Code an die jeweiligen Endgeräte angepaßt werden. Dagegen ist die Speichervermittlung wegen der Wartezeiten nicht für einen unmittelbaren Dialog geeignet. Das ist auch bei Datenverkehren störend, bei denen zur Reduzierung der Übertragungsfehler Blockwiederholungen von den Endgeräten angefordert werden.

2.4 Durchschalteprinzipien

Die für die Dauer einer Verbindung bleibende Zusammenschaltung eines Kanals, die das Kennzeichen der Durchschaltevermittlung ist, kann nach verschiedenen Prinzipien erfolgen. Als Randbedingung muß gegebenenfalls berücksichtigt werden, ob es sich um „zweidrähtige" oder „vierdrähtige" Vermittlungen handelt. Auf Übertragungswegen, die Verstärkung erfordern, benutzt man aus Stabilitätsgründen gern durchgehend getrennte Kanäle für die Hin- und Rückrichtung der Nachrichtenverbindung. Ideal wäre es — insbesondere im Hinblick auf die zukünftige Entwicklung des Nachrichtenverkehrs —, wenn die Vierdrahtverbindung bis zu den Endgeräten der Nachrichtensysteme geführt würde.

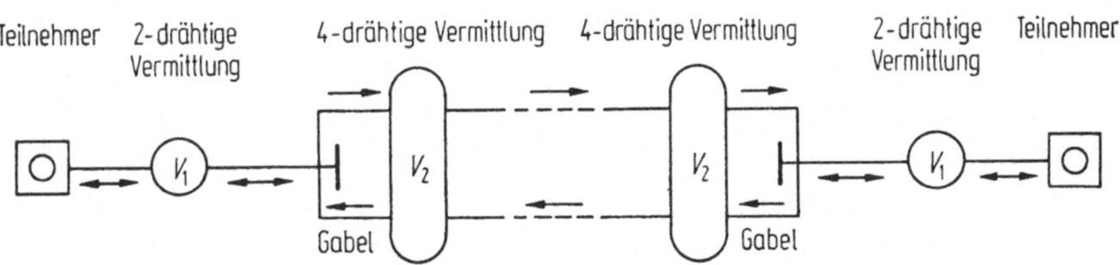

Bild 2.7   Zwei- und vierdrähtige Durchschaltung

Leider aber sprechen auch heute noch Aufwandsgründe im allgemeinen für eine zweidrähtige Ausführung der Netzausläufer. So ergibt sich im Prinzip die Darstellung von Bild 2.7: Die Vermittlungen V_1 im zweidrähtigen Endverteilnetz schalten zweidrähtig durch, erst im hochwertigen Fernnetz werden die Übertragungsstrecken und Vermittlungen (V_2) vierdrähtig. Die sich hieraus ergebenden Probleme der Dämpfungsaufteilung sollen hier nicht besprochen werden [2.4].

2.4.1 Das Raumkoppelfeld (Bild 2.8)

Koppelfelder nach dem „Raumteilungsprinzip" gehen davon aus, jedem Kanal für die Dauer der Verbindung eine über Kontakte („Koppelpunkte") zusammengeschaltete Leitung durch die Vermittlung fest zur Verfügung zu stellen.

Man faßt im allgemeinen eine Anzahl von Koppelpunkten zu einer konstruktiven Einheit, dem Wähler oder Koppler, zusammen. Eine solche Einheit besitzt a Eingänge und b Ausgänge. Ein Koppler nach dem Dreh- oder Hebdrehwähler-Prinzip hat *einen* Eingang und z. B. hundert Ausgänge (Bild 2.8a). Dagegen ist beim Kreuzpunkt-Koppelprinzip a sowie auch b in der Größenordnung von zehn (Bild 2.8b). Während über einen Drehwähler oder Hebdrehwähler entsprechend dem *einen* Eingang auch nur jeweils *eine* Verbindung geführt werden kann, ist die Zahl der gleichzeitig möglichen Verbindungen über einen Kreuzpunktkoppler gleich a (wenn $a < b$) bzw. b (wenn $b < a$). Beide Kopplertypen werden in „Gruppierungen" zu größeren Koppelfeldern zusammengeschaltet, die in ihrer Struktur an die speziellen Eigenschaften des Drehwählers oder Kreuzpunktkopplers angepaßt sind. Hierauf wird später ausführlicher eingegangen.

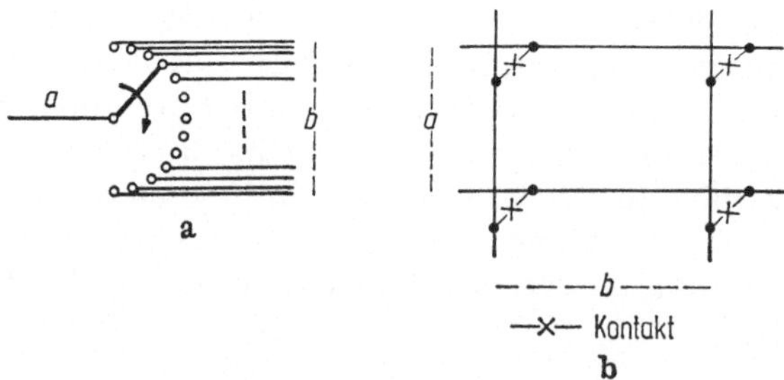

Bild 2.8 Grundbausteine von Raumkoppelfeldern
a) Dreh- und Hebdrehwähler ; b) Kreuzpunkt-Koppler

Der Kontakt selbst hat zahlreiche Wandlungen erfahren. Beginnend mit Messing und Bronze über Silber führt das Kontaktmaterial zu besonders widerstandsfähigen Metallen (z. B. Molybdän) mit Goldauflage. In den äußeren Abmessungen der Kontakte ist der Trend zur Miniaturisierung deutlich. Schließlich läßt der Wunsch nach steigender

Qualität und Zuverlässigkeit abgeschlossen unter Schutzgas arbeitende Kontakte entstehen. Bild 2.9 zeigt eine Auswahl verschiedener Kontaktausführungen.

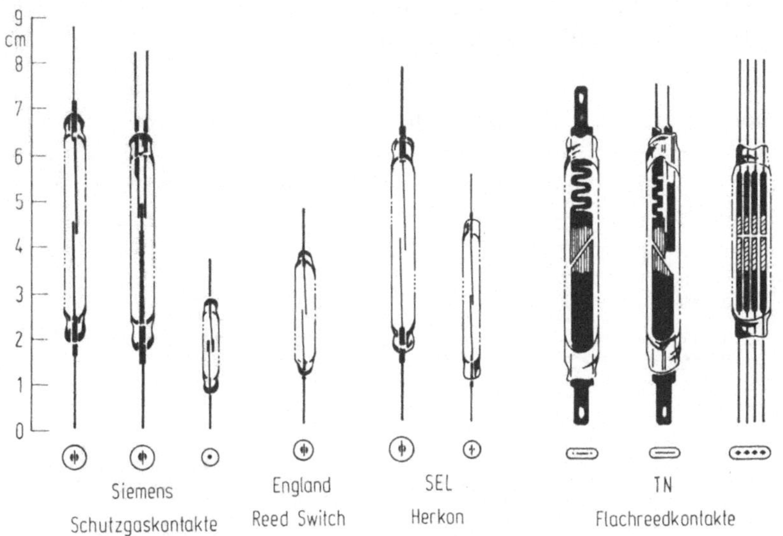

Bild 2.9   Auswahl verschiedener Kontaktausführungen

Natürlich bemächtigt sich auch die Elektronik dieses interessanten Anwendungsfalls, der zu hohen Stückzahlen gleichartiger Elemente führen kann. Es sind bereits eine ganze Anzahl von Prinzipien vorgeschlagen und auch versuchsweise ausgeführt worden, etwa:
— Wählerröhren nach dem Kathodenstrahlprinzip;
— Spulen mit steuerbarer Permeabilität und damit steuerbarem Wechselstromwiderstand;
— Koppelmatrizen nach dem Kryotronprinzip;
— Gasentladungsröhren, angewandt im ersten rechnergesteuerten Vermittlungssystem der Welt, das von den Bell-Laboratorien entwickelt wurde [2.5];
— Halbleiterkoppelpunkte.

Gerade die Halbleitertechnik könnte mit ihren Möglichkeiten der Large-Scale-Integration am ehesten zum Konkurrenten der metallischen Kontakte werden. Sie unterbietet den metallischen Kontakt im Raumbedarf bei weitem. Ein Beispiel für die Ausführung eines elektronischen Koppelstreifens integriert 5 Koppelpunkte auf einem Chip von 2 mm² Fläche. Aber im elektrischen Verhalten (Durchlaßwiderstand, Sperrwiderstand), in den Kosten und in der Robustheit (Überspannungen) ist der metallische Kontakt nicht leicht zu schlagen.

2.4.2 Das Zeitkoppelfeld

Koppelfelder nach dem Zeitteilungsprinzip basieren auf dem Abtast-theorem von Shannon. Danach ist ein Wellenzug genau durch in bestimmten Zeitabständen entnommene Proben zu beschreiben. Die Abtastfrequenz $f_\mathrm{p}^{\,!}$ muß dabei der Beziehung

$$f_\mathrm{p} > 2f_\mathrm{max}$$

gehorchen, mit f_max als der höchsten, noch interessierenden Frequenz des Wellenzuges. Im Fernsprechnetz ist $f_\mathrm{max} = 3{,}4\,\mathrm{kHz}$, als Abtastfrequenz wählt man daher gern 8 kHz oder auch aus technischen Gründen 10 kHz.

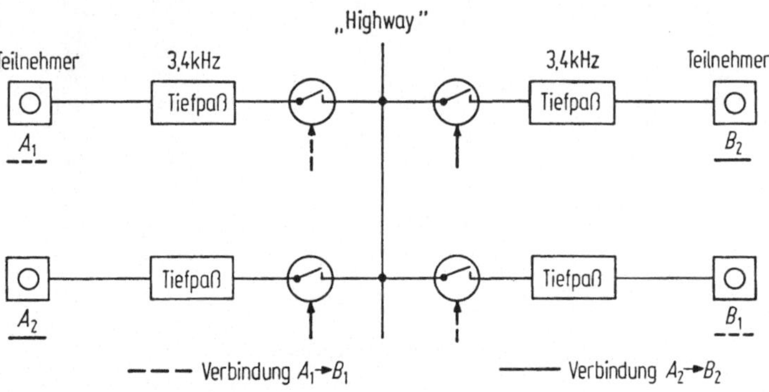

Bild 2.10 Zeitmultiplex-Vermittlungsprinzip

Darauf läßt sich ein Vermittlungsprinzip aufbauen, wie es Bild 2.10 zeigt. Teilnehmer A_1 ist mit Teilnehmer B_1, Teilnehmer A_2 mit Teilnehmer B_2 verbunden. Die Verbindungen verlaufen über einen gemeinsamen „Highway", auf den die zusammengehörigen Teilnehmer geschaltet werden. Jeder Verbindung ist ein eigenes Zeitintervall auf dem Highway zugeteilt.

In Bild 2.11 ist die zeitliche Zuordnung der Schalterbetätigung angedeutet. Innerhalb einer Periode von 125 µs, die der Abtastfrequenz von 8 kHz entspricht, werden die Teilnehmer einmal kurzzeitig miteinander verbunden. Ein Tiefpaß vor dem Teilnehmeranschluß stellt das ursprüngliche Frequenzband wieder her.

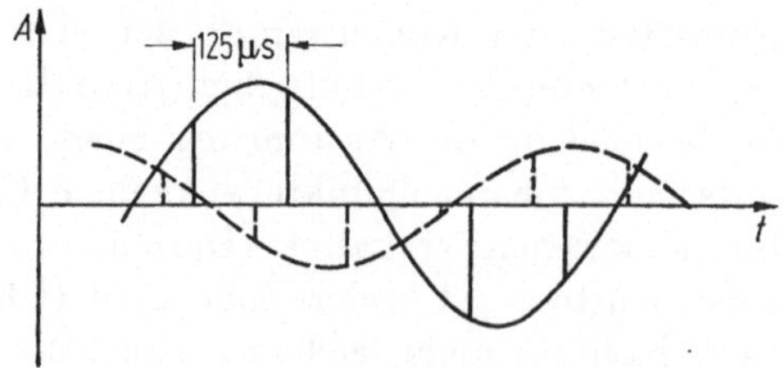

Bild 2.11 Zeitdiagramm der Zeitmultiplex-Vermittlung

In der Praxis läßt sich eine Abtastperiode von 125 µs kaum in mehr als 100 Abschnitte (Zeitintervalle) unterteilen. Das bedeutet, daß man nicht mehr als 100 Verbindungen über einen gemeinsamen Highway führen kann. Der Grund ist darin zu sehen, daß auf dem Highway praktisch keine Ladungsreste von vorhergehenden auf nachfolgende Gesprächsphasen verschleppt werden dürfen, um das Nebensprechen genügend klein zu halten. Weitere Schwierigkeiten bereitet das Energieproblem: Durch die Proben wird nur ein Bruchteil der ursprünglichen Energie des Wellenzuges übertragen. Das erfordert Verstärkung (also „vierdrähtige" Durchschaltung) oder andere Maßnahmen, über die in Kap. 4 noch zu sprechen sein wird.

Das Zeitmultiplexprinzip dürfte im Zusammenhang mit „integrierten Netzen" in Zukunft große Bedeutung erlangen. Wenn man die Amplituden der Abtastproben digitalisiert und codiert, kommt man in der Übertragungstechnik zu sehr interessanten und auch im Nahbereich schon recht wirtschaftlichen Multiplexverfahren wie der Pulscodemodulation (PCM) [2.6]. Wenn es gelingt, beim Durchgang durch Vermittlungsstellen die Demultiplex- und Multiplex-Einrichtungen sowie Decoder und Coder einzusparen, d. h. also Zeitintervalle (Zeitschlitze) zu vermitteln, kann die Wirtschaftlichkeit weiter gesteigert werden.

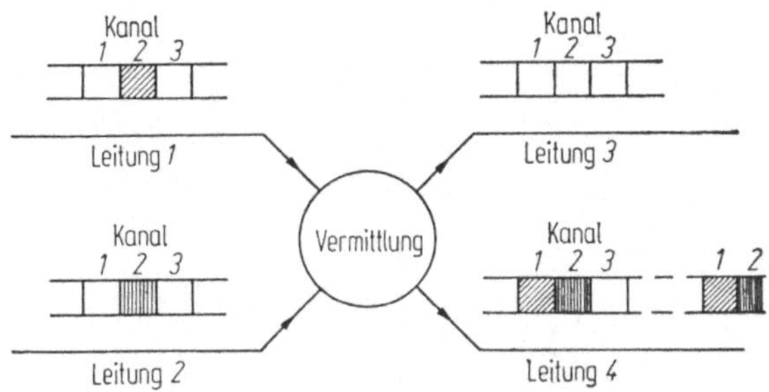

Bild 2.12   Prinzip der PCM-Vermittlung

Bild 2.12 deutet die Arbeitsweise einer solchen Vermittlung an. PCM-Kanäle ankommender Leitungen (links) sollen in verschiedene Richtungen auf abgehende Leitungen verteilt werden (rechts). So ist z. B. Kanal *2* der Leitung *1* in die Richtung zu vermitteln, in die die Leitung *4* führt. Wenn zufällig auf Leitung *4* der Kanal *2* noch frei ist, genügt eine räumliche Durchschaltung für den Kanal *2* der Leitung *1*. Ist der abgehende Kanal *2* aber bereits belegt, so muß der ankommende Kanal in seiner Phase verschoben werden. Die Verschiebung wird durch kurzzeitiges Zwischenspeichern erreicht, ist also auf jeden Fall eine Verzögerung. Im gezeigten Beispiel wird der Kanal *2* auf den Kanal *1* der nachfolgenden Abtastperiode verschoben.

2*

Die Aufgaben der PCM-Vermittlung sind also
— räumliche Durchschaltung und
— zeitliche Verzögerung.
Im einzelnen wird hierauf in Kap. 5 eingegangen.

2.4.3 Das Frequenzkoppelfeld

Das weitest verbreitete Multiplexverfahren der Übertragungstechnik
ist die Trägerfrequenztechnik. Es gibt Vorschläge, diese Multiplex-
technik auch für die Vermittlungstechnik zu nutzen [2.7, 2.8]. Über
einen gemeinsamen Highway entsprechend Bild 2.10 werden Teilnehmer mit gleicher Trägerfrequenz zusammengeschaltet. Oder aber
— entsprechend Bild 2.8a — wird ein Kanal variabler Trägerfrequenz
(a) wahlweise auf die individuellen Trägerfrequenzen angeschlossener
Kanäle (1 bis b) eingestellt (Bild 2.13).

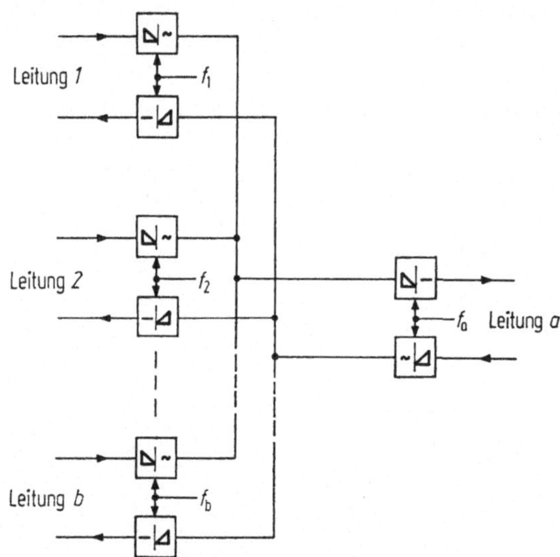

Bild 2.13 Wähler nach dem Prinzip des Frequenzmultiplex

Das Frequenzkoppelfeld hat sich wegen des Modulations- und
Filteraufwandes bisher nicht einführen können. Natürlich wäre es
hochinteressant, wenn man analog den integrierten PCM-Netzen auch
Trägerfrequenzkanäle direkt, ohne Demodulation, vermitteln könnte.
Hierzu ist aber den Erfindern noch keine wirtschaftliche Lösung ein-
gefallen.

2.5 Steuerungsprinzipien der Vermittlungstechnik

Bevor Prinzipien der Steuerung diskutiert werden können, muß klar
sein, welche Aufgaben diese Steuerung zu erfüllen hat. Dabei soll in

erster Linie — wegen der größeren Verbreitung — die Durchschaltevermittlung betrachtet werden.

2.5.1 Klassische Steuerungsfunktionen

Als „klassisch" sollen *die* Funktionen von Nachrichtenvermittlungen bezeichnet werden, die die Bedingungen bestehender Nachrichtennetze erfüllen. Es sind dies:

a) Die Aufnahme des Verbindungswunsches des anrufenden Teilnehmers. Sie gliedert sich aus wirtschaftlichen Gründen meist in die etwas einfachere Feststellung, daß ein Verbindungswunsch vorliegt, und daran anschließend, nach Zuteilung eines Wahlempfangsorgans, in die eigentliche Aufnahme des Verbindungswunsches.

b) Auswahl und Durchschaltung eines freien Weges, ggf. unter Berücksichtigung von Umwegmöglichkeiten. Der Weg kann hierbei ein räumlicher oder zeitlicher Kanal sein.

c) Zeichenaustausch mit anderen Vermittlungen. Da an einer Verbindung in einem weitreichenden Nachrichtennetz zahlreiche Vermittlungen beteiligt sein können, müssen der Verbindungswunsch und andere Steuersignale von Vermittlung zu Vermittlung weitergegeben werden. Diese Aufgabe gehört zu den diffizilsten der Vermittlungstechnik, die eine Parallele in den Verständigungsschwierigkeiten zwischen verschiedenen Völkern und Dialektgruppen findet.

d) Die Benachrichtigung des angerufenen Teilnehmers, daß ein Wunsch nach Kommunikation vorliegt. Das ist z. B. im Fernsprechnetz der heute noch weitverbreitete Weckerruf, der aber gerade in Hinblick auf den Einsatz von Elektronik gewisse Sorgen bereitet.

e) Herstellung und Überwachung des Kommunikationszustandes. Darin eingeschlossen ist das Erkennen, wann die Kommunikation beendet ist, mit nachfolgender Auslösung der Verbindung.

f) Gebührenerfassung. Das ist eine heikle und schwierige Aufgabe, die natürlich im Interesse der das Nachrichtennetz betreibenden Verwaltung liegt. Auf der anderen Seite wird aber auch das Interesse des Benutzers an seiner empfindlichsten Stelle berührt, weshalb auf die korrekte Ausführung dieser Aufgabe ganz besondere Sorgfalt zu verwenden ist.

g) Meß- und Prüftechnik. Auch heute schon sind in den Vermittlungsstellen hohe Ansprüche an automatische Meß- und Prüfverfahren zu stellen, die dazu beitragen, die gewohnt hohe Güte der Vermittlungen sicherzustellen. Verkehrsmessungen überprüfen dabei, ob die Zahl der Verbindungswege für den anfallenden Verkehr ausreicht, während eine routinemäßig durchgeführte Funktionsprüfung aller Verbindungswege rechtzeitig und vorbeugend auf Fehlerquellen aufmerksam macht.

2.5.2 Neue Funktionen

Neue Funktionen werden durch die erwähnten Wachstumsprobleme und die verfeinerten Kommunikationsmethoden erforderlich. Demgemäß kann man in zwei Gebiete unterteilen:

a) *Automatisierung und Rationalisierung der betrieblichen Funktionen.* Hierzu seien einige typische Beispiele genannt:

— Die erwähnte Gebührenerfassung erfolgt heute häufig dadurch, daß elektrische Zählimpulse, deren Anzahl proportional der Gesprächsdauer ist, in elektromechanischen Zählwerken summiert werden. Der Zählerstand der den Teilnehmern zugeordneten Zählwerke wird in festen Zeitabständen abgelesen — meist hierzu fotografiert — und in Lochkarten umgesetzt, mit deren Hilfe die weitere maschinelle Verarbeitung bis zur fertigen Fernmelde-Rechnung möglich ist. Es liegt auf der Hand, daß dies ein personalintensiver Verarbeitungsumweg ist. Automatisierbar ist der ganze Prozeß, wenn die Zählimpulse oder die auf andere Weise erzeugte Gebühreninformation in elektrisch ablesbaren Speichern niedergelegt werden. Es sind z. B. bei dualer Codierung 17 bit notwendig, um einen fünfstelligen Dezimalzähler zu ersetzen.

— Fernsprechteilnehmer können sich auf „Fernsprechauftragsdienst" schalten lassen. Hierzu sind heute manuelle Eingriffe in die Leitungsbeschaltung vorzunehmen. Statt dessen könnte die Information zur Umleitung der Anrufe auch in einem ferneinschreibbaren Speicher stehen. Das setzt voraus, daß dieser Speicher bei jedem Verbindungsaufbau durch die Steuerung abgefragt wird.

— Teilnehmer am Nachrichtennetz, die die anfallenden Gebühren nicht bezahlen, können vom Nachrichtennetz abgeschaltet, „gesperrt" werden. Auch hierzu sind manuelle Eingriffe erforderlich. Ersatz durch einen ferneinschreibbaren Speicher ist wie im vorigen Beispiel möglich.

— Bei heutigen Vermittlungen entspricht in vielen Fällen die Anschlußlage eines Teilnehmers am Koppelfeld seiner Rufnummer. So würde etwa der dritte Anschluß am achten Kreuzpunktkoppler der 25. Kopplergruppe der Rufnummer 2583 gleichzusetzen sein. Die Verwaltungen haben nun ein großes Interesse daran, die Anschlußlagen am Koppelfeld unter bestimmten Umständen zu variieren. Dies geschieht etwa zum Verkehrsausgleich oder bei der Einführung oder Auflösung von Konzentratoren, die den Verkehr im Vorfeld der Vermittlungsstelle sammeln. Da man aber den Teilnehmern nicht zumuten kann, bei derartigen Verwaltungsakten die Rufnummer zu wechseln, ist ein „Rufnummer-Lage-Zuordner" erforderlich, der die jeweilige Beziehung von Rufnummer zu Anschlußlage festhält. Diese Zuordner sind zweckmäßigerweise mittels fernänderbarer Speicher realisiert, um ständige manuelle Änderungen von verdrahteten „Rangierungen" zu vermeiden. So steht z. B. unter einer durch die Anschlußlage bestimmten Speicheradresse die Rufnummer des Teilnehmers. Pro Rufnummer sind hierfür — unter bestimmten Bedingungen — 16 bit erforderlich.

— Die Möglichkeiten, ein durch die Wählinformation des rufenden Teilnehmers gekennzeichnetes Ziel zu erreichen, können sich ändern, wenn z. B. neue Direktwege zur Zielvermittlung verlegt oder geschaltet werden oder wenn durch Störungen einzelne Leitungsbündel ausfallen. Die sogenannte „Leitweglenkung", die den jeweils kürzestmöglichen Verbindungsweg bestimmt, muß also den jeweiligen Verhältnissen sofort angepaßt werden. Das läßt sich ohne manuelle Eingriffe in die Steuerung durchführen, wenn die Leitwegtabellen in einem Speicher untergebracht sind. Der dafür für eine ganze Vermittlungsstelle notwendige Speicherbedarf liegt bei einigen tausend Bit.

— Einer der wesentlichsten Punkte ist jedoch die Automatisierung von Meß-, Prüf- und Wartungsvorgängen. Verkehrsmessungen lassen sich fernbedienbar einleiten, wenn die Belegungszustände der Leitungen und Leitungsabschnitte im Speicher festgehalten werden. Fehler müssen automatisch so weit lokalisiert werden, daß ohne Mithilfe von Bedienungspersonal eine Abschaltung bzw. Ersatzschaltung des defekten Gerätes erfolgen kann. Sogar die Lokalisierung des Fehlers innerhalb des defekten Gerätes sollte durch automatische Prüfprogramme so weit führen, daß Bedienungspersonal nur noch zur Auswechslung der automatisch bestimmten (steckbaren) Baugruppe benötigt wird.

b) *Höherer Bedienungskomfort für den Teilnehmer.* Beispiele für höhere Anforderungen sind schon in Abschn. 1.3.2 angeführt worden. Auf einige dieser Punkte soll hier näher eingegangen werden.

— Kurzrufnummern. Da jeder Teilnehmer sein eigenes Repertoire von Kurzrufnummern hat, müssen teilnehmerindividuelle Zuordnungen zwischen Kurzwahlcode und Langrufnummer hergestellt werden, die leicht und nach Möglichkeit vom Teilnehmer änderbar sein sollten. Ablage dieser Zuordnungen in einem Speicher ist demnach zweckmäßig. Bei dual codierter Dezimaldarstellung ergeben sich für 10 zwölfstellige Zahlen einschließlich der Kurzwahlziffern 520 bit pro Teilnehmer.

— Positive und negative Berechtigungen. Die Einrichtung, Änderung und Auflösung von Kurzrufnummern kann wegen des beträchtlichen Speicheraufwandes nicht ohne weiteres jedem Teilnehmer zugebilligt werden, vielmehr muß die Fernmeldeverwaltung den benötigten Speicherraum bereitstellen. Es ist deshalb erforderlich, den Platz für Kurzrufnummern für diejenigen Teilnehmer zu reservieren, die dies

bei der Verwaltung beantragt haben. Solche Teilnehmer erhalten eine Berechtigung zur Benutzung von Kurzrufnummern, die ebenfalls im Speicher vermerkt wird. Dies ist ein Beispiel für eine positive Berechtigung. Negative Berechtigungen schließen den Teilnehmer von gewissen Diensten aus, z. B. vom internationalen Fernverkehr. Solche Berechtigungen müssen fallweise und leicht änderbar sein, müssen also im Speicher niedergelegt sein.
— Telefonpause. Der Teilnehmer hat die Berechtigung, sich nach Wunsch gegen Anrufe zu sperren. Der Anrufende erhält einen entsprechenden Hinweiston oder eine Ansage. Es ist einleuchtend, daß die Kennzeichnung „Telefonpause" — vom Teilnehmer selbst leicht einschreibbar und löschbar — in einem Speicher enthalten sein muß.

2.5.3 Folgerungen aus der Notwendigkeit neuer Funktionen

Automatisierung betrieblicher Funktionen und höherer Bedienungskomfort führen, wie die vorstehenden Beispiele zeigen, zu einer starken Speicherorientierung neuer Vermittlungssysteme. Selbst wenn nur 10% aller Teilnehmer Kurzrufnummern in Anspruch nehmen, kommen auf den Anschluß etwa 100 bit allein aus den vorstehend genannten Beispielen. Es ist zu erwägen, ob unter diesen Umständen nicht auch einige der klassischen Funktionen stärker speicherorientiert ablaufen sollten. Wenn die Belegungszustände von Wegen und Leitungen in einem Speicher aufgehoben werden, wie es als Vorbedingung für die vollautomatisierte Verkehrsmessung genannt wurde, wird sich die Wegesuche zweckmäßigerweise auf die gespeicherten Belegungszustände abstützen, anstatt wie bisher auf Potentialmessungen an Prüfadern in den Koppelfeldern. Hiermit sind eine ganze Reihe weiterer Vorteile verbunden, auf die aber hier nicht eingegangen wird [2.9].

Ein anderes Beispiel ist die Aufbewahrung der vom Teilnehmer gewählten Ziffern, die in „Indirektwahlsystemen" derzeit in „Registern" gespeichert werden. Register sind relativ aufwendige Geräte, deren Häufigkeit in einem Vermittlungssystem in der Größenordnung von 1% der angeschlossenen Teilnehmer liegt. Der „Hardware"-Geräteaufwand kann wesentlich reduziert werden, wenn die Registerfunktionen großenteils in den Speicher verlegt werden. Es zeigt sich, daß der zusätzliche Speicheraufwand für die Übernahme klassischer Funktionen in den Speicher nur ein Bruchteil des für die neuen Funktionen notwendigen Speicherraums ist.

Auf der anderen Seite stellt die Vielzahl neuer Funktionen, die das Repertoire der bisher üblichen Dienste erheblich erweitert, die Fernmeldeverwaltungen vor die Aufgabe, die technisch vorhandenen Rationalisierungsmöglichkeiten zweckmäßig zu organisieren. Der Zugriff zum Speicher zur Gebührenablesung, zur Verkehrsmessung, zur

Erteilung und Aufhebung von Berechtigungen, zur Funktionsprüfung der Vermittlungsstelle muß koordiniert werden, insbesondere wenn — wie es im allgemeinen der Fall ist — sich hier die Interessen der verschiedensten Verwaltungsdienststellen begegnen [2.10].

2.5.4 Grundsätze der Steuerungsorganisation

In einem Vermittlungssystem gibt es eine Anzahl von Strukturmerkmalen, die sehr differenzierte Auswirkungen auf die Wirtschaftlichkeit, Erweiterbarkeit, Zuverlässigkeit und Wartbarkeit des Systems haben. Die wichtigsten Gesichtspunkte sollen kurz diskutiert werden. Zunächst spielt die Verteilung der Funktionen auf zentrale und dezentrale Geräte eine bedeutende Rolle.

a) *Dezentrale Funktionen.* Es gibt Funktionen in einem Vermittlungssystem, die sich nicht zentralisieren lassen, weil sie ihrer Natur nach ständig für einen Teilnehmer oder eine Verbindung zur Verfügung stehen müssen. Dazu gehören Sonden, die den Schleifenzustand von Teilnehmeranschlußleitungen überwachen, um das Auftreten eines Verbindungswunsches oder das Ende der Verbindung zu erkennen.

Darüber hinaus gibt es eine ganze Anzahl von Funktionen, die zwar zentralisierbar wären, weil sie nicht ständig, sondern z. B. nur während des Verbindungsaufbaus gebraucht werden, die aber aus praktischen Erwägungen dennoch dezentralen Geräten zugeordnet bleiben. Eine praktische Erwägung kann sein, daß sich die Zentralisierung nicht lohnt, weil die Funktionen sehr einfach sind. Nach diesem Prinzip sind die meisten „Direktwahlsysteme" strukturiert, die den Verbindungsaufbau schritthaltend mit den vom Teilnehmer gewählten Ziffern durchführen.

Dezentrale Geräte haben den Vorteil, daß sie in großer Zahl auftreten und damit eine erhebliche Redundanz verkörpern. Der Ausfall eines dezentralen Gerätes führt also allenfalls zur Beeinträchtigung einer Verbindung oder eines Teilnehmers, behindert die Funktionsfähigkeit des ganzen Systems jedoch kaum merkbar. Andererseits ist gerade die große Anzahl wiederum ein Nachteil für dezentrale Geräte, weil der für die einzelnen Funktionen zu treibende Aufwand sich entsprechend vervielfacht oder aber weil etwa notwendig werdende Funktionsänderungen an vielen Stellen durchgeführt werden müssen.

b) *Zentrale Funktionen.* Im Gegensatz dazu gibt es Funktionen in einem Vermittlungssystem, die auf zentrale Geräte verlagert werden müssen, weil sie den Überblick über die gesamte Vermittlung verlangen oder/und an dezentraler Stelle zu undiskutabel hohem Aufwand führen. Der Rufnummer-Lage-Zuordner gehört dazu. Er hat die Funktion eines umfangreichen Adreßbuches, das man wegen seiner Kosten nur an wenigen Stellen zur Einsicht auslegt. Aber auch die Suche eines Weges durch ein Koppelfeld erfordert unter Umständen den zentralen Überblick, um alle freien Wegemöglichkeiten berücksichtigen zu können.

Andere Funktionen wird man zentralisieren, um zu wirtschaftlicheren Lösungen zu kommen oder um Änderungseingriffe nur an zentralen Stellen vornehmen zu müssen. Man kann dies bei Funktionen durchführen, die nicht ständig für eine Verbindung bereit stehen müssen, die also z. B. nur für den Verbindungsaufbau verantwortlich sind.

Solche Zentralisierungsmöglichkeiten bieten sich nicht einfach an, sondern sie verlangen häufig schwierige Untersuchungen, ob ein wirtschaftlicher Erfolg zu erwarten ist. Denn leider verlangt die Zentralisierung zusätzliche Schaltmittel für den Signalaustausch zwischen verbleibendem dezentralen „Torso“ und zentralem Gerät, häufig eine wesentlich leistungsfähigere Schaltkreistechnik, weil die zentrale Einrichtung für viele dezentrale Geräte häufiger und schneller arbeiten muß, und schließlich meist eine Doppelung verbunden mit differenzierten Überwachungsschaltungen, um bei Ausfall des *einen* zentralen Gerätes mit einem Ersatzgerät den Betrieb der Vermittlungsstelle aufrecht erhalten zu können. Das bedeutet besonders für kleine Vermittlungen einen unangenehm hohen Grundaufwand.

c) *Teilzentralisierung.* Manchmal bietet sich ein Kompromiß zwischen völliger Dezentralisierung und völliger Zentralisierung an. Wenn man die Funktionen nur einer Gruppe von Geräten zentralisiert, kann man es u. U. so einrichten, daß

— das gruppenzentrale Gerät technisch vereinfacht wird z. B. dadurch, daß es nur innerhalb eines Gestells, also mit begrenzter räumlicher Ausdehnung arbeiten muß (größere Ausdehnung erhöht die technischen Anforderungen an die Zugriffsysteme zu den dezentralen Torso-Geräten);

— die Gruppe noch klein genug ist, um sie mit einem ungedoppelten zentralisierten Steuerwerk zu betreiben, d. h. der Ausfall der Gruppe schränkt die Verkehrsmöglichkeiten der Vermittlung noch nicht entscheidend ein.

d) *Zentralisierung lebensunwichtiger Funktionen.* Eine weitere Möglichkeit, den durch die Zentralisierung unerwünscht hohen Grundaufwand für kleine Vermittlungen zu reduzieren, ist die Beschränkung der Zentralisierung auf „nicht lebenswichtige“ Funktionen. Es ist zum Beispiel für die Wirksamkeit der Vermittlung nicht von großer Bedeutung, wenn die Kurzwahlmöglichkeit ausfällt; diese Gerätefunktion muß nicht dupliziert werden. Damit wäre ein guter Weg für das Einfügen der zahlreichen und komplizierten neuen Vermittlungsfunktionen gegeben. Leider kann man jedoch einen Teil der neuen Funktionen nicht als „lebensunwichtig" einstufen, wenn man z. B. an die Gebührenerfassung denkt.

e) *Zentralisierung, Aufwand, Zuverlässigkeit.* Es ergibt sich für ein Vermittlungssystem also ein schwieriges Ausbalancieren von erfüllbaren Bedingungen, Aufwand und Zuverlässigkeit. Wie sich diese Überlegungen zur Zentralisierung im Kostenbild spiegeln, zeigt Bild 2.14 an einem Modell. Bei Dezentralisierung der Funktionen ist der Aufwand im dezentralen Gerät relativ hoch, andererseits sind in kleinen Vermittlungen wenig Geräte vorhanden, denn die Zahl der dezentralen Geräte steigt etwa proportional der Vermittlungsgröße. Es ergibt sich ein ziemlich steiler Anstieg der Kostenkurve, die jedoch nahe dem Nullpunkt beginnt. Werden nur lebensunwichtige Funktionen zentralisiert, so wird der Aufwand im dezentralen Gerät geringer, dafür muß von vornherein die „Grundlast" eines unduplizierten zentralen Gerätes einkalkuliert werden. Schließlich bekommt man mit der Zentralisierung aller Funktionen den geringsten Aufwand im dezentralen Gerät, dafür die hohe Grundlast des duplizierten Zentralsteuerwerkes. Über alle Vermittlungsgrößen bekommt man also eine Kurve minimalen Aufwandes, die leider verschiedene technische Konzepte für die unterschiedlichen Größenklassen voraussetzt, was im Widerspruch zur Forderung nach leichter Erweiterbarkeit steht.

Es muß nochmals darauf hingewiesen werden, daß die Verhältnisse in Bild 2.14 idealisiert dargestellt sind, denn wir hatten bereits gesehen,

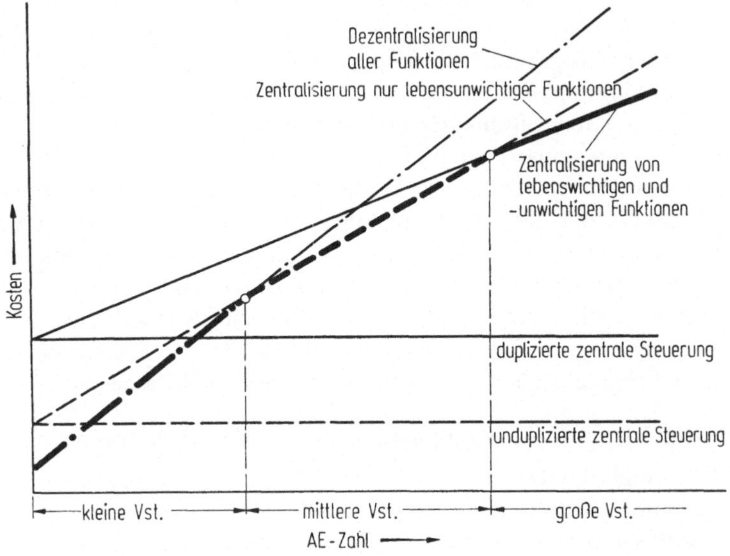

Bild 2.14 Prinzipielle Kostenverteilung bei zentral und dezentral gesteuerten Vermittlungsstellen

daß die neuen Forderungen an die Vermittlungstechnik teilweise zentrale Funktionen unumgänglich notwendig machen. Immerhin zeigt die Idealkurve, in welcher Richtung Überlegungen angestellt werden müssen, denn die angesprochenen Probleme kann man heute noch nicht als allgemein gelöst betrachten.

f) *Speicherorganisation und Rechnersteuerung.* Die Frage nach Zentralisierung oder Dezentralisierung ist mit ganz besonderem Gewicht für die Speicher zu stellen. Die starke Speicherorientierung neuer Vermittlungstechnik bringt es mit sich, daß die Speicher einen erheblichen Anteil an den Gesamtkosten eines Vermittlungssystems stellen. Es werden relativ große Speicherkapazitäten gebraucht — z. B. bei bestimmten Bedingungen 360 kByte für eine Vermittlung mit 20000 Teilnehmern —, die aber schnell zugreifbar im Arbeitsspeicher liegen müssen, da es sich um Real-Time-Prozesse handelt. Im Zeitalter des Kernspeichers war es gar keine Frage, große Speichereinheiten zu bilden, um die Kosten pro Bit klein zu halten. Deshalb ging der Trend folgerichtig zur Zentralisierung der Speicher, wobei die Größe der einzelnen Speicherblöcke wieder sorgfältig optimiert werden mußte in Hinblick auf die Vorleistung bei teilausgebauten Vermittlungsstellen.

Speicher sind passiv und bedürfen einer Steuerung, die die Speicherzellen abfragt, den Inhalt bewertet und verändert und ihn wieder in die Speicher einschreibt. Es ist naheliegend, dafür einen Rechner zu verwenden; es ist allerdings zweckmäßig, ihn an die speziellen Bedingungen der Vermittlungstechnik anzupassen. Dies wird später noch ausführlich behandelt. Ein Rechner mit gespeichertem Programm als Steuerorgan für die Vermittlungstechnik hat den unschätzbaren Vorteil daß er durch Programmänderung relativ einfach an neue oder veränderte Bedingungen anzupassen ist, die sich aus der weiteren Entwicklung der Nachrichtensysteme ergeben können.

So führt ein konsequenter Weg von der Notwendigkeit, neue Bedingungen durch Speicherorientierung zu erfüllen, über die wirtschaftliche Optimierung der Speicher durch Schaffung großer, zentraler Blöcke zur anpassungsfähigen, zentralen Rechnersteuerung neuer Vermittlungssysteme. Ob dieser Weg durch das Vordringen der Halbleiterspeicher, die gerade durch ihre Wirtschaftlichkeit bei kleinen Speicherkapazitäten eine gewisse Dezentralisierung nahelegen, noch einmal in Frage gestellt wird, läßt sich vorerst nicht absehen.

2.5.5 Grundstruktur eines rechnergesteuerten Vermittlungssystems

Bild 2.15 zeigt die Grundstruktur eines rechnergesteuerten Vermittlungssystems. Es besteht aus folgenden Komponenten:

a) *Vermittlungstechnische Peripherie.* Sie enthält das Koppelfeld, das die Verbindungswege durchschaltet und die bereits erwähnten dezentralen Einrichtungen zur Überwachung des Leitungszustandes, weiterhin Einrichtungen zur Aufnahme und Weitergabe der Wählinformation. Das Koppelfeld entfällt bei Speichervermittlungen.

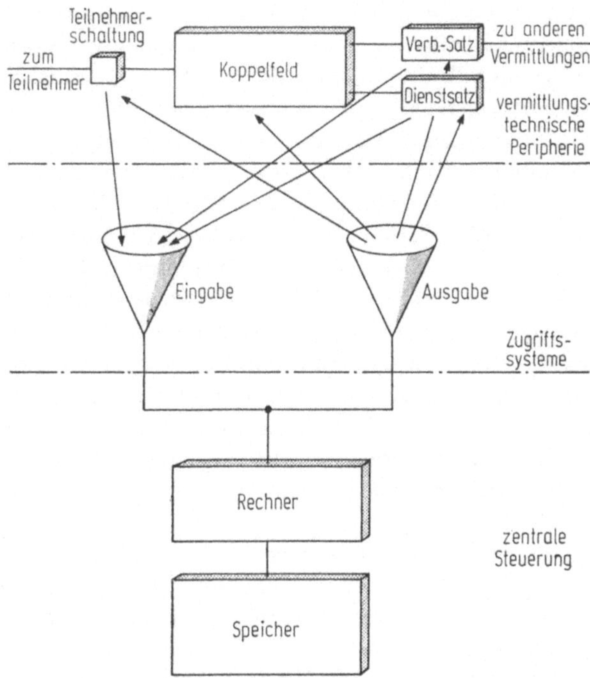

Bild 2.15   Prinzip eines rechengesteuerten Vermittlungssystems

Im einzelnen sind aufzuzählen:
— Teilnehmerschaltungen. Sie sind der Teilnehmerleitung zugeordnet und erkennen den Verbindungswunsch durch Überwachung des Schleifenzustandes.
— Verbindungssätze. Sie werden während der Verbindungsdauer einem Teilnehmer zugeteilt und übernehmen Funktionen wie „Versorgen des Teilnehmers mit Mikrofonstrom", „Erkennen des Verbindungsendes" u. a.
— Dienstsätze. Sie werden einer Verbindung nur zeitweise für schwierige Funktionen zugeordnet. Beispielsweise gibt es Wahlempfänger, die die Mehrfrequenzsignale der Tastaturwahl empfangen.

Teilnehmerschaltungen, Verbindungssätze und Dienstsätze sind am Koppelfeld angeschlossen.
b) *Die Zugriffsysteme.* Die vermittlungstechnische Peripherie liefert Steuerungsinformationen für den Rechner und erhält von diesem

Schaltbefehle. Rechner und Peripherie müssen durch geeignete Zugriffsysteme, die hier als Trichter symbolisch dargestellt sind, miteinander verbunden werden.

So besteht etwa die Aufgabe, von einer Teilnehmerschaltung die Information über das Bestehen eines Verbindungswunsches abzuholen. Die Teilnehmerschaltung liefert ein binäres Signal als Information, die räumliche Lage der Teilnehmerschaltung in bezug auf alle anderen Teilnehmerschaltungen gibt die notwendige Information über die Adresse des Teilnehmers. Der Eingabetrichter setzt die räumliche Lage in eine codierte Nachricht um, die der Rechner versteht.

Umgekehrt gibt der Rechner einen Schaltbefehl zur Betätigung eines von z. B. 200000 Schaltrelais im Koppelfeld aus. Der Ausgabetrichter formt die codiert vom Rechner empfangene Nachricht in den räumlichen Zugriff zu dem bezeichneten Schaltrelais um.

Außer dieser Funktion der „Informationswandlung“ müssen die Zugriffsysteme für die zeitliche Entkopplung von Peripherie und Zentralsteuerung sorgen. Die Zentralsteuerung kann nicht darauf warten, bis etwa ein Relais in der Peripherie angesprochen ist. Schließlich passen sich die Zugriffsysteme an den unterschiedlichen Energiebedarf für den Informationstransport in Peripherie und Zentralsteuerung an.

Den Zugriffsystemen kommt in rechnergesteuerten Vermittlungssystemen große Bedeutung zu. Sie sind es zum erheblichen Teil, in denen sich die bisher bekanntgewordenen rechnergesteuerten Vermittlungssysteme unterscheiden.

c) *Die zentrale Steuerung.* Sie besteht aus:

— dem eigentlichen Rechner, der Verarbeitungseinheit;

— den Speichern für Programme und Informationen;

— den Bedienelementen, mittels derer sich das Bedienungspersonal mit dem Rechner verständigen kann;

— gegebenenfalls Datenanschlüssen zur Fernbedienung der Vermittlung.

Rechner verschiedener Vermittlungssysteme unterscheiden sich durch Befehlsstruktur, Operationszeiten u. a., wie es auch im Vergleich kommerzieller Rechner üblich ist. Verblüffend ist dagegen der Unterschied im Umfang der Programme bestehender Systeme, die von der Größenordnung 10^4 bis zu 10^5 Befehlen reichen.

2.5.6 Problematik rechnergesteuerter Vermittlungssysteme

Zum Abschluß dieses einleitenden Überblicks, der die Gründe für die Einführung rechnergesteuerter Vermittlungssysteme und deren Grundstruktur erläuterte, muß doch darauf hingewiesen werden, daß sich die Entwicklung dieser jungen Kategorie technischer Systeme noch voll im Fluß befindet. 1960 nahmen die auf dem Gebiet führenden Bell-Laboratorien der AT & T in Morris/Illinois (USA) die erste vollelektronische Versuchsvermittlungsanlage mit Steuerung durch gespeichertes Programm in Betrieb [2.5], der ab 1965 das erste serienmäßig gefertigte System ESS 1 folgte. So darf es nicht verwundern, wenn gewisse Probleme noch nicht vollständig gelöst sind. Zu den teilweise noch offenen Fragen gehören:

— die Wirtschaftlichkeit kleiner Vermittlungsstellen. Die unter besonderen Vorbedingungen fallweise getroffenen Lösungen werden im Teil IV besprochen;

— die Wartbarkeit der Systeme in wenig industrialisierten Ländern. Maßnahmen zur automatischen Fehlerdiagnose sind aufwendig und können auch nicht alle Schwierigkeiten beheben;

— der koordinierte Zugriff zu den Systemen, der eine Integration von Verwaltung und Technik notwendig macht. Auf diesem Gebiet wird insbesondere in Deutschland führend gearbeitet.

II. Durchschaltenetze

Innerhalb der Peripherie einer rechnergesteuerten Durchschaltevermittlung haben die Durchschaltenetze große Bedeutung und erheblichen Einfluß auf die Struktur des Gesamtsystems. Deshalb werden die Durchschaltenetze in einem eigenen Abschnitt besprochen.

3. Durchschaltung im Raumkoppelfeld

3.1 Bauelemente und deren Einfluß auf die Systemstruktur

Drehwähler und Hebdrehwähler sind als Bauelemente rechnergesteuerter Vermittlungssysteme bisher nicht bekannt geworden. Ein Grund dafür dürfte in den relativ langen Einstellzeiten dieser Wähler liegen, d. h. die Zugriffsysteme bleiben entsprechend lange für einen Arbeitsvorgang belegt. Ein weiterer Grund liegt wohl in der Schwierigkeit zentraler Wegesuchverfahren, hierauf wird noch eingegangen. Im ganzen ist aber die Verwendung dieser Wähler für rechnergesteuerte Systeme weder unmöglich noch unsinnig. Wegen der bisher geringen Bedeutung dieser Wähler für rechnergesteuerte Systeme soll jedoch im weiteren Verlauf nur der Kreuzpunktkoppler betrachtet werden. Dabei können nur einige der zahlreichen Strukturfaktoren besprochen werden, um den Rahmen dieses Buches nicht zu sprengen.

3.1.1 Elektromechanische und elektronische Koppelpunkte

Welcher Einfluß auf die Systemstruktur ergibt sich aus der Verwendung elektromechanischer oder elektronischer Koppelpunkte? Die wichtigsten Gesichtspunkte sind:

a) *Die Schaltzeit* des elektronischen Koppelpunktes ist um wenigstens drei Zehnerpotenzen geringer. Die Arbeitszeit des Zugriffsystems für seine Einstellung ist entsprechend kleiner. Weiterhin lassen sich zentrale Geräte sehr schnell an dezentrale Geräte anschalten. Das hat z. B. Bedeutung, wenn ein Empfänger erst durch das Zeichen, das er empfangen soll, zur Anschaltung aufgefordert wird. Beispiel ist das Anschalten eines Tonfrequenzempfängers für Tastenwahl. Häufig läuft bei Tastendruck ein Gleichstromsignal mit, das den teuren Empfänger „fliegend" an das dezentrale Gerät, den Verbindungssatz, anschalten soll, um Empfänger einzusparen. Da ein Tastendruck oft nur 40 ms dauert und die Empfänger Zeit zum Einschwingen brauchen, ist eine elektronisch schnelle Anschaltung vorteilhaft.

b) *Verschleißfestigkeit.* Für die meisten Anwendungsfälle reicht die zulässige Schalthäufigkeit elektromechanischer Koppelpunkte aus. Nur bei häufiger Anschaltung hochbelasteter, zentraler Einrichtungen kann der elektronische Koppelpunkt Vorteile bringen. „Häufig" bedeutet z. B. die Größenordnung von 10^8 oder mehr Schaltspielen über die Lebensdauer der Vermittlungsstelle.

c) *Belastbarkeit, elektrische Widerstandsfähigkeit.* Dieser Gesichtspunkt hat aus folgenden Gründen sehr weitgehende Konsequenzen für die Systemstruktur. Es wurden bereits die „Verbindungssätze" erwähnt (Abschn. 2.5.5), die die Überwachung des Verbindungszustands übernehmen und z. B. auf die Aussage „Gleichstromschleife der Teilnehmeranschlußleitung offen/geschlossen" reagieren. Diese Sätze bedeuten einen gewissen Aufwand, weshalb man sie ungern dem *Teilnehmer* fest zuordnet. Vielmehr sorgt man meist dafür, daß sie nach einem konzentrierenden Koppelfeld jeweils nur einer *Verbindung* zugeteilt werden (Bild 3.1). Die Anschlußleitungen der Teilnehmer liegen also direkt am Koppelfeld, und das bedeutet, daß alle Fremd- und Störspannungen, die diese Leitungen auffangen, von den Koppelpunkten ohne Zerstörung überdauert werden müssen. Damit ist eine Spannungsfestigkeit von einigen hundert Volt erforderlich.

Elektronische Koppelpunkte halten diese Spannungsfestigkeit vorerst nicht ein, wenn man an integrierte Schaltkreise denkt. Deshalb

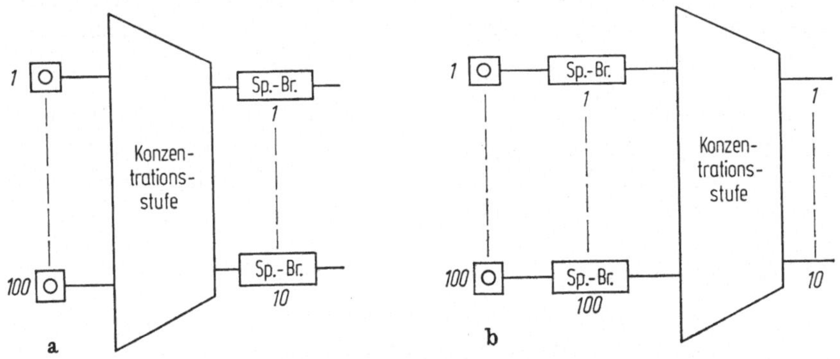

Bild 3.1 Lage der Speisebrücke
a) Koppelfeld überspannungsfest; b) Koppelfeld nicht überspannungsfest

müssen die Funktionen der „Speisebrücke" (Sp.-Br.) innerhalb des Verbindungssatzes vor die Konzentrationsstufe verlegt werden, damit das Koppelfeld durch eine Abriegelung gegen Überspannungen geschützt werden kann. Das bedeutet eine Vergrößerung der Anzahl dieser Speisebrücken um etwa den Faktor 10. Unangenehm ist darüber hinaus, daß das „Zugriffsystem" des zentralen Rechners an dieser Stelle etwa zur Aufnahme von Wahlimpulsen breiter werden muß.

Diese Probleme bestehen nicht in den Fernvermittlungen, an die Leitungen aus trägerfrequenten Übertragungssystemen herangeführt werden. Dort sind die Eingänge in das Koppelfeld überspannungsfrei.

d) *Übertragungsbedingungen.* Der elektromechanische Kontakt ist mit Durchlaßwiderständen von maximal $1\,\Omega$ und Sperrwiderständen von einigen tausend $M\Omega$ bei Kapazitäten von 1 bis 2 pF ein sehr guter Sprechwegschalter. Insbesondere das Durchlaßverhalten elektronischer Koppelpunkte ist mit dynamischen Widerständen von einigen Ohm und Einfügungsdämpfungen von 5 bis 10 mN merklich schlechter. Das stört insbesondere bei der Reihenschaltung mehrerer Koppelpunkte, wie sie in größeren Vermittlungsstellen notwendig ist.

Abhilfe schafft hier die vierdrähtige Durchschaltung, die leichter entdämpft werden kann. Auch dadurch eröffnet sich dem elektronischen Koppelpunkt in Fernvermittlungen offenbar zunächst ein einfacherer Anwendungsfall.

e) *Einadrigkeit oder Mehradrigkeit.* Verbindungen über elektromechanische Kontakte werden zweiadrig geführt, meist sogar mit zusätzlichen Steueradern. Die Verkopplung über eine gemeinsame Rückleitung würde bei einadriger Führung der Sprechadern die Nebensprechdämpfung zu stark absinken lassen.

Bei elektronischen Koppelpunkten ist der Raumbedarf so klein, daß im allgemeinen die Rückführung über eine gemeinsame Erdleitung möglich ist und damit die Kosten für den zweiten Sprechwegkontakt gespart werden. Das Fehlen einer Steuerader ist in rechnergesteuerten Vermittlungen kein Nachteil, sie wird dort ohnehin meist nicht gebraucht.

Zusammenfassend läßt sich sagen, daß der elektronische Koppelpunkt für die Strukturierung der Vermittlungssysteme alles in allem keine wesentlichen Vorteile bringt. Das schließt seine Verwendung nicht aus, wenn er wirtschaftlich überzeugt.

3.1.2 Halteeigenschaft

Koppelpunkte werden von der Steuerung beim Verbindungsaufbau betätigt und müssen sich dann bis zum Ende der Verbindung unabhängig von der Steuerung in betätigtem Zustand halten. Das geschieht entweder durch ständige Zufuhr elektrischer Energie oder durch mechanisches Verklinken oder durch dauermagnetische Einwirkung. Beispiele für die teilweise recht originelle Verwirklichung der Haltefunktion werden im Teil IV in den Systembeschreibungen erläutert.

Hervorstechende Eigenschaft des „elektrischen Haltens" ist, daß die Verbindung problemlos ohne Mitwirkung einer zentralen Steuerung ausgelöst werden kann. Bild 3.2 gibt ein Beispiel. Die Haltespulen der Koppelpunkte liegen mit den Koppelkontakten selbst in Serie, der Stromkreis endet in einem Kontakt c, der Teil eines Verbindungssatzes ist. Bei geschlossenem Kontakt c hält sich die Verbindung unter der Voraussetzung, daß die Koppelkontakte durch *Ansprechwicklungen* von der Steuerung betätigt wurden. Der Verbindungssatz erkennt die Beendigung der Verbindung durch Überwachung des Schleifenstroms der Teilnehmerleitung und öffnet den Kontakt c. Damit wird die Verbindung ausgelöst. Die hier dargestellte Halteader kann man als „durchgehende Halteader nach dem Crossbar-Prinzip" bezeichnen.

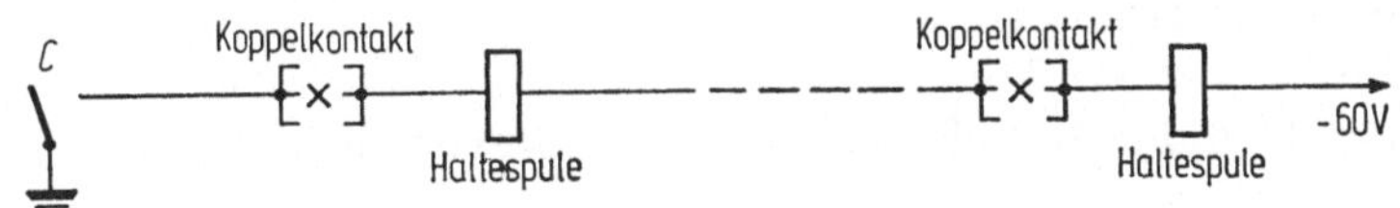

Bild 3.2 Elektrisches Halten, durchgehende Reihenhalteader

Zwei wichtige Einzelheiten lassen sich an diesem Beispiel zeigen:
— Das elektrische Halten erfordert eine zusätzliche Steuerader für den Haltekreis. Der Koppelpunkt muß also eine wenigstens dreiadrige Durchschaltung vornehmen.
— Der Haltekreis wird erst wirksam, wenn alle Koppelpunkte geschlossen sind. Das bedingt eine unter Umständen recht unangenehme Verflechtung von Steuerungen verschiedener Koppelstufen, die alle aufeinander warten müssen.

Bei Koppelpunkten mit mechanischer oder magnetischer Halteeigenschaft entfallen diese Notwendigkeiten. Das ist sicherlich ein Vorteil, setzt aber voraus, daß die Auslösung durch Aktivität der zentralen Steuerung erfolgt. Dies wiederum bedeutet eine erhöhte Belastung der Steuerung.

Durch einen Kunstgriff läßt sich dieser Nachteil weitgehend beheben: Die Koppelpunkte werden gar nicht am Ende der betrachteten Verbindung zurückgestellt, sondern bei Beginn der nächsten Verbindung, die über die zuvor benutzten Koppelpunkte verläuft. Selbstverständlich muß man überprüfen, ob sich dadurch nicht verbotene Kopplungen ergeben (Abschn. 3.4.3).

3*

Bestechend ist bei *nicht* elektrisch haltenden Koppelpunkten natürlich das Fehlen jedes Energieverbrauchs während der Dauer der Verbindung. Das ist besonders wichtig für Einrichtungen im „Vorfeld" der Vermittlungsstellen, die als Konzentratoren viele Teilnehmerleitungen zusammenfassen und über wenige Leitungen zur Vermittlungsstelle führen. Solche Konzentratoren enthalten meist keine eigene Stromversorgung, sondern werden aus der Vermittlungsstelle durch „Fernstromversorgung" mit Energie gespeist. Dieser Fernstromversorgung sind durch VDE-Bestimmungen jedoch bestimmte Grenzen gesetzt, die wegen der Berührungsgefahr den möglichen Energieverbrauch stark einschränken.

3.1.3 Bedeutung von Steueradern

Steueradern werden mit den Sprechwegen durchgeschaltet und erhöhen damit die je Koppelpunkt notwendige Kontaktzahl. Die im allgemeinen drei- bis vieradrigen Koppelpunkte (bei zweidrähtiger Durchschaltung) bisheriger Vermittlungssysteme schalten also zwei Sprechadern (a und b) und ein bis zwei Steueradern (c und d) durch.

Die Steueradern können folgende Funktionen erfüllen:

a) Sie bilden den Haltekreis elektrisch haltender Koppler, wie wir gesehen haben.

b) An ihnen läßt sich der Belegungszustand „frei" oder „besetzt" der Wegeteilstücke abgreifen.

c) Sie stellen den Zusammenhang zwischen den einzelnen Teilen der Verbindung her, der notwendig ist, um die Teilstücke der Verbindung bei Auslösung wieder „frei" zu schreiben (,,Verbindungsgedächtnis").

d) Sie erlauben die Durchsignalisierung von einem Verbindungssatz zum andern über das Koppelfeld (Bild 3.3). Beispiel: Einschaltung

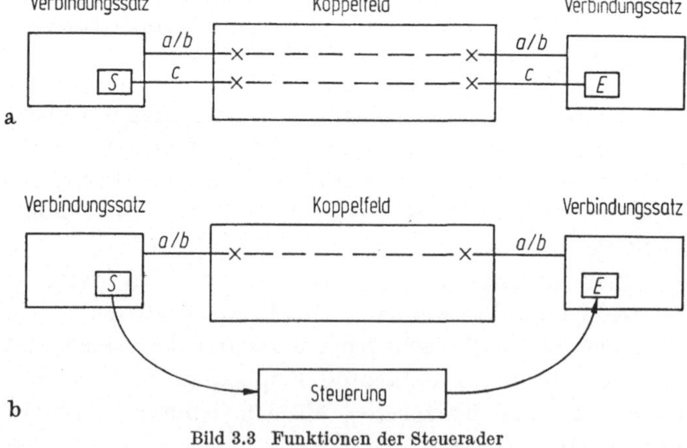

Bild 3.3 Funktionen der Steueräder
a) Durchsignalisieren über das Koppelfeld; b) Durchsignalisieren über die Steuerung

von Dämpfungsgliedern am Eingang des Koppelfeldes in Abhängigkeit von den Dämpfungsverhältnissen am Ausgang. Oder aber: Von einem Verbindungssatz werden über das Koppelfeld Zählimpulse auf einen Teilnehmerzähler übertragen.

Hat man ein Koppelelement ohne Steueraderdurchschaltung, z. B. also einen zweikontaktigen Koppelpunkt, so ist die Entscheidung einfach: Die zentrale Steuerung übernimmt alle diese Funktionen, sie muß dazu in der Lage sein (z. B. Bild 3.3b). Bei einem dreiadrigen Koppelpunkt mit *einer* Steuerader steht man vor der schwierigen Frage, welche der vorgenannten Funktionen man der Zentralsteuerung überläßt und welche man mit Hilfe der Steuerader realisiert. Es gibt Tendenzen, die Wegesuche (Funktionen *b* und *c*) aus Sicherheitsgründen von einer Steuerader abzuleiten [3.1, 3.2]. Man ist besorgt, daß der in einem zentralen Speicher registrierte Belegungszustand der Wegekomponenten durch Fehler von der Wirklichkeit abweicht und daß dadurch Doppelverbindungen aufgebaut werden können. Es gibt jedoch Möglichkeiten, sich dagegen zu schützen.

3.2 Gruppierungen

3.2.1 Anforderungen

Unter einer Gruppierung versteht man eine Anordnung von Koppelpunkten, die ein Koppelfeld ergibt. An Gruppierungen werden bestimmte Anforderungen gestellt. Aufgabe ist, die Anforderungen mit möglichst geringem Aufwand zu erfüllen.

a) Gruppierungen dürfen bei einem vorgegebenen Verkehrsangebot einen bestimmten Verlust nicht überschreiten und müssen dabei eine genügend hohe Erreichbarkeit der Ausgangsleitungen aufweisen (Abschn. 2.1).

b) Eine Anpassung der Gruppierung an unterschiedliche Verkehrswerte — insbesondere Teilnehmerverkehrswerte — muß möglich sein. Schwankungen um den Faktor 3 bis 4 zwischen Vielsprechern und Wenigsprechern sind durchaus üblich.

c) Da alle Verkehrsbetrachtungen nur auf statistischen Werten beruhen, können in der Praxis auch Verschiebungen gegenüber den geplanten Werten auftreten. Wird an einer Stelle der Gruppierung der Verkehrswert höher, an anderen Stellen dementsprechend jedoch geringer, so daß der Gesamtverkehrswert erhalten bleibt, so spricht man von einer „schiefen Belastung". Die Leistungsfähigkeit einer Gruppierungsanordnung soll durch schiefe Last nicht merklich verringert werden. Aber auch beim Ansteigen des gesamten Verkehrswertes über den Planwert hinaus ist es wünschenswert, daß die Gruppierung eine gewisse Unempfindlichkeit gegen diese Überlast aufweist [3.3].

d) Entsprechend dem Einsatzfall müssen Gruppierungen für Durchgangsverkehr, Endverkehr oder beide Verkehrsarten geeignet sein.

e) Bei Erweiterungen sollen möglichst wenig Änderungen im bestehenden Durchschaltenetz erforderlich werden. In den ersten Ausbaustufen sind möglichst geringe Vorleistungen für den Endausbau anzustreben.

3.2.2 Gruppierungstypen

Es gibt mehrere Gesichtspunkte, unter denen Gruppierungen betrachtet werden können. Wir wollen sie diskutieren und nach den Rückwirkungen auf das Steuerungskonzept fragen.

a) *Zahl der Wegesuchabschnitte.* Eine Gruppierung setzt sich aus mehreren Koppelstufen zusammen. Eine Koppelstufe besteht aus der Gesamtheit der Wähler oder Kreuzpunktkoppler, die „gleich weit" vom Teilnehmeranschluß entfernt sind. Bild 3.4 macht das ohne weitere Erklärung klar. Wir wollen noch eine Definition einführen: Eine Koppelanordnung aus z. B. a Eingängen, die b Ausgänge *vollkommen* erreicht, wird ein *Koppelvielfach* genannt. Auf die sehr brauchbare Kurzdarstellung der Koppelvielfache in Bild 3.4 b sei ausdrücklich hingewiesen, sie wird im weiteren Verlauf generell verwendet werden.

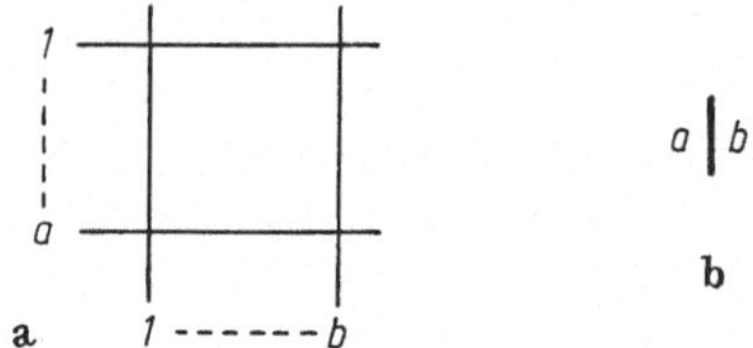

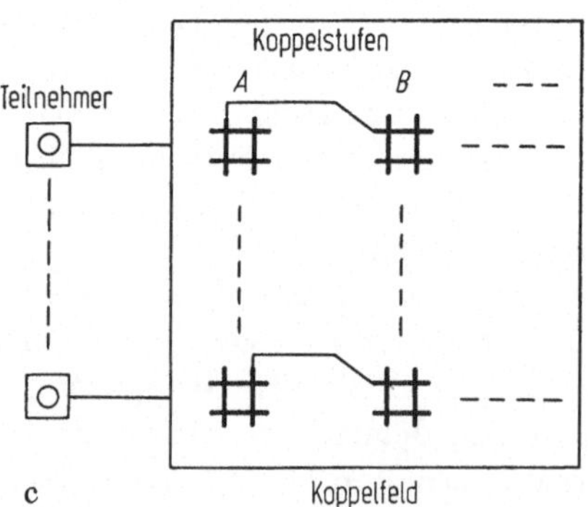

Bild 3.4 Koppelfeld und Koppelstufen

a) Koppelvielfach; b) Kurzdarstellung eines Koppelvielfachs; c) zur Definition der Koppelstufen

Ein Wegesuchabschnitt ist laut Definition NTG 0902 (Entwurf) die „Gesamtheit der hintereinander liegenden Koppelstufen, die hinsichtlich der Wegesuche als eine Einheit behandelt werden". Was das bedeutet, zeigen die Bilder 3.5 und 3.6.

Von einer „stufenweisen Wegesuche" spricht man, wenn für die Wegeauswahl nur die Belegungszustände der eigenen Koppelstufe berücksichtigt werden. Wie man sieht, kann der Wegesucher W der betreffenden Koppelstufe zugeordnet werden.

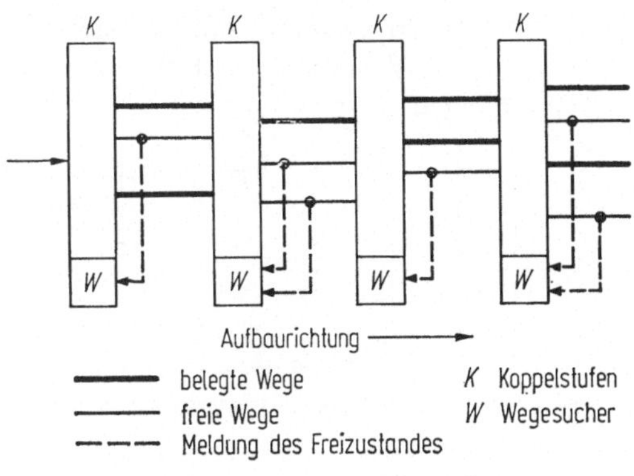

Bild 3.5 Stufenweise Wegesuche

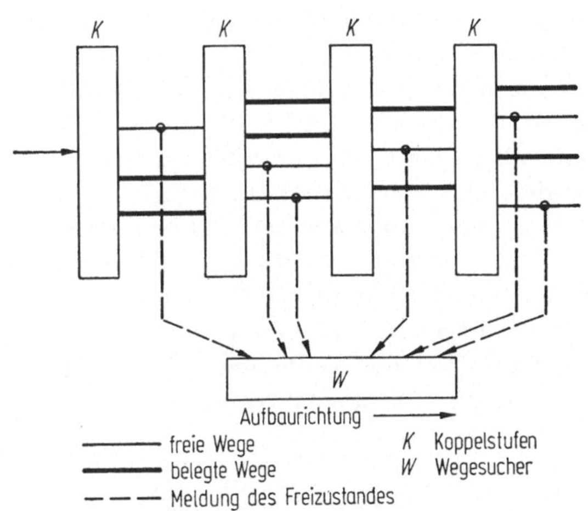

Bild 3.6 Weitspannende Wegesuche

Bei „weitspannender Wegesuche" (oder „konjugierter Wahl") wird bei der Auswahl berücksichtigt, ob ein freier Weg auch in allen nachfolgenden Koppelstufen auf freie Wege trifft. Der Wegesucher W muß die Belegungszustände des gesamten Koppelfeldes überblicken können, er wird deshalb zentral angeordnet.

Es ist einleuchtend, daß dadurch bei weitspannender Wegesuche für die Einhaltung eines vorgegebenen Verlustes weniger Koppelpunkte benötigt werden als bei stufenweiser Wegesuche. Im System-

konzept ist dabei eine zentrale Steuerung zweckmäßig. Zwischen
„stufenweiser" und „über das ganze Koppelfeld spannender" Wegesuche sind beliebige Zwischenstufen denkbar.

b) *Zahl der Wahlstufen, Lage der Wahlaufnahmeeinrichtungen.* Laut
Normentwurf NTG 0902 ist eine Wahlstufe eine „ein- oder mehrstufige
Koppeleinrichtung mit der ihr zugeordneten Steuereinrichtung. Eine
Wahlstufe erfüllt in einer Vermittlungsstelle bestimmte Auswahl-
funktionen (z. B. Richtungswahl)".

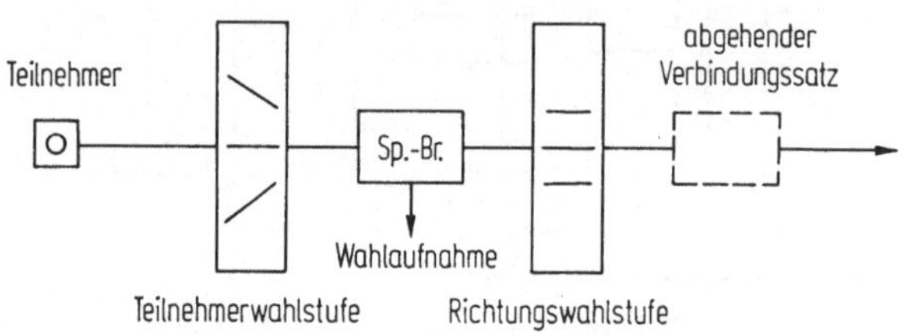

Bild 3.7 Gruppierung mit zwei Wahlstufen

Diese Definition ist für unsere Betrachtungsweise etwas zu allgemein.
Wir interessieren uns insbesondere für die Lage der Wahlaufnahmeeinrichtungen im Koppelfeld. In Bild 3.7 ist der Teilnehmer an eine
den Verkehr konzentrierende „Teilnehmerwahlstufe" angeschlossen,
hinter der ein Verbindungssatz mit „Speisebrücke" (Sp.-Br.) liegt. Der
Verbindungssatz übernimmt die Funktion der Schleifenüberwachung,
d. h. Wahlimpulse oder Verbindungsauslösung können an den entsprechenden Schaltungen abgenommen werden. Dann folgt die Rich-
tungswahlstufe (evtl. mehrere Richtungswahlstufen), an deren Ausgängen die abgehenden Verbindungsleitungen angeschlossen sind.

Demgegenüber besteht in Bild 3.8 nur ein einziges Koppelfeld, das
sowohl die Konzentration des Teilnehmerverkehrs als auch die Verteilung auf die Ausgangsrichtungen vornimmt. Die Verbindungssätze

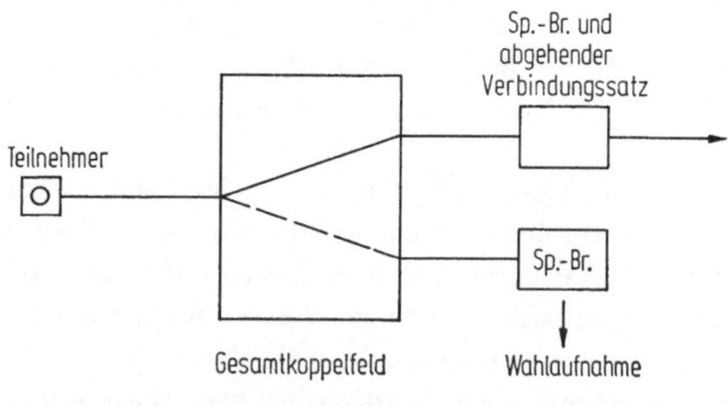

Bild 3.8 Gruppierung mit einer Wahlstufe

mit den Speisebrücken liegen an den Ausgängen des Koppelfeldes und damit direkt an den Verbindungsleitungen.

Die Lage der Speisebrücke hinter einem konzentrierenden Koppelfeld ist — wie in Abschn. 3.1.1 erwähnt — typisch für elektromechanische Koppelpunkte. Für diesen Fall sind folgende Merkmale charakteristisch:

— Bei Koppelfeldern mit *einer* Wahlstufe muß die Verbindung im allgemeinen vom Teilnehmer zum abgehenden Verbindungssatz umgekoppelt werden, wenn die Wahlinformation oder zumindest die richtungsbestimmenden Ziffern aufgenommen worden sind. Das erhöht die Zahl der Schaltvorgänge. Unangenehmer sind aber häufig noch die Zeitbedingungen, wenn die Umkopplung zwischen zwei aufeinanderfolgenden Wahlziffern oder vor dem Melden des gerufenen Teilnehmers vorgenommen wird.

— Bei der Aufteilung der Gruppierung in zwei oder mehr Wegesuchabschnitte lassen sich leichter Funktionstrennungen durchführen. Im Beispiel von Bild 3.7 ist eine Steuerung für typische Funktionen der Teilnehmerwahlstufe (z. B. mit Prüfung von Teilnehmerberechtigungen) und eine weitere Steuerung mit typischen Richtungswahlfunktionen (z. B. mit Leitweglenkung) möglich. Das hat seine Vorteile, wenn man anstrebt, die Aufgaben einer Steuerung zu verringern („Spezialsteuerwerke", Abschn. 8.1). Bei einer voll rechnergesteuerten Vermittlung ist dies jedoch ohne Bedeutung.

— Die Zahl der Koppelpunkte und Verbindungssätze kann in einer Anordnung nach Bild 3.8 geringer sein als bei Gruppierungen mit mehreren Wahlstufen. Das ist darauf zurückzuführen, daß nur *ein* Wegesuchabschnitt vorhanden ist und daß Verbindungssätze lediglich an den Verbindungsleitungen zu anderen Vermittlungsstellen liegen.

c) *Fächerartige und maschenartige Gruppierungen* [3.4]. Fächerartige Gruppierungen sind dadurch gekennzeichnet, daß von einem Eingang nur ein einziger Weg zu einem Ausgang führt. Selbstverständlich würde es nicht genügen, eine Ausgangsleitung nur über einen einzigen Weg erreichbar zu machen. Deshalb muß über eine Vielfachschaltung von Ausgängen sichergestellt werden, daß mehrere Wege zu einer Abnehmerleitung führen. Das zeigt Bild 3.9.

Fächerartige Gruppierungen werden häufig in Koppelanordnungen mit mehreren Wahlstufen verwendet, in denen die Wahlstufen aus wenigen Koppelstufen bestehen. Gruppierungen mit „Wählern" als Koppler sind meist fächerförmig. Die Vielfachschaltung am Ausgang ist für gewisse Wegesuchverfahren eine Erschwernis.

Im Gegensatz dazu bestehen bei einer maschenartigen Gruppierung von vornherein mehrere Wege zu einem Ausgang, wie in Bld 3.10 angegeben.

Maschenartige Gruppierungen findet man häufig bei Koppelanordnungen mit *einer* Wahlstufe, die aus vielen Koppelstufen zusammengesetzt sind. Meist werden Koppler nach dem „Kreuzpunktkopplerprinzip" verwendet (Abschn. 2.4.1).

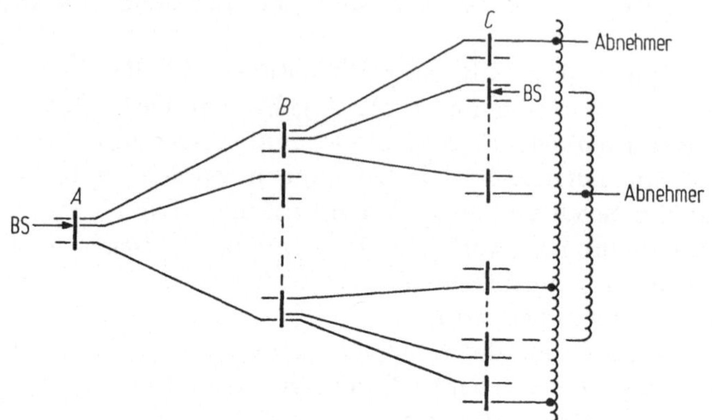

Bild 3.9 Fächerartige Gruppierung
BS Bestimmungspunkt

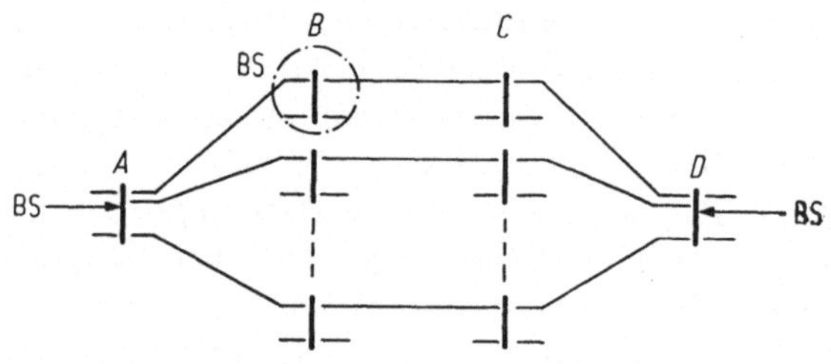

Bild 3.10   Maschenartige Gruppierung
BS Bestimmungspunkt

d) *Systematische und unsystematische Zwischenleitungsanordnung.* Für das Steuerungskonzept der Wegesuche und der Anschaltung der Koppelpunkte ist es häufig von Bedeutung, wieviele Bestimmungspunkte (BS) notwendig sind, um einen Weg durch die Gruppierung eindeutig auszuwählen bzw. einzustellen. Einen großen Einfluß hat hierauf die Systematik der Zwischenleitungsanordnung. Unter Zwischenleitungen versteht man dabei die Verbindungen zwischen den Koppelvielfachen. Wenn, wie es Bild 3.11 zeigt, zwischen zwei Koppelvielfachen mehr als eine Zwischenleitung geführt wird, ist die Angabe der Zwischenleitung selbst (BS) für die eindeutige Beschreibung des Weges notwen-

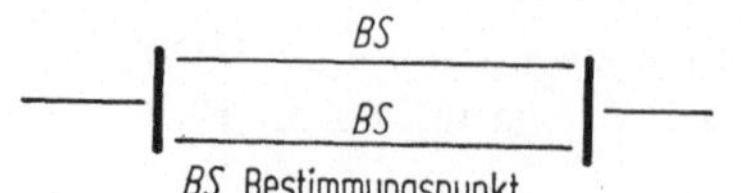

Bild 3.11 Koppelvielfachverbindung mit
zwei Zwischenleitungen

dig. Wird dagegen nur eine einzige Zwischenleitung zwischen Koppelvielfachen geführt, so genügt die Angabe des Koppelvielfaches zur Wegebestimmung.

Bild 3.12 bringt ein Beispiel für eine sehr systematische Zwischenleitungsanordnung. Von einem Ursprung U bis zu einem Ziel Z er-

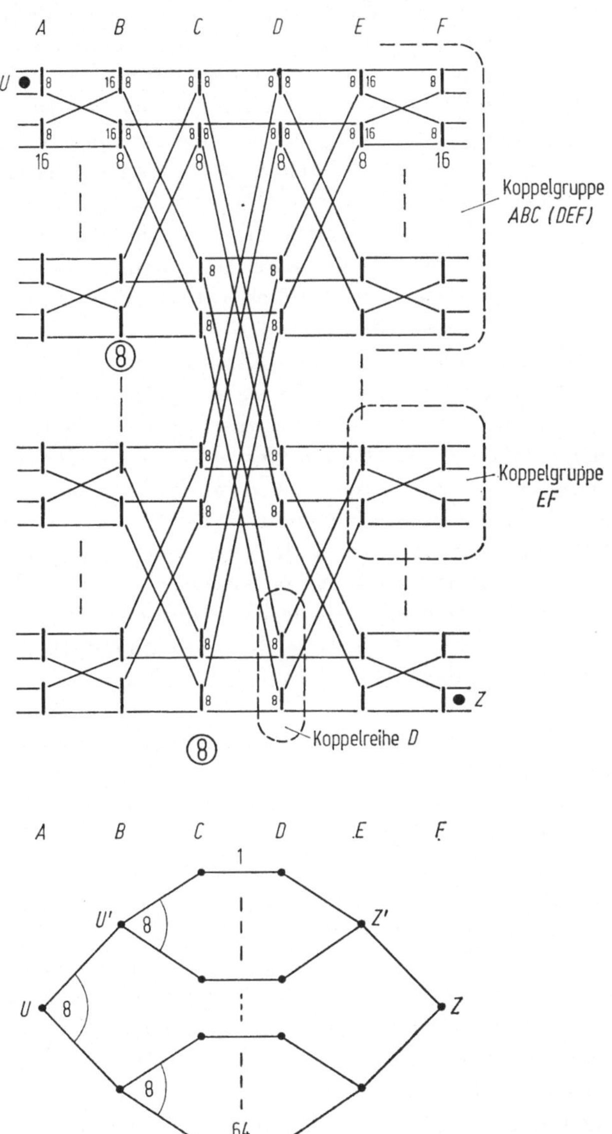

Bild 3 12 Beispiel einer maschenartigen Gruppierung mit systematischer Zwischenleitungsverdrahtung. Unten: Graph der Wegemöglichkeiten

geben sich 64 Wegemöglichkeiten. Ausgehend vom Koppelvielfach A des Ursprungs können über 8 Zwischenleitungen 8 verschiedene Koppelvielfache B erreicht werden. Von jedem Koppelvielfach B aus ergeben sich wiederum 8 Wege zu 8 verschiedenen Koppelvielfachen C. Zwischen Koppelstufe C und D werden die Wege nicht weiter aufgefächert, vielmehr wird hier die Zielrichtung ausgeschieden. So muß von C aus ein Koppelvielfach D erreicht werden, von dem aus seinerseits wiederum der Zielpunkt Z erreicht werden kann. Über die Koppelstufen D und E werden die aufgefächerten Wege wieder zusammen geführt. Die Systematik der Gruppierung bewirkt, daß für jeden Weg die Nummer der das Koppelvielfach A verlassenden Zwischenleitung identisch mit der Nummer der am Koppelvielfach F ankommenden Zwischenleitung ist, entsprechendes gilt für die Nummer des ausgewählten Koppelvielfaches B, der Zwischenleitung zwischen B und C und des Koppelvielfaches C im Hinblick auf die spiegelsymmetrischen Komponenten der Koppelstufen D und E.

Zur Terminologie sei noch gesagt: Eine Einheit aus 16 Koppelvielfachen A und 8 Koppelvielfachen B wird *Koppelgruppe* genannt, sinngemäß auch die entsprechende Einheit aus Koppelvielfachen E und F. Jeweils 8 Koppelvielfache C, die den Koppelvielfachen B einer Koppelgruppe gegenüberliegen, werden als *Koppelreihe C* bezeichnet, entsprechendes gilt für die Koppelvielfache D. Eine Einheit aus 8 Koppelgruppen AB und 8 C-Reihen sowie der entsprechenden Einrichtungen der Koppelstufen D, E und F bildet eine Koppelgruppe ABC bzw. DEF.

Je einfacher die Vorschrift für die Zuordnung der einzelnen Wegekomponenten zueinander ist, desto leichtere Bedingungen können sich für die Steuerung ergeben. Dies wird bei der Wegesuche im Speicher noch erklärt.

Die Zahl der notwendigen Bestimmungspunkte hat oft Einfluß auf den Steuerungsaufwand. Bei Betrachtung der Bilder 3.9 und 3.10 wird man unter der Voraussetzung, daß nur *eine* Zwischenleitung zwischen 2 Koppelvielfachen geführt wird, feststellen, daß bei fächerartigen Gruppierungen 2 Bestimmungspunkte zur Bezeichnung der Endpunkte der Verbindung genügen, während bei maschenartiger Gruppierung ein weiterer Bestimmungspunkt zur Bezeichnung des Weges hinzukommt. Das ist jedoch nur ein scheinbarer Vorteil für die fächerartige Gruppierung, da man für die Wegesuche davon ausgehen muß, daß nicht der Ausgang aus der letzten Koppelstufe C, sondern die Abnehmerleitung vorgegeben wird. Dann ergibt sich entsprechend der maschenartigen Gruppierung je ein Bestimmungspunkt für die Bezeichnung von Zubringer- und Abnehmerleitung sowie ein weiterer Bestimmungspunkt — hier Koppelvielfach C — zur Kennzeichnung des Weges.

e) *Gestreckte und gefaltete Gruppierung.* In der Gruppierung des Bildes 3.12 werden Verbindungswege von links nach rechts durchgeschaltet, d. h. es gibt keine Möglichkeit, von einem Ursprung U links zu einem Ziel Z ebenfalls links zu gelangen. Eine solche Anordnung nennen wir „gestreckte Gruppierung". Wir wollen betrachten, wie sich die verschiedenen Verkehrsarten mit dieser Gruppierung abwickeln lassen.

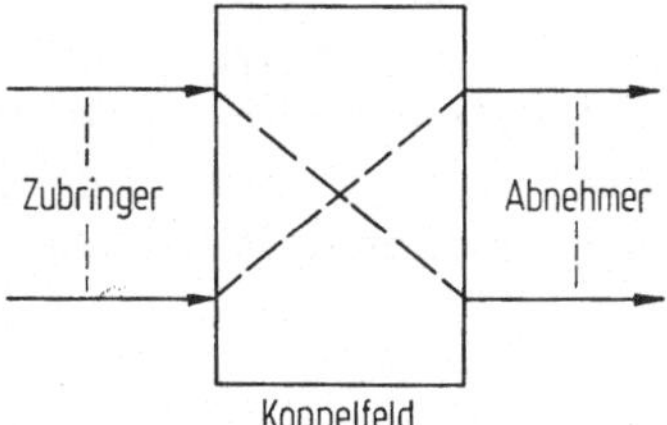

Bild 3.13 Gestreckte Gruppierung: Transitvermittlung für gerichtete Leitungen

Bild 3.13 zeigt eine reine Transit-(Durchgangs-)Vermittlung für einfach gerichtete Leitungen. Links sind die ankommenden, rechts die abgehenden Verbindungsleitungen angeschlossen. Hier ergeben sich keine Probleme. Das Bild ändert sich jedoch, wenn zusätzlich zum Durchgangsverkehr auch Endverkehr abgewickelt werden muß, wenn also Teilnehmer an die Vermittlungsstelle angeschlossen werden. Teilnehmerleitungen sind doppelt gerichtet und sowohl mit ankommenden als auch abgehenden Verbindungsleitungen zu verbinden. Andererseits soll aber auch die direkte Verbindungsmöglichkeit zwischen ankommenden und abgehenden Leitungen bestehen bleiben. Dann müssen die Verbindungsleitungen z. B. zweimal am Koppelfeld angeschlossen werden, wie es Bild 3.14 angibt.

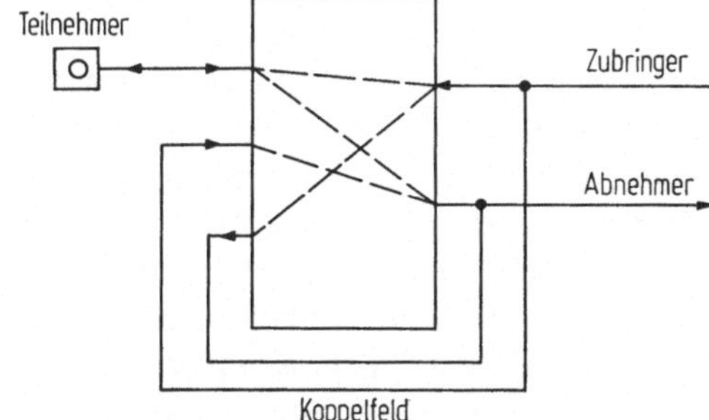

Bild 3.14 Gestreckte Gruppierung: Vermittlung für
Endverkehr und Transitverkehr

Eine andere Möglichkeit besteht darin, Zubringer und Abnehmer — also alle Teilnehmer und Verbindungsleitungen — völlig gleichberechtigt und austauschbar auf der einen Seite der Gruppierung anzuordnen, während auf der anderen Seite lediglich Kurzschlußbügel vorhanden sind (Bild 3.15). Damit erhält man eine „gefaltete Gruppierung“, die gleich gut für Endverkehr und Durchgangsverkehr geeignet ist. Problematisch wird lediglich der Internverkehr, der Teilnehmer derselben Vermittlungsstelle verbindet (Bild 3.16). Hierzu muß man die Verbindungswege entweder zweimal durch das Koppelfeld führen („Umkehrgruppierung“), oder man verlegt die Internverbindungssätze in den Kurzschlußbügel. Dort müssen sie ggf. für Externverkehr überbrückt werden.

Anstatt über Kurzschlußbügel kann die Verbindung auch in jedem Koppelvielfach selbst rückgeführt werden. Ein Beispiel wird in Abschn. 9.1 besprochen (Bild 9.2). Diese „Kurzwege“ lassen sich jedoch nur bei bestimmten Kopplereigenschaften gut realisieren.

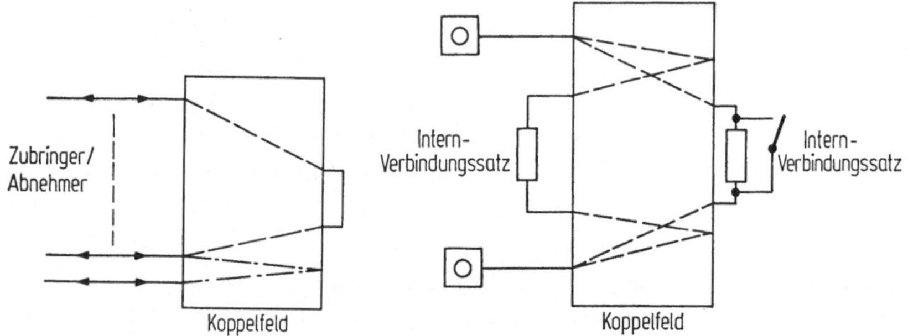

Bild 3.15　Gefaltete　Gruppierung: Transitvermittlung　für　ungerichtete Leitungen, Vermittlung für Endverkehr und Transitverkehr

Bild 3.16 Internverkehr bei Gruppierungen nach Bild 3.15

3.2.3 Gruppierungsaufwand

Das Raumkoppelfeld in einer rechnergesteuerten Vermittlungsstelle hat einen nicht unerheblichen Anteil am Gesamtaufwand, z. B. 25 bis 35% in einer mittelgroßen Anlage. Es lohnt sich also darüber nachzudenken, wie man Koppelpunkte sparen kann. Dabei darf man nicht die Rückwirkungen auf das Steuerungskonzept vergessen, koppelpunktsparende Anordnungen können evtl. höheren Steuerungsaufwand bedeuten. Damit wird die Gruppierungsoptimierung zu einer ziemlich komplexen Aufgabe, für die keine allgemeingültigen Regeln anzugeben sind, da der Aufwand von Kopplern und Steuerung sehr stark konzept- und technologiebestimmt ist [3.5].

Immerhin lassen sich einige Tendenzen angeben:
— Wie bereits erwähnt, kann man durch „weitspannende Wegesuche“ Koppelpunkte sparen. Die Steuerungsaufgabe ist komplexer als die der „stufenweisen Wegesuche“, so daß sich im allgemeinen auch ein höherer Steuerungsaufwand ergibt.

— Kleine Koppelvielfache (z. B. solche mit 8 Eingängen und 8 Ausgängen) erfordern bei vorgegebenem Verlust viele Koppelstufen. Solche Anordnungen sind jedoch besonders sparsam in der Zahl der benötigten Koppelpunkte.

— Dagegen ist in vielstufigen Koppelfeldern mit kleinen Koppelvielfachen die Zahl der Zwischenleitungen — d. h. der Verbindungen zwischen den Koppelvielfachen — höher als in wenigstufigen Anordnungen. Da jedoch der Steuerungsaufwand im allgemeinen proportional mit der Anzahl der Zwischenleitungen wächst, wird der Vorteil der geringen Koppelpunktzahl wieder mehr oder weniger kompensiert.

— Regelmäßigkeit der Gruppierung und ggf. der Vielfachschaltung vereinfacht die Steuerungsfunktionen (Abschn. 3.3 und 3.4).

Diese qualitativen Angaben sind ohne weiteres plausibel. So werden z. B. um so mehr Koppelpunkte (auf den Teilnehmer bezogen) gebraucht, je größer die Koppelvielfache sind, an die die Teilnehmer angeschlossen werden. Andererseits muß man mehr Koppelstufen hintereinander schalten, um mit kleinen Koppelvielfachen eine ähnliche Auffächerung auf verschiedene Wegemöglichkeiten zu erreichen wie mit großen. Wichtig ist es jedoch, auch zu einer quantitativen Aussage zu kommen.

Hier zeigt es sich aber, daß die vielstufigen Koppelanordnungen rechnergesteuerter Vermittlungssysteme schwer oder gar nicht exakt berechenbar sind. Man greift deshalb oft zum Hilfsmittel der „Simulation" auf Datenverarbeitungsanlagen, um gewissermaßen experimentell den Verlust vorgegebener Koppelanordnungen zu bestimmen [3.6]. In einem Zeitalter der Datenfernverarbeitung, das jetzt beginnt, wird sicher auch dem Entwicklungsingenieur die bequeme Möglichkeit eröffnet, von seinem Arbeitsplatz aus Gruppierungsvarianten mit ihren Parametern im Rechner zu testen. Dennoch bleibt der Wunsch bestehen, auch überschlägig schnell die Auswirkung von Parameteränderungen zu erkennen. Hierzu hat Lee [3.7] eine einfache Methode angegeben.

Man betrachtet die Wegemöglichkeiten einer Gruppierung zwischen fest vorgegebenem Eingang und Ausgang, wie es etwa Bild 3.12 zeigt. Wir wollen jedoch zunächst mit einem einfacheren Beispiel beginnen.

Gegeben sei die Gruppierung des Bildes 3.17 mit den Wegemöglichkeiten im Bild unten. Durch den über die Gruppierung fließenden Verkehr werden die einzelnen Komponenten der Gruppierung (Eingänge, Koppelvielfache, Zwischenleitungen, Ausgänge) belastet. Wir nehmen zunächst an, daß sich die Belastung gleichmäßig über das Koppelfeld verteilt. So sei jede der Zwischenleitungen zwischen A- und B-Koppelstufe (ZLAB) mit dem Verkehrswert p_1 Erl, jede ZLBC mit p_2 Erl belastet. Nun ist die Wahrscheinlichkeit, eine bestimmte ZL belegt zu finden, gleich dem Belastungswert p, demgemäß die Gegenwahrscheinlichkeit für den Freizustand dieser Leitung gleich $1 - p$. Die Wahrschein-

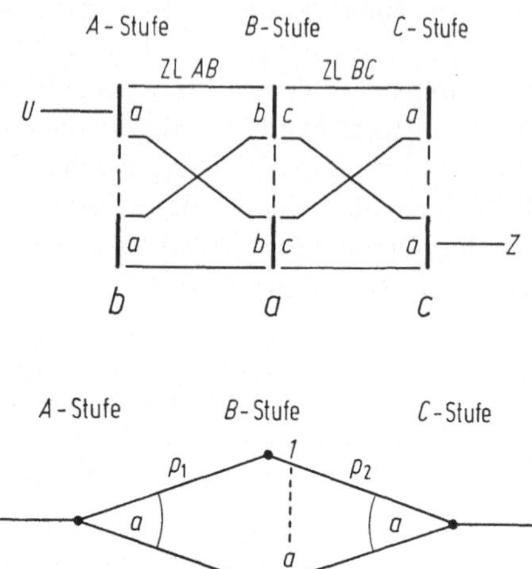

Bild 3.17 Dreistufige, maschenartige Gruppierung. Unten: Graph der Wegemöglichkeiten

lichkeit, zwischen Ursprung U und Ziel Z einen bestimmten Leitungszug aus je einer aufeinanderfolgenden $ZLAB$ und $ZLBC$ frei zu finden, ist damit $(1 - p_1)(1 - p_2)$. Die Wahrscheinlichkeit dafür, daß dieser Leitungszug unbenutzbar ist, weil *entweder ZLAB oder ZLBC oder* beide ZL bereits belegt sind, ist $1 - (1 - p_1)(1 - p_2)$. Die Wahrscheinlichkeit, alle a Wegemöglichkeiten besetzt zu finden (sowohl Weg 1 als auch Weg 2 als auch − − − Weg a) ist dann

$$B = [1 - (1 - p_1)(1 - p_2)]^a,$$

was dem Verlust der Anordnung entspricht.

Diese Formel basiert auf zwei nicht richtigen Voraussetzungen:
a) Die Belastungen sind gleichmäßig über das Koppelfeld verteilt. Das wird aber gewöhnlich bewußt vermieden, da eine bei einem „Nullpunkt" beginnende Absuchfolge freier Wegemöglichkeiten oft zu geringeren Verlusten führt.
b) Die Belastungen sind voneinander unabhängig. Dies ist aber sicher auch nicht der Fall, denn wenn z. B. keine $ZLAB$ belastet wird, tritt auch auf den $ZLBC$ keine Belastung auf.

Die aus diesem Rechengang bestimmten Verlustwerte können also nicht ganz richtig sein. In der Praxis hat sich bewährt, die Belastungs-

werte mit einem empirischen Korrekturfaktor 0,85 zu versehen, so
daß die Verlustformel dieser Gruppierung dann lautet:

$$B = [1 - (1 - 0{,}85p_1)\,(1 - 0{,}85p_2)]^a.$$

Die Belastungen p_1 und p_2 bestimmen sich aus dem Verkehrsangebot
der Zubringerleitungen. Ist das auf ein Koppelvielfach der Koppelstufe A (KVA) gebrachte Angebot z. B. A, so ist $p_1 = A/a$ laut
Voraussetzung a). Ein KVB trägt damit den Verkehr $b\,p_1$, eine ZLBC
ist mit

$$p_2 = \frac{b}{c}\; p_1 = \frac{b}{ac}\, A$$

belastet. Dies gilt jedoch nur bei kleinen Verlusten, bei denen die
Koppelfeldbelastung etwa gleich dem Angebot ist.

Wir wollen nun zum Beispiel des Bildes 3.12 übergehen. Unter der
Voraussetzung gleichmäßig verteilter Belastung ergibt sich, daß die
ZLAB und ZLEF gleich belastet sind (p_1). Dasselbe gilt für die ZLBC,
ZLCD und ZLDE (p_2). Wir bestimmen zunächst den Verlust B' der
inneren Masche zwischen U' und Z':

$$B' = [1 - (1 - 0{,}85p_2)^3]^8.$$

Wir können nun die gesamte innere Masche als einen einzigen Leitungs-
abschnitt mit dem Verlust B' auffassen und erhalten als Gesamtverlust
zwischen Ursprungspunkt U und Zielpunkt Z:

$$B = [1 - (1 - 0{,}85p_1)^2\,(1 - 0{,}85B')]^8.$$

Wird das Verkehrsangebot am Koppelvielfach A z. B. zu 2,4 Erl angenommen, so wird $p_1 = 0{,}3$ Erl und $p_2 = 0{,}6$ Erl. Die Ausrechnung
ergibt $B = 2\%$ für den „Punkt zu Punkt"-Verlust zwischen U und Z.
Dieser Wert stimmt gut mit Simulationsergebnissen überein.

3.3 Wegesuchverfahren

Nach der Struktur von Raumkoppelfeldern sollen deren Steuerungs-
möglichkeiten betrachtet werden. Unter „Wegesuche" wird hierbei die
Bestimmung eines freien Weges durch das Koppelfeld zum Ziel oder
in Zielrichtung verstanden. Diese Aufgabe kann in mannigfacher Weise
gelöst werden, die einschlägige Patentliteratur ist äußerst zahlreich.
Es ist an dieser Stelle nicht möglich, die bekannt gewordenen Lösungen
in voller Breite zu behandeln. Deshalb sollen nach einigen grundsätz-
lichen Gedanken lediglich typische Verfahren im Beispiel behandelt
werden.

3.3.1 Voraussetzungen für die Wegesuche

Die Wegesuche erstreckt sich auf die *Leitungen*, die die Koppelvielfache verschiedener Koppelstufen miteinander verbinden (Zwischenleitungen), und auf die *Ausgänge* des Koppelfeldes. Vorgegeben sind für eine Verbindung im allgemeinen der Eingang in das Koppelfeld und der Ausgang (Punkt-Punkt-Verbindung) oder die Ausgangsrichtung (Punkt-Bündel-Verbindung). Folgende Bedingungen müssen erfüllt werden:

a) Freie Zwischenleitungen oder Ausgänge müssen der Steuerung bekannt gemacht werden.

b) Der Auswahl dürfen sich nur solche freie Zwischenleitungen oder Ausgänge stellen, die den Eingang mit dem Ziel verbinden können, die also in der gewünschten Richtung liegen.

c) Zwischenleitungen, die die Bedingungen a) und b) erfüllen, dürfen nur dann ausgewählt werden, wenn sie weitere Zwischenleitungen dieser Art erreichen, d. h. es muß ein zusammenhängender freier Weg vom Eingang bis zum Ausgang eines Wegesuchabschnitts möglich sein (nur bei ,,weitspannender Wegesuche").

d) Ausgewählte Zwischenleitungen und Ausgänge müssen ,,besetzt" geschrieben werden.

Die Art und Weise, wie diese Bedingungen erfüllt werden, ist ein Charakteristikum für die Klassifizierung von Wegesuchverfahren.

3.3.2 Klassifizierung von Wegesuchverfahren

Es gibt eine Reihe von Gesichtspunkten, nach denen sich die Wegesuchverfahren einteilen lassen. Die wichtigsten Merkmale sollen hier besprochen werden.

a) *Stufenweise oder weitspannende Wegesuche.* Die Merkmale wurden bereits in Abschn. 3.2.2 behandelt, da das jeweilige Wegesuchverfahren entscheidenden Einfluß auf die Gruppierung hat.

b) *Ableitung des Belegungszustandes der Zwischenleitungen und Ausgänge aus dem Koppelfeld oder aus einem Speicher (,,Wegesuche im Speicher").* Auch hierzu wurden im Zusammenhang mit den verschiedenen Koppelelementen bereits einige Bemerkungen gemacht (Abschn. 3.1.3). Wenn man die Belegungszustände aller Wegeteilstücke in einem Speicher notiert, ergeben sich eine Reihe von Vorteilen [2.9]. Zu den wichtigsten dieser Vorzüge gehören:

— eine Steuerader kann eingespart werden, d. h. die Koppelpunkte werden billiger (bedingt auch bei Ableitung der Belegungszustände aus dem Koppelfeld möglich);

— ein spezielles Zugriffsystem für die Übernahme der Belegungszustände in die Steuerung entfällt;

— es ergeben sich zusätzliche Freiheitsgrade in der Steuerung, die im Hinblick auf die Wartungsvereinfachung interessant sind. So können Verkehrsmessungen, die den Belegungszustand der Vermittlung in der Hauptverkehrsstunde feststellen sollen, ohne manuelle Eingriffe durch Abfrage der entsprechenden Speicherplätze durchgeführt werden. Oder es läßt sich der Verlauf von Verbindungen aus dem Speicher ablesen. Das ist z. B. in Störungsfällen notwendig.

Diese letztgenannte „Verbindungsverfolgung" weist aber auch gleichzeitig auf einen Nachteil der „Wegesuche im Speicher" hin. Bei der Auslösung einer Verbindung muß nämlich der Belegungszustand der benutzten Zwischenleitungen und Ausgänge im Speicher korrigiert werden. Das erfordert erstens aktive Steuerungsvorgänge, die bei Ableitung der Belegungszustände aus dem Koppelfeld meistens entfallen. Zum zweiten aber muß ein „Verbindungsgedächtnis" vorhanden sein, das angibt, welche Leitungsabschnitte zu der betreffenden Verbindung gehören. Dieses Verbindungsgedächtnis, das die automatische Verbindungsverfolgung erst ermöglicht, bedingt andererseits natürlich zusätzlichen Speicherraum.

Hierbei spielen wieder gewisse Gruppierungseigenschaften eine Rolle. Bei regelmäßigen Gruppierungen ohne Vielfachschaltungen genügen verhältnismäßig wenig Angaben, um den gesamten Verbindungsweg zu rekonstruieren. Betrachtet man z. B. Bild 3.12, so erkennt man, daß die Angabe von Ursprung U und Ziel Z sowie die Kennzeichnung des einen von 64 möglichen Wegen genügen, um den Verbindungszug vollkommen zu beschreiben. Die Wegekennzeichnung erfolgt z. B. durch Angabe der das Koppelvielfach A und der das Koppelvielfach B verlassenden Zwischenleitung, im vorliegenden Fall also durch 6 bit.

In den ohnehin speicherorientierten rechnergesteuerten Vermittlungssystemen erfolgt die Wegesuche meist im Speicher. Da jedoch auch Gegenbeispiele existieren (u. a. [3.1]), sollen die verschiedenen anderen Wegesuchverfahren ebenfalls behandelt werden. Aus den eingangs erwähnten Merkmalen ergeben sich im wesentlichen vier unterschiedliche Kategorien:

— stufenweise Wegesuche, Belegungszustände aus dem Koppelfeld abgeleitet;

— weitspannende Wegesuche, Belegungszustände aus dem Koppelfeld abgeleitet;

— stufenweise Wegesuche, Belegungszustände dem Speicher entnommen;

— weitspannende Wegesuche, Belegungszustände dem Speicher entnommen.

4*

3.3.3 Stufenweise Wegesuche, Belegungszustände aus dem Koppelfeld abgeleitet

Dieses Verfahren ist im Zusammenhang mit den dezentral gesteuerten „Direktwahlsystemen" weit verbreitet. Bild 3.18 zeigt noch einmal das bekannte Prinzip:

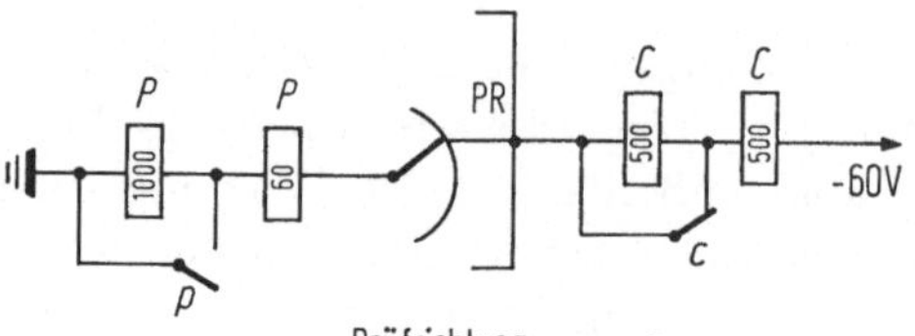

Bild 3.18 „Klassischer" Prüfstrom-kreis

Der Prüfstromkreis in der Steuerader realisiert die klassischen Funktionen „Prüfen, Belegen, Sperren". Mit dem „Aufprüfen" des Wählers auf einen freien Ausgang wird der Wähler durch Ansprechen des P-Relais stillgesetzt, gleichzeitig erfolgt — unterstützt durch das Ansprechen des „Belegungsrelais C" im Eingang der nächsten Wahlstufe — eine Potentialverschiebung im Prüfstromkreis, die das Aufprüfen weiterer Wähler auf den belegten Eingang verhindert.

Bemerkenswert ist folgende Tatsache: Ein Drehwähler oder Hebdrehwähler bringt durch sein mechanisches Aufbauprinzip bereits die Auswahlfunktion mit (Prüfen). Er ist deshalb für dezentral gesteuerte Vermittlungssysteme besonders gut geeignet (vgl. Bild 2.8). Demgegenüber verhält sich der Kreuzpunktkoppler völlig passiv. Daher sind bei seiner Verwendung auch in Direktwahlsystemen teilzentralisierte oder zentrale Steuerwerke für die Wegesuche und Einstellung notwendig [3.8].

3.3.4 Weitspannende Wegesuche, Belegungszustände aus dem Koppelfeld abgeleitet

Es wurde bereits erwähnt, daß zwischen dem Prinzip der stufenweisen und der weitspannenden Wegesuche beliebige Zwischenlösungen ausführbar sind. Bei Verwendung von Kreuzpunktkopplern etwa ist es sinnvoll, wenigstens zwei Koppelstufen zu einem Wegesuchabschnitt zusammenzufassen. Wir wollen uns aber hier nicht mit den vielen, in dieser Hinsicht möglichen Varianten beschäftigen, sondern gleich den für die Steuerung schwierigsten Fall der Wegesuche über sehr viele Koppelstufen betrachten.

Wie werden die in Abschn. 3.3.1 genannten Bedingungen erfüllt?

a) *Das Erkennen freier Zwischenleitungen und Ausgänge.* Bild 3.19
gibt einige Möglichkeiten an. In Bild 3.19a wird das Potential der
Steuerader abgetastet, das z. B. im Frei-Zustand negativ ist und im
Belegt-Zustand auf „Erde" liegt. In Bild 3.19b ist ein Zwischenleitungsrelais in die Steuerader eingefügt, an dessen Kontakt (z. B. Ruhe-
kontakt) der Belegungszustand abgelesen werden kann. Schließlich
zeigt Bild 3.19c eine Möglichkeit, den in der Steuerader fließenden
Strom über einen Magnetkern abzufragen und als Belegungskriterium
zu verwenden.

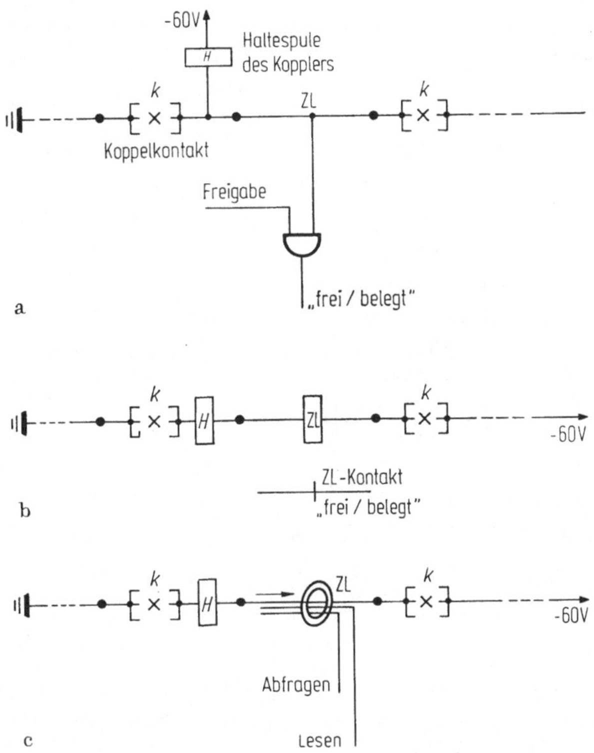

Bild 3.19 Erkennen des Belegungszustandes

a) Spannungsabtastung der Zwischenleitung ZL; b) Strommessung der Zwischenleitung ZL mit
Relais; c) Strommessung mittels Magnetkern

b) *Das Erkennen der Zugehörigkeit zum gewünschten Weg.* Hierfür gibt
es eine Reihe von Lösungen. Wenn man eine Klassifizierung versucht,
läßt sich unterscheiden

— der in der Steuerung bekannte Zusammenhang von Zwischenleitungen und Wegemöglichkeiten,

— ein im Koppelfeld mitgeführtes Wegesuchnetz.

Während im ersten Fall eine gewisse Regelmäßigkeit der Gruppierung zweckmäßig ist, außerdem Änderungen des Ausbaus und der Wegezuordnungen im Koppelfeld *und* in der Steuerung berücksichtigt werden müssen, läßt sich ein Wegesuchnetz auch bei unregelmäßigen Gruppierungen anwenden, wobei die Änderungen im Koppelfeld durch Mitrangieren des Wegesuchnetzes im allgemeinen nicht in die Steuerung eingreifen.

In Wegesuchverfahren nach dem erstgenannten Prinzip fragt die Steuerung die in Frage kommenden Zwischenleitungen auf ihren Belegungszustand hin ab. Wir wollen hier Verfahren dieser Art nicht näher untersuchen, sondern uns den technisch interessanteren Wegesuchnetzen zuwenden.

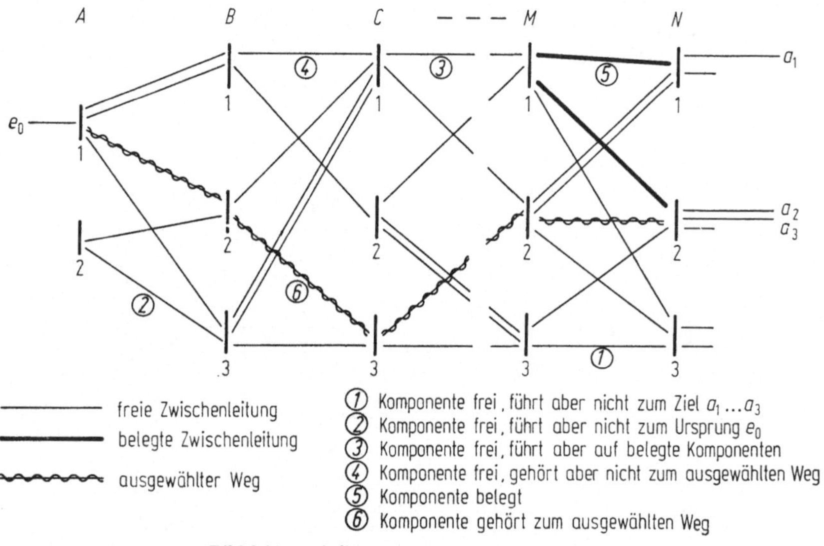

——————— freie Zwischenleitung

——————— belegte Zwischenleitung

∿∿∿∿∿∿ ausgewählter Weg

① Komponente frei, führt aber nicht zum Ziel $a_1 \dots a_3$
② Komponente frei, führt aber nicht zum Ursprung e_0
③ Komponente frei, führt aber auf belegte Komponenten
④ Komponente frei, gehört aber nicht zum ausgewählten Weg
⑤ Komponente belegt
⑥ Komponente gehört zum ausgewählten Weg

Bild 3.20 n-stufige, maschenartige Gruppierung

Wir betrachten mit Bild 3.20 den allgemeinen Fall einer vielstufigen, maschenartigen Gruppierung. Im Gegensatz zu Bild 3.12, in dem sich die Wegemöglichkeiten zu einer einzigen großen Masche auffächern (vgl. Graph Bild 3.12), läßt sich hier eine Anzahl kleiner, hintereinanderliegender Maschen bilden (im Beispiel zwei Maschen). Außerdem werden Koppelvielfache über mehrere Zwischenleitungen miteinander verbunden. Die Zahl der für die Wegeauswahl nötigen Bestimmungspunkte wird dadurch größer als in Bild 3.12. Es besteht die Aufgabe, von einem gegebenen Eingang e_0 einen Weg zu einem der zur gewünschten Richtung gehörenden Ausgänge a_1 bis a_3 zu suchen. Das Bild klassifiziert die Zwischenleitungen, von denen nur ein Teil für die Auswahl in Frage kommt.

Bild 3.21 zeigt ein Wegesuchnetz für diesen allgemeinen Fall. Dabei mögen *freie* Wegekomponenten — also Zwischenleitungen oder Ausgänge — mit einem der logischen Eins entsprechenden Potential gekennzeichnet sein (vgl. Bild 3.19a). Jeder Zwischenleitung ist ein eigenes UND-Gatter zugeordnet, während jedes Koppelvielfach durch

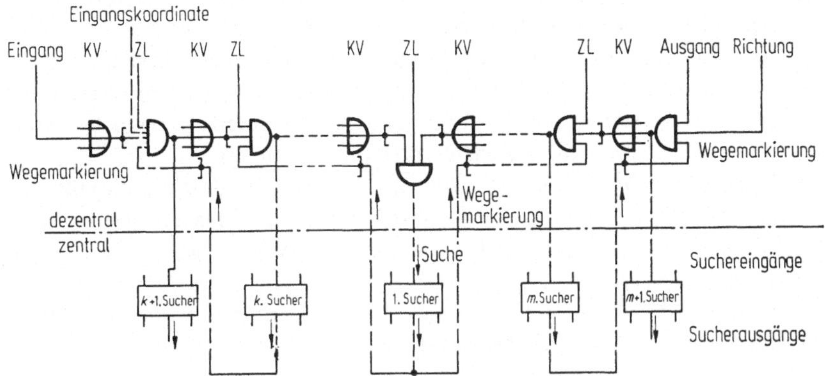

Bild 3.21   Allgemeiner Fall eines Wegesuchnetzes

ein ODER-Gatter repräsentiert wird. Das Wegesuchnetz ist ein Abbild der Gruppierung, bei dem die von einem ODER-Gatter angesteuerten UND-Gatter den Zwischenleitungen entsprechen, die von dem zugehörigen Koppelvielfach ausgehen. Umgekehrt sind die Eingänge in ein ODER-Gatter den Zwischenleitungen gleichzusetzen, die das Koppelvielfach erreichen. Die UND-Gatter haben zusätzliche Markiereingänge (Wegemarkierung), die Ausgänge der UND-Gatter führen auf Sucher, die jeweils eine von mehreren möglichen Zwischenleitungen auswählen. Die Ausgänge der Sucher werden u. a. zur Wegemarkierung gebraucht, sie geben aber natürlich in erster Linie den ausgesuchten Weg an.

Ein Wegesuchvorgang verläuft in mehreren Phasen:

— Im Ruhezustand liefern alle Sucherausgänge „1-Potential".

— Zur Kennzeichnung des gewünschten Weges wird an das ODER-Gatter des Eingangskoppelvielfachs 1-Potential (Markierpotential) gelegt (Eingangsmarkierung).

— Gleichzeitig wird die Ausgangsrichtung markiert. Dadurch geben alle *die* UND-Gatter 1-Potential ab, die freien Ausgängen in der gewünschten Zielrichtung zugeordnet sind.

— 1-Potential breitet sich von den Endpunkten ausgehend im Wegesuchnetz über alle erreichbaren freien Zwischenleitungs-UND-Gatter aus. Damit wird sichergestellt, daß sich nur Zwischenleitungen am Wegesuchvorgang beteiligen, die vom Eingang zum gewünschten Ziel führen.

— Eine beliebige Stelle der Gruppierung (zweckmäßig nahe der Mitte) wird zum Beginnpunkt der Wegeauswahl erklärt. In den UND-Gattern der dort liegenden Zwischenleitungen treffen sich die Wegemarkierungen beider Seiten. Die Ausgänge dieser Gatter sind auf die Eingänge des 1. Suchers geführt. Der Sucher wählt eine der Zwischenleitungen aus, die sich mit 1-Potential melden und damit anzeigen, daß sie von beiden Seiten über freie Zwischenleitungen erreicht werden.

— Alle Ausgänge des ersten Suchers werden nun gesperrt bis auf den einen, der dem ausgewählten Eingang entspricht. Dadurch werden diejenigen UND-Gatter der vorhergehenden Zwischenleitungen blockiert, die nicht die ausgewählte Zwischenleitung erreichen.

— Nun wiederholt sich der Auswahlvorgang in den anschließenden Suchern (z. B. m und k). Nach Bestimmung je eines Ausgangs bleibt nur dieser Ausgang markiert, wodurch die Wegemöglichkeiten weiter eingeschränkt werden.

— In dieser Weise wird die Auswahl bis zur Bestimmung der letzten Wegekomponente fortgesetzt [z. B. $(k + 1)$. und $(m + 1)$. Suche].

Wie man sieht, läßt sich das Wegesuchnetz dezentral mit den Koppelvielfachen und Zwischenleitungen verdrahten und auch rangieren. Lediglich die Sucher müssen zentral angeordnet werden, da sie nicht einer einzigen Zwischenleitung oder einem einzigen Koppelvielfach zuzuordnen sind.

In der Praxis würde es einen sehr hohen Aufwand bedeuten, wenn jeder Zwischenleitung ein eigener Suchereingang zugeordnet werden müßte. Hier kann man aber die Ausgänge mehrerer UND-Gatter zusammenmischen, wenn sich deren 1-Meldungen gegenseitig ausschließen. Zur Erklärung sei auf Bild 3.12 verwiesen: Zum Beispiel können die Meldungen der ersten Zwischenleitungen verschiedener Koppelvielfache A auf einen gemeinsamen Suchereingang geführt werden, da je Wegesuchvorgang nur *eine* Eingangsmarkierung möglich ist.

Wegesuchnetze sind in ihrer technischen Ausführung stark von der Art der Belegungszustandsabfrage abhängig. Verwendet man Ruhekontakte von Zwischenleitungsrelais entsprechend Bild 3.19b, kann man sich mit einer Entkopplungsdiode je Zwischenleitung begnügen [3.9]. Andere Verfahren sehen Arbeitskontakte von Zwischenleitungsrelais zur Belegtkennzeichnung vor [3.10]. Aber auch selbstsuchende Netze, bei denen zentrale Auswahleinrichtungen entfallen, sind bekanntgeworden [3.11]. Diese Angaben sollen nur einen kleinen Hinweis auf die Vielfalt möglicher Wegesuchnetze geben.

Stark vereinfachen lassen sich Wegesuchnetze, wenn man Gruppierungen mit nur drei Bestimmungspunkten verwendet. Unter der Voraussetzung, daß der Zielpunkt Z vorgegeben ist, genügt es bei einer

Gruppierung wie in Bild 3.12, nur einen Auswahlvorgang an der breitesten Stelle der Wegeauffächerung vorzunehmen. Alle Rückmarkierungen in aufeinanderfolgenden Suchschritten, wie sie Bild 3.21 zeigt, können entfallen.

In Bild 3.22 ist ein solches einfaches Wegesuchnetz dargestellt. Der Wegesucher braucht nur mit 64 Eingängen ausgestattet werden, da man je 64 UND-Gatter mischen kann. Die Zusammenhänge können zusammen mit Bild 3.12 leicht studiert werden. Soll ein Weg zu einer freien Leitung eines Ausgangsbündels gesucht werden, muß ein Ausgang in einem vorangegangenen Suchvorgang zunächst ausgewählt werden, um den Zielpunkt zu bestimmen. Findet sich dann kein freier Weg zu diesem Zielpunkt, muß ein anderer Ausgang gesucht werden, zu dem dann wiederum ein Wegesuchvorgang durchgeführt wird. Durch ein- bis zweifache Wiederholung läßt sich der Verlust um etwa eine Größenordnung gegenüber dem ersten Versuch reduzieren [3.12].

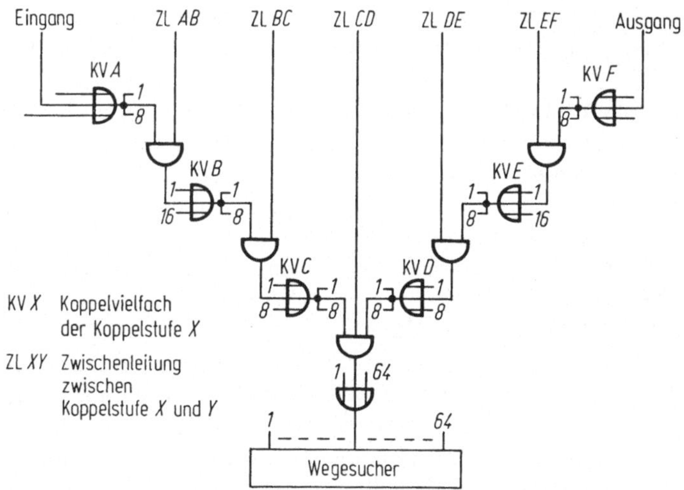

Bild 3.22   Wegesuchnetz (Beispiel zu Bild 3.12)

c) *Auswahl eines zusammenhängenden freien Weges.* Diese Aufgabe wird in Wegesuchnetzen automatisch miterfüllt. Werden die Belegungszustände jedoch von der zentralen Steuerung abgefragt, muß der nötige Zusammenhang gegebenenfalls durch Zwischenspeicherung hergestellt werden. Hierauf wird später noch eingegangen (Abschn. 3.3.6).

d) *Besetztschreiben ausgewählter Zwischenleitungen und Ausgänge.* Hierzu kann als Beispiel auf Bild 3.19 verwiesen werden: Mit dem Durchschalten des ausgewählten Weges ändern sich die Potential- oder Stromverhältnisse auf der Steuerader, z. B. durch das Einschalten

eines Haltekreises für die Koppelpunkte. Dadurch erfolgt die Belegt-
meldung. Sie ist also unmittelbar mit der Durchschaltung des Weges
verknüpft. Mit der Auflösung des Weges werden die Komponenten
automatisch wieder frei geschrieben.

3.3.5 Stufenweise Wegesuche, Belegungszustände dem Speicher entnommen

Verfahren dieser Art sind denkbar, haben aber keine praktische Bedeutung.

3.3.6 Weitspannende Wegesuche, Belegungszustände dem Speicher entnommen

Diese Verfahren werden häufig im Zusammenhang mit rechnergesteuerten Vermittlungssystemen verwendet. Die Belegungszustände von
Zwischenleitungen und Ausgängen sind durch — mindestens — 1 bit
im Speicher gekennzeichnet. Für die Wegesuche müssen die in Frage
kommenden Speicherzellen ausgelesen und miteinander verknüpft
werden.

Wir wollen das Prinzip der Wegesuche im Speicher an der Gruppierung des Bildes 3.12 studieren. Wir nehmen an, daß die Belegungszustände der Zwischenleitungen in einem 8 bit breiten Speicher aufbewahrt werden. Eine freie Zwischenleitung sei durch „L", eine belegte durch „O" gekennzeichnet (Bild 3.23). Dann passen die Belegungszustände der 8 Zwischenleitungen, die ein Koppelvielfach A
(KVA) verlassen, gerade in eine Speicherzelle. Man kann also jedem
KVA eine Speicherzelle zuordnen.

Sinngemäß wird auch jedem KVF eine Speicherzelle zugewiesen.
Wie bereits erwähnt (Abschn. 3.2.2), ist in jeder Verbindung die Ord-
nungszahl der im KVA benutzten Zwischenleitung gleich der Ord-
nungszahl der im KVF belegten Zwischenleitung. Man kann also den
Inhalt der Ursprungs-KVA-Zelle und der Ziel-KVF-Zelle unterein-
anderschreiben und durch UND-Verknüpfung übereinander stehender
Bit mögliche Wege durch die Koppelstufen A und F bestimmen
(Bild 3.23a).

Jede der acht das KVA verlassenden Zwischenleitungen erreicht
ein und nur ein KVB, von jedem KVB aus bestehen acht neue Wegemöglichkeiten (vgl. Graph Bild 3.12). Um die möglichen Wege weiterhin
durch „Untereinanderschreiben" vermittels einfacher UND-Operation
bestimmen zu können, wird zunächst nur einer der von einem KVB
weiterführenden Wege betrachtet, dieser aber in allen 8 KVB gleichzeitig. Diese jeweils 8 KVB verlassenden Zwischenleitungen gleicher
Ordnungszahl nennen wir ein „Bündel" (z. B. Bündel Bd_1 mit den

Zwischenleitungen $Bd_{1/1}$ bis $Bd_{1/8}$, Bild 3.23b. Zur Kennzeichnung der Koppelstufen, zwischen denen die Zwischenleitungen verlaufen, schreiben wir Bd_1BC). Die Belegungszustände der Zwischenleitungen dieses Bündels können unter die Belegungszustände des KVA und KVF geschrieben werden. Dazu müssen die Belegungszustände der Zwischenleitungen zwischen B- und C-Stufe ($ZLBC$) nicht mehr nach KVB, sondern nach Bündeln geordnet im Speicher aufbewahrt werden.

Wie man sieht, entsprechen Bündel- und Leitungsnummern der $ZLBC$ denen der $ZLDE$. Unter die Belegungszustände des BC-Bündels lassen sich also auch die des zugehörigen DE-Bündels schreiben (Bild 3.23c).

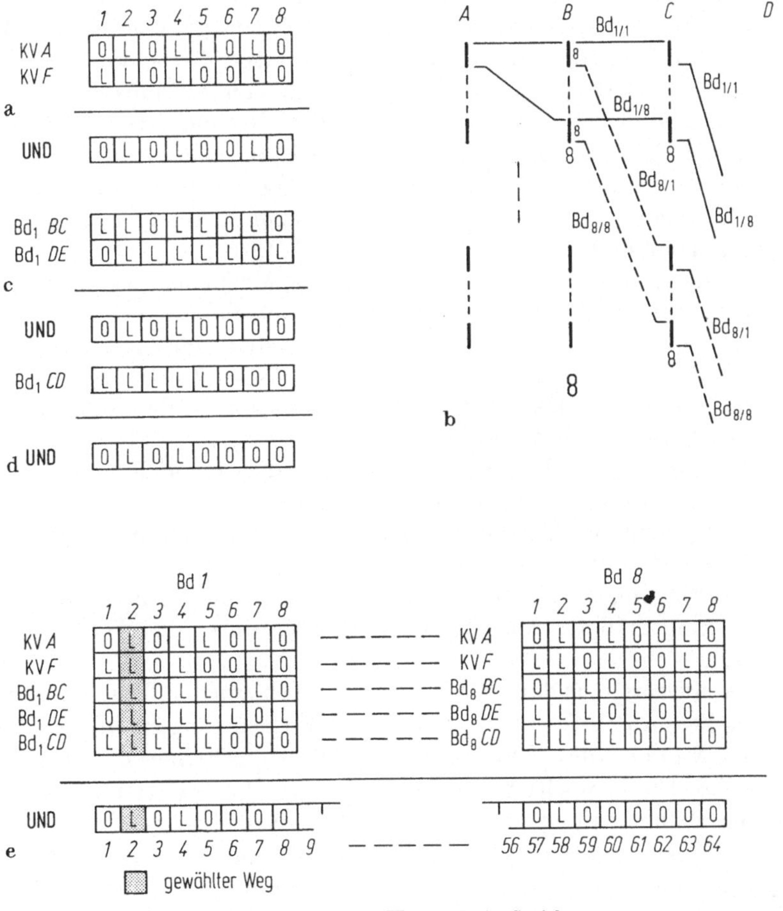

Bild 3.23 Prinzip der Wegesuche im Speicher
a) Wegemöglichkeiten durch KVA und KVF; b) Bildung von Bündeln für die Wegesuche; c) Wegemöglichkeiten zusätzlich in den Bündeln Bd_1BC und Bd_1DE; d) Wegemöglichkeiten zusätzlich im Bündel Bd_1CD; e) Überblicken aller Wegemöglichkeiten

Nun fehlen noch die Belegungszustände der $ZLCD$, um einen vollständigen Weg auswählen zu können. Das zugehörige CD-Bündel wird bestimmt durch:

a) Ursprung U und Ziel Z. So verlassen z. B. alle die Koppelgruppen $ABC\,1$ und $DEF\,8$ verbindenden Zwischenleitungen die KVC der ersten Koppelgruppe ABC mit der Ordnungszahl 8 und erreichen die KVC der letzten Koppelgruppe DEF mit der Ordnungszahl 1;

b) die Nummer des Bündels BC. Zum Beispiel erreichen alle Zwischenleitungen des Bündels $Bd_1\,BC$ die Koppelvielfache C der ersten Koppelreihe C in der ersten Koppelgruppe ABC (Bild 3.23 b).

Die Belegungszustände des so gekennzeichneten CD-Bündels werden unter die übrigen Zeilen geschrieben (Bild 3.23 d). Nunmehr geben Spalten, die nur Einsen enthalten, freie Wegemöglichkeiten an. Auf diese Weise können 8 von 64 Wegen gleichzeitig überblickt werden.

Um alle 64 Wege gleichzeitig prüfen zu können, müssen die Belegungszustände aller Ursprung und Ziel verbindenden Zwischenleitungsbündel aus dem Speicher ausgelesen und nebeneinandergeschrieben werden. Entsprechend oft werden die Belegungszustände der $ZLAB$ und $ZLEF$ vervielfacht (Bild 3.23 e, „Aufspreizen der Belegungszustände").

Auf diese Weise läßt sich ein Weg aus 64 Möglichkeiten auswählen. Aus der Nummer des ausgewählten Weges müssen die anzusteuernden Koppelpunkte bestimmt werden. Wir wollen dies, um das Verständnis zu vertiefen, am Beispiel des ausgewählten Weges 2 betrachten:

— Der Eingang in das KVA ist durch Ursprung U, der Ausgang aus dem KVF durch Ziel Z vorgegeben.

— Der Ausgang aus dem KVA und der Eingang in das KVF ist durch die ausgewählte Zwischenleitung 2 bestimmt.

— Die Nummer des KVB bzw. des KVE ist durch die 2 sowie Ursprung und Ziel bestimmt.

— Der Eingang in das KVB ist durch die Nummer des Ursprungs-KVA, sinngemäß der Ausgang aus dem KVE durch das Ziel-KVF gegeben.

— Der Ausgang aus dem KVB bestimmt sich aus der Bündelnummer BC, in diesem Fall 1. Entsprechendes gilt für den Eingang in das KVE.

— Die Nummer des KVC innerhalb der Koppelreihe entspricht der des KVB. Die Koppelreihe ist durch die Nummer des Bündels BC bestimmt. Sinngemäß ist die Lage des KVD abzuleiten.

— Der Eingang in das KVC wird durch die Nummer der Ursprungskoppelgruppe — in diesem Fall also 1 — vorgegeben. Sinngemäß bestimmt die Nummer der Zielkoppelgruppe den Ausgang aus dem KVD.

— Ausgang aus dem KVC und Eingang in das KVD ergeben sich aus Ursprungs- und Ziel-Amtsgruppe.

Wir hatten in Abschn. 3.3.4 in erster Linie Wegesuchnetze betrachtet. Bei der Alternative, der gezielten Abfrage der Belegungszustände durch die Steuerung, entspricht die Technik der hier geschilderten, mit dem Unterschied, daß die Belegungszustände nicht dem Speicher, sondern dem Koppelfeld selbst entnommen werden. Charakteristisch ist in beiden Fällen, daß im Gegensatz zum Wegesuchnetz die Vorgabe der Ausgangsleitung zweckmäßig ist, da sich sonst die Zahl der gleichzeitig zu betrachtenden und infolgedessen auch zwischenzuspeichernden Wegemöglichkeiten vervielfacht.

3.3.7 Auswirkung von Wegesuchverfahren auf die Steuerung

Das Wesentliche ist bereits gesagt: Weitspannende Wegesuchverfahren tendieren zu einer Zentralisierung der Steuerung, Modularität und Wirtschaftlichkeit auch bei kleinen Ausbaustufen sind schwieriger zu erreichen. Dafür ergibt sich eine wesentliche Einsparung in der Zahl der Koppelpunkte und durch die mögliche „quasi-vollkommene Erreichbarkeit" auch in der Zahl der Ausgangsleitungen. Selbstverständlich bietet sich die Wegesuche im Speicher im wesentlichen für die ohnehin speicherorientierten, rechnergesteuerten Vermittlungssysteme an, diese sind aber teilweise auch mit Wegesuchverfahren bekannt geworden, bei denen die Belegungszustände dem Koppelfeld entnommen werden [3.1, 3.2].

3.4 Einstellung und Auslösung des Weges

Einstellung und Auslösung des Verbindungsweges sind stark von den technischen Eigenschaften des Koppelpunktes her bestimmt. Elektronische oder elektromechanische, mit und ohne ständige Energiezufuhr haltende Koppelpunkte, die Zahl der Steuerwicklungen und Steuerkontakte spielen als Parameter eine entscheidende Rolle. Um die Vielfalt etwas einzuschränken, werden wir uns hier nur mit elektromechanischen Koppelpunkten beschäftigen, deren Ansteuerung wegen des höheren Energiebedarfs und der längeren Schaltzeit problematischer als die elektronischer Koppelpunkte ist.

3.4.1 Steuerungsprinzipien

Es besteht die Aufgabe, aufgrund einer in irgendeiner Weise (z. B. binär) codierten Information der zentralen Steuerung einen (oder wenige) von hunderttausenden von Koppelpunkten anzusteuern und dabei
— die benötigte Energie aufzubringen,
— die zentrale Steuerung nicht mit den Ansteuerzeiten der Koppelpunkte zu belasten,
— die Verdrahtungsprobleme bei der Ansteuerung derartig vieler Informationssenken zu beherrschen.

Wenn man von der außerordentlich großen Zahl der Informationssenken und deren durch die Gruppierung bedingten regelmäßigen Anordnung absieht, läßt sich dies als eine allgemeine Aufgabe für Zugriffsysteme betrachten. Demzufolge kann hier auf Abschn. 7.3 verwiesen werden, in dem allgemeingültige Prinzipien für die Informationsverteilung beschrieben werden. Von den dort angegebenen Verfahren der „Kontaktpyramide" und der „Matrix-Ansteuerung" wurde allerdings bisher nur das letztere zur Koppelpunktansteuerung verwendet. Wir können uns also hier darauf beschränken, auf ein nur unter bestimmten Koppelpunkt- und Gruppierungsbedingungen anwendbares Verfahren einzugehen, die „Endmarkierung".

3.4.2 Endmarkierung als spezielles Einstellverfahren

Ein denkbares Verfahren würde darin bestehen, an Anfangs- und Endpunkt des einzustellenden Weges Gegenpotentiale anzulegen, die die dazwischenliegenden Koppelpunkte ansprechen lassen. Das ließe sich bei fächerförmigen Gruppierungen durchführen, bei denen zwischen Anfangs- und Endpunkt nur *ein* Weg besteht. Bei maschenartigen Gruppierungen sind jedoch zwischen Eingang und Ausgang des Koppelfeldes mehrere Wege möglich, so daß die Ergebnisse der Wegesuche den Einstellvorgang beeinflussen müssen. Eine Ausnahme bilden lediglich selbstsuchende Markiernetze [3.11], die sich aber in die Praxis noch nicht eingeführt haben.

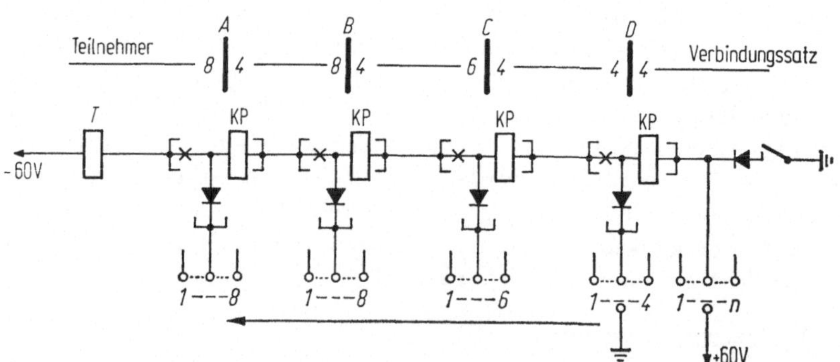

Bild 3.24 Beispiel für Endmarkierung

Wir betrachten Bild 3.24 als Beispiel einer Endmarkierung in maschenförmigen Gruppierungen [3.2]. Im Bild rechts wird die Endmarkierung (z. B. +60 V am Verbindungssatz) angelegt. Gegenpotential liegt hinter dem Koppelpunkt der *D*-Stufe (Erde), so daß der Koppelpunkt ansprechen kann. Durch Auswahl des Gegenpotentials (*1* bis *4*) ist dafür gesorgt, daß nur der Koppelpunkt des gewünschten Weges ansprechen kann. Nach dem Ansprechen des Koppelpunktes liegt das Markierpotential über diesen Koppelpunkt an nur *einem* Ausgang der vorhergehenden Koppelstufe C. Wiederum wird Gegenpotential vor der Koppelstufe C angelegt, das Potential vor Koppelstufe D wird fortgenommen. *Ein* Koppelpunkt der Koppelstufe C kann nun ansprechen. In dieser Weise setzt sich der Einstellvorgang bis zum Teilnehmer (T-Relais) fort.

Das Verfahren hat einige bemerkenswerte Eigenschaften:

— Die Endmarkierung wird an *einem* individuellen Punkt angelegt, muß also sehr viele Markierpunkte erreichen können (1 von n). Dagegen kann die Gegenmarkierung stark zentralisiert werden (vgl. Abschn. 7.3, stark rechteckiges Ansteuerverhältnis).

— Eine Beeinflussung durch bestehende Verbindungen wird durch geeignete Wahl der Markier- und Haltepotentiale vermieden.

— Die Markierreihenfolge — d. h. die Aufeinanderfolge des Anlegens der Gegenpotentiale — ist vorgeschrieben (hier z. B. von rechts nach links).

— Für einen Durchschaltevorgang summieren sich die Einstellzeiten in den einzelnen Koppelstufen.

— Das Markierverfahren ist nur für elektrisch haltende Koppelpunkte brauchbar.

— Das Verfahren kann nur bei getrennt steuerbaren Einzelkoppelpunkten verwendet werden. (Häufig werden Koppelpunkte zeilen- und spaltenweise gemeinsam gesteuert, vgl. Abschn. 12.2).

— Es hat den außerordentlichen Vorteil, daß der Koppelpunkt nur *eine* gemeinsame Spule für das Anwerfen und Halten benötigt.

Hieraus ergibt sich auch die bisher häufigste Anwendung für Einzelkoppelpunkte mit schnellen, in Schutzgas arbeitenden (Reed-)-Kontakten.

3.4.3 Auslösung des Weges

Bei der Durchsprache der Kopplerprinzipien wurde bereits auf die Möglichkeiten der Verbindungsauslösung hingewiesen (Abschn. 3.1.2). Einige dort nur gestreifte Gesichtspunkte bedürfen noch weiterer Erklärung. Zusammenfassend läßt sich zunächst sagen:

— Die Auslösung elektrisch haltender Koppelpunkte geschieht im allgemeinen durch dezentrales Auftrennen der Halteader und ist damit problemlos.

— Die Auslösung magnetisch oder mechanisch haltender Koppelpunkte erfordert im allgemeinen den nochmaligen Zugriff der Steuerung am Schluß der Verbindung. Bei rechnergesteuerten Systemen mit zentralem Verbindungsgedächtnis bietet das keine prinzipiellen Schwie-

rigkeiten, erhöht jedoch die Belastung der Steuerung einschließlich
der Zugriffsysteme. Anders verhält es sich bei Steuerungen ohne gespeichertes Verbindungsgedächtnis. Dort muß aus der Steuerader der
Auslösebefehl abgeleitet werden. Das ist deshalb nicht ganz einfach,
weil der Auslösebefehl erst wirksam werden darf, wenn er über sämtliche Koppelpunkte der Verbindung durchgelaufen ist.
— Eine offenbar elegante Möglichkeit besteht darin, bei selbsthalten-
den Koppelpunkten die Verbindung nur an den Endpunkten aufzu-
trennen und die Koppelpunkte so lange betätigt zu lassen, bis sie bei
einer nächsten Verbindung stören würden.

Diesen letzten Fall wollen wir etwas näher untersuchen: Als erstes
muß erkannt werden, wann bereits geschlossene Koppelpunkte stören.
Dafür gibt es bisher keine technisch vernünftige Lösung. Man kann
sich dadurch helfen, daß man den Koppler mit der Fähigkeit der
„Selbstreinigung“ ausstattet. Was damit gemeint ist, zeigt Bild 3.25.
Wenn der stark ausgezogene Koppelpunkt neu erregt werden soll,
werden zunächst alle in der x- und y-Koordinate etwa noch geschlossenen Kontakte abgeworfen.

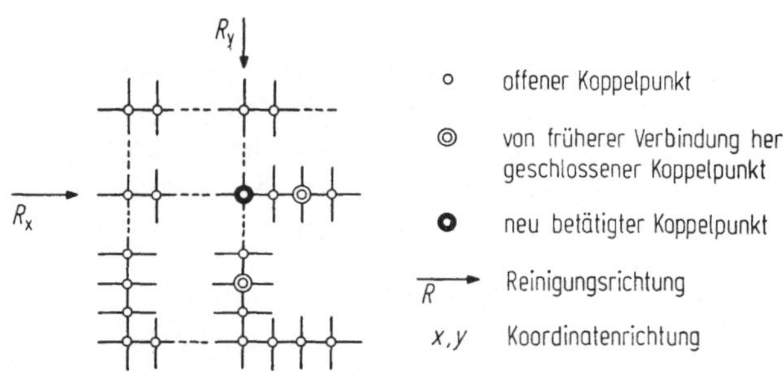

Bild 3.25   Ausschnitt aus einem Koppelvielfach

Diese Bedingung realisiert z. B. automatisch und sehr elegant der
Ferreed-Koppler (Abschn. 12.2). Bei anderen Kopplerprinzipien (z. B.
Crossbar-Wähler) ist eine „Reinigung“ jedoch nur in einer Richtung möglich. Das hat unangenehme Auswirkungen: Die Gruppierungsparameter
müssen so gewählt werden, daß nicht zwei Koordinaten, in denen eine
„Reinigung“ möglich ist, aufeinanderfolgen. Wie man an Bild 3.26
sieht, kann sonst eine „alte Verbindung“ eine neue „Verbindung 1“
und „2“ miteinander verkoppeln.
Aber selbst wenn man die richtige Reihenfolge der „Reinigungs-
koordinaten“ einhält, ergeben sich Schwierigkeiten, wie Bild 3.27 zeigt.
Zwar findet nun keine galvanische Verkopplung verschiedener Ver-

bindungen mehr statt, doch bleiben mehr oder weniger viele und lange „Stummel" alter Verbindungen an den neu geschalteten Verbindungen stehen, die u. U. die Übertragungsqualität verschlechtern. Untersuchungen über die Zahl der „Stummel" an einer Verbindung sind in [3.13] angegeben.

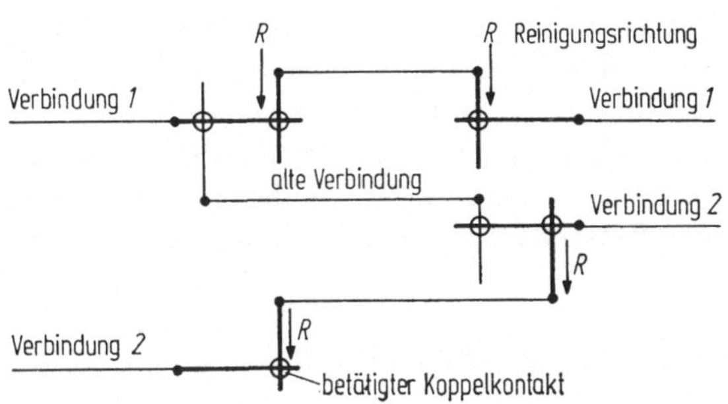

Bild 3.26 Doppelverbindung bei unvollständiger Reinigung

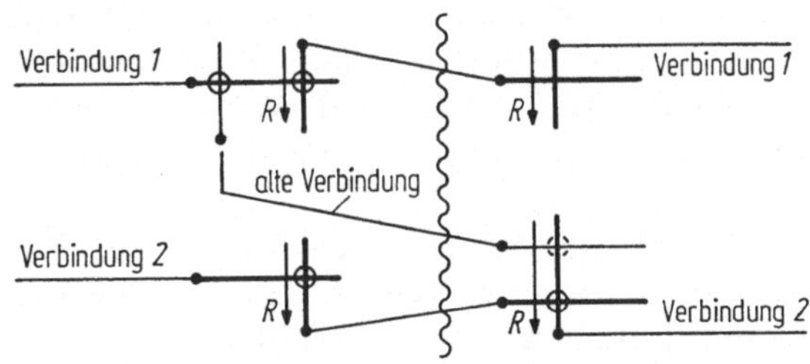

Bild 3.27 Stehenbleiben von „Stummeln" bei unvollständiger Reinigung

3.4.4 Zeitbilanz

Abschließend sollen die Auswirkungen von Koppelelement, Gruppierung und Steuerungsprinzip auf die Belastung der Steuerung zusammengefaßt werden. Dabei ist der Gesichtspunkt interessant, ob durch irgendwelche Einflüsse die Größe oder der Verkehrswert der Vermittlungsstelle begrenzt wird.

a) *Koppelfeld für stufenweise Wegesuche.* Eine Aufteilung in voneinander unabhängige Steuerungsabschnitte ist möglich, damit ist die Größe der Vermittlungsstelle unabhängig vom verwendeten Koppler durch Wegesuch- und Einstellverfahren nicht begrenzt.

b) *Koppelfeld mit weitspannender Wegesuche.* Die Größe der Vermittlungsstelle kann durch folgende Einflüsse begrenzt werden:

— Wegesuche im Wegesuchnetz, d. h. die Belegungszustände werden direkt an den Leitungen abgenommen. Voraussetzung für die Abwickwicklung eines neuen Wegesuchvorgangs ist, daß alle ausgewählten

Wegekomponenten des vorhergehenden Wegesuchvorgangs „besetzt"
geschrieben worden sind. Da dies im allgemeinen erst nach Durchschaltung des ausgewählten Weges erfolgt, sind schnell schaltende
Koppler und zeitsparende Einstellverfahren zweckmäßig (Beispiele
zur Berechnung der zulässigen Steuerungsbelastung in Abschn. 6.2).
— Wegesuche im Speicher. Das Belegtschreiben eines ausgewählten
Weges ist nicht mehr von der Schaltzeit peripherer Bauelemente abhängig, sondern durch die Arbeitsgeschwindigkeit des zentralen
Steuerwerks bestimmt. Diese ist allerdings auch nicht unbegrenzt zu
steigern. Die Einstellzeiten der Koppelelemente sind unkritisch, da sich
genügend viele Steuerungsabschnitte bilden lassen, in denen unabhängig voneinander Einstellvorgänge ausgeführt werden können.

4. Durchschaltung im Zeitvielfach

Das Grundprinzip der Zeitteilung wurde bereits in Abschn. 2.4.2 erläutert. Die Zeitteilung ist als Multiplexprinzip in der Übertragungstechnik verbreitet und in vielen Modulationsvarianten untersucht worden [2.6]. Bisher wurden jedoch in die Vermittlungstechnik nur die
Pulsamplitudenmodulation (PAM) und digitale Signalformen (z. B.
PCM, Δ-Modulation) übernommen. Das resultiert aus zwei sehr verschiedenen Aufgabenstellungen:
— Zum ersten lautet die Aufgabe, NF-Kanäle auf Einzelleitungen
(Zubringer) möglichst wirtschaftlich zu anderen NF-Einzelleitungen
(Abnehmer) durchzuschalten. Diese Vermittlungsaufgabe kann nach
den verschiedensten Prinzipien durchgeführt werden, die Zeitmultiplexvermittlung befindet sich im „harten Wettbewerb" mit Raumkoppelfeldern. In diesem Fall muß man also ein einfaches Modulationsverfahren für die Umsetzung der NF-Signale verwenden, um die zahlreichen Umsetzer in den Zubringer- und Abnehmerleitungen möglichst
aufwandarm ausführen zu können.
— Im zweiten Fall besteht jedoch die Aufgabe, einen bereits modulierten Zeitkanal aus seinem Zubringer-Multiplexsystem herauszulösen und auf einer noch verfügbaren Zeitlage in ein Abnehmer-
Multiplexsystem einzuschleusen. Das Modulationsprinzip ist also bereits von der Übertragungstechnik her vorgegeben und dort nach Gesichtspunkten wie etwa „Störunempfindlichkeit" und „Übertragbarkeit auf billigen Doppelleitungen" ausgewählt worden.

Wir werden uns wegen einiger grundsätzlich interessanter Eigenschaften zunächst mit der PAM-Vermittlung beschäftigen und dem
für die Zukunft bedeutungsvollen zweiten Anwendungsfall ein eigenes
Kapitel (Kap. 5) einräumen.

4.1 Durchschalteprinzipien

In Bild 2.11 ist gezeigt, daß aus dem ursprünglichen Wellenzug lediglich Proben von etwa 500 ns Breite im Abstand von 125 µs entnommen werden. Der Energieinhalt der Proben würde also im Mittel lediglich $4^0/_{00}$ des Wellenzuges betragen, wenn sonst keine Verluste auftreten. Die Proben müssen demnach verstärkt werden.

Relativ leicht stabilisierbar ist eine gerichtete Verstärkung. Deshalb werden die Signale nach Richtungen getrennt, man erhält eine „vierdrähtige Durchschaltung" im Koppelfeld. Wenn die Zubringer und Abnehmer selbst schon Vierdrahtleitungen sind, gibt es hier keine Probleme. Bei Anschluß von Zweidrahtleitungen, insbesondere also bei allen Teilnehmeranschlußleitungen, muß die Richtungstrennung in einer leitungsindividuellen Gabelschaltung G mit Hilfe einer Nachbildung N erst vorgenommen werden (Bild 4.1). Diese sowie die leitungsindividuelle Abriegelung (vgl. Abschn. 3.1.1) belasten die Auf-

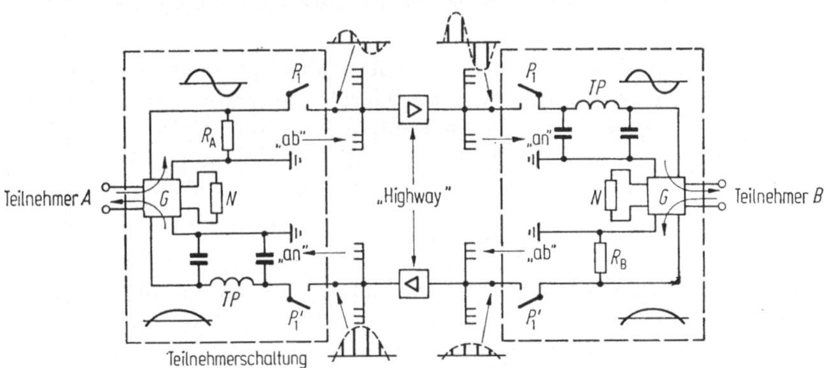

Bild 4.1 Vierdrähtige Zeitvielfachdurchschaltung

wandsbilanz eines Zeitvielfach-Koppelfeldes erheblich. In Bild 4.1 ist der Übergang zur „vierdrähtigen" Zeitvielfachdurchschaltung gezeigt [2.8]. Außer Gabel G und Nachbildung N ist der Tiefpaß TP hervorzuheben, der den ursprünglichen NF-Verlauf auf der Empfangsseite wieder rekonstruiert. Die Schalter P_1 bzw. P_1' schließen jeweils gleichzeitig und stellen damit eine kurzzeitige Verbindung zwischen den Teilnehmern A und B her. Die Verstärker können in den gemeinsamen, gerichteten „Highway" eingefügt und somit für alle über den Highway laufenden Verbindungen zentralisiert werden.

Weniger aufwendig sind Verfahren, bei denen man anstelle von — im wesentlichen — Spannungsamplituden die Energie des Wellenzuges zwischen den Schaltstellen überträgt. Bild 4.2 zeigt das Prinzip. Der Kondensator C_1 wird auf die Signalspannung $U_0 = U_{1max}$ aufgeladen.

Zur Abtastphase τ wird der Schalter zu einem zweiten, gleich großen Kondensator C_2 geschlossen. Die Ladung auf beiden Kondensatoren gleicht sich aus, so daß resultierend auf den Kondensator C_2 die halbe Signalspannung übertragen wird. Bei diesem Verfahren handelt es sich um einen aperiodischen Energieübertrag, der mit einer Dämpfung von 0,7 Np erfolgt und wegen der auf dem ersten Kondensator verbleibenden Ladung einen Reflexionsfaktor von 50% aufweist [4.1].

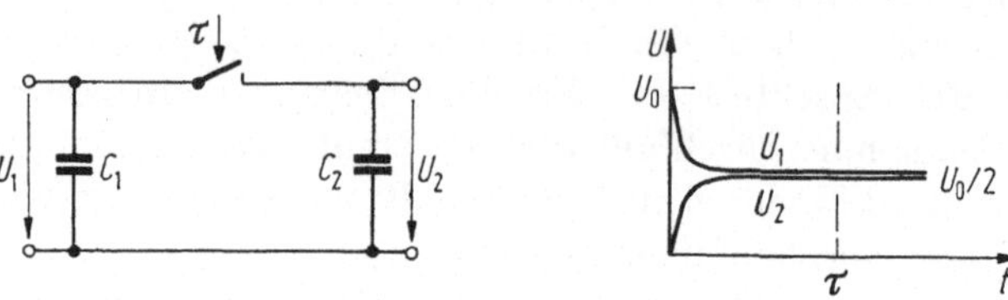

Bild 4.2 Aperiodischer Energieübertrag

Das Prinzip läßt sich durch Resonanzübertrag verbessern, wie es Bild 4.3 zeigt. Durch Spulen wird der Übertragungsstromkreis zu einem Schwingkreis ergänzt, der in der Schließungszeit τ des Schalters eine Halbschwingung ausführt. Entspricht die Dimensionierung der Bedingung

$$\tau = \pi \sqrt{LC},$$

so gelten für die Spannungen an den Kondensatoren die folgenden Beziehungen:

$$U_2 = \frac{U_0}{2}\left(1 - \cos\frac{t}{\sqrt{LC}}\right),$$

$$U_{2\tau} = U_0, \quad \text{d. h. Dämpfung gleich Null,}$$

$$U_1 = \frac{U_0}{2}\left(1 + \cos\frac{t}{\sqrt{LC}}\right),$$

$$U_{1\tau} = 0, \quad \text{d. h. Reflexionsfaktor gleich Null.}$$

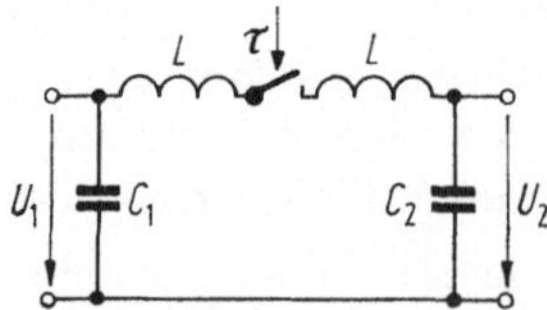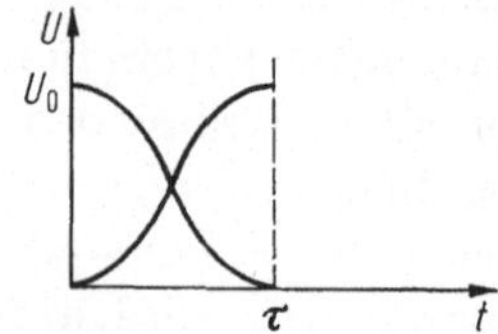

Bild 4.3 Resonanzübertrag

Aber auch der aperiodische Energieübertrag läßt sich durch Einfügung aktiver Schaltelemente verlustfrei machen [4.1]. Hierauf soll jedoch nicht näher eingegangen werden.

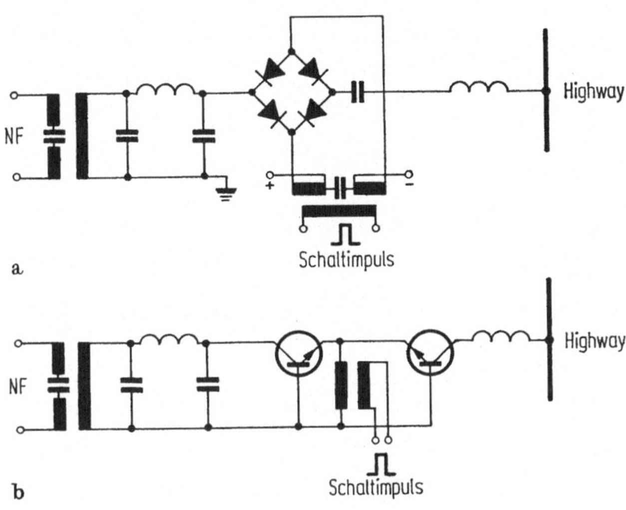

Bild 4.4   Zeitmultiplexschalter

a) mit Dioden, b) mit Transistoren

In Bild 4.4 sind gebräuchliche Zeitmultiplextorschalter mit Dioden (oben) bzw. Transistoren (unten) gezeigt. Durch die Übertragereinkopplung läßt sich dem Schaltpuls, der die Dioden bzw. Transistoren leitend steuert, der Nutzstrom rückwirkungsfrei überlagern.

4.2 Gruppierungen

Ein Highway, der mit 100 Zeitlagen belegt werden kann und an den n Zubringerleitungen angeschlossen sind, bildet eine Koppelanordnung, in der n Eingangskanäle 100 Ausgangskanäle im vollkommenen Bündel erreichen. Er gleicht damit einem „Koppelvielfach" mit „n" Eingängen und „100" Ausgängen. Betrachtet man die 100 Ausgangskanäle z. B. als ein einziges Bündel für Internverkehr, so kann man dies Bündel bei 1% Verlust mit 84,1 Erl belasten [2.2]. An dieses Bündel lassen sich z. B. 2 000 Teilnehmer mit einem Verkehrswert von je 0,08 Erl anschließen, wobei jeder Kanal des Bündels gleichzeitig 2 Teilnehmer bedient.

Bei größeren Teilnehmerzahlen bzw. bei Aufteilung auf viele Richtungen muß man zusätzlich räumliche Koppelfelder einführen.

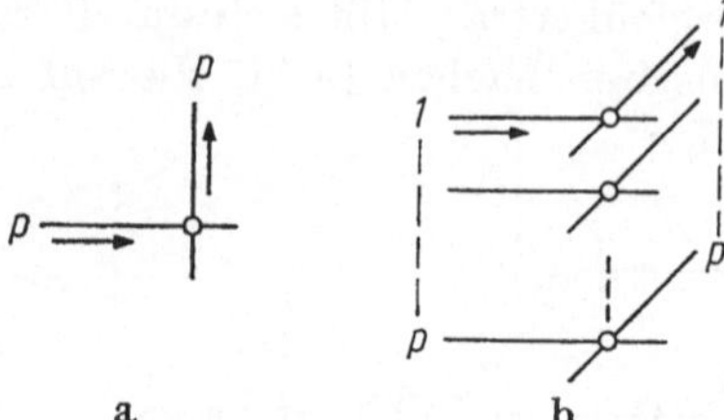

Bild 4.5 Wirkungsweise eines Zeitmultiplex-Koppelpunktes

a) Zeitmultiplex-Koppelpunkt;
b) räumliches Ersatzschaltbild

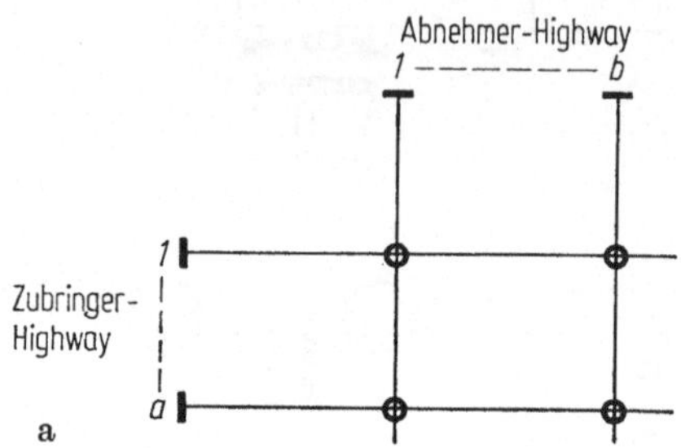

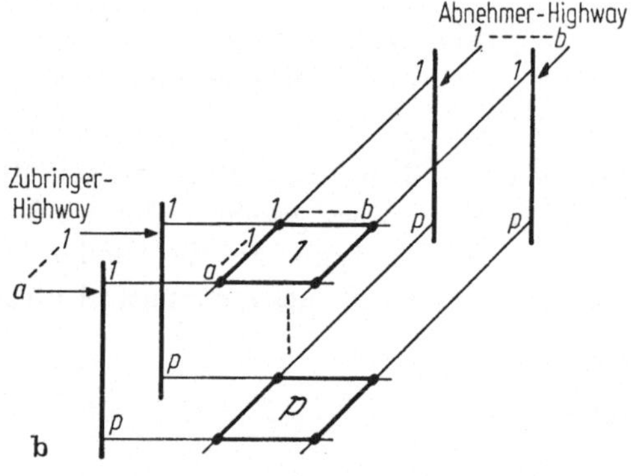

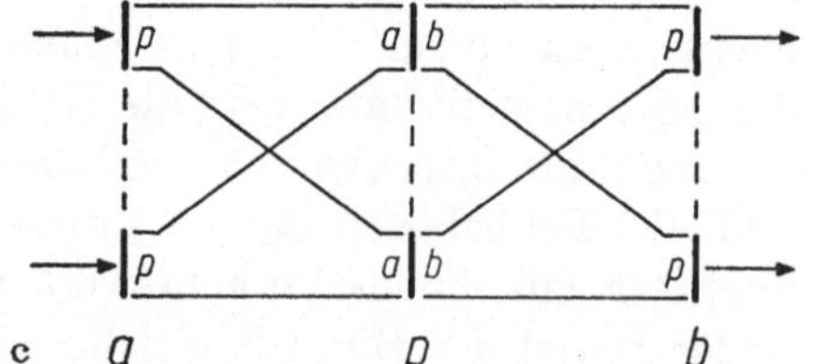

Bild 4.6 Kombiniertes Raum-Zeitkoppelfeld

a) Raumkoppelfeld zwischen Highways; b) räumliche Darstellung bei p Phasen je Highway; c) symbolische Darstellung

Ein Koppelpunkt im Zeitmultiplex läßt sich in ein räumliches Ersatzschaltbild auflösen, wie Bild 4.5 zeigt. Ein Zubringer-Multiplexsystem mit p Zeitlagen kann zu einem Abnehmer-Multiplexsystem mit p Zeitlagen durchgeschaltet werden, wobei im räumlichen Ersatzschaltbild p unabhängig voneinander schaltbare Koppelpunkte gewissermaßen in p Ebenen untereinander angeordnet sind.

Will man mehrere Highways über räumliche Koppelfelder miteinander verbinden, so ist es zweckmäßig, sich dieses räumliche Ersatzschaltbild für die gesamte Anordnung zu verschaffen [4.1], um die Belastungsfähigkeit besser überblicken zu können. Da man einen Highway, wie erwähnt, als Koppelvielfach auffassen kann, ist die in Bild 4.6 a bis c gezeigte Ableitung ohne weitere Erklärung einleuchtend (Zahl der Zeitlagen pro Highway gleich p).

Ein Beispiel für die Gruppierung einer großen Zeitmultiplexvermittlung für etwa 10 000 Teilnehmer ist in Bild 4.7 gezeigt. Man faßt z. B. je 250 Teilnehmer an einem Highway zusammen. Je 8 solcher Highways (oder Koppelvielfache) bilden eine „Amtsgruppe" für 2 000 Teilnehmer. Das Raumkoppelfeld wird nun zweistufig (streng genommen zweimal einstufig, da es sich um eine „gefaltete Gruppierung" handelt), wobei je zwei Zwischenleitungen die verschiedenen Amtsgruppen miteinander verbinden. Für Verbindungen innerhalb der eigenen Amtsgruppe muß jeweils eine Zwischenleitung zu einer anderen Amtsgruppe „blind" belegt werden.

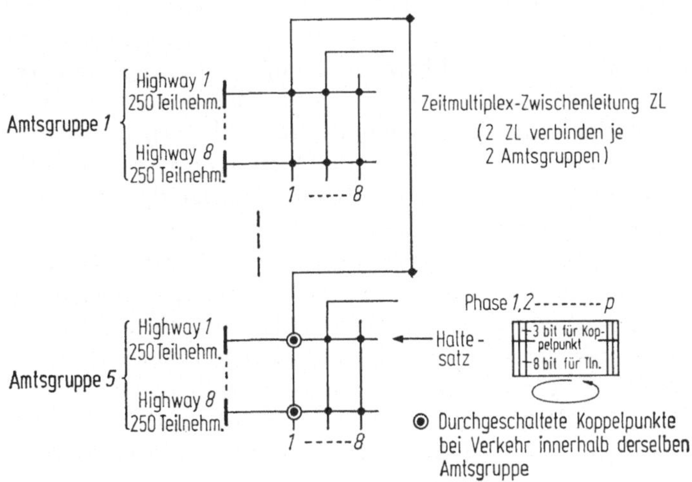

Bild 4.7 a Zeitmultiplex mit zwei Raumkoppelstufen

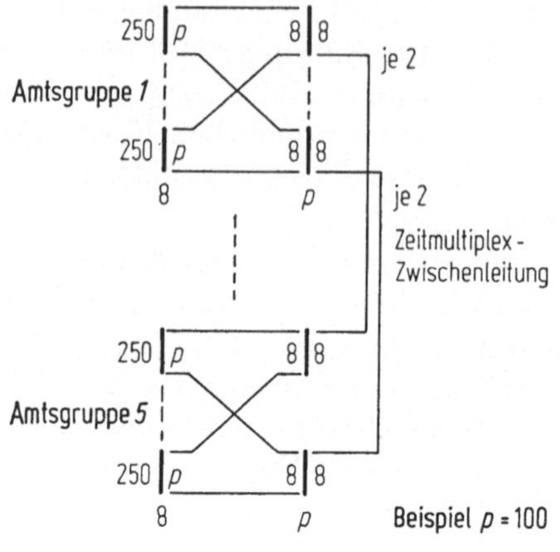

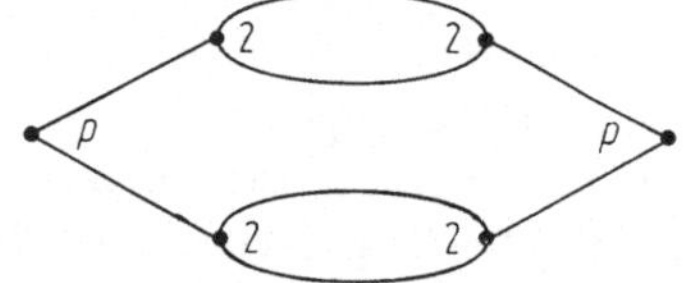

Bild 4.7b   Äquivalentes Raummultiplex
mit Graph der Wegemöglichkeiten

4.3 Besonderheiten der Steuerung

Einige der in Abschn. 3.1.1 für elektronische Koppelpunkte genannten Gesichtspunkte gelten hier sinngemäß: Die Überwachung der Anschlußleitungen hinsichtlich des Schleifenstromes, das Aussenden von Rufstrom usw. kann nicht mehr teilweise zentralisiert werden, sondern ist je Anschlußleitung individuell vorzunehmen (vgl. Bild 3.1). Die Übertragungsbandbreite von 4 kHz im Koppelfeld bringt weitere Unannehmlichkeiten: Es gibt Fälle, in denen Zählimpulse zur Gebührenverrechnung bis zum Fernsprechteilnehmer übertragen werden müssen (z. B. für Hotels). Dies geschieht mit 16-kHz-Impulsen, um die Sprachübertragung nicht zu beeinträchtigen. Zählimpulse werden in konventionellen Vermittlungsstellen aus der Fernebene (Knotenvermittlungsstelle) über das Durchschaltenetz der Ortsvermittlung (wo sie lediglich umgesetzt werden) zum Fernsprechteilnehmer übertragen. Bei Durchschaltenetzen mit 4 kHz Bandbreite müssen die Zählimpulse im Eingang der Vermittlungsstelle abgefangen und auf dem Weg über die zentrale Steuerung in der Anschlußschaltung des Teilnehmers wieder als 16-kHz-Impulse eingespeist werden. Das ist alles recht aufwendig, weil diese Maßnahmen dezentral an sehr vielen Schaltkreisen vorzunehmen sind. Diese Schwierigkeiten der Anpassung an die bestehenden Nachrichtennetze haben bewirkt, daß sich das eigentlich hochelegante Zeitmultiplexprinzip bisher in dieser Form nicht durchsetzen konnte.

Desungeachtet wollen wir eine interessante Einzelheit in der Steuerung von Zeitmultiplex-Durchschaltenetzen besprechen: die Ansteuerung der Zeitmultiplextore, die etwa der Markier- und Haltefunktion von Raumkoppelpunkten entspricht. Es muß sichergestellt werden, daß in einem Zyklus von 125 µs (entsprechend einer Abtastung mit einem 8-kHz-Puls) alle an *einer* Verbindung beteiligten leitungseigenen und Zwischenleitungstore *gleichzeitig* betätigt werden. Es sind also Speicher vorzusehen, die die Adressen der gleichzeitig anzusteuernden Zeitmultiplextore angeben und die alle 125 µs ausgelesen werden.

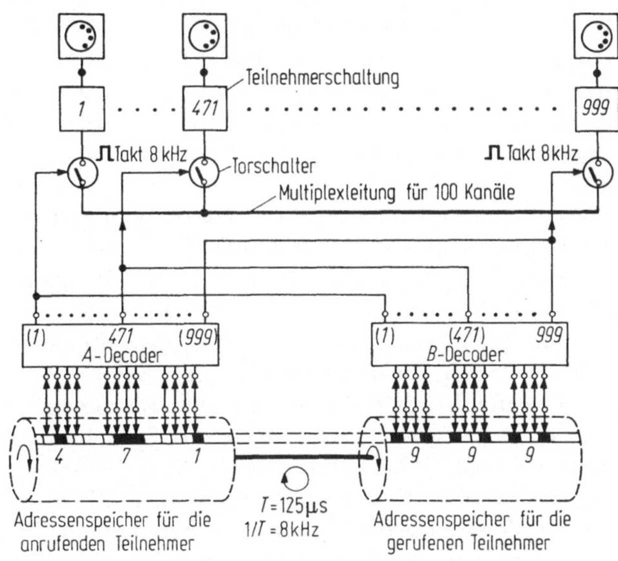

Bild 4.8 Prinzip eines Zeitmultiplex-Vermittlungssystems (dargestellt ist die Verbindung zwischen Teilnehmer 471 und 999)

Bild 4.8 deutet das Prinzip für die Durchschaltung von zwei Teilnehmern auf einer Multiplexleitung (Highway) an. Eine z. B. in 125 µs umlaufende Speichertrommel bietet die Adressen der miteinander zu verbindenden Zeitmultiplextore den Leseverstärkern an. Da die Adressen zur Speicherplatzersparnis codiert gespeichert sind, müssen sie zur Ansteuerung der Zeitmultiplextore decodiert werden (A-Decoder, B-Decoder). Die Adressen folgen bei 100 Zeitlagen (Phasen) im zeitlichen Abstand von 1,25 µs aufeinander.

Die Verwendung von mechanischen Speichertrommeln, wie sie zur Verdeutlichung des Vorgangs in Bild 4.8 dargestellt wurde, ist unter diesen Bedingungen nicht möglich. Man verwendet statt dessen

elektronische Schieberegister oder magnetostriktive oder piezoelektri-
sche Umlaufspeicher, wobei *ein* solcher Speicher jeweils *eine* Spur der
Trommel ersetzt. Ein Speicheraggregat aus n Umlaufspeichern oder
Schieberegistern (n = Zahl der für die Adressierung der Tore nötigen
„Spuren") wird „Haltesatz" genannt.

Es ist vom Aufwand her gesehen nicht gleichgültig, wie man die
Haltesätze anordnet. Im Beispiel der Gruppierung von Bild 4.7a ist
es zweckmäßig, den Haltesatz dem Koppelfeldeingang und damit also
dem Highway zuzuordnen. Ein solcher Haltesatz muß dann in 3 Spuren in jeder belegten Phase eine der 8 abgehenden Zwischenleitungen
und in 8 weiteren Spuren den jeweils anzusteuernden Teilnehmer bezeichnen. Würde man den Haltesatz der Zwischenleitung zuordnen,
so wären an sich auch nur 3 bit zur Bezeichnung *eines* der 8 Highways
der Amtsgruppe nötig. Da aber bei Verkehr zwischen Highways derselben Amtsgruppe gleichzeitig *zwei Koppelpunkte* auf *einer* Zwischenleitung betätigt werden müssen, würden $2 \cdot 3 = 6$ Spuren im Haltesatz zur Bezeichnung der Highways erforderlich sein.

Ein ähnliches Problem ergibt sich für den relativ geringen Internverkehr innerhalb eines Highways (die Wahrscheinlichkeit, daß ein
Teilnehmer im selben Highway angerufen wird, ist unter vereinfachen-
den Annahmen im Mittel nur $250/10\,000 = 2,5\%$). Wenn man diesen
seltenen Fall im Speicheraufwand berücksichtigen wollte, müßte man
8 weitere Spuren im Haltesatz vorsehen. Es ist deshalb zweckmäßiger,
diesen Internverkehr auf zwei verschiedene Phasen zu verlegen, von
denen eine dem rufenden und die andere dem gerufenen Teilnehmer
zugeordnet wird. Dann wird es notwendig, die Sprachsignale zeitlich
zu verschieben, wie wir es beim integrierten Netz (Abschn. 2.4.2) bereits kennengelernt haben. Das geschieht über einen „Spiegelanschluß"
(Bild 4.9), der zur Zeitlage p_1 des ersten *und* p_2 des zweiten Teilnehmers
angesteuert wird und in der Zwischenzeit das Signal speichert. (Der
Spiegel braucht nicht am eigenen Highway zu liegen!)

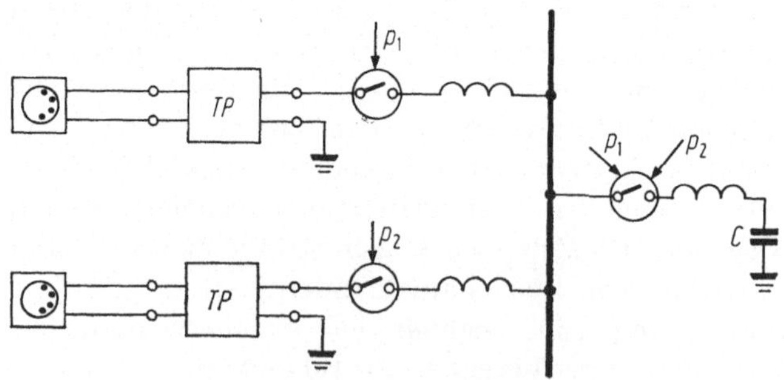

Bild 4.9 Verbindung über zwei Zeitlagen

Betrachtet man ganz allgemein die insgesamt notwendige Anzahl von Spuren als Maß für den Haltesatzaufwand, der für ein Zeitmultiplex-Raumkoppelfeld getrieben werden muß, so ist er nach Bild 4.6 $a \cdot {}^2\log b$ (Zuordnung der Haltesätze zum Zubringer) oder $b \cdot {}^2\log a$ (Zuordnung der Haltesätze zum Abnehmer). Wenn keine der eben erwähnten Sonderbedingungen (gleichzeitige Ansteuerung von zwei Koppelpunkten) zu berücksichtigen sind, wird man die Haltesätze also der „schmaleren" Koordinate zuordnen (also z. B. dem Zubringer für $a < b$).

5. Das integrierte Netz

5.1 Grundtatsachen und Aufgabenstellung

5.1.1 Bedeutung digitaler Modulationsverfahren und des Zeitmultiplex-Prinzips

Wie bereits in Abschn. 2.2 erwähnt, gibt es Signale in analoger und in digitaler Darstellung. Naturgemäß besteht zunächst die Tendenz, digitale Signale wie etwa Daten auch im Nachrichtennetz digital zu behandeln, während analoge Signale wie Sprache, Musik oder Bild in analogen Modulationsformen übertragen werden. Bereits seit dem Jahr 1926 ist es jedoch bekannt, analoge Signale zu quantisieren und digital zu verschlüsseln [5.1]. Das bisher bedeutendste Prinzip der Digitaldarstellung ist das der Pulscodemodulation (PCM, Bild 5.1).

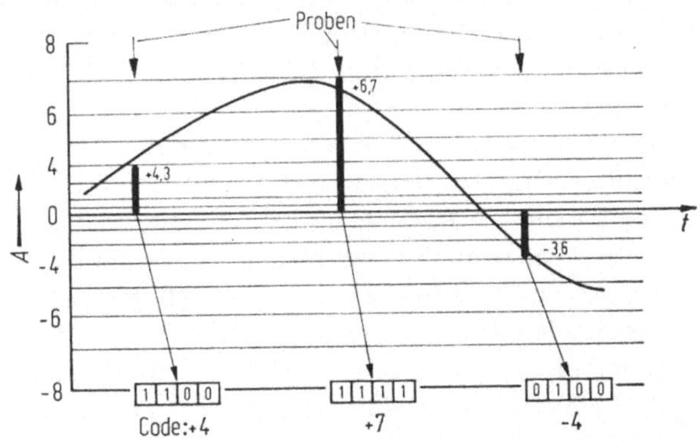

Bild 5.1 Prinzip der Codierung bei Pulscodemodulation (PCM)

Einem analogen Wellenzug werden nach dem Abtasttheorem mit einer Abtastfrequenz von z. B. 8 kHz Proben entnommen, deren Amplituden mit fest vorgegebenen Intervallwerten verglichen werden. Der Probe wird derjenige Intervallwert zugeordnet, in dessen Bereich die jeweilige Amplitude fällt (Quantisierung). Dieser Wert wird nun binär codiert und als digitales Bitmuster übertragen. Im Bild läßt sich die Amplitude in maximal 8 Stufen (entsprechend 3 bit) einteilen, ein viertes Bit wird für die Angabe des Vorzeichens der Amplitude benutzt. Damit auch schwache Amplituden noch gut aufgelöst werden können, wird die Skala im Bereich kleiner Amplitudenwerte feiner unterteilt (Kompandierung). Für eine befriedigende Übertragungsqualität reichen jedoch 8 Amplitudenwerte wie im Bild nicht aus, diese Zahl sollte größer als 50 sein. Praktisch verwendet man meist 128 Amplitudenstufen, wofür man einschließlich Vorzeichenangabe 8 bit zur codierten Darstellung braucht [5.2].

Das sieht zunächst reichlich kompliziert aus. Außerdem ist der Frequenzbandbedarf etwa um eine Zehnerpotenz höher als bei NF- oder TF-Kanälen. Welche Vorteile bieten also digitale Modulationsverfahren ?

— Die Geräuschempfindlichkeit ist erheblich kleiner als bei analogen Modulationsverfahren. Die digitalen Signale müssen einen Schwellwert überschreiten (oder unterschreiten), ehe sie als solche erkannt werden. Solange Geräusche diesen Schwellwert nicht erreichen, werden Signale störungsfrei übertragen und auch verstärkt (regeneriert).

— Damit sind PCM-Signale auch auf den einfachen Leitungen des Orts- und Bezirksnetzes übertragbar, wobei man viele Kanäle (z. B. 32) im Zeitmultiplex verschachteln kann. Das führt gegenüber NF-Leitungen (bei denen bestenfalls drei Verbindungen über zwei Doppelleitungen abgewickelt werden können) zu Einsparungen bei Leitungslängen, die — (nach heutigem Stand) — größer als 10 bis 15 km sind. (Kostenfaktoren bei PCM sind die Modulations- und Multiplexeinrichtungen sowie die im Abstand von etwa 1,5 bis 2 km notwendigen „Regeneratoren". Mit dem weiteren Vordringen der integrierten Schaltkreise werden diese Geräte zunehmend billiger.)

— Unabhängig vom vorgenannten wirtschaftlichen Aspekt kann der PCM-Einsatz notwendig werden, wenn die vorhandenen Leitungen einer Trasse nicht mehr ausreichen und die — (kostspielige) — Neuverlegung eines Kabels zunächst vermieden werden soll (Ausnützung der Multiplex-Eigenschaft). Ein anderer Grund könnte das Anwachsen der Geräusche sein, etwa durch thyristorgesteuerte Lokomotiven, wenn Kabeltrassen parallel zu Bahnlinien verlaufen (Ausnützung der Geräuschunempfindlichkeit). Schließlich kann es in bestimmten Fällen vorkommen, daß die Dämpfung eines oder mehrerer NF-Leitungsabschnitte zu hoch ist, so daß die PCM in ihrer Eigenschaft als dämpfungsarme Übertragungsform (2 $\pm$ 1 dB) eingesetzt wird [5.12].

— Wie in Kap. 1 bereits erwähnt, wächst die Bedeutung des Datenverkehrs mit hohen Bitraten. Damit wird die Möglichkeit der PCM-Übertragungstechnik interessant, große Bitströme zu transportieren. Ein einziger Fernsprechkanal kann mit den eingangs erwähnten Daten

(8-bit-Codierung, Abtastfrequenz 8 kHz) eine Rate von maximal 64 kbit/s übertragen.

— PCM erlaubt, wie schon erwähnt, die Mehrfachausnutzung von Leitungen im Zeitmultiplex. So werden z. B. 32 Kanäle zu einem Zeitmultiplex-Primärsystem zusammengefaßt, was einer Bitrate von 2,048 Mbit/s für das gesamte Primärsystem entspricht. Es gibt jedoch auch schon digitale Zeitmultiplex-Systeme höherer Ordnung. Die derzeit höchsten Raten liegen bei 800 Mbit/s [5.3], diese Systeme befinden sich jedoch noch im Versuchsstadium. Immerhin sind es in erster Linie digitale Modulationsverfahren, die für die Übertragung auf Hohl- oder Lichtfaserkabeln in Frage kommen.

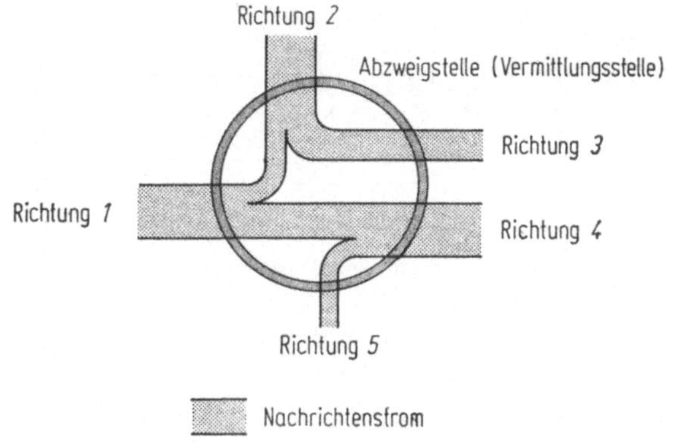

Bild 5.2 Abzweigen von Nachrichtenströmen

— Das Zeitmultiplex hat als Multiplexprinzip den Vorteil, daß sich die einzelnen — evtl. verschieden „breiten" — Kanäle im Prinzip leicht „isolieren" lassen (Zeitfilter anstelle von Frequenzfiltern). Das ist Voraussetzung für die „Abzweigtechnik" (Bild 5.2), in der Nachrichtenströme (bei der Digitaltechnik Bitströme) auf verschiedene Richtungen verteilt und in diesen Richtungen zu neuen Nachrichtenströmen zusammengestellt werden. Das ist selbstverständlich auch im Frequenzmultiplex möglich und wird dort seit langem praktiziert. Anders wird die Situation, wenn die Aufteilung auf die verschiedenen Richtungen nicht konstant ist, sondern entsprechend unterschiedlichen Verkehrsbedürfnissen wechselt. Dann werden Vermittlungsfunktionen notwendig. Dabei zeigen sich zumindest theoretisch Vorteile in der Zeitmultiplextechnik, wie in Abschn. 2.4.2 bereits erwähnt wurde und nachfolgend näher erläutert wird.

5.1.2 Aufgabenstellung für die Vermittlungstechnik

In Bild 5.2 teilt sich der Nachrichtenstrom der Richtung 1 in einem festen Verhältnis auf Richtung 2 und 4 auf. Es ist aber nicht möglich, unmittelbar einen Nachrichtenstrom von Richtung 1 mit Richtung 3 oder 5 zu verbinden oder aber bei kurzzeitigem Bedarf einen größeren Anteil des Nachrichtenstromes vorübergehend nach Richtung 2 abzuzweigen.

Dieses „makroskopische Bild" muß noch ergänzt werden durch die Feststellung, daß sich die Nachrichtenströme über mehrere Hierarchiestufen schließlich in elementare Einzelkanäle zerlegen lassen, die Träger des Nachrichtenaustausches zwischen den individuellen Partnern sind. Für diesen Nachrichtenaustausch gibt es bis heute im wesentlichen die Einheitsgröße des „Fernsprechkanals" mit einer Bandbreite von 4 kHz.

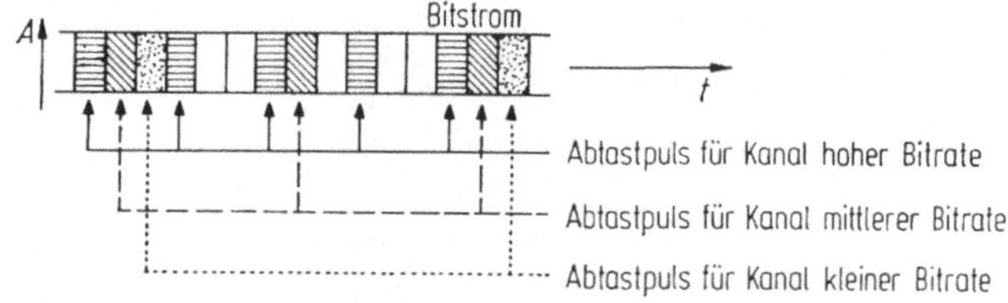

Bild 5.3   Abfrage von Einzelkanälen in einem Bitstrom

Will man Nachrichtenströme entsprechend den Verkehrsbeziehungen der *Einzelkanäle* auf eine Vielzahl von Richtungen verteilen, so muß man *Einzelkanäle vermitteln*. Das erfordert die Isolierung des Einzelkanals aus dem Nachrichtenstrom und geschieht in der Trägerfrequenztechnik durch „Herausfiltern" in mehreren Stufen und Übergang auf das ursprüngliche NF-Signal. Bei der Zeitmultiplextechnik muß man dagegen — etwas vereinfachend gesagt — „nur" im richtigen Augenblick den auf der Leitung ankommenden Nachrichtenstrom abfragen, um den Einzelkanal zu erhalten (Bild 5.3).

Man könnte sogar durch wahlweise verschieden häufiges Abtasten Einzelkanäle verschiedener und wechselnder Bitraten isolieren, und gerade dies ist ein Problem, dem wir wohl in Zukunft gegenüberstehen werden, wenn man Kanäle hoher Bitrate oder Bandbreite (Datenaustausch zwischen Rechnern, Rundfunkübertragung u. a.) nicht mehr fest zuteilen will, wie es heute geschieht. Die Vermittlung von Kanälen verschiedener Bitrate ist jedoch noch nicht so weit geklärt, daß man hier darauf eingehen sollte. Wir beschränken uns deshalb auf die Betrachtung des „Einheitskanals" mit einer Rate von 64 kbit/s.

Im Zuge der Vermittlung wird der Einzelkanal nach seiner Isolierung aus dem ankommenden Bitstrom zur Zielrichtung durchgeschaltet und dort wieder in den weiterführenden Bitstrom eingefügt. Kennzeichnend für die Vermittlung ist, daß bei dieser Prozedur die digitale Modulationsform des Einzelkanals unverändert beibehalten wird. Anders ausgedrückt: Der Vermittlung ist es gleichgültig, ob die vermittelten digitalen Signale als PCM, als Daten oder als irgendeine andere digitale Modulationsform zu deuten sind. Diese Deutung obliegt allein den Endgeräten.

Damit erkennen wir weitere wesentliche Vorteile digitaler Modulationsformen in Kombination mit dem Zeitmultiplexprinzip:

— Die Vermittlung kann ohne Demodulierung und anschließende neue Modulierung des Nachrichtenträgers erfolgen. Dadurch wird der Umsetzaufwand eingespart, man spricht von einer „Integration" der Übertragungs- und Vermittlungstechnik.

— Die Übertragungsqualität wird auch beim Durchlaufen vieler Vermittlungen nicht durch Modulationsvorgänge verschlechtert.

— Wegen der digitalen Signale sind in den Vermittlungen nicht so hochwertige Koppelelemente erforderlich wie bei der Durchschaltung von NF.

Selbstverständlich hat das ganze Verfahren auch technische Schwierigkeiten. Abgesehen von der eigentlichen Vermittlung müssen zusätzlich folgende Probleme gelöst werden:

a) Die Bitströme der einzelnen Richtungen sollten „gleichschnell" fließen, damit es keinen „Nachrichtenstau" oder kein „Nachrichtenloch" in den Vermittlungs- oder Abzweigstellen gibt. Das bedeutet, daß die Taktfrequenz, mit der die Bitströme transportiert werden, im ganzen Nachrichtennetz möglichst genau gleich sein muß (Problem der „Synchronisation").

b) Die Identität der einzelnen Zeitkanäle soll erkennbar sein, d. h. die Zeitlage muß mit der Kanalnummer korreliert werden. Das geschieht dadurch, daß man einen Kanal zum „Synchronisierkanal" mit einem typischen, stets wiederkehrenden Bitmuster erklärt und alle übrigen Zeitlagen auf diesen Kanal bezieht.

c) Die vermittlungstechnische Zeichengabe, d. h. die Weitergabe der Wahlinformation, des Auslösezeichens usw., muß sichergestellt werden.

5.1.3 Eigenschaften von PCM-Systemen

Wir wollen die für die Vermittlungstechnik interessanten Eigenschaften eines PCM-Systems im folgenden an Hand der von CCITT (Comité Consultatif International Téléphonique et Télégraphique) und CEPT (Conférence Européene des Administrations des Postes et des Télécommunications) empfohlenen Parameter eines PCM-Primärsystems erklären [5.4] (Bild 5.4). In dem durch die Abtastfrequenz von 8 kHz gegebenen „Rahmen" von 125 µs werden 32 Zeitkanäle untergebracht. Nach 125 µs wiederholt sich also jeder Kanal. Jeder Zeitkanal wird in 8 Bitpositionen unterteilt, in die der codierte Amplitudenwert der jeweiligen Probe eingetragen wird. Der 32. Kanal wird für die Synchronisierung gebraucht (S), der 16. Kanal dient der Zeichengabe (Z). Hierauf wird später noch eingegangen. Diese beiden Kanäle sind also nicht allgemein zugänglich.

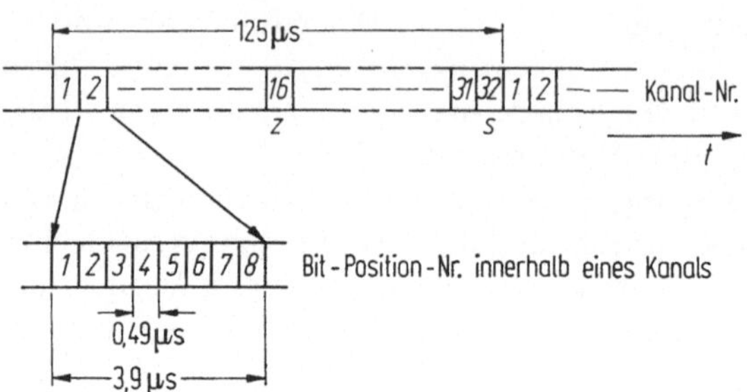

Bild 5.4   Kennwerte eines PCM-Primärsystems 30/32

Ein PCM-System erfordert 4-drähtige Übertragung wegen der Streckenverstärker (Regenerativverstärker, Regeneratoren). Für die Vermittlungstechnik wichtig ist der Umstand, daß die Kanalnummer eines Kanals in beiden Gesprächsrichtungen identisch ist. Wir wollen hier nicht auf übertragungstechnische Fragen eingehen und nur am Rande erwähnen, daß die 1—0-Bitmuster des PCM-Codes in Leitungsendgeräten für die Übertragungsstrecke so umgewandelt werden, daß sich ein günstiges Frequenzspektrum möglichst ohne Gleichstrommittelwert ergibt.

5.2 Die Synchronisation von PCM-Netzen

Für die Vermittlung besteht, wie erwähnt, die Aufgabe, ankommende Bitströme kanalweise in abgehende Bitströme einzuschleusen. Um diese Aufgabe in einfacher Weise zu erfüllen, kann man zunächst folgende Maximalforderungen stellen:

a) Ankommende und abgehende Bitströme müssen gleichschnell transportiert werden. Die Taktfrequenz ist also im ganzen Nachrichtennetz genau gleich.

b) Die Einzelbit der verschiedenen Bitströme beginnen und enden gleichzeitig. Die Taktfrequenzen der verschiedenen ankommenden Bitströme sind also auch phasengleich.

c) Die Kanäle der verschiedenen Bitströme beginnen und enden gleichzeitig.

d) Die Pulsrahmen der verschiedenen PCM-Systeme beginnen und enden gleichzeitig. Die Bedingungen c) und d) zusammen lauten also:

Das erste Bit des ersten Kanals (und natürlich auch alle folgenden Bits) wird bei allen ankommenden PCM-Leitungen gleichzeitig empfangen.

Wir werden nachfolgend diskutieren, wie sich diese Bedingungen ganz oder angenähert realisieren lassen.

5.2.1 Synchronisation der Bitströme

Dies ist das bedeutendste der genannten Probleme, dem bereits zahlreiche Untersuchungen und Veröffentlichungen gewidmet worden sind. Einige der wichtigsten Lösungswege sind:

a) *Das asynchrone Netz.* Wenn man die Bedingung a) von Abschn. 5.2 nicht einhält, geschieht zweierlei:

— Die Zuordnung der einzelnen Bits eines ankommenden Bitstroms zu dem vermittlungsinternen Raster der Rahmen, Kanäle und Bitpositionen ändert sich ständig. Für eine Steuerung ist es sehr schwierig, die ständig wechselnden und in jedem der ankommenden Bitströme verschiedenen Zuordnungen im Vermittlungsvorgang zu berücksichtigen.

— Je nach der Größe des Frequenzunterschiedes von ankommendem und internem Takt werden mehr oder weniger häufig einzelne Bits verlorengehen (oder es müssen solche zugesetzt werden).

Im Grunde genommen stehen wir vor einem der Probleme, das die Datenvermittlung mit der „Speichervermittlung" löst: die Anpassung verschiedener Übertragungsgeschwindigkeiten. Das geht jedoch nur innerhalb der verfügbaren Speicherkapazität.

In der PCM-Vermittlung kann man die erstgenannte Schwierigkeit durch eine sinngemäße Maßnahme überwinden: Die Abspeicherung jeweils eines (und zweckmäßigerweise nur *eines* [5.5]) Rahmens aus dem ankommenden Bitstrom in einem Pufferspeicher („Vollspeicher"), aus dem die Kanäle und Einzelbits in Korrelation mit dem internen Raster abgerufen werden. Der zweiten Schwierigkeit wird dadurch jedoch nicht begegnet: In Abständen Δt (Bild 5.5) wird ein vollständiger Rahmen verlorengehen müssen, wenn die Taktfrequenz f_j des ankommenden Bitstroms größer als die interne Taktfrequenz f_i ist. Umgekehrt muß nach Δt ein Rahmen zugesetzt — (am einfachsten also wiederholt) — werden, wenn $f_j < f_i$ gilt.

Beide Einflüsse führen zu einem „Knack" in Sprechverbindungen oder zu einer Informationsverfälschung bei Datenverbindungen. Letztere muß ggf. durch Fehlererkennungs- und Wiederholprozeduren der Endgeräte unwirksam gemacht werden. Wenn dies genügend selten geschieht, läßt sich ein asynchrones Netz wohl auch mit ausreichender

Betriebsgüte betreiben. Immerhin wird bei einer Frequenzabweichung von 10^{-7} jeder Kanal etwa alle 20 min gestört. (Diese Störrate gilt für *eine* Vermittlung!)

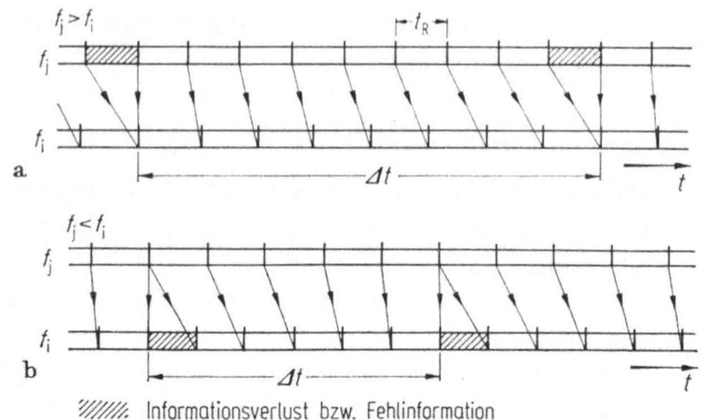

Bild 5.5   Zeitdiagramm für asynchronen Betrieb eines digitalen Übertragungssystems
t_R Rahmenlänge; f_j Takt des ankommenden Bitstroms; f_i interner Takt

Der Aufwand für den „Vollspeicher" beträgt entsprechend der Bitzahl eines Rahmens 256 bit für jede ankommende PCM-Leitung. Dabei kann dieser Vollspeicher häufig auch für Vermittlungsfunktionen ausgenutzt werden, wie noch erläutert wird (Abschn. 5.3). Außerdem ist ein kleinerer Pufferspeicher (z. B. für 8 bit eines Kanals) zusätzlich zweckmäßig, um Einschreibvorgänge (mit dem Streckentakt) und Lesevorgänge (mit internem Takt) besser voneinander entkoppeln zu können.

b) *Das Quasisynchronverfahren* [5.6]. Das zweitgenannte Problem asynchroner Netze, die Informationsverfälschung, läßt sich beherrschen, wenn man innerhalb des Bitstroms einer PCM-Leitung über Positionsfolgen verfügt, die keine Nutzinformation tragen. In diesen Folgen kann man Bitpositionen einfügen oder solche herausnehmen, um die Rahmenlänge bei Bedarf zu verlängern oder zu verkürzen. Eine solche Positionsfolge ohne Nutzinformation ist der Synchronisier- · kanal S (Bild 5.4). So läßt sich z. B. ein Synchronisiermuster „01111110" in „011111110" oder „0111110" verändern. Durch diese Maßnahmen kann der abgehende Bitstrom von Fall zu Fall an den ankommenden Bitstrom angepaßt werden. Damit stellt sich im Netz auch ein stabiler Zustand ein, das Verfahren ist jedoch recht aufwendig.

c) *Isosynchron- oder Servosynchronverfahren.* Im Netz gibt es einen zentralen „Muttergenerator" (master clock), der die Taktfrequenz aller Bitströme bestimmt. Von diesem Mittelpunkt aus gehen Taktleitungen zu allen Vermittlungen. Das Prinzip erfüllt damit streng die Bedingung a) (Abschn. 5.2), ist einfach, läßt sich aber wegen seiner

Störwirkbreite nicht für beliebig große Netze einsetzen. Bevorzugtes Anwendungsgebiet dürfte in Netzausläufern die Synchronisation von Konzentratoren oder Endvermittlungen sein (vgl. Abschn. 5.5).

d) *Autosynchron- oder Mittelungsverfahren* [z. B. 5.7]. Auch dieses Prinzip erfüllt die Bedingung gleicher Taktfrequenz im Netz, ohne sich jedoch auf netzzentrale Komponenten abzustützen. Jede Vermittlung bildet aus der Taktfrequenz der *ankommenden* Bitströme den Mittelwert

$$f_{\text{int}} = \frac{1}{n} \sum_{i=1}^{n} f_i$$

als interne Taktfrequenz und damit auch als Taktfrequenz der *abgehenden* Bitströme. Dadurch stellt sich im ganzen Netz eine einheitliche, stabile Taktfrequenz ein. Störungen in einzelnen Taktgeneratoren wirken sich durch die Mittelwertbildung in abgeschwächter Form aus und bewirken lediglich eine entsprechende Verschiebung der Taktfrequenz des Netzes.

Je nach der Ermittlung der gemeinsamen Taktfrequenz unterscheidet man:

— „single ended"-Verfahren. Hierbei werden zur Mittelwertbildung in der jeweiligen Vermittlungsstelle lediglich die Taktfrequenzen der ankommenden Bitströme ausgewertet. Das bedeutet aber, daß Laufzeitschwankungen auf den Übertragungsstrecken wie Taktfrequenzänderungen wirksam werden und damit die gemeinsame Netztaktfrequenz beeinflussen.

— „double ended"-Verfahren. Die in einer Vermittlung durch die Mittelwertbildung erzeugte Regelspannung wird (z. B. als binär verschlüsseltes Signal) zu den anderen, mit dieser Vermittlung verbundenen Vermittlungen zurücksignalisiert. Dort wird dieser Wert mit der intern durch Mittelwertbildung gebildeten Regelspannung verglichen. Eine Nachregelung des Taktgenerators erfolgt nur, wenn beide Werte differieren. Es läßt sich rechnerisch oder durch qualitative Überlegung zeigen, daß auf diese Weise Laufzeitschwankungen eliminiert werden können [z. B. 5.8].

Das „double ended"-Verfahren ist merklich aufwendiger als das „single ended"-Verfahren. Man wird es also nur dann anwenden, wenn mit starken Laufzeitschwankungen (z. B. Satellitenverbindungen) zu rechnen ist.

5.2.2 Phasengleichheit der Bitströme

Dies ist eine unkritische Bedingung, die durch einen kleinen Pufferspeicher zu lösen ist, in den in der Streckentaktphase eingeschrieben und aus dem in der amtsinternen Taktphase ausgelesen wird. Lediglich

6*

Konfliktprobleme bei nahezu oder vollständig gleichen Phasen müssen beachtet werden, da ein Speicher nicht gleichzeitig gelesen und geschrieben werden kann. Hingewiesen sei allerdings auf die Tatsache, daß geringfügige Phasenschwankungen der Strecke („Jitter") ausgeglichen werden müssen. Dies geschieht durch die „Schwungradschaltung". Dabei stößt das übertragene Bit selbst einen Schwingkreis hoher Güte an. Die angeregte Schwingung überbrückt außerdem den Transport von „Nullen" auf der Strecke.

5.2.3 Kanal- und Rahmensynchronismus

Wenn in einem vermaschten Netz die Laufzeiten auf den Verbindungsleitungen zwischen den Vermittlungen alle gleich der Rahmenlänge von 125 µs wären (oder ganzzahlige Vielfache dieses Wertes), würden die Bedingungen c) und d) des Abschn. 5.2 sich automatisch erfüllen lassen: Alle Zeitkanäle gleicher Nummer kommen in den Vermittlungen gleichzeitig an, wenn sie gleichzeitig abgesandt werden.

Praktisch sind diese Verhältnisse natürlich nicht gegeben. Man kann sie aber durch Einbau fest eingestellter, künstlicher Laufzeitglieder erzwingen (Bild 5.6). Dabei muß man jedoch beachten, daß die Laufzeit nie ganz konstant ist, sondern über die Temperatur z. B. jahreszeitlichen Schwankungen unterliegt. Es ist deshalb für die Ausregelung dieser Veränderungen ein kleiner zusätzlicher Puffer erforderlich, der sich flexibel an die Schwankungen anpaßt.

Anstelle dieser im wesentlichen fest eingestellten Laufzeitglieder lassen sich natürlich auch die für asynchrone Netze ohnehin nötigen

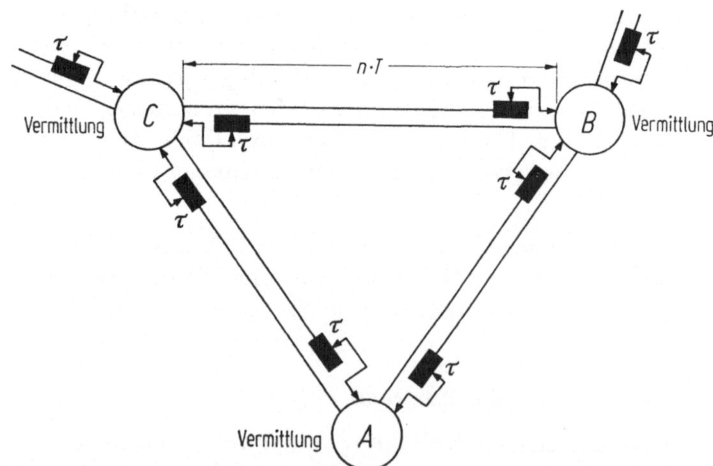

Bild 5.6 Prinzip des Laufzeitausgleiches. τ ergänzt die Laufzeit aller PCM-Verbindungsleitungen zu ganzzahligen Vielfachen von T ($T = 125$ µs)

Vollspeicher verwenden, die im entsprechenden zeitlichen Abstand vom Einschreiben ausgelesen werden müssen.

Auf diese Weise ist zu erreichen, daß alle gleichnamigen Kanäle gleichzeitig zum Vermitteln anstehen. Zur Überwachung dieses Vorgangs und zur Festlegung des Nullpunktes der Kanalnumerierung dient der Synchronisierkanal.

5.3 Vermittlungsverfahren

Wie bereits in Abschn. 2.4.2 erwähnt, ist es die Aufgabe der PCM-Vermittlung, Ursprungs- und Zielrichtung durch räumliche Durchschaltung und zeitliche Verschiebung des Kanals in eine freie Zeitlage miteinander zu verknüpfen. Demgemäß spricht man von „Raumstufen" (R) und „Zeitstufen" (Z) in der Vermittlung. Wir wollen vereinfachend zunächst annehmen, daß jede Verbindung nur in *einer* Gesprächsrichtung erfolgt und jeder Kanal nicht *acht*, sondern nur *ein* Bit in seinem Zeitschlitz belegt. Außerdem setzen wir — nach dem im vorigen Absatz gesagten — Rahmensynchronismus voraus.

5.3.1 Die Raumstufe

Hier kann an die Bilder 4.5 und 4.6 angeknüpft werden. Bild 5.7 zeigt die Zeitmultiplex (ZM)-Raumstufe in ihrer allgemeinen Form. Kennzeichen sind [5.9]:

— die Raumstufe paßt die Zahl von Eingangs- und Ausgangs*leitungen* aneinander an (a kann ungleich b sein),

— die Raumstufe läßt die Zahl p der *Zeitschlitze* je Leitung unverändert ($p = $ const).

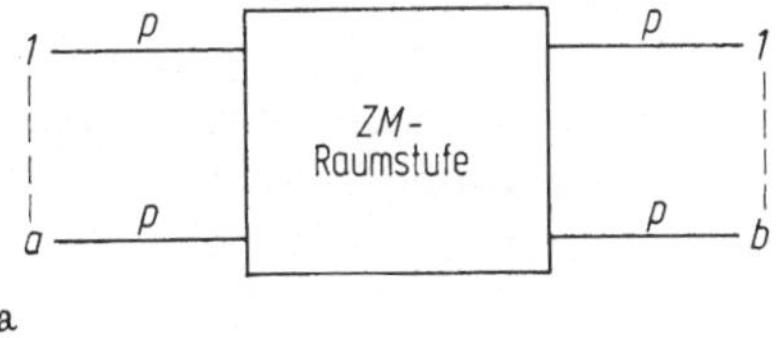

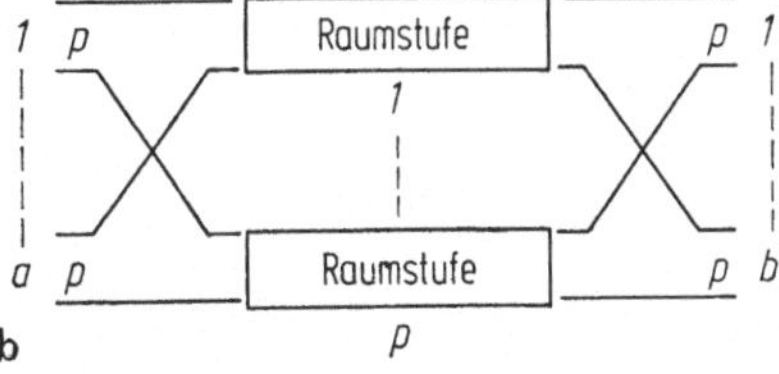

Bild 5.7 Allgemeine Form der Zeitmultiplex-Raumstufe
a) Allgemeine Form der ZM-Raumstufe; b) räumliches Ersatzschaltbild

5.3.2 Die Zeitstufe

Bild 5.8 gibt eine allgemeine Darstellung der Zeitstufe wieder. p_1 Zeitkanäle werden auf p_1 Pufferspeicher verteilt, von denen die Information über p_2 zur Auswahl stehende Zeitkanäle abgeholt werden kann. Wenigstens einer der beiden „Dreharme" p_1 oder p_2 (zweckmäßigerweise p_2) muß wahlfrei zugreifen können, wenn die vollkommene Erreichbarkeit von jedem der p_1 zu jedem der p_2 Zeitkanäle ermöglicht werden soll. Im Gegensatz zur Raumstufe hat die Zeitstufe folgende Kennzeichen:

— die *Leitungszahl* an Eingang und Ausgang ist gleich (hier gleich 1),
— die Zahl der *Zeitschlitze* p läßt sich von Eingang zu Ausgang verändern.

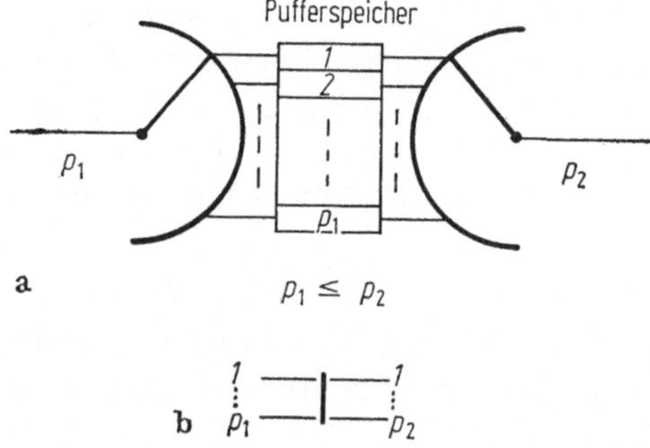

Bild 5.8 Allgemeine Form der Zeitmultiplex-Zeitstufe
a) Allgemeine Form der ZM-Zeitstufe; b) räumliches Ersatzschaltbild bei wahlfreiem Zugriff von p_2

Interessant ist also, daß die Zeitstufe nicht nur eine zeitliche Verschiebung der Zeitschlitze erlaubt ($p_1 = p_2$), sondern auch eine Auffächerung und Verteilung der Kanäle möglich macht ($p_2 > p_1$). Entsprechend ist auch eine Zusammenfassung der Zeitschlitze möglich (Verbindungsverlauf von rechts nach links).

Den in Bild 5.8 symbolisch als Drehschalter angedeuteten Zugang zum Pufferspeicher kann man sich z. B. durch Gatterschaltungen („Zeittore") realisiert denken.

5.3.3 Anwendungsbeispiele

Im allgemeinen Fall wird sich also eine PCM-Vermittlung aus einer Folge von Raum- und Zeitstufen zusammensetzen, so daß sich ein Vermittlungsvorgang durch entsprechende Raum- und Zeitkoordinaten ergibt (Bild 5.9). Entsprechend der Folge von Zeit- und Raumstufen spricht man von Z—R- oder R—Z—R-Vermittlungen usw.

Wir wollen zwei interessante Fälle betrachten:

a) *Vermittlung nur mit Zeitstufen.* Da, wie oben gesagt wurde, Zeitstufen neben der zeitlichen Verschiebung auch die Verteilung der Kanäle vornehmen können, muß es möglich sein, eine Vermittlung

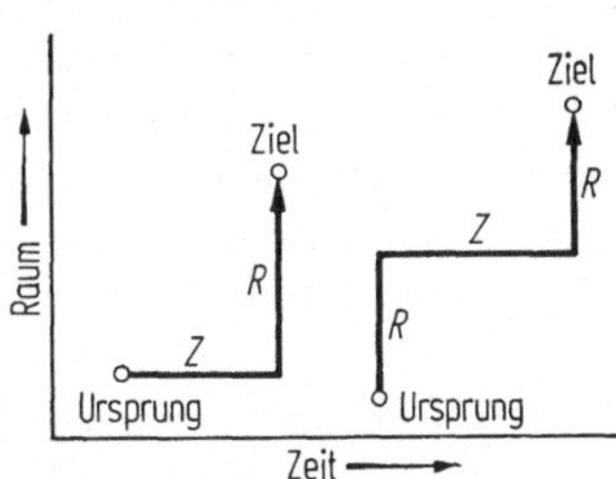

Bild 5.9 Vermittlungskoordinaten
Z Zeitstufe; R Raumstufe

nur mit Zeitstufen aufzubauen. Das zeigt Bild 5.10. In Bild 5.10a ist die Darstellungsweise von Bild 5.8a etwas vereinfacht: Die kreisrunden „Kontaktbänke" sind eckig dargestellt, der „Dreharm" ist in die „Kontaktbank" hineingezeichnet. Je 32 Zeitschlitze von n ankommenden PCM-Leitungen können auf 256 Zeitschlitze einer „Supermultiplexleitung" geschaltet werden. Die Zeitschlitze der Supermultiplexleitung können wahlfrei zugeteilt werden, so daß sich vollkommene Erreichbarkeit ergibt. Nach [2.2] können 256 vollkommen erreichbare Abnehmer bei 1% Verlust mit ungefähr 228 Erl belastet werden. Rechnet man mit einer Belastung von 0,8 Erl pro Zubringerkanal, so können 285 Kanäle oder $n = 9$ PCM-Leitungen angeschlossen werden. Schließt man nur 8 PCM-Leitungen an, so steht für jeden Kanal ein eigener Zeitschlitz auf der Supermultiplexleitung zur Verfügung, das Koppelfeld ist verlustlos.

Man kann es so einrichten, daß die Zeitstufe Z_2 zu einer Impulsverlängerung degeneriert. Ruft man jeden Kanal gerade dann von der Zeitstufe Z_1 ab, wenn sein Zeitschlitz auf der abgehenden Leitung er-

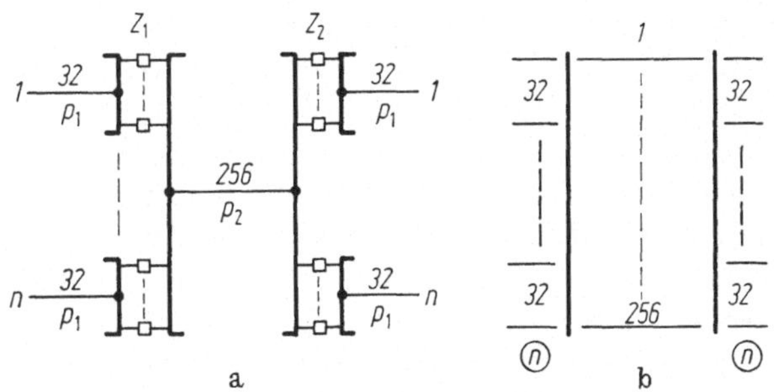

Bild 5.10 Beispiel 1 für PCM-Vermittlung
a) Vermittlung mit zwei Zeitstufen(Z); b) räumliches Ersatzschaltbild

scheint, so ist dies der Fall. Wir wollen trotzdem aus Gründen der Systematik für Z_2 die Bezeichnung Zeitstufe beibehalten, zumal die in Abschn. 5.3.2 angegebenen Kennzeichen auch hierfür zutreffen: Eine Zeitstufe kann eine zeitliche Verschiebung des Kanals und/oder eine Änderung des Multiplexfaktors p_2/p_1 vornehmen.

Die Größe von Vermittlungen, die nur aus Zeitstufen bestehen, ist wegen des aus physikalischen Gründen nicht beliebig hoch wählbaren Multiplexfaktors p_2/p_1 begrenzt. Ohnehin ist auffallend, daß hier 256 einzelne Zeitschlitze gegenüber nur 100 in Kap. 4 möglich sind. Das liegt aber an den relativ geringen Nebensprechforderungen digitaler Signale.

b) *Vermittlung „ohne" Zeitstufen.* Umgekehrt könnte man natürlich fragen, ob nicht auch eine Vermittlung nur mit Raumstufen möglich ist. Das würde bedeuten, daß nur dann vermittelt werden kann, wenn ein Kanal gleicher Zeitlage in abgehender Richtung frei ist. Das reicht natürlich im allgemeinen nicht aus.

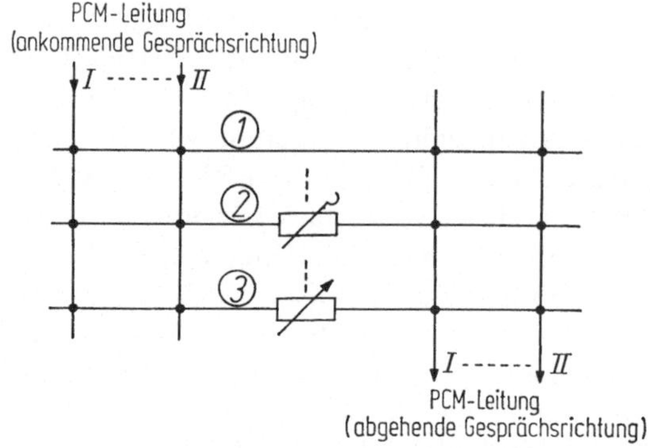

Bild 5.11   Vermittlungsprinzip nach Walker und Duerdoth

Walker und Duerdoth [5.10] haben jedoch eine zumindest teilweise nur mit Raumstufen arbeitende Vermittlung vorgeschlagen (Bild 5.11). Diejenigen ankommenden Kanäle, die unmittelbar zu abgehenden Kanälen im gleichen Zeitschlitz vermittelt werden können, werden direkt durchgeschaltet ①, ohne teure Zwischenspeicher zu beanspruchen (es handelt sich selbstverständlich um Koppelpunkte, die im Zeitmultiplex betrieben werden). Für die übrigen Kanäle sind eine Reihe von Laufzeitgliedern mit fest vorgegebenen und zweckmäßig abgestuften Zeitverschiebungen vorhanden ②, die ebenfalls im Zeitmultiplex betrieben werden können. Lediglich für einen Überlaufrest weniger häufig vorkommender Zeitverschiebungen sind individuell zuzuordnende und individuell einstellbare Zeitglieder vorhanden (Schieberegister ③).

Abschließend sei bemerkt, daß der für den Betrieb im asynchronen Netz notwendige Eingangsvollspeicher bereits als Zeitstufe der PCM-Vermittlung dienen kann.

5.3.4 Vierdraht-Durchschaltung

Wir haben bisher nur eine „Gesprächsrichtung" in der PCM-Vermittlung betrachtet und müssen nun noch den Einfluß der Gegenrichtung berücksichtigen. Wenn man von A nach B eine freie Zeitlage auf einer Leitung in Abgangsrichtung gefunden hat, liegt für die Rückrichtung die Gesprächszeitlage fest. Das kann Auswirkungen auf die Verluste und die Wegesuche haben [5.11]. Wir wollen uns hier jedoch mit dem Aspekt der „Einsparung von Zeitspeicherplätzen" beschäftigen.

Als Beispiel betrachten wir Bild 5.11, das im Prinzip eine Vermittlung mit R — Z — R-Struktur darstellt. Nehmen wir an, der ankommende Kanal K18 der Leitung I (Bild 5.12, [5.12]) sei mit dem abgehenden Kanal K3 der Leitung II verbunden. Die Verbindung belegt für die Zeit, die von Kanalzeit 18 bis Kanalzeit 3 vergeht, z. B. einen individuellen Speicher der Kategorie ③. Da — wie in Abschn. 5.1.3 bereits erwähnt — ankommende und abgehende Kanäle einer Vierdrahtverbindung gleiche Nummern tragen, wird zur Kanalzeit K3 auch die rückwärtige Gesprächsinformation der Leitung II ausgelesen, die ihrerseits bis zur Kanalzeit 18 für Leitung I verzögert werden muß. Diese Information kann nun in den gerade freigewordenen Platz des Speichers ③ eingeschrieben werden. Mit anderen Worten: In bestimmten Fällen läßt sich der Speicher der Zeitstufe für beide Gesprächsrichtungen einer Verbindung gemeinsam verwenden.

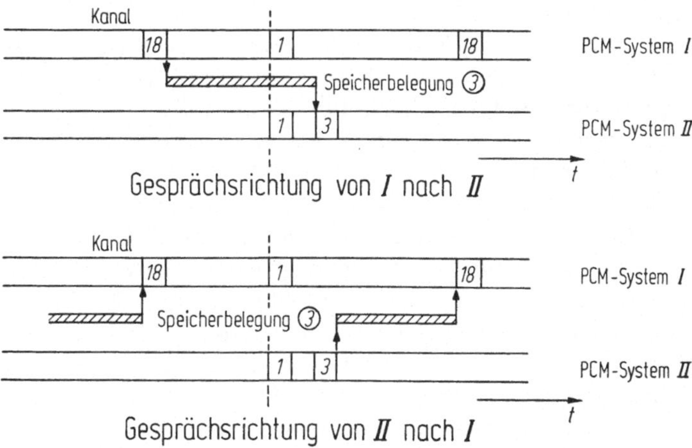

Bild 5.12 Belegung der Zeitspeicher eines Koppelfeldes mit der Struktur R — Z — R

5.3.5 „Serielle" und „parallele" Vermittlung

Wir haben noch nicht berücksichtigt, daß ein PCM-Kanal nicht nur 1 bit, sondern 8 bit in seinem Zeitschlitz umfaßt. Hierfür bieten sich folgende Lösungswege an:

a) *Serielle Vermittlung.* Die 8 bit eines Kanals werden seriell in einem Block über die Zeitmultiplex-Koppelpunkte übertragen. Speicherplätze in Zeitstufen enthalten 8 bit statt eines bits. Eine Kanaltaktzeit wird also in 8 Untertaktzeiten unterteilt.

b) *Parallele Vermittlung.* Die Vermittlung von Einzelbit wird in 8 Ebenen parallel durchgeführt. Hierzu müssen die seriell ankommenden Kanalworte in Parallelform umgewandelt und nach der Vermittlung in serielle Form zurückverwandelt werden. Um ein Beispiel zu nennen: Die nur aus Zeitstufen bestehende Vermittlung von Bild 5.10 läßt sich *nur* als Parallelvermittlung ausbilden, da es bislang nicht möglich ist, in einer von 256 Taktphasen noch weitere 8 Bit unterzubringen. (Dies gilt für die Verwendung sehr wirtschaftlicher Schaltkreise wie etwa TTL.)

5.4 Signalisierung

Wie in Kap. 10 noch näher erläutert wird, müssen die vermittlungstechnischen Signale wie Belegen, Wahlinformation, Auslösen usw. von der Ursprungsvermittlung bis zur Zielvermittlung verlaufen. In einem PCM-Netz muß es also auch Träger für diese Informationen geben. Im Prinzip gibt es hierfür drei Möglichkeiten:

a) Ein zentraler Datenkanal für vermittlungstechnische Informationen verläuft von Vermittlungsstelle zu Vermittlungsstelle. Dieses Verfahren wird in der Zukunft mehr und mehr zum Tragen kommen. Es ist in keiner Weise an PCM gebunden und braucht hier deshalb nicht weiter erörtert zu werden.

b) Ein Bit je Kanal wird für die kanaleigene Signalisierung verwendet. Da dies jedoch auf Kosten der Übertragungsqualität der Nutzinformation geht (für deren Verschlüsselung dann z. B. nur noch 7 bit zur Verfügung stehen), ist man vielfach von diesem recht einfachen Verfahren abgekommen.

c) Ein Kanal des PCM-Primärsystems wird für Signalisierungszwecke verwendet (Bild 5.4, „Z"). Dann hat man in *einem* Rahmen 8 Signalbit für 30 Kanäle zur Verfügung, und das ist natürlich zu wenig. Nun ist der Informationsfluß der vermittlungstechnischen Nachrichten relativ gering. Es ist daher gerade noch ausreichend, den Zeichenzustand (z. B. Impuls oder Impulspause) nur alle 2 ms zu übertragen, d. h. ein Kennzeichen muß sich nach 16 PCM-Rahmen ($16 \cdot 125\ \mu s$) wiederholen. Man hat also den Z-Kanal 16mal zur Verfügung, um die vermittlungstechnischen Kennzeichen von 30 Kanälen unterzubringen, das sind 128 bit für 30 Kanäle. Wählt man 4 bit je Kanal, so bleiben noch 8 bit für Sonderzwecke übrig, die man z. B. für die Synchronisierung braucht. Man muß zur richtigen Signalauswertung wissen, wann der aus 16 PCM-Rahmen bestehende „Überrahmen" beginnt.

Dieses Signalisierungsverfahren, das sich gerade im Zustand der internationalen Normung befindet, ist als Übergangslösung zu betrachten.

5.5 Netzstruktur

Ideal und Wunschbild der Zukunft ist der ununterbrochen vierdrähtige und digitale Übertragungsweg von Teilnehmer zu Teilnehmer. Ob und wieweit man sich dem Ziel annähern kann, ist heute noch nicht abzusehen, da gewaltige Investitionen gerade in den Netzausläufern und Endstellen — also an dezentraler Stelle — dafür nötig werden. Wir wollen lediglich einen Blick auf einen der möglichen Wege in die nähere Zukunft versuchen:

a) Eindringen von PCM-Durchgangsvermittlungen in das Orts- und Bezirksnetz, ausgelöst durch die eingangs erwähnten Faktoren wie Wirtschaftlichkeit des PCM-Primärsystems.

b) Vordringen der PCM-Technik in Richtung zum Teilnehmer mit Hilfe von *Konzentratoren*. Diese haben die Aufgaben, die teuren Modulationseinrichtungen zu zentralisieren und den weiteren Gebrauch von konventionellen Teilnehmerstationen zu ermöglichen.

c) Eindringen von PCM mit entsprechenden Vermittlungen in die Fernebene.

Erhebliche Entwicklungsarbeiten sind hierfür noch zu leisten. Für die weitere Zukunft steht in der Vermittlungstechnik dann das Problem der flexiblen Durchschaltung von Kanälen unterschiedlicher und teilweise sehr hoher Bitraten (einige Mbit/s) an. Wegen der schnellen Ausweitung der Technik ist es jedoch müßig, hier zeitliche Prognosen zu stellen.

III. Komponenten der Steuerung

6. Probleme der Zentralisierung

6.1 Strukturformen der Zentralisierung

Zentralisiert werden können Funktionen, die nicht ständig für eine Verbindung notwendig sind, die also z. B. nur für den Verbindungsaufbau gebraucht werden. Wenn man, wie in Bild 6.1 angedeutet, die Steuerungsfunktionen von n Geräten zentralisiert, müssen die Verbindungen, die im Gerät zwischen Steuerung und gesteuerten Funktionen vorhanden waren, in irgendeiner Form auch zur zentralisierten Steuerung bestehen. Nun würden von n Geräten n mal so viele Leitungen zur Steuerung geführt werden wie im dezentralen Gerät selbst notwendig sind. Das gibt meist einen unzumutbar hohen Verdrahtungsaufwand über noch dazu größere Entfernungen. Es ist eine Aufgabe der „Zugriffsysteme", ein Optimum zwischen Verdrahtungs- und Schaltungsaufwand zu finden. Hierauf wird später eingegangen.

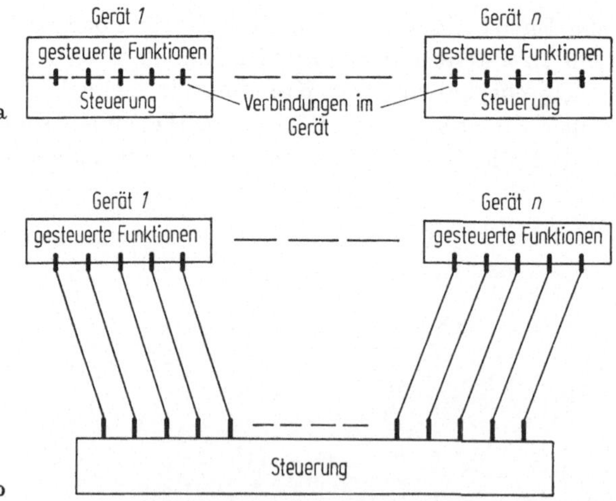

Bild 6.1 Prinzip der Zentralisierung
a) Dezentralisierung der Steuerungsfunktionen; b) Zentralisierung der Steuerungsfunktionen

6.1.1 Zentralisierungsgrad

In vielen Fällen wird man nicht mit einem einzigen zentralen Gerät (das natürlich aus Sicherheitsgründen dupliziert sein kann) auskommen, sondern aus Belastungs- oder Wartezeitgründen mehrere solcher Geräte vorsehen müssen. Über den verkehrstheoretischen Aspekt der verschiedenartigen Zentralisierungsformen wird noch zu sprechen sein. Strukturell muß man demnach unterscheiden:

a) *Die Anschaltung n auf 1*. Im Sinne von Bild 6.1 gibt es ein zentrales Gerät, auf das nach festgelegten Regeln jeweils nur ein von n dezentralen Geräten geschaltet wird („one-at-a-time"-Prinzip). Die Anschaltung ist strukturell übersichtlich und verhältnismäßig einfach steuerbar.

b) *Die Anschaltung n auf m* (Bild 6.2). Eins von n Geräten wird wahlweise mit einem von m zentralen Geräten verbunden. Die Steuerungsfunktionen hierfür sind offensichtlich komplexer als bei Anschaltung n auf 1, weil sie eine Auswahl treffen und im allgemeinen den Belegungszustand der beteiligten Geräte berücksichtigen müssen. Die Anschaltung kann — wie dargestellt — im *Raummultiplex* erfolgen, oder aber man verwendet *ein* verbindendes Leitungssystem im *Zeitmultiplex*, d. h. jeder Steuerung wird ein Zeitabschnitt auf dem Leitungssystem zugeteilt.

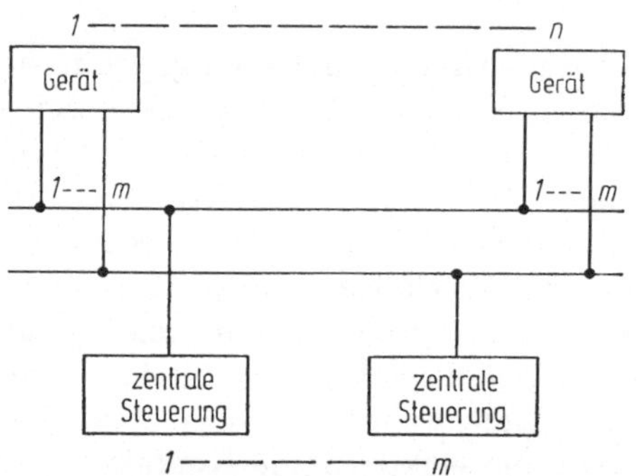

Bild 6.2 Zentralisierung von n auf m

Die m Steuerungen können sich entweder in die gesamte Arbeit teilen (jede Steuerung arbeitet einen Teil *aller* Aufträge ab, „load sharing"), oder aber jede Steuerung ist nur für eine spezielle *Teilaufgabe* zuständig („function sharing").

c) *Gruppenbildung* (Bild 6.3). Wegen der Vorteile der Anschaltung n auf *1* kann man bei zu großer Belastung der zentralen Steuerung zu einem Kompromiß kommen, wenn man die dezentralen Geräte in Gruppen einteilt (1 bis x) und jede Gruppe mit einer eigenen zentralen Steuerung (1 bis x) nach Prinzip der Zentralisierung von n auf *1* ver-

sorgt. Die Zahl der zentralen Steuerungen wird dadurch allerdings größer (Abschn. 6.2) als bei Anschaltung n auf m in „load sharing". Im ganzen steht man also wieder vor einem komplexen Optimierungsproblem, bei dem Anschalteaufwand (mit zugehöriger Steuerung) gegen Anzahl zentraler Steuerungen abzuwägen ist.

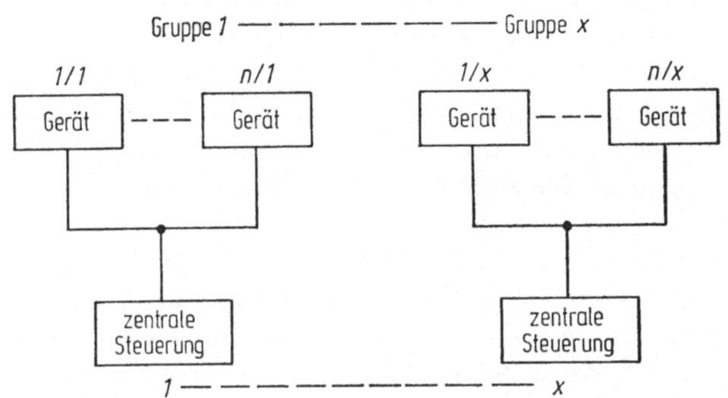

Bild 6.3   Gruppenweise Zentralisierung von n auf 1

6.1.2 Anschaltetechniken

Zentrale Geräte können elektronisch oder elektromechanisch angeschaltet werden.

a) Elektronische Anschaltung ist notwendig, wenn die zentrale Steuerung nur kurzzeitig, z. B. einige Mikrosekunden, dem dezentralen Gerät zur Verfügung gestellt wird. Ein anderer Grund kann die hohe Schalthäufigkeit oder die schnelle Bereitstellung (wie sie schon für den Tastenwahlempfänger begründet wurde) sein.

b) Elektromechanische Anschaltung, also Anschaltung mit mechanischen Kontakten, wird man wählen, wenn man — unter der Voraussetzung größerer Wirtschaftlichkeit des mechanischen Kontaktes — die elektronische Anschaltung nicht braucht. Sie kann aber auch notwendig werden, wenn der elektronische Kontakt in seiner Spannungsfestigkeit oder Übertragungsqualität nicht ausreicht.

6.1.3 Hierarchisches und kollegiales Prinzip

Die Steuerungsstruktur läßt sich hierarchisch gliedern (Bild 6.4) in eine Folge aus einem Zentralsteuerwerk und mehreren Untersteuerwerken. Der Informationsfluß geht *über die Zentralsteuerung* von Untersteuerwerk zu Untersteuerwerk. Alle voll rechnergesteuerten Vermittlungssysteme zeigen eine solche Struktur. Die Zentralsteuerung begutachtet die Informationen, die sie erhält, und leitet sie evtl. in abgewandelter Form an Untersteuerwerke weiter.

Eine andere Struktur, die man als „Kollegialform" bezeichnen könnte, zeigt Bild 6.5. Das Leitungssystem zwischen den Untersteuerwerken ist die zentrale Komponente, Untersteuerungen verkehren unmittelbar miteinander unter Ausnutzung des zentralen Leitungsvielfachs. Gegebenenfalls ist ein „zentraler Koordinator" vorhanden, der den Verkehr auf dem Leitungssystem regelt, aber keine Nachrichten verarbeitet und verändert.

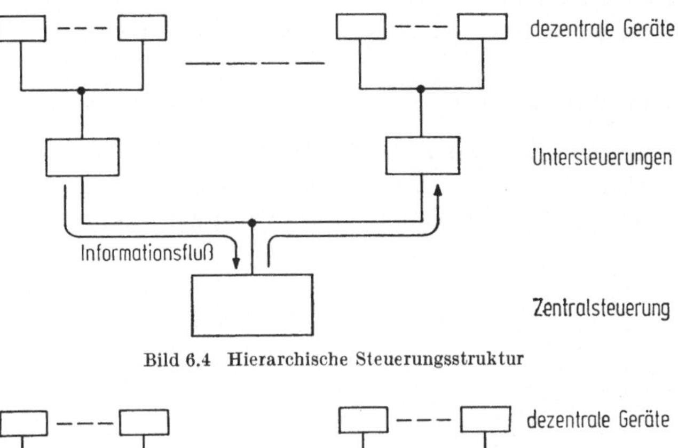

Bild 6.4   Hierarchische Steuerungsstruktur

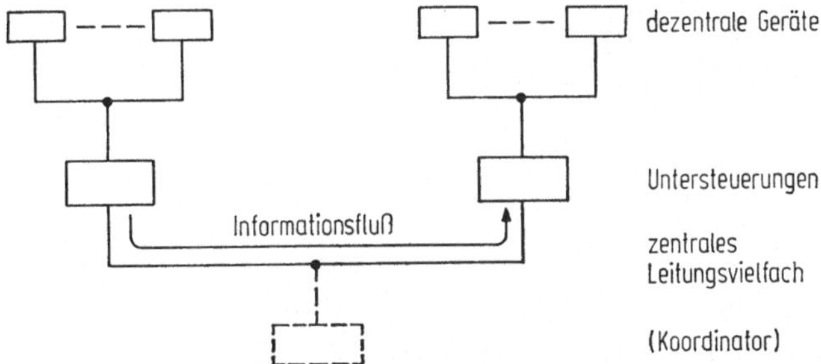

Bild 6.5   Kollegiale Steuerungsstruktur

Übergangsformen zwischen diesen Prinzipien sind denkbar und auch schon ausgeführt.

6.1.4 Schnittstellen

Schnittstellen kennzeichnen den Übergang von einem Gerät zu einem anderen. Sie definieren die Anzahl der Verbindungsleitungen zwischen den Geräten, die Potentialverhältnisse und die Ablaufprozeduren für den Nachrichtenaustausch. Sie können entweder speziell und optimal den Bedingungen des Informationsaustauschs zwischen bestimmten Gerätetypen angepaßt sein (spezielle Schnittstelle) oder aber geräteneutral so ausgelegt sein, daß sie für alle Gerätetypen passen.

Die geräteneutralen Schnittstellen haben den Vorteil der größeren Flexibilität. Man kann ein System mit Zusatzfunktionen ausstatten

(z. B. Anschluß von Datenübertragungssteuerungen), wenn sich die entsprechenden Geräte an die einmal verabredete Schnittstelle halten. Es lassen sich aber auch im System bereits vorhandene Geräte in neuer Ausführung anschließen, wodurch dem technischen Fortschritt das Eindringen in bestehende Systeme — z. B. bei Erweiterungen — erleichtert wird. Allerdings sind geräteneutrale Schnittstellen häufig aufwendiger als spezielle Schnittstellen.

Im allgemeinen weisen rechnergesteuerte Vermittlungssysteme wenigstens eine geräteneutrale Schnittstelle am Rechner auf.

6.2 Belastbarkeit zentraler Steuerwerke

Zentrale Steuerwerke haben eine Arbeitszeit, die sich aus dem Informationsaustausch mit dem gesteuerten Gerät und der eigenen, internen Verarbeitung der Informationen zusammensetzt (Bild 6.6a). Damit ist

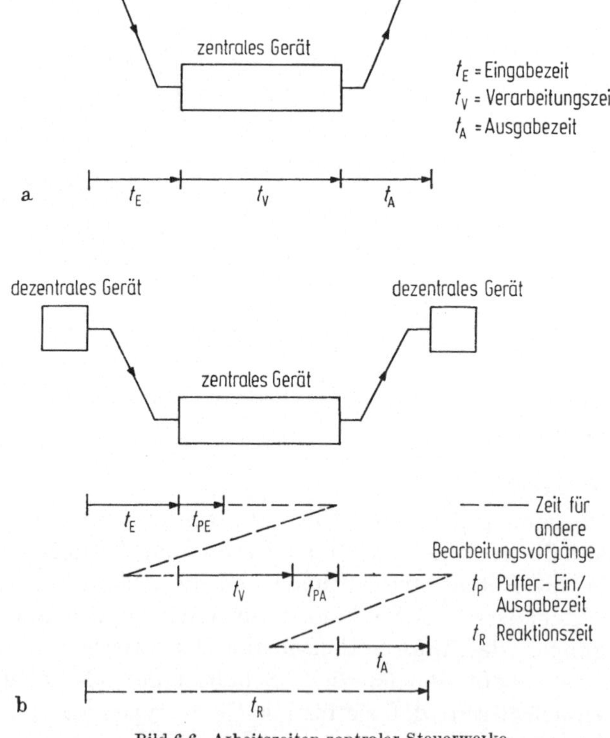

Bild 6.6 Arbeitszeiten zentraler Steuerwerke
a) Kopplung von Eingabe/Ausgabe und Verarbeitung; b) Entkopplung von Eingabe/Ausgabe und Verarbeitung

verbunden, daß Geräte, die die zentrale Steuerung in Anspruch nehmen wollen, diese schon durch ein anderes Gerät belegt vorfinden können. Während im Durchschaltenetzwerk einer Durchschaltevermittlung das Warten auf Freiwerden einer belegten Leitung im allgemeinen nicht üblich ist, die betreffende Verbindung also zu Verlust geht, wenn es sich um die letzte Wegemöglichkeit gehandelt hat, läßt man in der Steuerung dezentrale Geräte auf das Freiwerden zentraler Geräte im allgemeinen warten. Das hat zwei Gründe: Erstens läßt sich die Ausnutzung des zentralen Gerätes und damit die Wirtschaftlichkeit des Gesamtsystems erheblich steigern, und zweitens sind die Arbeitszeiten zentraler Geräte meist so kurz, daß die Wartezeiten nicht störend ins Gewicht fallen.

6.2.1 Verkehrstheoretische Grundbetrachtung

Die Belastung zentraler Steuerwerke wird wie die der Leitungen durch ein „Angebot" verursacht. Ein dezentrales Gerät versucht einen Arbeitsablauf in der zentralen Steuerung zu erhalten und bietet damit der Steuerung einen Arbeitszyklus an (Bild 6.6a), bestehend aus Eingabe-, Verarbeitungs- und Ausgabezeit.

Die Zahl k der notwendigen Arbeitszyklen pro Gerät (pro Hauptverkehrsstunde), die Anzahl n der Geräte, die diese Arbeitszyklen bei der Steuerung benötigen, und die mittlere Dauer t_Z eines Arbeitszyklus bestimmen das Angebot A_S an die Steuerung:

$$A_S = n\,k\,t_Z.$$

Gegeben ist jedoch meist der Gesamtverkehrswert einer Vermittlungsstelle oder von bestimmten Vermittlungsgruppen. Aus diesem Verkehrswert muß die Zahl der Arbeitszyklen bestimmt werden. Meist ist die Zahl der Arbeitszyklen proportional der Zahl der Verbindungen, die pro Stunde hergestellt und auch wieder ausgelöst werden, denn für Verbindungsaufbau und ggf. Abbau sind aktive Steuerungsvorgänge nötig. Ist die mittlere Verbindungsdauer mit t_m und der Verkehrswert der Vermittlung mit Y gegeben, so ist die Zahl der Arbeitszyklen veranlassenden Belegungen

$$c = \frac{Y}{t_m}.$$

Hat man z. B. eine mittlere Verbindungsdauer von $t_m = 90\ \text{s}$ und einen Verkehrswert Y von 1 Erl $= 100\% = 3\,600\ \text{s/h}$, so ergibt sich ein Standardwert von $c = 40$ Belegungen/h. An Hand der Systemstruktur muß man analysieren, wie häufig pro Belegung die Steuerung beansprucht wird. Geschieht das z. B. dreimal je Verbindung bei einem Verkehrswert von 1 000 Erl und einem Arbeitszyklus von 20 ms mittlerer Dauer, so ergibt sich ein Angebot an die Steuerung von

$$A_\mathrm{S} = 3 \cdot 40 \cdot 10^3 \cdot 20\ \mathrm{ms} = 2{,}4 \cdot 10^6\ \mathrm{ms} = 0{,}67\ \mathrm{Erl.}$$

Das bedeutet, daß die Steuerung in der Hauptverkehrsstunde zwei Drittel der Zeit beschäftigt ist. Ein anforderndes Gerät wird also mit der Wahrscheinlichkeit $P = 0{,}67$ auf die Steuerung warten müssen.

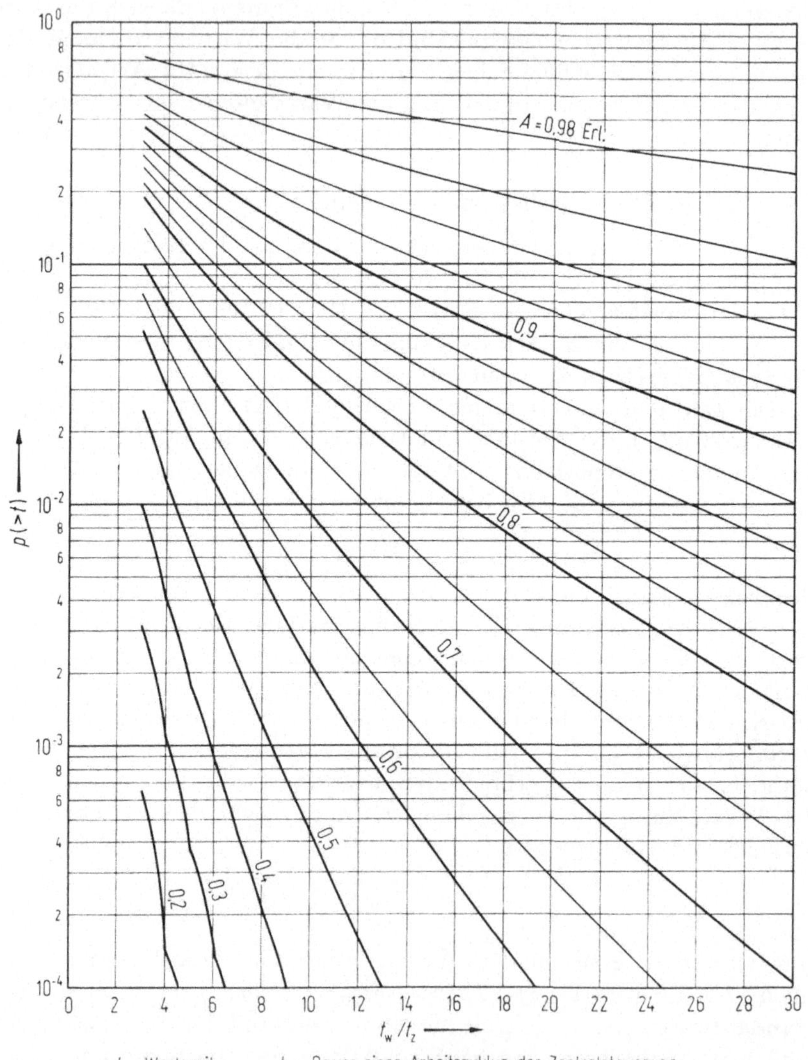

Bild 6.7 Wartewahrscheinlichkeit $P\ (> t)$ in Abhängigkeit von der zugelassenen Wartezeit $t_\mathrm{W}/t_\mathrm{Z}$ (konstante Belegungsdauer, zufällige Abfertigungsreihenfolge)

Wenn die für einen Arbeitszyklus notwendige Zeit — unabhängig von der Art des Arbeitszyklus — etwa konstant ist, so ist das Verhältnis von mittlerer Wartezeit t_W zur Zeit des Arbeitszyklus t_Z für die Wartenden

$$\frac{t_W}{t_Z} = \frac{1}{2(1-A)}.$$

Im vorliegenden Beispiel ergibt sich also hierfür der Wert 1,5. In Praxis interessiert aber nicht die mittlere Wartezeit, sondern die Wahrscheinlichkeit, mit der eine vorgegebene Wartezeit nicht überschritten wird. Unter der Voraussetzung, daß die Anforderungen an das zentrale Steuerwerk expotentiell verteilt einfallen und nach einer zufälligen Reihenfolge abgefertigt werden (diese Voraussetzung trifft meistens angenähert zu), gilt das Diagramm von Bild 6.7 [2.2].

Im hier betrachteten Fall wird z. B. die Wartezeit von 200 ms $(t_W/t_Z = 10)$ mit der Wahrscheinlichkeit

$$P\,(>t) = 6 \cdot 10^{-3}$$

überschritten. Das heißt $6^0/_{00}$ aller Anforderungen an die Steuerung müssen länger als 200 ms auf Abfertigung warten.

6.2.2 Verkehrsaufteilung auf mehrere zentrale Steuerwerke

Wenn die Belastung einer zentralen Steuerung so hoch ist, daß die Wartezeiten unzulässig groß werden, gibt es — außer der in diesem Zusammenhang trivialen Möglichkeit, die Steuerung schneller zu machen — die Lastverteilung auf mehrere Steuerwerke oder die Gruppenbildung, wie in Abschn. 6.1.1 bereits besprochen.

Die Wirksamkeit dieser Maßnahmen soll an Hand eines Beispiels diskutiert werden. Im Gegensatz zu den Voraussetzungen des vorigen Abschnitts wird hier allerdings die Abfertigung der wartenden Anforderungen durch die Steuerung in der Reihenfolge ihres Eintreffens angenommen. Die Wartewahrscheinlichkeiten sind dabei etwas geringer als bei zufälliger Abfertigungsreihenfolge, bleiben aber in derselben Größenordnung.

Vorgegeben sei ein Verkehrsangebot von 6 Erl, wobei mit der Wartewahrscheinlichkeit $P < 1^0/_{00}$ die relative Wartezeit $t_W/t_Z = 3$ nicht überschritten werden soll.

Bei Lastverteilung (Anschaltung n auf m) wird diese Bedingung mit 7 Steuerwerken eingehalten. Bei Anschaltung n auf 1 darf für die vorgegebene Wartewahrscheinlichkeit und Wartezeit ein Steuerwerk nur mit 0,3 Erl belastet werden. Das bedeutet also die Schaffung von 20 unabhängigen Gruppen mit insgesamt 20 Steuerwerken für die Anschaltung n auf 1. Diese Werte lassen sich aus [2.2] entnehmen.

In der Praxis ist manchmal weder die eine noch die andere Maßnahme durchführbar. Dann müssen die Steuerwerke schneller werden, was auch aufwendig ist, sofern es sich überhaupt durchführen läßt.

6.2.3 Arbeitsverhalten von Rechnern

Der in Bild 6.6 a gezeigte Arbeitsablauf läßt sich variieren. In Bild 6.6 b wird die vom dezentralen Gerät gelieferte Information zunächst in einem Pufferspeicher in der Zentralsteuerung deponiert. Damit kann das dezentrale Gerät eher wieder entlassen werden, da im allgemeinen die für das Einschreiben in den Puffer nötige Zeit kleiner als die für die Verarbeitung gebrauchte Zeit ist. Das hat seine Bedeutung z. B. bei der Aufnahme von Wahlziffern. Das dezentrale Gerät steht schon wieder für die Aufnahme der nächsten Ziffer bereit, während die Verarbeitung der vorhergehenden Ziffer zu einem späteren Zeitpunkt möglich ist.

Das heißt also: Wichtig ist zunächst die Aufnahme und Sicherstellung der vom dezentralen Gerät gelieferten Information. Die Verarbeitung erfolgt „irgendwann" später und endet mit der Abgabe an den Ausgabe-Pufferspeicher, aus dem die entsprechende Information zu passender Zeit ausgelesen wird. „Irgendwann" hat natürlich auch seine Grenzen. Eine gewisse Reaktionszeit t_R, die abhängig von der jeweiligen Aufgabe ist, darf mit bestimmter Wahrscheinlichkeit nicht überschritten werden. Die Reaktionszeit setzt sich aus den Zeiten t_E, t_PE, t_V, t_PA und t_A des betrachteten Steuerungsvorgangs sowie eingeschobenen Verarbeitungszeiten anderer Steuerungsvorgänge zusammen (Bild 6.6 b).

Mit dem Pufferspeicher erreicht man eine „Entkopplung" des Verarbeitungsvorgangs von dem der Ein- und Ausgabe. Diese Möglichkeit besteht insbesondere bei speicherorientierten Steuerungen wie Rechnern. Die prinzipielle Arbeitszeitbilanz eines Rechners stellt sich wie in Bild 6.8 dar. Eine konstante Grundlast, die sich zum Beispiel aus der routinemäßigen Abfrage aller dezentralen Geräte ergibt, beansprucht den Rechner zu einem gewissen Prozentsatz. Der Rest der Zeit innerhalb der Wiederholungsperiode dient der Abarbeitung der eingesammelten Aufträge. Diese letztere Zeitspanne bestimmt die „Re-

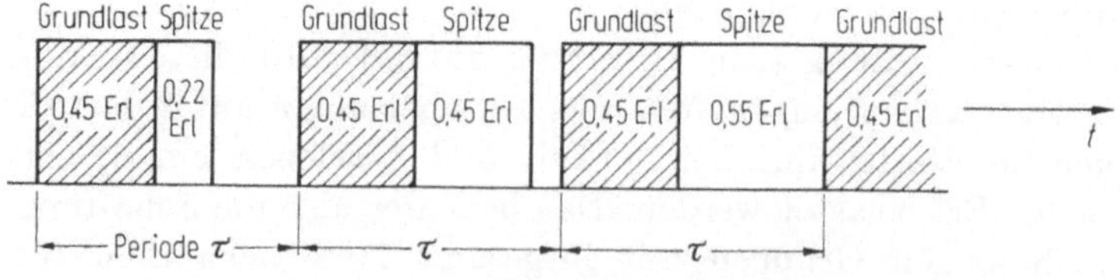

Bild 6.8 Belastungsschema eines Rechners

aktionszeit" des Rechners, von der es abhängt, wann die Antwort auf eine Eingabe erfolgt. Für die Belastungs- und Wartezeitrechnung kann also nur über einen Bruchteil der Rechnerzeit verfügt werden.

Die erlaubten Reaktionszeiten spielen eine wesentliche Rolle für die Belastbarkeit des Rechners und damit für die nötige Anzahl oder Schnelligkeit der Zentralsteuerwerke. Setzen wir die Reaktionszeit gleich der Wartezeit t_W und die Rechnerarbeitszeit zunächst gleich t_Z in Bild 6.7, so läßt sich folgendes Beispiel ablesen: Ist die Wahrscheinlichkeit für das Überschreiten einer Wartezeit mit 1% vorgegeben, so kann bei Wartezeiten $t_W/t_Z = 5$ die Zentralsteuerung mit 0,54 E 1 ausgelastet werden. Bei einem zulässigen Wert von $t_W/t_Z = 20$ steigt die Belastbarkeit auf 0,825 Erl.

Freilich ist bei diesem Beispiel noch nicht die Lastverteilung auf Grundlast und variable „Abarbeitungszeit" eingesammelter Aufträge berücksichtigt. Im Beispiel von Bild 6.8 ist der Rechner bereits durch eine Grundlast $G = 0,45$ Erl ausgelastet, die Gesamtbelastung setzt sich aus dieser Grundlast und einem zusätzlichen „freien" Angebot A_Z zusammen. Setzt man für die erlaubte Gesamtbelastung Y_S wieder obigen Wert 0,825 Erl voraus, so bleibt zur Einhaltung der vorgegebenen Wartezeitüberschreitung nur noch ein „freies" Angebot $A_Z = Y_S - G = 0,375$ Erl übrig. Dieser Wert ist natürlich insofern nicht richtig, als die Voraussetzung des zufälligen Einfalls der Belegungen für die Grundlast nicht stimmt. In Praxis ist die Grundlast sehr heterogen aus systematischen und zufälligen Komponenten zusammengesetzt. Außerdem ist die Arbeitszeit der Zentralsteuerung nicht konstant. Eine genaue Analyse des Belastungsverhaltens ist praktisch nicht mehr rechenbar, vielmehr muß sie der Simulation vorbehalten bleiben.

Diese Betrachtungen können deshalb nur das Verständnis für zwei sehr wesentliche Gesichtspunkte wecken: Eine hohe und sinnvolle Auslastung des Zentralsteuerwerks läßt sich erreichen durch:

— hohe zulässige Reaktionszeiten,

— Verminderung der Grundlast.

6.2.4 Mehrstufige Wartesysteme

Eine weitere Komplikation bedeuten mehrstufige Wartesysteme. Bild 6.9 gibt ein Beispiel, in dem zwei Zentralisierungsstufen hintereinandergeschaltet sind. Das bedeutet eine entsprechende Reihenschaltung von Ein- und Ausgabezeiten (t_E, t_A), Pufferzeiten für Ein- und Ausgabe (t_{PE}, t_{PA}) und Verarbeitungszeiten (t_V), die nur durch geeignete Simulationsprogramme erfaßbar sind.

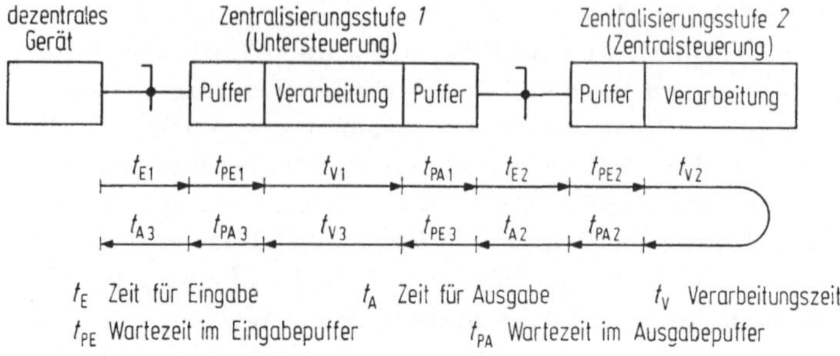

t_E Zeit für Eingabe t_A Zeit für Ausgabe t_V Verarbeitungszeit
t_{PE} Wartezeit im Eingabepuffer t_{PA} Wartezeit im Ausgabepuffer

Bild 6.9 Mehrstufiges Wartesystem

6.3 Funktionssicherheit

6.3.1 Zentralisierung und Ausfallrate

Die zentrale Steuerung für ein Vermittlungssystem darf nicht ausfallen. Das ist einfach gesagt, jedoch weniger einfach zu realisieren. Ein Steuerwerk besteht aus vielen Bauelementen, Verbindungen und Löt- oder Steckpunkten. Jede dieser Komponenten ist nicht unendlich zuverlässig, sie besitzt eine Ausfallrate (an sich nur definiert für exponentiell verteilte Lebensdauern), die man allgemein auf eine Stunde bezieht. Hat ein Bauteil z. B. eine Ausfallrate von $\alpha = 1 \cdot 10^{-8}/h$, so bedeutet das, daß ein solches Bauteil im Mittel innerhalb von 10^8 h, das sind etwa 10 000 Jahre, einmal ausfällt. Das klingt gut, umgekehrt aber kann man auch sagen, daß von 10^8 Bauteilen dieser Art im Mittel jede Stunde eins ausfällt. Noch realistischer wird die Aussage, wenn man feststellt, daß eine Steuerung mit 10 000 dieser Bauelemente im Mittel einmal im Jahr defekt sein wird.

Es gibt eine umfangreiche Literatur über die theoretischen Möglichkeiten zur Schaffung ausfallsicherer Systeme. Hier soll jedoch nur auf einige praktische Aspekte eingegangen werden. Zunächst wollen wir an einen Gedankengang anknüpfen (Abschn. 2.5.4), der sich mit dem Zentralisierungsgrad von Steuerungen beschäftigte. Zu diesem Zweck soll Bild 6.10 diskutiert werden. Läßt man zu, daß eine Vermittlungsstelle im Mittel einmal in 30 Jahren durch Versagen der Zentralsteuerung ausfällt, so darf diese Zentralsteuerung — wenn sie nicht gedoppelt wird — nur eine Ausfallrate von $\alpha = 3{,}8 \cdot 10^{-6}/h$ haben (der Kehrwert der Ausfallrate ist die mittlere fehlerfreie Zeit MTBF = 30 Jahre). Vernachlässigt man alle Fehlermöglichkeiten durch Verdrahtung, Stecker usw. und setzt man die Ausfallrate der verwendeten Bauelemente optimistisch zu $10^{-8}/h$ an, so darf die Zentralsteuerung also mit nicht mehr als 380 dieser Bauelemente bestückt sein. Enthält die Zentralsteuerung mehr Bauelemente, muß sie dupliziert werden. Macht man nun die Annahme, daß die Reparaturzeit für eine Zentralsteuerung 10 h dauert — Bedienungspersonal muß evtl. erst von Wartungszentren herbeigeholt werden —, so kann es vorkommen, daß die zweite Zentralsteuerung gerade während der Reparatur der ersten ausfällt. Soll das im Mittel nur einmal in 30 Jahren geschehen, darf die Ausfallrate einer Zentralsteuerung nicht den Wert $\alpha = 4{,}4 \cdot 10^{-4}$/h überschreiten, d. h. sie darf nicht mehr als $4{,}4 \cdot 10^4$ dieser ausgezeichneten Bauelemente besitzen [6.1]. Sind mehr

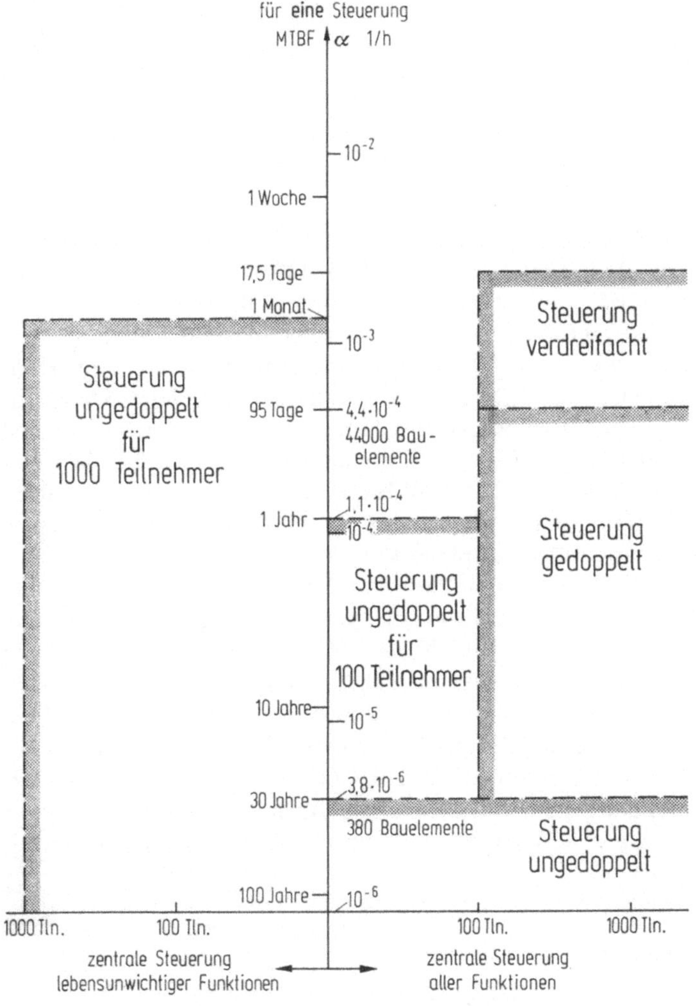

Bild 6.10 Ausfallrate und notwendige Redundanz

oder erheblich schlechtere Bauelemente in der Maschine enthalten, ist eine Triplizierung notwendig[1]. Eine andere Möglichkeit besteht darin, die Maschine in „Untermaschinen" aufzuteilen, die unabhängig voneinander ausfallen können. Ein Beispiel zeigt Bild 6.11, in dem durch Halbierung der Maschine etwa eine Verdoppelung der MTBF erreicht wird [6.2, 6.3].

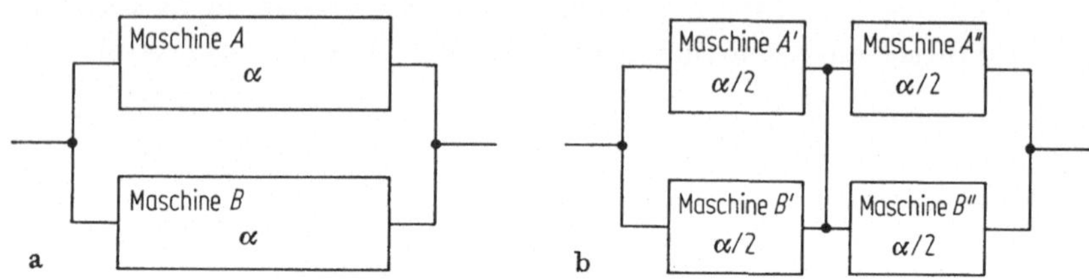

Bild 6.11   Erhöhung der Zuverlässigkeit durch Maschinenteilung
a) Verdoppelte Maschine mit Ausfallrate α; b) Verdoppelung von „Untermaschinen" mit Ausfallrate $\alpha/2$

Um die Möglichkeiten teilzentralisierter Steuerungen aufzuzeigen, sei nun die Annahme gemacht, daß eine Störung, die lediglich 100 Teilnehmer betrifft, im Mittel einmal pro Jahr auftreten darf. Die erlaubte Fehlerrate des für diese Gruppe zentralisierten Steuerwerks darf dann etwa $\alpha = 1{,}1 \cdot 10^{-4}$/h betragen, d. h. sie gibt Raum für 10 000 Bauelemente. In der Praxis kann man eine Steuerung mit 10 000 Bauelementen wegen des hohen Aufwandes natürlich nicht für 100 Teilnehmer vorsehen. Realistischer ist die umgekehrte Konsequenz: Ein Steuerwerk mit z. B. 100 Bauelementen mäßiger Qualität ($\alpha = 10^{-7}$/h) fällt im Mittel alle 10 Jahre einmal aus und braucht deshalb für eine Gruppe nicht dupliziert zu werden.

Der Vollständigkeit halber sind links im Bild 6.10 auch noch die Verhältnisse bei Zentralisierung nur lebensunwichtiger Funktionen dargestellt. Ein Ausfall im Mittel pro Monat möge bis zu 1 000 Teilnehmer noch zugelassen sein, für größere Vermittlungen muß man wohl anspruchsvoller werden, weil zu viele Teilnehmer betroffen sind. Die möglichen Ausfallraten können aus Bild 6.10 abgelesen werden.

Alle diese Annahmen sind natürlich idealisiert, geben aber in Zusammenhang mit Bild 2.14 einen Anhaltspunkt für Strukturüberlegungen, die auch kleine Vermittlungsstellen mit einbeziehen.

---

[1] Mit einigen kleinen Vernachlässigungen ergibt sich für die Gesamt-MTBF von $(n + 1)$ Maschinen bei einer mittleren Reparaturzeit R und einer MTBF von B für *eine* Maschine der Ausdruck

$$\text{Gesamt-MTBF} = \frac{1}{(n + 1)n} \frac{B^2}{R}.$$

6.3.2 Überwachungsprinzipien

Da man sich vorerst damit abfinden muß, daß größere Steuerwerke allein nicht die nötige Zuverlässigkeit haben, muß man dafür sorgen, durch Duplizierung oder Triplizierung die gewünschte Verfügbarkeit des ganzen Systems zu erreichen. Das Umschalten auf ein Ersatzgerät kann aber im allgemeinen erst dann erfolgen, wenn ein Fehler erkannt wurde. Es müssen also Überwachungsmaßnahmen zur Fehlererkennung getroffen werden. Im Prinzip kann man die verschiedenen Möglichkeiten hierfür nach folgenden Gesichtspunkten einteilen:

a) *Dauerüberwachung oder Routineüberwachung.* Ein Steuerwerk kann in seinen Arbeitsvorgängen ständig überwacht werden. Das erfordert mit den Arbeitsvorgängen mitlaufende Überwachungsmaßnahmen. Eine Dauerüberwachung ist Voraussetzung dafür, daß Fehler im Entstehen erkannt werden. Eine Dauerüberwachung ist andererseits aufwendig, häufig — (aus Aufwandsgründen) — nicht ganz lückenlos und verlangsamt unter Umständen die Arbeitszyklen der Steuerung, die dadurch weniger leistungsfähig wird.

Demgegenüber steht die Routineüberwachung, die in mehr oder weniger großen Zeitabständen die Steuerung mit einem Testprogramm auf Funktionstüchtigkeit prüft. Je kürzer die Zeitabstände der Routineprüfung sind, desto schneller nach dem Entstehen wird der Fehler erkannt. Das ist wichtig, um die Auswirkungen des Fehlers einzudämmen. Allerdings muß das Prüfprogramm um so kürzer werden, je häufiger es abläuft, um die Belastung des Steuerwerks mit „unproduktiven" Prüfvorgängen klein zu halten. Die Wirksamkeit der Prüfprogramme wird dadurch beeinträchtigt.

b) *Überwachung durch „Hardware" oder „Software".* Ein Steuerwerk besteht aus Teilen, die Information verarbeiten und speichern (z. B. Rechenwerk, Speicherwerk) und aus der Ablaufsteuerung. Die informationsverarbeitenden Teile lassen sich im Prinzip vollständig durch „Hardware"-Schaltungen überwachen, z. B. durch Paritätsprüfer, wenn die Information entsprechend durch Paritätsbit gesichert ist. Schwieriger ist die Fehlererkennung in der Ablaufsteuerung. Hardware-Schaltungen können sich, wenn sie nicht den ganzen Ablauf parallel wiederholen, im allgemeinen z. B. nur auf relative grobe Zeitmessungen des Ablaufs beschränken.

Die Überwachung mittels Programm („Software") ist von vornherein eher für Routineprüfungen geeignet. Eine Dauerüberwachung ist jedoch im Prinzip nicht unmöglich und wird auch teilweise durchgeführt (vgl Abschn. 15.1).

c) *Eigenüberwachung oder Fremdüberwachung.* Eine Eigenüberwachung ist vollselbständig und an keine anderen Geräte gebunden. Bei der

Fremdüberwachung hilft ein anderes Gerät mit. Ein Beispiel ist der Parallellauf zweier Rechner mit ständigem Vergleich der Funktionen. Das ist eine sehr wirksame Überwachungsmaßnahme, die aber bei Ausfall eines Rechners nicht mehr arbeitsfähig ist.

d) *Überwachung der Überwachung.* Überwachungsmaßnahmen sind nur dann wirksam, wenn die Überwachungsschaltungen funktionieren. Streng genommen muß man also Überwachungsschaltungen für Überwachungsschaltungen vorsehen, die ihrerseits wieder überwacht werden müssen, und so weiter! Natürlich läßt sich ein solcher Kreis nicht beliebig fortsetzen. Folgende Maßnahmen sind denkbar:

— Überwachungsschaltungen werden in gewissen Zeitabständen durch geeignete Programme routinegeprüft. Die Wahrscheinlichkeit, daß eine Überwachungsschaltung zwischen zwei Prüfvorgängen defekt wird, muß genügend klein sein (erheblich kleiner als die Wahrscheinlichkeit für das Auftreten des Fehlers, den sie überwachen soll); der Prüfabstand muß entsprechend gewählt werden. Die Routineprüfung setzt voraus, daß Fehlerzustände künstlich erzeugt werden können, auf die die Überwachungsschaltungen ansprechen. Das läßt sich nicht immer einfach durchführen.

— Überwachungsschaltungen prüfen sich selbst im Zuge jedes Arbeitszyklus. Das kann dadurch geschehen, daß die Überwachungsschaltungen positiv das ordnungsgemäße Funktionieren des Ablaufs bestätigen oder daß im Zuge jedes Ablaufs die zu überwachenden Fehlerzustände erzwungen werden.

— Die Überwachungsschaltungen werden so zuverlässig gebaut, daß sie mit genügender Sicherheit (z. B. 99%) die Lebensdauer des betreffenden Gerätes ohne Störung überdauern.

e) *Schutzschaltungen.* Neben den Überwachungsmaßnahmen sind häufig auch Schutzmaßnahmen notwendig. So darf es nicht vorkommen, daß ein Fehler von außen — also von einem Leitungssystem oder dezentralen Gerät — zu Zerstörungen in dem zentralen Gerät führt, weil das duplizierte Gerät nach Ersatzschaltung dann ebenfalls zerstört würde. Besonders gefährlich können Potentialschlüsse auf den Leitungen sein. Es ist manchmal gar nicht einfach, wirksame Schutzmaßnahmen zu ergreifen. Dann muß durch geeignete Leitungsführung zumindest versucht werden, derartige Potentialschlüsse äußerst unwahrscheinlich zu machen.

f) *Überwachungsziel.* Das Überwachungsziel muß definiert werden: Sofortiges Erkennen des Fehlers *oder* Erkennen innerhalb einer gewissen Anzahl von Arbeitsvorgängen, evtl. nur mit hoher Wahrscheinlichkeit. Je nach Überwachungsziel wirken sich Fehler nur auf eine Verbindung oder auf mehrere Verbindungen aus.

Eine andere Frage ist, ob die Überwachungsschaltungen auch schon einen Hinweis auf die defekte Baugruppe geben sollen oder ob dies späteren Diagnosemaßnahmen vorbehalten bleiben soll.

Je höher das Überwachungsziel gesteckt ist, desto größer wird der Überwachungsaufwand. Hier ist ein Kompromiß zwischen vertretbarem Aufwand und Überwachungsunschärfe zu finden, der letzten Endes eine Ermessensfrage ist und dadurch keineswegs einfacher wird.

6.3.3 Fehlerlokalisierung

Auf Grund der Meldungen von Überwachungsschaltungen sollen defekte Geräte außer Betrieb genommen werden. Das ist einfach, wenn die Überwachungsschaltung eindeutig das defekte Gerät bezeichnet. Häufig ist das aber nicht möglich. Bild 6.12 gibt ein Beispiel. Dezentrale Geräte sind über ein Leitungssystem mit einem zentralen Gerät verbunden. Die dezentralen Geräte mögen aus Aufwandsgründen nicht überwacht sein, wohl aber hat das zentrale Gerät eine Eingangsüberwachung, die die ankommenden Informationen auf formale Richtigkeit prüft. Die Eingangsüberwachung wird alarmieren, wenn die Eingangsinformation durch einen Fehler im dezentralen Gerät (1) oder durch von anderen dezentralen Geräten eingeschleppte Fehler (2) oder durch einen Fehler auf dem zentralen Teil des Leitungssystems (3) oder durch einen Fehler in der Eingangsschaltung des zentralen Gerätes selbst (4) verfälscht wird. Zur vorläufigen Beseitigung des Fehlers muß also entweder das beteiligte dezentrale Gerät oder eines der anderen dezentralen Geräte gesperrt werden oder aber das zentrale Leitungssystem oder das zentrale Gerät selbst muß auf Ersatz geschaltet werden.

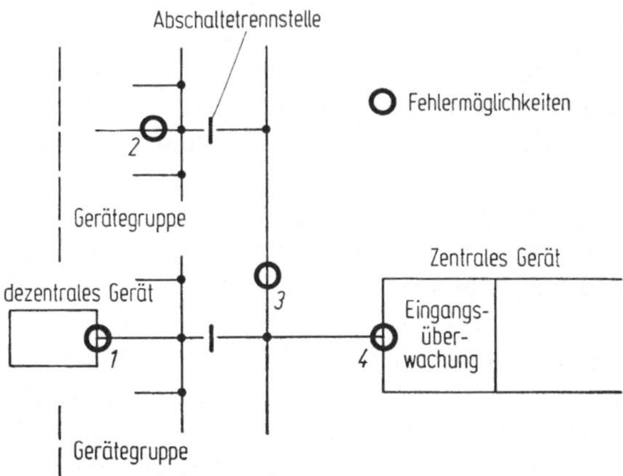

Bild 6.12 Fehlermöglichkeiten zwischen zentralem und dezentralem Gerät

Es versteht sich von selbst, daß eine solche Lokalisierung und Beseitigung des Fehlers automatisch erfolgen muß, weil Bedienungspersonal weder zur Verfügung steht noch schnell genug reagieren würde. Für die Lokalisierung des Fehlers muß man sich geeignete Strategien überlegen. Es gibt z. B. folgende Möglichkeiten:

a) *Die statistische Methode.* Auf Grund der Häufigkeit des Auftretens des Fehlers kann man darauf schließen, ob der Fehler in einem dezentralen Gerät oder in zentralen Systemteilen liegt.

b) *Die Probiermethode.* Bei Auftreten eines Fehlers wird auf Verdacht eines der beteiligten Geräte gesperrt. Hierbei kann man entweder das zentrale Gerät auf Ersatz schalten, um dann bei Wiederauftreten des Fehlers zu wissen, daß das dezentrale Gerät defekt ist, oder aber man beginnt umgekehrt mit der Sperre des dezentralen Gerätes. In diesem Fall darf man nicht versäumen, das gesperrte dezentrale Gerät wieder freizugeben, wenn es sich als fehlerfrei herausstellt.

c) *Die Absuchmethode.* Besonders unangenehm sind Fehler, die von anderen, nicht beteiligten Geräten eingeschleppt werden [Fall (2 b)]. Wenn solche Fehler statisches Verhalten zeigen wie z. B. Potentialschlüsse auf den Verbindungsleitungen, lassen sie sich durch aufeinanderfolgendes Abschalten vom Leitungssystem lokalisieren, wobei das Verschwinden des Fehlers als Lokalisierungskriterium dient. Allerdings müssen entsprechende Abschaltetrennstellen — z. B. für jeweils eine Gruppe von dezentralen Geräten — im Leitungssystem vorgesehen werden.

Ein anderes, sehr wichtiges Beispiel für die Notwendigkeit einer Fehlerlokalisierung ist bei Störungsmeldungen durch Vergleicher gegeben, die die Ergebnisse von parallellaufenden Zentralsteuerwerken ständig überwachen. Sofern nur die Ergebnisse von *zwei* Zentralsteuerwerken miteinander verglichen werden, muß nach der Störungsmeldung durch ein Routineprüfprogramm festgestellt werden, welches der beiden Zentralsteuerwerke fehlerhaft ist. Zu diesem Zweck werden die Zentralsteuerwerke auseinandergeschaltet und einzeln geprüft.

Alle erwähnten Methoden müssen nicht sicher zum Erfolg führen. Sie richten sich gegen Einfachfehler, die reproduzierbar sind. Beides braucht nicht der Fall zu sein, es gibt voneinander unabhängige Doppelfehler, und es gibt vor allem auch sporadische Fehler. Solche Fehler können die Lokalisierungsstrategien durcheinander bringen, man muß deshalb generell dafür sorgen, daß aufeinanderfolgende Lokalisierungsversuche nicht die Vermittlungsstelle blockieren können. Das bedeutet z. B., daß gesperrte Geräte bei erfolgloser Lokalisierung wieder freigegeben werden müssen.

Ein wesentlicher Vorteil speicherorientierter und speicherprogrammierter Vermittlungssysteme ist, daß sowohl automatische Fehlerstatistiken leicht zu führen sind, weil Speicherraum ausreichend zur Verfügung steht, als auch eine Anpassung der Lokalisierungsstrategie an die praktisch auftretenden Verhältnisse möglich ist, weil sich die gespeicherten Programme leicht ändern lassen. Überwachungsschaltungen und Lokalisierungsmaßnahmen müssen so aufeinander abgestimmt werden, daß Alarmmeldungen, die Bedienungspersonal herbeirufen, wirklich nur in den dringendsten Fällen abgesetzt werden.

6.3.4 Ersatzschaltung

Nach erfolgter Lokalisierung muß das defekte Gerät aus dem Verkehr gezogen werden. Bei dezentralen Geräten geschieht das durch Sperren und/oder Abschalten vom Leitungssystem ohne Ersatzmöglichkeit, bei zentralen Geräten muß ein Ersatzgerät vorhanden sein. Es gibt verschiedene Ersatzmöglichkeiten:

a) Dem „on-line" arbeitenden Gerät ist ein „off-line"-Gerät unmittelbar zugeordnet. Das „off-line"-Gerät kann — wie bereits erwähnt — zusätzlich Überwachungsfunktionen übernehmen, indem es parallel und meist synchron mit dem „on-line"-Gerät mitläuft, wobei die Ergebnisse beider Geräte ständig miteinander verglichen werden. Beide Geräte werden mit Eingangsinformationen versorgt, die Ausgangsinformationen gibt aber nur das „one-line"-arbeitende Gerät an das System ab (Bild 6.13a).

Vorteilhaft an dieser Anordnung ist, daß bei speicherorientierten Steuerungen der Speicherinhalt des „off-line"-Gerätes stets auf aktuellem Stand gehalten werden kann. Als Nachteil läßt sich ansehen, daß eine Steuerung allein so leistungsfähig sein muß, daß sie das ganze System bedienen kann.

b) Es gibt kein eigentliches Ersatzgerät, sondern zwei — (oder mehr) — Steuerungen teilen sich in die Arbeit. Die Aufteilung kann so erfolgen, daß jede Steuerung alle Arbeit in einem Teil des Systems oder umgekehrt einen bestimmten Teil der Arbeit im ganzen System ausführt (Bild 6.13b). Bei Ausfall einer Steuerung übernimmt die andere den Anteil des ausgefallenen Gerätes mit. Dabei muß man in Kauf nehmen, daß durch die höhere Belastung des verbleibenden Gerätes die Reaktionszeiten ansteigen (Abschn. 6.1.1).

Vorteilhaft bei dieser Anordnung ist die durch die Aufgabenteilung höhere Leistungsfähigkeit der beiden Zentralsteuerwerke. Gegenüber a) ist es jedoch organisatorisch schwieriger, die Speicherinhalte auf den erforderlichen Gleichstand für alle Aufgaben und das ganze System zu bringen. Man muß darauf achten, daß die hierzu nötige Organisations-

arbeit nicht den Vorteil der größeren Leistungsfähigkeit wieder aufzehrt.

Derartige Anordnungen lassen sich zu leistungsfähigen und hochredundanten „Mehrrechner"-Strukturen ausbauern [6.4], bei denen ein Pool von Rechnern mit einem Pool von Speichern zusammenarbeitet. Vielfach wird in solchen Strukturen die beste Möglichkeit gesehen, auch größte Vermittlungsanlagen zu steuern. Jedoch darf man die organisatorischen Schwierigkeiten nicht unterschätzen.

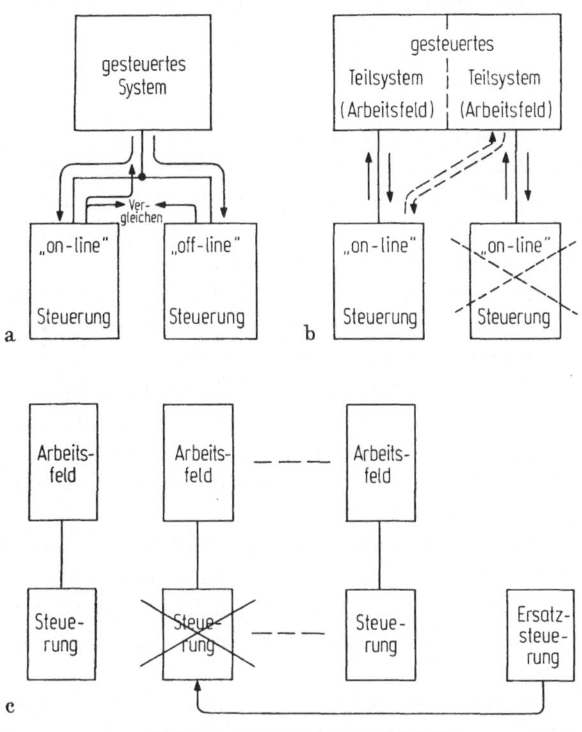

Bild 6.13   Ersatzschaltemöglichkeiten
a) Ersatzschaltung; b) Aushilfeschaltung; c) Variante der Ersatzschaltung

c) Eine Variante der Arbeitsteilung ist die Arbeitstrennung, bei der darauf verzichtet wird, eine Steuerung in andere „Arbeitsfelder" übergreifen zu lassen. Jede Steuerung hat also und behält auch ihr eigenes Arbeitsgebiet. Ein oder mehrere Ersatzgeräte stehen bereit, um bei Störungen an die Stelle des defekten Gerätes zu treten (Bild 6.13c).

Solche Strukturen sind dann vorteilhaft, wenn mehrere gleichartige Steuerungen vorhanden sind. An die Stelle von Steuerungspärchen nach a) tritt ein Ersatzgerät für viele Betriebsgeräte. Allerdings ist es nicht möglich, den Speicherinhalt des Ersatzgerätes auf aktuellem

Stand zu halten. Dieses Prinzip ist also nur dann anwendbar, wenn entweder die Steuerung *nicht* speicherorientiert ist oder wenn der Speicherinhalt des defekten Gerätes rekonstruiert werden kann. Weiterhin ist das Verfahren evtl. nicht durchführbar, wenn sehr viele Leitungen zwischen Steuerung und Arbeitsfeld verlaufen, weil die Leitungsführung zum Ersatzgerät dann zu schwierig wird.

6.3.5 Störungsauswirkungen

Wie bereits im vorigen Abschnitt erwähnt, ist die Ersatzschaltung speicherorientierter Steuerungen oft recht problematisch. Steuerungen ohne wesentliche Gedächtnisfunktionen sind nach Störungsmeldungen oder Ersatzschaltungen durch Rückstellung in den Null-Zustand wieder voll funktionsfähig, sofern sie keinen Fehler enthalten. Bei speicherorientierten Steuerungen jedoch darf deren Speicherinhalt als Folge von Alarmmeldungen oder durch Ersatzschaltungen nicht verfälscht werden.

Das Problem beginnt schon bei der Alarmmeldung selbst. Wird das Gerät durch Routineprüfung überwacht, so kann bis zum Erkennen des Fehlers bereits ein unkontrollierbar großer Teil des Speicherinhalts zerstört worden sein. Als ,,Recovery‘‘-Maßnahme, d. h. als Maßnahme zur Herstellung des Gleichlaufs von Speicherinhalt und Systemzustand, muß entweder sowohl der Speicher als auch das System in den Null-Zustand gebracht werden (z. B. Zwangsauslösung aller Verbindungen), oder aber es gelingt, den Systemzustand aus der Hardware des Systems selbst abzufragen und damit den Speicherzustand zu rekonstruieren. Das Zugriffsystem für die Abfrage des Systemzustands muß natürlich vorhanden sein. Solche Maßnahmen sind nur für bestimmte Funktionen möglich, eine Nullstellung oder Rekonstruktion von z. B. Gebührenständen ist problematisch.

Günstiger liegen die Verhältnisse bei den ständig überwachten Steuerungen. Im Falle der häufig verwendeten *Fremdüberwachung* durch Vergleich der Ergebnisse von synchron und parallel laufenden Rechnern kann höchstens eine Speicherzelle verfälscht werden, wenn es nicht mehr gelingt, nach Ansprechen der Vergleicherüberwachung einen etwa gerade angestoßenen Speicherzyklus zu stoppen. Da man — sofern nur zwei Rechner ihre Ergebnisse vergleichen — nicht weiß, in welchem Speicher das richtige Ergebnis steht, muß nun also zunächst automatisch ein Routineprüfprogramm zur Lokalisierung des defekten Rechners ablaufen. Das führt im Prinzip bei statischen Fehlern zum Erfolg. Bei sporadischen Fehlern wird die Lokalisierung im allgemeinen kein Ergebnis bringen. Dann muß durch Programm versucht werden, den Inhalt der falschen Speicherzelle zu korrigieren. Das ist eine nicht immer durchführbare Aufgabe.

Noch besser verhalten sich *eigenüberwachte*, dauerüberwachte Rechner. Wenn man dafür sorgt, daß der Speicher des Ersatzgerätes erst dann auf neuen Stand gebracht wird, wenn das Ergebnis des „on-line"-Gerätes für korrekt befunden wurde, sind auch bei sporadischen Fehlern keine Recovery-Maßnahmen nötig. Die Schwierigkeit liegt hier jedoch wieder darin, eine *lückenlose* Eigenüberwachung zu verwirklichen.

6.3.6 Diagnose

Unter „Diagnose" wird die automatische Eingrenzung eines Fehlers auf möglichst eine steckbare Baugruppe genau verstanden. Die Diagnose gehört zu den wichtigsten Aufgaben bei rechnergesteuerten Vermittlungssystemen, denn diese Systeme können sich nur durchsetzen, wenn sie die Wartung vereinfachen, nicht komplizieren.

Eine Diagnose kann unmittelbar aus der Störungsmeldung von Dauerüberwachungen abgeleitet werden. Das erfordert eine Vielzahl von Überwachungsschaltungen, deren Aussage eine eindeutige Lokalisierung möglich machen muß. Leider geben Überwachungsschaltungen nicht immer eine eindeutige Fehlerzuordnung an, wie schon an einem Lokalisierungbeispiel gezeigt wurde.

Eine andere Möglichkeit besteht darin, das aus dem „on-line"-Betrieb genommene Gerät automatisch durch spezifische Prüfprogramme zu testen. Für einen wirksamen Diagnosetest müssen aber die geeigneten Eingriffsmöglichkeiten in der Hardware des Gerätes geschaffen werden. Abhängig von der Struktur des Gerätes und wohl auch von der Zahl und Lage der erwähnten Diagnoseeingriffe ergibt sich offenbar ein recht unterschiedlicher Umfang der Diagnoseprogramme. Es werden Werte von einigen tausend bis zu vielen zehntausend Befehlen genannt. Man sieht daraus, daß das Problem der Diagnose noch nicht allgemein optimal gelöst ist.

Umfangreiche Diagnoseprogramme belasten selbstverständlich die Wirtschaftlichkeit der Vermittlungssysteme. Man ist deshalb bestrebt, diese Programme nicht ständig im Arbeitsspeicher der Zentralsteuerung zu halten, sondern bei Bedarf von billigen Massenspeichern anzufordern. Diese Massenspeicher können auch in zentralen Wartungsdienststellen untergebracht sein; die Übertragung der Programme erfolgt dann über Datenstrecken.

6.3.7 Reparatur

Das letzte Glied in der Kette der auf Störungen folgenden Reaktionen ist die eigentliche Reparatur. Sie wird sich im allgemeinen auf den Austausch von steckbaren Baugruppen beschränken, wobei je nach Güte der Diagnose hierfür mehr oder weniger gut qualifiziertes Personal nötig ist. Ein Teil der Fehler läßt sich natürlich nicht durch Baugruppenaustausch reparieren, bei der Eingrenzung solcher Fehler ist qualifiziertes Personal nötig, dem geeignete Testhilfsmittel zur Verfügung stehen müssen. Wesentlich sind kurze Reparaturzeiten, damit die Wahrscheinlichkeit des gleichzeitigen Ausfalls auch des Ersatzgerätes gering bleibt.

6.3.8 Überwachungsschaltungen

Überwachungsschaltungen werden entsprechend Überwachungsprinzip und Überwachungsziel ausgelegt. Grob katalogisieren kann man in:

— Überwachung durch Vergleich. Beispiel: *Gesamtüberwachung* eines Steuerwerks durch ständigen Vergleich der Ergebnisse mit denen eines anderen Steuerwerks, das dieselbe Aufgabe behandelt. Eine Gesamtüberwachung wird auch durch routinemäßigen Vergleich des Ergebnisses von Prüfprogrammen mit einem Festwert erreicht. Der Vergleich kann programmiert oder über spezielle Hardware-Schaltungen erfolgen.

— Codeüberwachungen. Es handelt sich um Überwachungen, die aus einer Abweichung von der Codierungsvorschrift auf eine *Informationsverfälschung* schließen und diese unter Umständen sogar korrigieren. Hierzu sind wegen der praktischen Bedeutung und theoretischen Ergiebigkeit zahlreiche Veröffentlichungen erschienen. Wir werden hierauf noch in einem Beispiel zurückkommen.

Codeüberwachungen können nicht die Gesamtüberwachung eines Steuerwerks übernehmen. Sie sind einsetzbar für die Überwachung des Informationstransports einschließlich des Sendens und des Empfangs. Auch die Informationsspeicherung (gewissermaßen als statische Abart des Transports) läßt sich durch Codeüberwachung sichern.

— Überwachung der *Informationsverarbeitung*. Abgesehen von der zwar trivialen, aber wirksamen Methode der Parallelverarbeitung in zwei oder mehr Rechenwerken gibt es auch Algorithmen zur Überwachung spezieller Verarbeitungsvorschriften. Wegen des Überwachungsaufwandes und häufig auch des Zeitbedarfs haben sich solche Verfahren bisher nicht allgemein durchgesetzt.

— Zeitüberwachungen und Quittungen. Sie dienen der recht groben Überwachung von *Steuerungsabläufen*, die eine vorgegebene Maximalzeit nicht überschreiten dürfen. Sie liefern nicht sehr differenzierte Ergebnisse, sind aber einfach und erfreuen sich deshalb einer großen Anwendungsbreite.

— Zähler. Mit Zählern können z. B. statistische Aussagen über die Häufigkeit bestimmter Abläufe gemacht werden, woraus evtl. Rückschlüsse auf Fehler möglich sind. So könnte etwa eine Häufung von Besetztfällen auf Grund eines sonst nicht erkennbaren Fehlers auftreten.

Zum besseren Verständnis sei als häufig vorkommendes Beispiel die „Paritätüberwachung" zur einfachen Sicherung des Informationstransports näher erläutert. Hierzu wird die Zahl der Einsen in einer Information durch das „Paritätbit" auf „gerade" oder (je nach Verabredung) „ungerade" ergänzt. Entspricht die Zahl der empfangenen Einsen nicht der Überwachungsvorschrift, so ist ein Fehler aufgetreten. Allerdings bedeutet „stimmende Parität" nicht, daß mit Sicherheit *kein* Fehler aufgetreten ist. Es könnten ja zwei Bit der Information in einer Weise verfälscht worden sein, die wieder zu einem stimmenden Paritätbit führt.

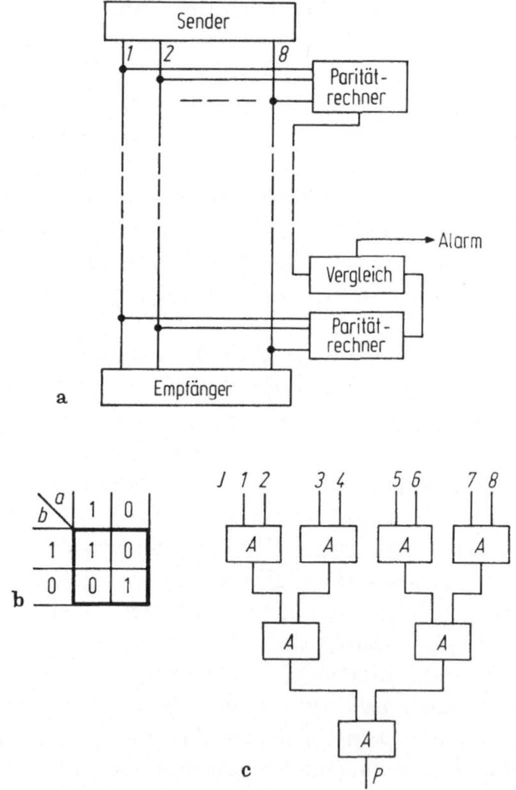

Bild 6.14 Paritätüberwachung
a) Prinzip der Paritätüberwachung; b) Wertefafel der Äquivalenz A; c) Paritätrechner

Bild 6.14 zeigt eine mögliche Ausführung der Paritätüberwachung. Eine acht Bit breite Information erzeugt bei gerader Anzahl von Einsen ein Paritätbit, das als neuntes Bit der Information zugesetzt und übertragen wird. Am Ziel wird aus den acht Bit der Information ausgerechnet, wie das Paritätbit lauten müßte. Dieser Wert wird mit dem des tatsächlich übertragenen neunten Bit verglichen (Bild 6.14a).

Bild 6.14c stellt den Paritätrechner dar. Er besteht aus einer Anzahl von Äquivalenzgattern A in der gezeigten Anordnung. Die Funktion des Äquivalenzgatters zeigt Bild 6.14b: nur wenn die Eingänge a und b beide Eins oder beide Null aufweisen, entsteht am Ausgang (stark umrandet) eine Eins. In der Anordnung von Bild 6.14c bedeutet dies also: Nur bei Parität der Eingänge eines Gatters A (beide Eingänge Eins oder beide Eingänge Null) liegt am Ausgang eine Eins. Nur bei einer solchen Parität melden die Gatter A der folgenden Stufen wiederum eine Eins. Am Ausgang des Paritätrechners erscheint also *dann* eine Eins, wenn an den Eingängen eine gerade Zahl von Einsen anliegt.

7. Zugriffsysteme

7.1 Aufgabenstellung

Die Zugriffsysteme sind, wie bereits in Abschn. 2.5.5 erwähnt, die Mittler zwischen Zentralsteuerwerk und vermittlungstechnischer Peripherie. Sie übernehmen damit die Aufgabe der Ein- und Ausgabegeräte in kommerziellen Datenverarbeitungsanlagen. In der Organisation dieser Zugriffsysteme und ihrer Eingliederung in das Gesamtsystem treten beträchtliche Unterschiede zwischen verschiedenen Systemkonzepten auf. Das liegt daran, daß die Anforderungen an die Zugriffsysteme stark von der Funktionsverteilung im System (zentrale und dezentrale Aufgaben) und von den verwendeten Bauteilen abhängen.

Kennzeichen der Vermittlungstechnik ist eine große Anzahl voneinander unabhängiger Quellen und Senken für Steuerungsinformationen. Wie schon erwähnt, liefert jeder Teilnehmeranschluß eine Information über einen bestehenden Kommunikationswunsch, jeder Verbindungssatz wenigstens zwei Informationen über den Zustand seiner Eingangs- und Ausgangsleitung. In einer Vermittlungsstelle für 10000 Teilnehmer gibt es somit etwa 12000 bis 15000 solcher Informationsquellen. Das Zugriffsystem muß sicherstellen, daß

— alle Steuerungsinformationen rechtzeitig in das Zentralsteuerwerk überführt werden, damit kein Informationsverlust eintritt;

— gleichzeitig auftretende Steuerungsinformationen als getrennte Informationen erkannt und den jeweiligen Informationsquellen eindeutig zugeordnet werden;

— ein- und dieselbe Steuerungsinformation nicht mehrfach in das Zentralsteuerwerk gelangt.

8*

Das sind an sich triviale Forderungen, die jedoch technisch gar nicht einfach zu lösen sind.

Die Zahl der Senken für Steuerungsinformationen ist im allgemeinen noch erheblich größer als die der Quellen. In einer Durchschaltevermittlung mit Raumkoppelfeld werden für 10 000 Teilnehmer wenigstens 120 000, häufig 200 000 und mehr Koppelpunkte benötigt. In den Verbindungssätzen sind wenigstens je drei Schaltstellen zu betätigen. Diese zahlreichen Senken müssen unabhängig voneinander und rechtzeitig vom Zugriffsystem bedient werden.

Zur Realisierung dieser Aufgaben muß das Zugriffsystem so organisiert werden, daß die Zahl der Leitungen zwischen Peripherie und zentraler Steuerung beherrschbar bleibt und daß die Montagevorschriften möglichst einfach werden (vgl. Abschn. 6.1).

7.2 Informationsaufnahme

Grundsätzlich sind zwei verschiedene Verfahren der Informationsaufnahme möglich: Das aktive Abfragen der Informationsquellen durch die Steuerung — das „Scannen" — und die passive Aufnahme der Information im Steuerwerk im Augenblick des Entstehens der Information — das „Identifizieren". Beide Prinzipien können auch gemischt verwendet werden. Außerdem muß man unterscheiden, ob eine Information nur aus einem Bit besteht (das ist z. B. bei der Informationsquelle „Teilnehmerschaltung" der Fall, die lediglich „Schleife offen" oder „Schleife geschlossen" signalisiert) oder ob die Informationsquelle mehrere Bit liefert (z. B. gewählte Ziffer). Auf jeden Fall ist die Identität der Informationsquelle — also z. B. die Nummer der Teilnehmerschaltung — wesentlicher Bestandteil der Information, sie muß vom Zugriffsystem in die zentrale Steuerung übertragen werden.

7.2.1 Das Abfrage- oder Scan-Prinzip

Bild 7.1 erläutert das Prinzip. Ein umlaufender Zähler fragt nacheinander über Abfragegatter den Zustand der Informationsquellen ab. Die

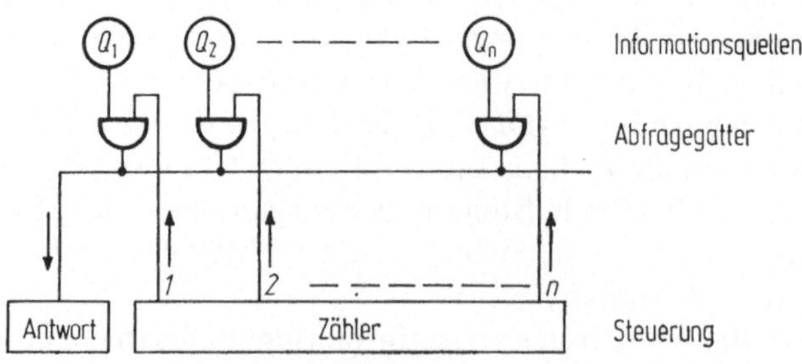

Bild 7.1 Das Abfrage- oder Scan-Prinzip

Abfragegatter sorgen dafür, daß nur die angesteuerte Informationsquelle ihren Zustand über eine gemeinsame Antwortleitung in die Steuerung übertragen kann Das ist ein einfaches Prinzip. Um ein Zugriffsystem daraus zu machen, muß noch eine Reihe von Problemen gelöst werden.

a) Gleichzeitig auftretende Informationen sollen getrennt zur Steuerung gemeldet werden. Diese Bedingung ist durch das Scan-Prinzip mit seiner durch den Zählvorgang bedingten Reihenfolge automatisch erfüllt.

b) Die Identität der Informationsquelle ist durch den Zählerstand in der Steuerung gegeben.

c) Die Zahl der Leitungen zwischen Peripherie und Steuerung muß gering gehalten werden. Das ist nach Bild 7.1 nicht der Fall, denn dort ist jede Informationsquelle über eine eigene Leitung mit der Steuerung verbunden.

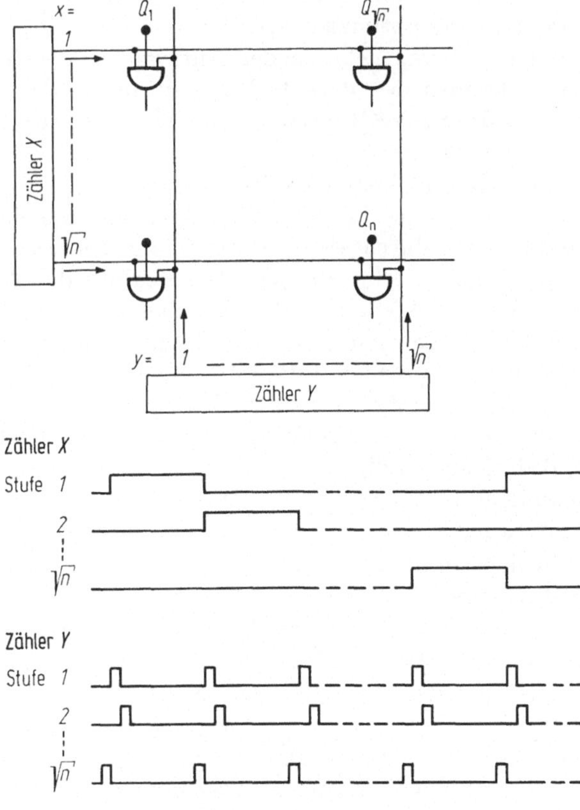

Bild 7.2 Koordinatenweise Abfrage der Informationsquellen

Zur Reduktion der Leitungszahl und gleichzeitig auch des Aufwandes in den Zählern kann man die Informationsquellen „in Koordinaten" ansteuern, wie es Bild 7.2 zeigt. Dazu werden die Quellen Q in einer Matrix angeordnet, die für minimalen Ansteueraufwand — wie eine einfache Überlegung zeigt — quadratisch sein muß. Das Impulsdiagramm für die Ansteuerung der Impulsquellen, das von den Zählern X und Y abgewickelt werden muß, ist ebenfalls in Bild 7.2 gezeigt und ohne weitere Erklärung verständlich.

Statt einer Ansteuerung in zwei Koordinaten läßt sich auch eine solche in drei oder mehr Koordinaten durchführen, wobei die Abfragegatter entsprechend mehr Eingänge erhalten. Ein Minimum in der Anzahl der Abfrageleitungen und damit auch der Zählerstufen ergibt sich, wenn man die Anzahl der Koordinaten k in Abhängigkeit von der Anzahl der Informationsquellen n zu

$$k = \ln n$$

wählt. In der Praxis sind allerdings häufig noch andere Einflußgrößen bei der Bestimmung der optimalen Koordinatenzahl und Matrixanordnung bestimmend. Hierzu gehören der Aufwand des Abfragegatters (mehr Eingänge können den dezentralen Aufwand erhöhen) und die konstruktive Anordnung der Informationsquellen in den Gestellen oder Schränken der Vermittlungsstelle.

d) Informationen dürfen nicht mehrfach aufgenommen werden. Das läßt sich dadurch erreichen, daß man die Informationsquelle nach der Informationsaufnahme durch einen Eingriff aus der Steuerung abschaltet. Hierzu ein praktisches Beispiel: Die Meldung der Teilnehmerschaltung über den Schleifenschluß (in der klassischen Technik „Ansprechen R-Relais") wird nach der Durchschaltung im Koppelfeld zurückgenommen („Ansprechen T-Relais"). Wenn man den Abfragezyklus der Teilnehmerschaltungen nach Aufnahme des Anreizkriteriums unterbricht, bis die betreffende Verbindung durchgeschaltet ist, ist die obige Bedingung erfüllt.

In vielen anderen Fällen aber ist die Abschaltung der Informationsquelle nicht zweckmäßig oder zu aufwendig. Dann werden zusätzliche Maßnahmen in der Steuerung erforderlich. Sie werden in Bild 7.3 an einem Beispiel erläutert.

Die Impulsquelle möge einen Impulszug wie dargestellt liefern. Es muß gefordert werden, daß die Abtastperiode τ der Steuerung — d. h. die Zeit, nach der sich die Abtastung der Quelle wiederholt — kleiner als das kürzeste Ereignis ist, das noch aufgelöst werden soll. Im Beispiel ist die Impulspause t_2 kürzer als der Impuls t_1, also ist sie für die Abtastperiode bestimmend. Kann es vorkommen, daß der Impuls — z. B. durch Kontaktprellungen — gestört wird, muß man die kürzeste, störungsfreie Zeit t_3 berücksichtigen. Setzt man $t_1 = t_2 = T/2$, wie es bei Sinusschwingungen ohne Gleichstromanteil der Fall ist, so kann man in $\tau < T/2$ übrigens das Shannonsche Abtasttheorem erkennen (Abschn. 2.4.2).

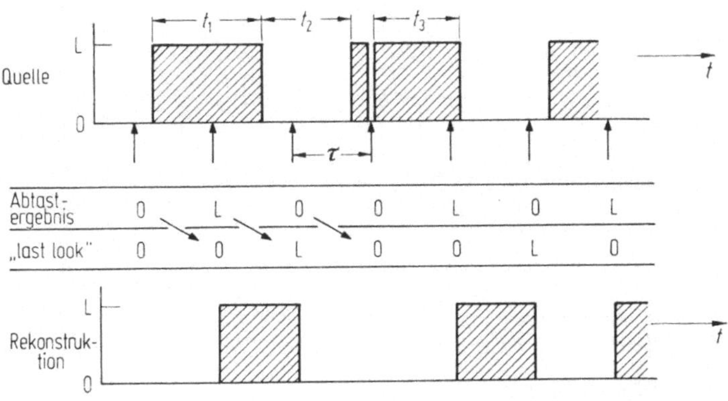

Bild 7.3   Prinzip des „last lock"

In der Steuerung wird nun jedes Abtastergebnis mit dem beim vorigen Abtastzyklus von derselben Quelle erhaltenen Ergebnis verglichen („last look"). Aus der Änderung läßt sich der ursprüngliche Impulszug — durch die Abtastfrequenz quantisiert — wieder ableiten. Die Zahl der Impulse, die in der Steuerung meist interessiert, ergibt sich z. B. aus der Zahl der Übergänge von O nach L. Auf diese Weise werden auch lang andauernde Impulse nur einmal registriert. Notwendig ist also in der Steuerung ein Speicherbit je Impulsquelle, in dem das Abtastergebnis bis zum nächsten Zyklus aufbewahrt wird.

Aus Bild 7.3 könnte man ablesen, daß die Abtastperiode τ nur wenig kürzer als das kürzeste, *zu registrierende* Ereignis sein darf, damit Störimpulse nicht als Nutzimpulse bewertet werden. Das gilt jedoch nur, solange die Störzeit t_s nicht in die Größe der Nutzimpulszeit t_N kommt. Bild 7.4 zeigt, daß dann Falschregistrierungen möglich sind (ausgezogene Abtastpfeile). Dann muß man zu feineren Abtastrastern übergehen (zusätzlich gestrichelte Abtastpfeile) und eine mehrfache Bewertung des Abtastergebnisses vornehmen, indem die Aussagen auch weiter zurückliegender Abtastungen mit herangezogen werden. e) Die Informationen müssen rechtzeitig in das Steuerwerk überführt werden. Die Forderung ist bereits durch das oben Gesagte präzisiert: die Abtastperiode muß kleiner als die kürzeste Ereignisdauer sein, damit kein Ereignis für die Steuerung verlorengeht. Wenn mehrfacher „last look" nötig ist (Bild 7.4), kann die Abtastperiode sogar ein Bruch-

teil der kürzesten Ereignisdauer werden. Nehmen wir an, daß für die
Aufnahme von Impulsen, die 20 ms lang dauern (schnelle Wahlimpulse
etwa), zweifacher „last look" erforderlich ist. Dann ergibt sich eine
Abtastperiode kleiner als 10 ms. Bei den eingangs erwähnten bis zu

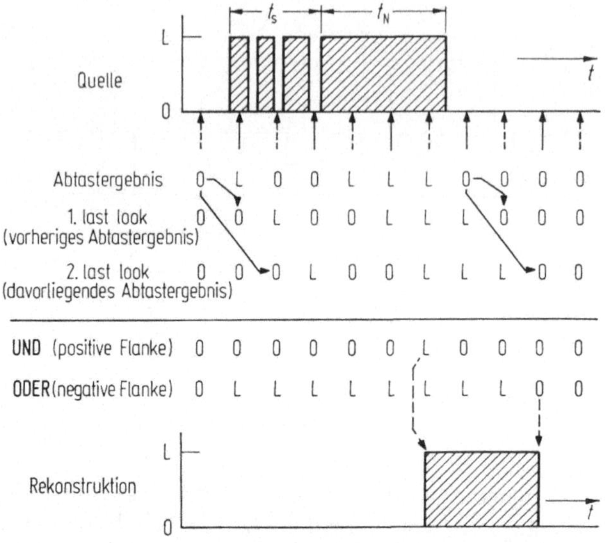

Bild 7.4   Notwendigkeit des mehrfachen last look

15 000 Scan-Stellen resultiert daraus eine Zählfrequenz von 1,5 MHz.
Wenn man berücksichtigt, daß die Steuerung ja nicht nur für die Aufnahme der Informationen arbeitet (Abschn. 6.2.3), muß sich die Zählfrequenz vervielfachen, damit die Informationsaufnahme in einem
entsprechenden Bruchteil der Gesamtarbeitszeit der Steuerung abgewickelt werden kann. Mit dieser Zählfrequenz müssen sowohl die
weitläufigen Abfrageleitungen beschickt als auch die Antworten der
Quellen zum „last-look"-Vergleich verarbeitet werden. Das ist praktisch nicht möglich!

Zwei Maßnahmen helfen hier weiter:

— Die Quellen werden in Gruppen unterschiedlicher Ereignisdauer
eingeteilt. Zum Beispiel kann die Vielzahl der Teilnehmerschaltungen
mit einem 100-ms-Zyklus abgetastet werden, da sie im allgemeinen
keine Wahlinformationen aufnehmen. Wenn die Wählimpulse nur von
wenigen — z. B. 100 — Wahlempfängern aufgenommen werden, genügt
an diesen der schnelle 10-ms-Zyklus. Die Verbindungssätze (streng
genommen nur Verbindungssätze für den in der Vermittlung bleibenden Internverkehr) können dagegen auch im 100-ms-Zyklus abgetastet
werden, wenn sie nur die Auslösung der Verbindung überwachen.

— Es können mehrere — z. B. 10 — Quellen parallel abgefragt und in der Steuerung verarbeitet werden. In unserer Modellbetrachtung ergibt sich damit folgendes Bild: Etwa 12 000 Quellen (Teilnehmerschaltungen und Verbindungssätze) müssen in 100 ms abgetastet werden, das sind 1 200 in einem 10-ms-Zyklus. Hinzu kommen 100 Quellen im ständigen 10-ms-Zyklus. Bei Parallelabfrage von je 10 Quellen müssen also alle 10 ms 130 Abfrageschritte vorgenommen werden. Drängt man diese auf z. B. 1,3 ms zusammen (entsprechend einer Steuerungsgrundlast von 0,13 Erl für die Abfrage), so bleiben für Abfrage und Verarbeitung je Schritt 10 μs übrig. Das ist noch zu verwirklichen.

Es fällt auf, daß ein erheblicher Anteil der Scan-Arbeit auf Teilnehmerschaltungen entfällt. Deshalb gibt es einige Vermittlungssysteme, die diese relativ einfache Arbeit eigenen Steuerwerken zuweisen und dem Zentralsteuerwerk nur die erkannten Änderungen mitteilen.

7.2.2 Das Identifizierprinzip

Nach Bild 7.5 sieht das Identifizierprinzip noch einfacher als das Scan-Prinzip aus (Bild 7.1): Die Informationsquelle ist unmittelbar mit der Steuerung verbunden und gibt die Information im Augenblick des Entstehens an diese ab. Wesentliche Logikfunktionen muß nun der „Sucher" übernehmen, der dadurch etwas komplexer als der Scan-Zähler wird:

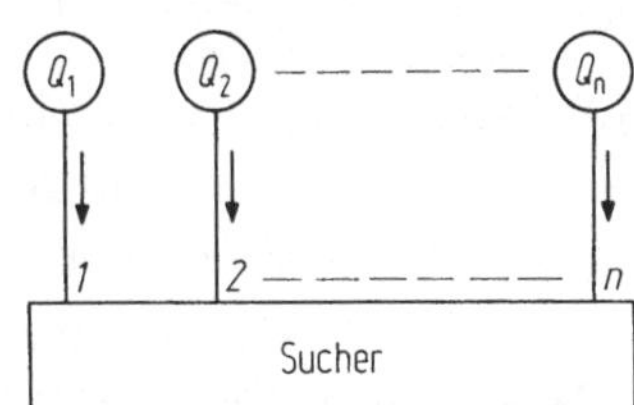

Bild 7.5   Das Identifizierprinzip

— er muß in jedem seiner Eingänge Information empfangen können und damit die Identität der Quelle feststellen;
— bei mehreren gleichzeitig entstehenden Informationen muß er eine Reihenfolge in der Informationsaufnahme und -verarbeitung einhalten;
— bei Aufnahme einer Information muß er seine übrigen Eingänge gegen die Aufnahme weiterer Informationen sperren. Weitere Informationen müssen warten, bis die erstgenannte Information verarbeitet ist.

Schwieriger läßt sich die auch bei diesem Prinzip praktisch immer notwendige Koordinatenaufteilung durchführen (Bild 7.6). Um die

Bedingung der Eindeutigkeit zu erfüllen, muß der Identifiziervorgang in mehreren Phasen abgewickelt werden.

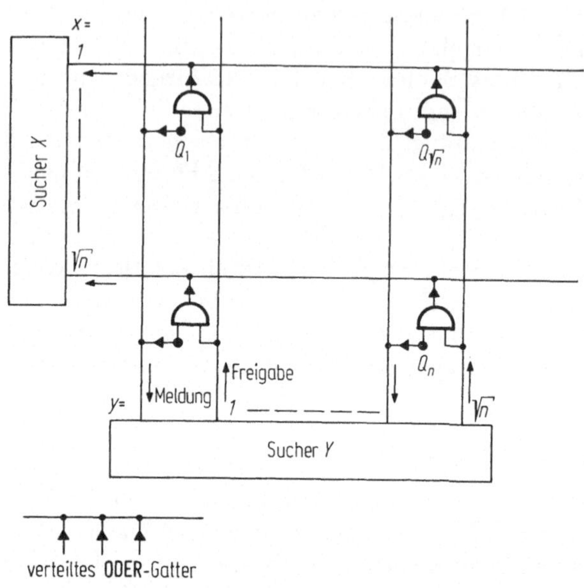

Bild 7.6 Koordinatenweises Identifizieren der Informationsquellen

Das möge an einem Beispiel erläutert werden. Wenn sich die Quellen Q_1 und Q_n gleichzeitig mit Informationen melden, muß Q_1 mit den Koordinaten $x = 1$, $y = 1$ und Q_n mit den Koordinaten $x = \sqrt{n}$, $y = \sqrt{n}$ nacheinander identifiziert werden, nicht aber etwa die Quelle $Q_{\sqrt{n}}$ mit den Koordinaten $x = 1$, $y = \sqrt{n}$. Hierzu wird zunächst nur die y-Koordinate der sich meldenden Quellen aufgenommen und eine — z. B. die niedrigster Ordnungszahl —, ausgewählt. Anschließend wird vom Sucher Y ein Freigabepotential auf die ausgewählte Koordinate gelegt, das alle an dieser Y-Koordinate liegenden Quellen über die gezeichneten UND-Gatter zur Meldung beim Sucher X befähigt. Quelle Q_n kann sich im betrachteten Beispiel also nicht beim X-Sucher melden, wenn das Freigabepotential an Koordinate $y = 1$ gelegt wird. Nun erfolgt der Auswahlvorgang im Sucher X, mit dem für dieses Beispiel die Identifizierung abgeschlossen wird.

Ein ganz erheblicher Vorteil des Identifizierens liegt darin, daß die Steuerung nicht „auf Verdacht" bei allen Informationsquellen nachfragen muß, ob etwa ein Ereignis eingetreten ist, sondern daß sie nur bei tatsächlich eintretenden Ereignissen tätig wird. Bleiben wir bei dem Beispiel des Abschn. 7.2.1: Die erwähnte Vermittlung für 10 000

Teilnehmer möge einen Verkehrswert von 1000 Erl haben. Nach Abschn. 6.2.1 entspricht dies der Notwendigkeit, 40000 Verbindungen in der Hauptverkehrsstunde auf- und abzubauen. Nimmt man — hoch gegriffen — an, daß pro Verbindung 100 Ereignisse von der Steuerung registriert werden müssen, ergeben sich $4 \cdot 10^6$ Identifiziervorgänge pro Hauptverkehrsstunde. Wenn die Steuerung 10% ihrer möglichen Arbeitszeit für Identifiziervorgänge erübrigen würde, könnte ein Identifiziervorgang 90 µs dauern. (Die Parallelaufnahme der Informationen mehrerer Quellen ist beim Identifizieren sinnlos.) Allerdings hat man nun ein „Wartesystem" geschaffen, bei dem Informationsverluste durch Überschreiten der zulässigen Wartezeit theoretisch auftreten können, während beim Scannen bei entsprechender Wahl der Abtastperiode τ Informationsverluste ausgeschlossen sind. Nimmt man an, daß die Steuerung für jeden Identifiziervorgang ihre sonstige Arbeit unterbricht, müßte man aus dem Diagramm des Bildes 6.7 Wartezeitüberschreitungen abschätzen können. Wählt man die zulässige Wartezeit zu 18 ms (in Anlehnung an die Impulsdauer von 20 ms in Abschn. 7.2.1), also $t_\mathrm{W}/t_\mathrm{Z} = 200$, so findet man für $A = 0{,}1$ Erl nicht im entferntesten mehr einen ablesbaren Wert. Praktisch treten also unter den genannten Vorbedingungen keine Informationsverluste auf.

Ein schwerwiegender Nachteil des Identifizierens zeigt sich bei der Aufgabe, Mehrfachidentifizierungen derselben Information zu vermeiden. Hier besteht nämlich auf jeden Fall die Notwendigkeit, nach der Informationsaufnahme die Quelle selbst durch Steuerungszugriff abzuschalten. Zusätzlich muß die Informationsquelle in der Lage sein, sich beim Entstehen einer neuen Information — also z. B. beim nächsten Wahlimpuls — wieder bei der Steuerung zu melden. Das erfordert dezentralen Aufwand und zentrale Arbeitszeit.

7.2.3 Aufnahme von Mehrbit-Informationen

Liefert eine Informationsquelle aus mehreren Bit bestehende Informationen — z. B. Ziffern eines Wahlempfängers —, so müssen diese zusammengehörig in die zentrale Steuerung übertragen werden. Beim Scannen mit Parallelabfrage von Informationsquellen bestehen hier keine Schwierigkeiten. Beispielsweise werden je 5 Bit aus dem 10 Bit breiten Abfragemuster [Abschn. 7.2.1, Punkt e)] *einer* Informationsquelle zugeordnet.

Beim Identifizierverfahren dürfen die Bitpositionen einer Informationsquelle nicht einzeln nacheinander identifiziert werden. Deshalb wird meistens die Steuerung lediglich benachrichtigt, daß eine neue Information vorliegt. Dies geschieht durch Identifizieren, wobei der Sucher die Identität der Quelle, die „Adresse", bestimmt. Die eigent-

liche Übernahme der Information erfolgt dann durch gezielte Abfrage
(Bild 7.7). Man erkennt hier also ein gemischtes Identifizier- und Ab-
frageverfahren.

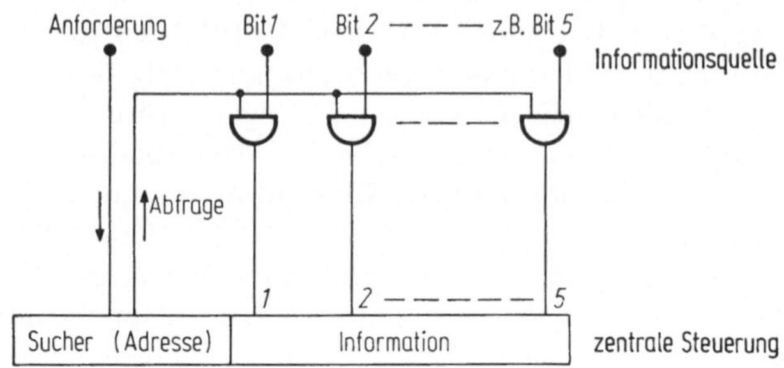

Bild 7.7 Identifizierverfahren für Mehrbit-Information

7.2.4 Sonden

Sonden sollen die Informationsdarstellung an die digitale Arbeitsweise
der Steuerung anpassen. Sie sind damit wesentlicher Bestandteil der
Informationsquellen und bilden die Schnittstelle zum Zugriffsystem.

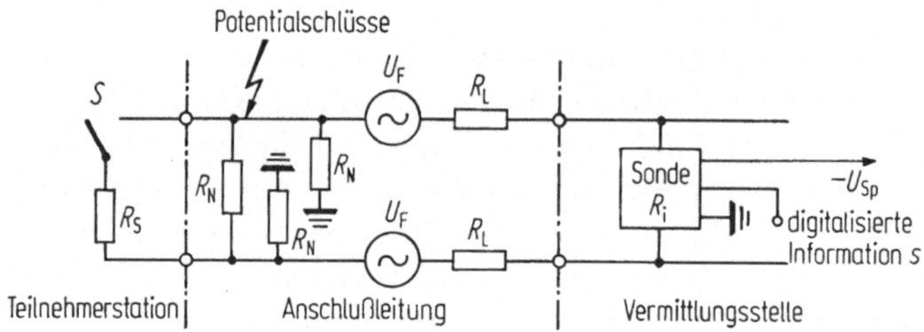

Bild 7.8 Aufgabe einer Sonde

Die Aufgabenstellung wird am besten an einem Beispiel klar. Die
Anschlußleitung eines Fernsprechteilnehmers unterliegt den verschie-
denartigsten Bedingungen, wie Bild 7.8 zeigt. Letzten Endes soll eine
Sonde in der Vermittlungsstelle eine digitale Information s über den
Zustand (offen oder geschlossen) eines Schalters S in der Teilnehmerstation liefern, und zwar dies mit kleiner zeitlicher Verzerrung. Dabei
muß aber berücksichtigt werden, daß

— bei langer Leitung ein hoher Leitungswiderstand R_L (z. B. $2 \cdot 1\,\text{k}\Omega$)
auftritt, der bei kurzer Leitung entfällt;

— Nebenschlußwiderstände R_N vorhanden oder nicht vorhanden sind
(z. B. $R_N = 50\,\text{k}\Omega$);

— die Station einen hohen oder geringen Widerstand R_s aufweisen
kann (z. B. $R_{s\,max} = 400\,\Omega$);

— die Innenwiderstände R_i der Sonde toleranzbehaftet sind (z. B. $\pm 10\%$);

— die Speisespannung U_{Sp} Toleranzen unterliegt (z. B. $\pm 5\%$);

— je nach Leitungslänge verzögernde Leitungskapazitäten vorhanden sind, die mit vorhandenen komplexen Widerständen in unterschiedlicher Weise reagieren.

Es muß gewährleistet sein, daß bei maximalen Fernsprecher- und Leitungswiderständen, minimaler Speisespannung, fehlendem Nebenschluß und ungünstiger Konstellation der Sondeninnenwiderstände das Schließen des Schalters noch erkannt wird. Umgekehrte Verhältnisse gelten für das Öffnen des Schalters, wobei auch hier ungünstige Innenwiderstandstoleranzen der Sonde einzusetzen sind. Um die Aufgabe noch zu komplizieren, müssen unangenehme Randbedingungen eingehalten werden:

— Ein Erdschluß auf einer oder beiden Adern der Teilnehmerleitung darf die Sonde nicht zerstören. Deshalb muß die Sonde einen so hohen Widerstand haben, daß sie einen Leistungsumsatz U_{Sp}^2/R_i überdauert.

— Eine Berührung mit dem 220-V-Wechselstromnetz darf die Sonde zwar zerstören, jedoch muß Entflammen vermieden werden.

— Eine symmetrisch auf beide Adern der Leitung eingekoppelte effektive Wechselspannung von 65 V (Bahnbeeinflussung) darf die Funktionsfähigkeit der Sonde nicht beeinträchtigen.

— Die Sonde darf keine störenden Rückwirkungen auf die Qualität der Verbindung (Geräuschfreiheit, Dämpfung) hervorrufen.

— Die Sonde muß sich gut in das Zugriffsystem einordnen und muß bei alledem noch billig sein, da sie in großer Stückzahl auftritt!

Es ist außerordentlich schwierig, Sonden so zu dimensionieren, daß sie alle diese Bedingungen einhalten. Es gibt eine ganze Reihe von erfindungsreichen Vorschlägen zur Lösung dieses Problems. Es ist hier nicht möglich, breiter auf die verschiedenen Möglichkeiten einzugehen. Bild 7.9 zeigt zwei typische Vertreter, denen man freilich in dieser Prinzipdarstellung die Dimensionierungsschwierigkeiten nicht ansieht.

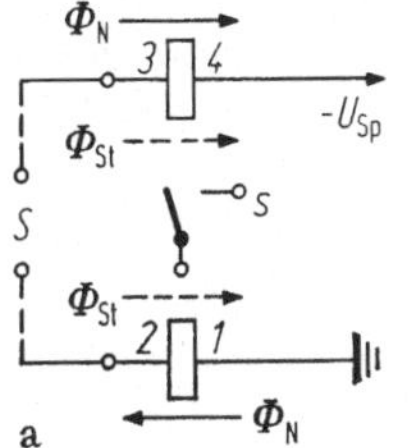

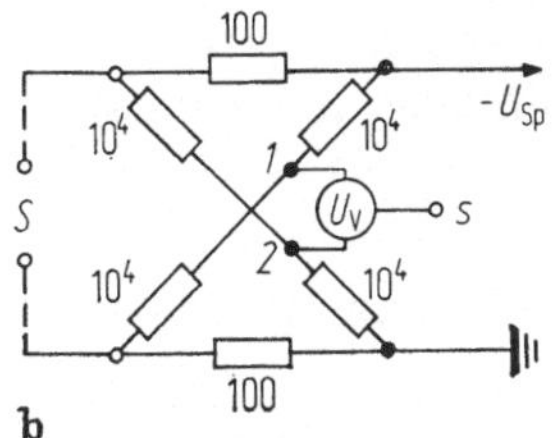

Bild 7.9 Ausführungsformen von Sonden
a) Relais; b) Widerstandsbrücke

In Bild 7.9a ist ein Relais als Sonde dargestellt. Es liegt mit zwei Wicklungen im zu überwachenden Stromkreis, so daß sich durch gleichphasige Beeinflussung verursachte etwaige Störflüsse ϕ_{St} im Relais aufheben. Als digitaler Informationsausgang dient der Kontakt s, der sich wegen seiner Potentialfreiheit und Störunempfindlichkeit gut in Zugriffsysteme einbeziehen läßt. Während das Relais als stromempfindliche Sonde anzusprechen ist, stellt Bild 7.9b eine spannungsempfindliche Sonde dar [7.1]. Bei offenem Schalter S ist die Spannung an den Abgriffpunkten 1 und 2 etwa gleich, dagegen verschiebt sich bei geschlossenem Schalter S der Punkt 1 in Richtung zu negativem und Punkt 2 in Richtung zu positivem Potential. Eine symmetrisch anliegende Beeinflussungsspannung ändert diese Verhältnisse praktisch nicht. Die Meßspannung U_V kann über die Basis-Emitter-Strecke eines Transistors gelegt werden, an dessen Kollektor dann die digitalisierte Information s abgegriffen wird. Die Eingliederung in ein Zugriffsystem ist nicht ganz einfach, da das Potential an s „schwimmt".

7.3 Signalverteilung

Das Komplement zur Informationsaufnahme ist die Signalverteilung. Zahlreiche Schaltelemente in der vermittlungstechnischen Peripherie — Senken für Steuerungsinformation — müssen von der zentralen Steuerung eingestellt und rückgestellt werden. Je nach Schaltaufgabe und Schaltelement ergeben sich recht unterschiedliche Anforderungen an die Signalverteiler. Die hierfür wesentlichsten Fragen sind:
— Werden Relais oder elektronische Schaltungen angesteuert?
— Wieviel Zeit steht für die Ansteuerung zur Verfügung?
— Müssen oder können in einem Steuervorgang mehrere Informationssenken angesteuert werden?
— Ist wahlweise Einstellung und Rückstellung erforderlich?

Wir wollen uns in diesem Abschnitt — der Bedeutung des Relaiskontaktes in den Vermittlungen entsprechend — mit Signalverteilern beschäftigen, die die Einstellung und Rückstellung von Relais zum Ziel haben. Dabei können wir auf einen Spezialfall verweisen, der in Abschn. 3.4 schon behandelt wurde und der sich mit der Einstellung von Koppelrelais in regelmäßigen Gruppierungen beschäftigte. Hier soll der allgemeine Fall behandelt werden.

7.3.1 Schnelle Signalverteiler

Häufig werden in Vermittlungssystemen verschiedene Signalverteilerprinzipien entsprechend der erforderlichen Reaktionszeit verwendet. Bei schnellen Signalverteilern ist den Relais jeweils individuell eine elektronische Kippschaltung („Flip-Flop") vorgeschaltet, die von der Steuerung gesetzt oder gelöscht wird. Die nachgeordneten Relais sind zweckmäßigerweise neutral, d. h. sie verlangen zur Kontaktbetätigung ständige Energiezufuhr. Das Problem der parallelen Einstellung mehrerer Relais ist unkritisch, da auch die für eine serielle Einstellung mehrerer Kippschaltungen benötigte Zeit klein gegen die Ansprechzeit der zugehörigen Relais ist.

Anwendungsfall für schnelle Signalverteiler ist z. B. die zentrale Steuerung von Impulsrelais, die Wählimpulse zu anderen Vermittlungsstellen weitergeben. Wählimpulse dürfen nur geringfügig verzerrt werden und erfordern deshalb zeitlich präzise An- und Abschaltung der zugehörigen Relais.

Da die Zahl derart zeitkritischer Relais im allgemeinen klein ist und schnelle Signalverteiler wegen der individuell erforderlichen Kippschaltungen einen nicht unerheblichen Aufwand erfordern, sieht man häufig für die Vielzahl der unkritischen Relais billigere Signalverteiler vor. Prinzipien dieser Signalverteiler werden nachfolgend beschrieben.

7.3.2 Die Kontaktpyramide (der Kontaktbaum)

In Bild 7.10 ist die Kontaktpyramide in ihrer allgemeinen Form angegeben. Sie besteht aus mehreren Stufen S_1 bis S_n. In der ersten Stufe sind m_1 Relais mit je einem Arbeitskontakt $k_{1/1}$ bis $k_{1/m(1)}$ vorhanden (an die Stelle eines Kontaktes kann auch eine Kontaktkombination mit entsprechender Relaiskombination treten). Die Kontakte sind auf der einen Seite zusammengeschaltet und bilden damit den Eingang in die Kontaktpyramide. Auf der anderen Seite steuern sie je eine sinngemäß ebenso aufgebaute Kontaktanordnung der Stufe S_2 an. Die Stufe S_2 besteht aus m_2 Relais, die je m_1 Arbeitskontakte tragen. Diese Kontakte werden zu m_1 Gruppen mit je m_2 verschiedenen Kontakten $k_{2/1}$ bis $k_{2/m(2)}$ zusammengeschaltet. Entsprechend setzt sich der Aufbau über weitere Stufen bis zur Stufe S_n fort. Die Kontakte der Stufe S_n bilden die Ausgänge der Kontaktpyramide. Wird nun in jeder Stufe S_i nur eins der m_i Relais erregt, so schaltet sich nur *ein* Weg vom Eingang bis zu einem einzigen Ausgang durch, der durch die in den verschiedenen Stufen angesprochenen Relais eindeutig bezeichnet ist.

Läßt man die Relais in den verschiedenen Stufen durch die Steuerung betätigen und legt man an den Ausgang wiederum ein Relais, das gesteuert werden soll, so hat man in dieser Weise einen Signalverteiler verwirklicht.

Es sieht zunächst wie ein Schildbürgerstreich aus, wenn man die Steuerung erst mehrere Relais schalten läßt, um ein Relais zu beeinflussen. Wir wollen nach der Effektivität dieses Vorgangs fragen: Zu

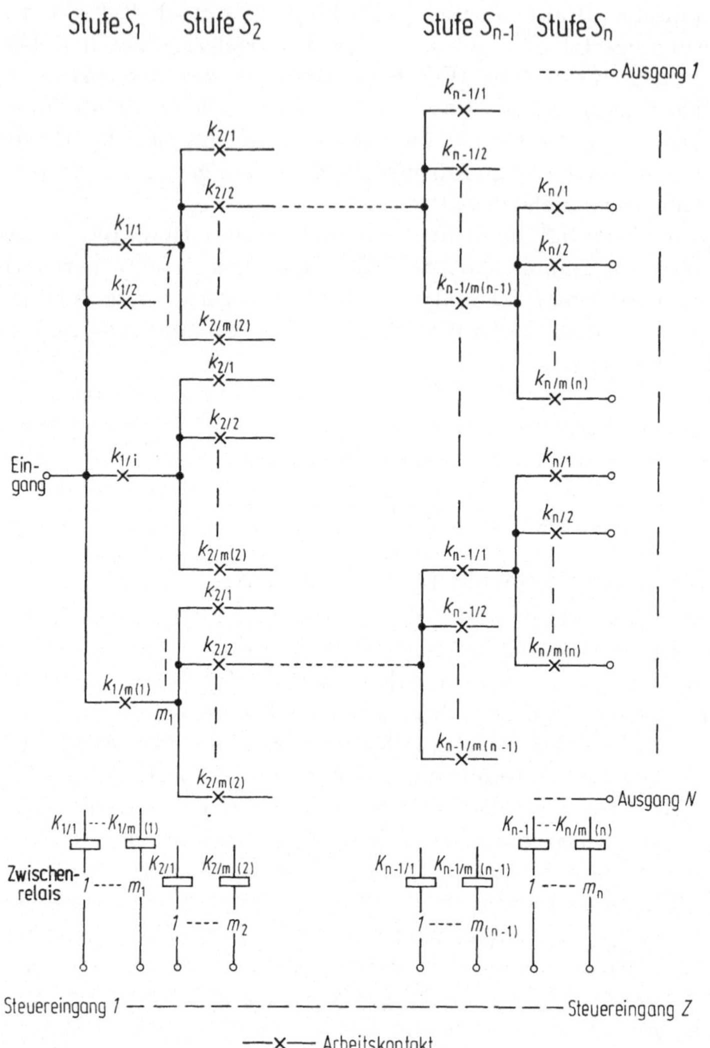

Bild 7.10 Allgemeine Form einer Kontaktpyramide

wieviel Zwischenrelais muß die Steuerung zugreifen können, um wieviel Relais beeinflussen zu können?

Die Zahl der Ausgänge N aus der Kontaktpyramide ist bei n Stufen und m_i Relais

$$N = \prod_{i=1}^{n} m_i.$$

Dagegen braucht die Steuerung nur zu

$$Z = \sum_{i=1}^{n} m_i$$

Zwischenrelais zuzugreifen. Daran lassen sich einige interessante Optimierungsüberlegungen anknüpfen: Wie groß soll die Stufenzahl n und die Anzahl und Verteilung der Pyramidenkontakte m_i sein?

Wir nehmen zunächst an, daß $m_i = m = $ konstant in allen Stufen ist. Dann wird $N = m^n$ und $Z = nm$. Der „Wirkungsgrad" als das Verhältnis der Ausgangszahl zur Zahl der notwendigen Steuerungszugriffe wird

$$W = \frac{N}{Z} = \frac{m^n}{nm} = \frac{m^{n-1}}{n}.$$

Das bedeutet also, daß der Wirkungsgrad mit steigender Stufenzahl n und steigender Kontaktzahl m wächst, wobei sich eine Erhöhung der Stufenzahl stärker auswirkt.

Natürlich interessiert auch der Aufwand der Steuerungskontakte im Signalverteiler im Vergleich zur Ausgangszahl. Wir gehen von der Voraussetzung ab, daß $m_i = m$ in allen Stufen ist. Allgemein ist die Kontaktzahl

$$K = m_1 + m_1 m_2 + m_1 m_2 m_3 + \cdots + \prod_{i=1}^{n} m_i$$

und das Verhältnis

$$\frac{K}{N} = \frac{1}{m_2 m_3 \cdots m_n} + \frac{1}{m_3 m_4 \cdots m_n} + \cdots + \frac{1}{m_{n-1} m_n} + \frac{1}{m_n} + 1.$$

Dieses Verhältnis und damit der Kontaktaufwand wird relativ klein, wenn m_i in den letzten Stufen besonders groß ist, während die Größe von m_i in den ersten Stufen keinen so großen Einfluß auf den Kontaktaufwand hat. Man sollte deshalb, um die Zahl der Zugriffspunkte zu verringern, bei vorgegebenem N eine möglichst hohe Stufenzahl zu erreichen versuchen und weiterhin, um den Kontaktaufwand zu verkleinern, m_i in den letzten Stufen groß wählen. Ein Beispiel dafür gibt das System ESS 1 [12.1], das bei einer Ausgangszahl von $N = 1024$ mit 5 Stufen $m_1 = 2$, $m_2 = 2$, $m_3 = 4$, $m_4 = 8$ und $m_5 = 8$ vorsieht. Die Zahl der Zugriffspunkte ist $Z = 24$, der Signalverteileraufwand beträgt 1174 Kontakte. Würde man $m_i = m = 2$ wählen, so ergäbe sich mit 10 eine minimale Zahl von Zugriffspunkten, während der Signalverteileraufwand auf 2046 Kontakte ansteigt.

Immerhin gibt es für die Auslegung mit $m = 2$ den Spezialfall der Binärpyramide (Bild 7.11), bei dem *zwei* getrennt schaltbare Kontakte durch *einen Umschaltekontakt* ersetzt werden. Bei minimaler Zahl von

Zugriffspunkten $Z = n$ werden $K = 2^n - 1$ Umschaltekontakte benötigt, im obigen Beispiel mit $N = 1024$, $n = 10$ also 1023 Kontakte. Wenn man über Umschaltekontakte verfügt, die kaum teurer als Arbeitskontakte sind, kommt man mit der Binärpyramide also zu einer optimalen Lösung.

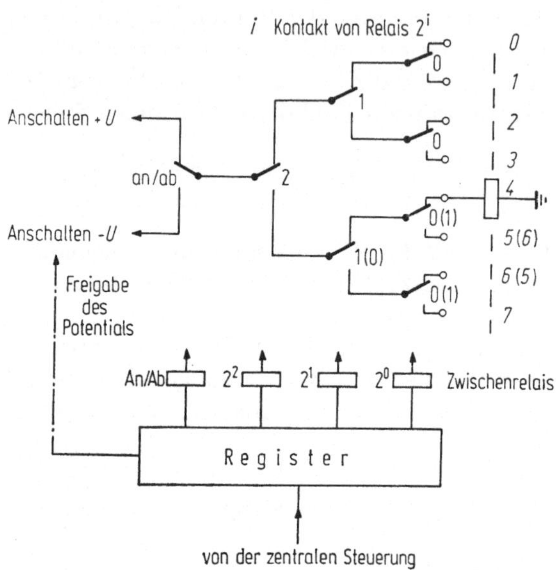

Bild 7.11   Binär-Kontaktpyramide

In Bild 7.11 ist noch ein kleiner Trick gezeigt. Um zu verhindern, daß für die Zwischenrelais der höheren Stufen wachsend mehr Kontakte aufgewendet werden müssen, kann man die Zwischenrelais verschiedener Stufen teilweise vertauschen. Im Beispiel Bild 7.11 sind für die Relais 2^1 und 2^0 gleich viel Kontakte notwendig, wenn die eingeklammerten Kontaktzuordnungen gelten.

Einige interessante Kennzeichen von Signalverteilern nach dem Prinzip der Kontaktpyramiden sind:

— Im Ansteuerkreis der zu schaltenden Relais befinden sich keine nichtlinearen Widerstände, so daß Ströme unterschiedlicher Polarität über den Signalverteiler geleitet werden können (anschalten und abschalten ist über denselben Signalverteilerausgang möglich, Bild 7.11).

— Bis zur Funktion des Kontaktes des gesteuerten Relais vergehen wenigstens zwei Relaisschaltzeiten.

— Im allgemeinen (bei der Binärpyramide zwingend) wird in einem Steuervorgang nur jeweils *ein* Ausgang aktiviert.

— Von den Ausgängen des Signalverteilers bis zu den gesteuerten
Relais müssen N Leitungen verdrahtet werden. Treibt der Signalverteiler nur Relais innerhalb des eigenen Gestells, ist dies jedoch nicht
nachteilig.
— Die Schalthäufigkeit der Zwischenrelais ist ein mehrfaches der
Ausgangsrelais, sie muß bei der Auslegung des Signalverteilers berücksichtigt werden.

7.3.3 Die Koordinaten-(Matrix-)Ansteuerung

Mit der Kontaktpyramide ist eine „lineare" Ansteuerung jedes einzelnen Ausgangsrelais möglich. Wenn man sich die triviale Tatsache zunutze macht, daß jede Relaisspule zwei Anschlüsse hat, kann man
damit eine Matrixanordnung schaffen, in der eine UND-Bedingung
zur Erregung des Relais notwendig ist (Bild 7.12). Ein Relais spricht
nur dann an, wenn beide Enden der Spule an Gegenpotential liegen.

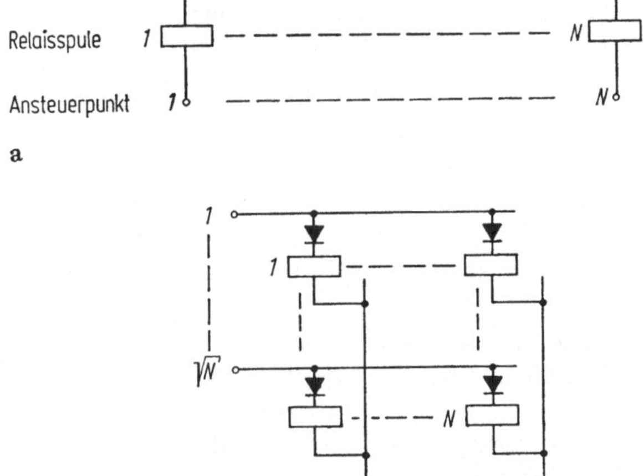

Bild 7.12 Prinzip der Ansteuerung einer Relaismatrix

a) „lineare" Ansteuerung der Relais; b) „koordinatenweise" Ansteuerung einer Relaismatrix

Der Ansteueraufwand für die Ausgangsrelais reduziert sich bei
quadratischer Anordnung auf minimal $2\sqrt{N}$ Ansteuerpunkte gegenüber
N bei linearer Ansteuerung. Allerdings wird eine Entkopplungsdiode
je gesteuertem Relais erforderlich, wie Bild 7.13 zeigt. Das bedeutet
gleichzeitig auch, daß Maßnahmen gegen defekte Dioden getroffen werden müssen, damit der Signalverteiler nicht durch einen dezentralen

9*

Fehler ganz ausfällt. Auch dieser Signalverteiler erlaubt im allgemeinen
nur die Ansteuerung eines Relais zur selben Zeit („one at a time").

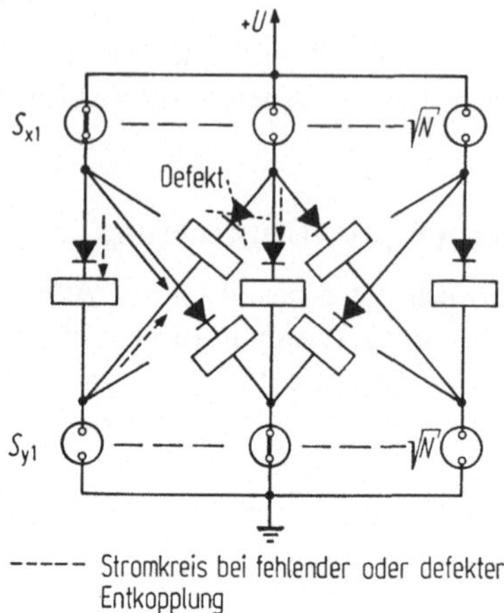

Bild 7.13 **Auswirkung fehlender Entkopplung (gestrichelter Stromkreis)**

Vergleicht man am Beispiel des ESS 1-Signalverteilers den Aufwand
mit dem der Kontaktpyramide, so erkennt man eine mit $Z = 2\sqrt{N} = 64$
höhere Zahl von Zugriffspunkten als bei der Pyramide mit $Z = 24$.
(Der Zugriffspunkt entspricht bei der Matrix dem Ansteuerpunkt.)
Allerdings muß von den Zugriffspunkten beim Matrix-Signalverteiler
nur jeweils *ein* Relais gesteuert werden (das Ausgangsrelais), während
es bei der Kontaktpyramide entsprechend der Zahl der m_i-Kontakte
mehrere (Zwischen-)Relais sein können. (Das geht in die Leistungsfähigkeit der Zugriffschalter, z. B. S_x, S_y, ein.) Weiterhin muß man dem
Aufwand von $K = 1174$ m-Kontakten die $N = 1024$ Entkopplungs-
dioden der Matrixanordnung gegenüberstellen. Welches Verfahren das
wirtschaftlichere ist, kann man also nur von Fall zu Fall an Hand der
Bauelementekosten beurteilen.

Allerdings ist dieser Vergleich noch angreifbar, da die Signalverteiler nicht gleichwertig sind. Über die Kontaktpyramide kann ein selbst-
haftendes Relais auch wieder abgeworfen werden. Bei der Matrixanordnung dagegen sind Zusatzmaßnahmen notwendig, wie sie etwa
in Bild 7.14 mit einem zweiten Zugriff zu den Ausgangsrelais verwirklicht sind, über den ein Impuls entgegengesetzter Polarität den Ausgangsrelais zugeführt werden kann. Dadurch erhöht sich der Zugriffs-
aufwand (um etwa 40%, wenn man die quadratische Anordnung nach
Bild 7.14 beibehält), zusätzlich verdoppelt sich die Zahl der Entkopp-
lungsdioden.

In der Arbeitsgeschwindigkeit ist der Matrix-Signalverteiler dem Pyramiden-Signalverteiler überlegen, denn die Zugriffszeit ist nur durch die Ansprechzeit des Ausgangsrelais gegeben. Die Zahl der Ansteuerleitungen für die Ausgangsrelais wird mit $2\sqrt{N}$ erheblich geringer

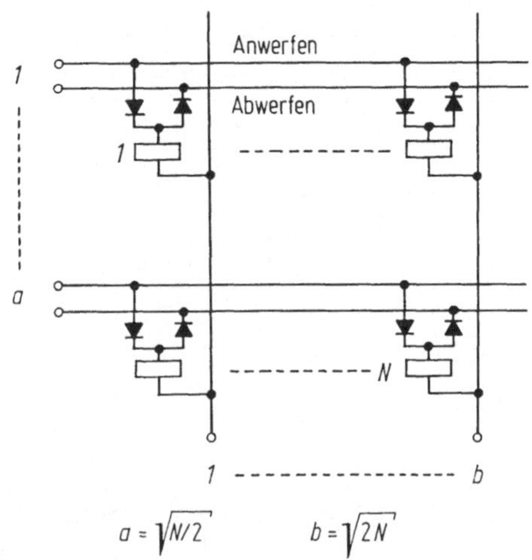

Bild 7.14 Matrixansteuerung von Kipprelais

als bei der Kontaktpyramide. Die Arbeitsfähigkeit des Matrix-Signalverteilers wird nicht durch die höchstzulässige Schalthäufigkeit von internen Zwischenrelais begrenzt, wie es bei der Pyramide der Fall ist.

Wenn man die höhere Arbeitsgeschwindigkeit und Schalthäufigkeit der Matrixansteuerung nicht auszunutzen braucht, kann man das Prinzip noch wirtschaftlicher gestalten. Dies allerdings nur, solange die Voraussetzung gilt, daß ein elektronischer Leistungsschalter zur Erregung von Relais teurer als ein solches Relais ist.

Man kann die elektronischen Leistungsschalter des Bildes 7.13 durch Relaiskontakte x und y entsprechend Bild 7.15 ersetzen. Die Relais X und Y, die diese Kontakte tragen, lassen sich nun ihrerseits wieder in je eine Matrix legen („Submatrizen"). Erst diese Matrizen werden durch elektronische Leistungsschalter gesteuert, deren Aufwand sich damit — bei quadratischen Matrizen — auf minimal $4 \cdot \sqrt[4]{N}$ reduziert. Um den Verschleiß der Kontakte x und y zu verringern, schaltet man sie häufig „trocken", d. h. man läßt erst die Kontakte schließen und macht anschließend die elektronischen Schalter S_x und S_y leitend, um eines der Relais N zu erregen. Sinngemäß sperrt man beim Abschalten erst S_x und S_y und läßt dann die Kontakte x und y öffnen.

Trotz dieser Vorsichtsmaßnahmen wird die Schalthäufigkeit der Submatrizenrelais oft unzumutbar groß. Ist s_M die Schaltzahl eines

Relais der Matrix, so wird die Schaltzahl s_S eines Submatrizenrelais im Mittel

$$s_\mathrm{S} = \sqrt{N}\, s_\mathrm{M}$$

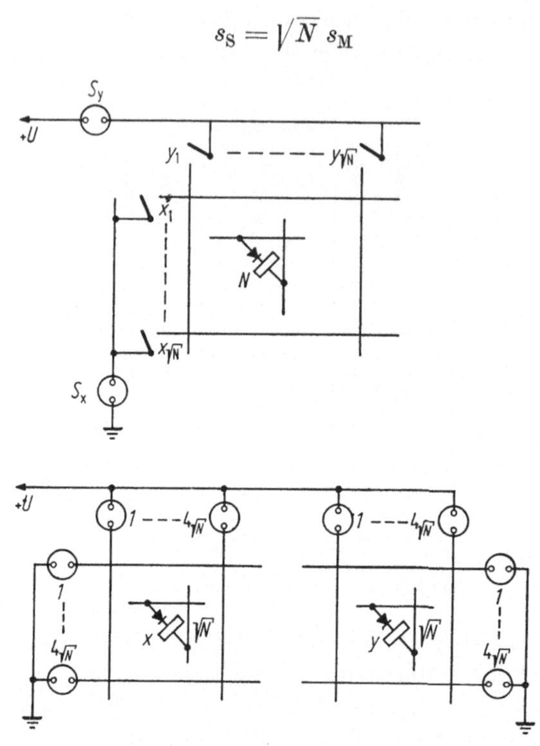

Bild 7.15   Bildung von Submatrizen

sein. Für $N \approx 1000$ bedeutet das z. B. die 30fache Schaltzahl für ein Submatrizenrelais. Darf die Schaltzahl eines Submatrizenrelais nur k-mal größer als die eines Matrizenrelais (N) sein ($k < s_\mathrm{S}$), so kann man auf eine Struktur entsprechend Bild 7.16 übergehen. Dabei ordnet man die N Matrixrelais nicht mehr in einem Quadrat, sondern in einem Rechteck an und verzichtet auf eine der beiden Submatrizen. An der Schmalseite des Rechtecks steuert man die Matrixrelais unmittelbar mit elektronischen Schaltern, die gegen Schalthäufigkeit unempfindlich sind.

Natürlich wird der elektronische Ansteueraufwand dadurch größer, jedoch ist das Optimum des Ansteueraufwandes recht breit, so daß Abweichungen von der idealen quadratischen Matrizenform nicht stark ins Gewicht fallen. Ist z. B. $N = 900$ und $k = 9$, so ergibt sich gegenüber dem Idealfall mit $E_0 = 22$ elektronischen Schaltern ein Aufwand von $E_1 = 29$ elektronischen Schaltern bei Ansteuerung nach Bild 7.16. Generell ist zu sagen, daß streng quadratische Matrizen selten vorkommen, da man die durch die „natürlichen Systemparameter" gegebenen Koordinaten meist ausnutzt. (Beispiel: Ansteuerung von Koppelfeldern mit den Koordinaten „Eingang-Nr.", „Koppelvielfach-Nr.", „Ausgangs-Nr." usw.)

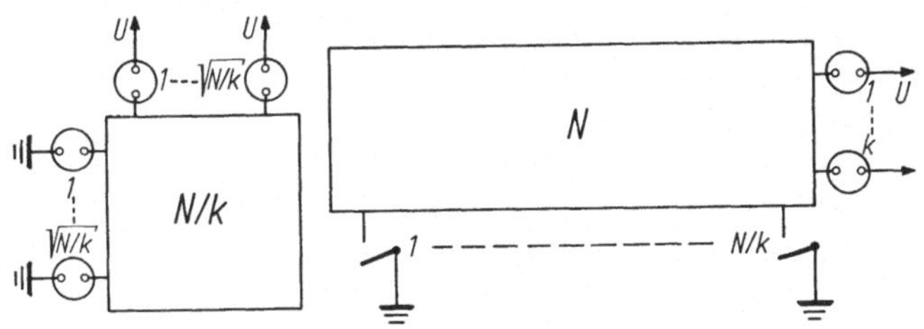

Bild 7.16   Matrixansteuerung mit und ohne Submatrix

7.4 Rückwirkungen durch die Konstruktion

Von großer praktischer Bedeutung ist die Eingliederung der Zugriffsysteme in die konstruktiven Einheiten der Vermittlungstechnik wie „Gestell" oder „Schrank", „Schiene" und „Flachbaugruppe" (Einsteckplatte). In den räumlich ausgedehnten Anlagen ist eine einfache und übersichtliche Verdrahtung der Steuerleitungen anzustreben, die zwischen den einzelnen Gestellen oder Schränken geführt werden müssen. Das erleichtert die Erstellung von Verdrahtungsunterlagen, die Montage, Erweiterung und Wartung von Anlagen. Aber auch innerhalb eines Gestells oder Schranks ist eine Organisationsform der Zugriffsysteme zweckmäßig, die die freizügige Erweiterung etwa mit Verbindungssätzen erlaubt. Das bedeutet eine Normierung der Anschlußpunkte eines Verbindungssatzes unabhängig von seiner Funktion. Man spricht dann von einer „Schnittstelle" (Abschn. 6.1.4).

Bild 7.17 soll das an einem Beispiel erläutern. Wir betrachten die Matrix des Bildes 7.12 oder 7.13: Die zu schaltenden Relais liegen im Kreuzfeld zwischen elektronischen Schaltern. Wir nehmen an, daß in einem Verbindungssatz maximal n Relais benötigt werden, d. h. es gibt Verbindungssatztypen mit n oder weniger als n Relais. Dann werden für jeden Verbindungssatz Ansteuermöglichkeiten für n Relais reserviert, so daß es freigestellt ist, den einen oder anderen Typ in das Verbindungssatzgestell einzustecken. Daß das für die Erweiterung von Anlagen in kleinen Schritten vorteilhaft ist, liegt auf der Hand. Die Organisation des Zugriffsystems kann etwa folgendermaßen durchgeführt werden:

Die Schalter auf der einen Seite der Relais bilden „Adressenschalter", von denen jeweils einer jedem Verbindungssatz fest zugeordnet wird. Wenn in einem Gestell Plätze für k Verbindungssätze vorhanden sind, werden also k Adressenleitungen in jedes Gestell geführt. Die andere Seite der Relais wird durch ein „Befehlsvielfach" gebildet, über das ein oder mehrere Relais des jeweiligen, durch den Adressenschalter gekennzeichneten Verbindungssatzes erregt werden können.

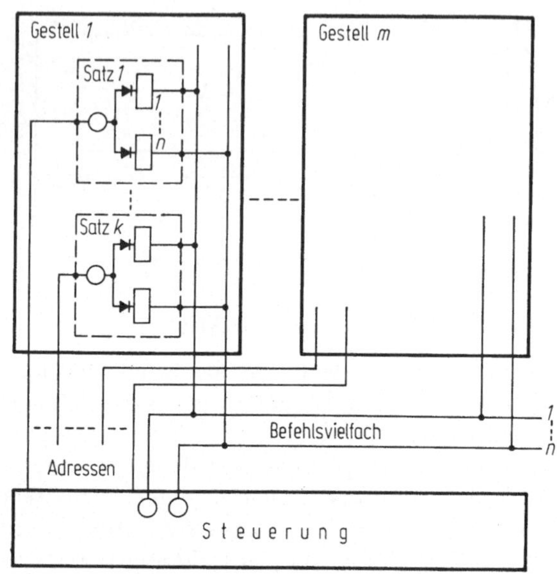

Bild 7.17   Leitungsführung bei Matrixansteuerung

Das Befehlsvielfach wird über alle Gestelle geführt. Die Anschlußpunkte des Verbindungssatzes (gestricheltes Kästchen) bilden die „Schnittstelle" zur Steuerung.

Eine derart aufgebaute Matrix enthält maximal k (Sätze pro Gestell) mal m (Gestelle) mal n (Breite des Befehlsvielfachs) Relais. Allerdings wird eine solche Matrix im allgemeinen weit von der idealen quadratischen Form entfernt sein, da die Zahl der Adressen (km) meist erheblich größer als die Breite des Befehlsvielfachs (n) ist. Man kann jedoch wenigstens die Zahl der Adressenleitungen verringern, wenn man vor die Adressenschalter je ein UND-Gatter setzt, das über ein Adressenvielfach angesteuert wird und bei „1"-Koinzidenz aller Eingänge den Adressenschalter freigibt (Bild 7.18a). Eine andere Möglichkeit besteht darin, auf der Adressenseite eine Submatrix entsprechend Bild 7.16 zu bilden (Bild 7.18b).

Das hier für die Matrixansteuerung Gesagte gilt sinngemäß auch für andere Signalverteilerprinzipien und für die Informationsaufnahme, wobei man auch dort Schnittstellen ausbilden wird. Generell sind Schnittstellen um so wirksamer, je „geräteneutraler" sie sind, d. h. je weniger sie Rücksicht auf spezielle Funktionen oder Schaltkreistechniken in den einzelnen Geräten nehmen (Abschn. 6.1.4). Leider werden sie dadurch auch teurer und schwieriger definierbar. Die Schnittstelle in allgemeiner Form muß u. a. hohe Datenflüsse durch elektroni-

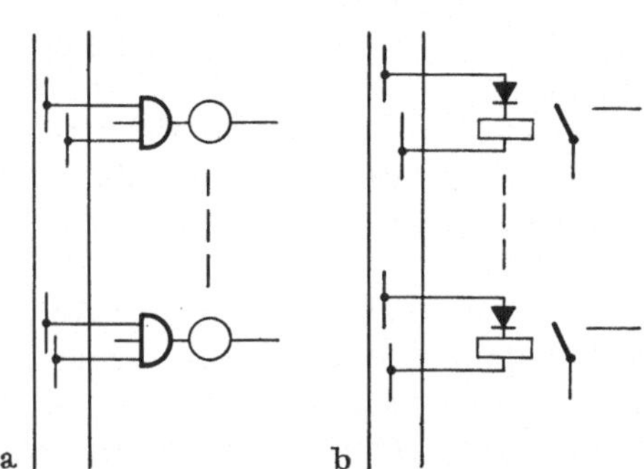

Bild 7.18 Verringerung der Zahl der Adressenleitungen durch Adressenvielfache
a) Elektronische Adressenkoinzidenz; b) einseitige Submatrix

sche Schaltkreise und Störsicherheit durch symmetrische Steuerleitungen realisieren. Eine solche Schnittstelle ist aus Aufwandsgründen kaum für einzelne Verbindungssätze möglich. Wir werden das Problem der Schnittstellen bei der Durchsprache der einzelnen Vermittlungssysteme nochmals aufgreifen.

7.5 Wechselbeziehungen zwischen Peripherie und Zugriffsystem

Wie eingangs schon erwähnt, spielt die Funktionsverteilung im System eine große Rolle für die Gestaltung der Zugriffsysteme. Wir wollen diese Zusammenhänge näher untersuchen, wobei wir uns hauptsächlich mit den Verbindungs- und Dienstsätzen beschäftigen werden.

7.5.1 Datenflüsse

Wir hatten bereits in den Abschn. 7.2.1 und 7.2.2 über Datenflüsse gesprochen. Wir wollen die Erkenntnis an einem kleinen Beispiel vertiefen. Untersuchungsobjekt möge ein Wahlempfänger für schnelle Wahlimpulsserien sein. Es gibt folgende Möglichkeiten der Informationsabgabe an die Steuerung:

a) Scannen im 10-ms-Zyklus. Beim Scannen tritt ein Datenfluß F_1 vom Zentralsteuerwerk zum Wahlempfänger für die Adressierung der Scanstelle oder Sonde auf. Der Umfang dieser Adresse und damit auch der Datenfluß F_1 ist abhängig von der Zahl der in der Vermittlungsstelle vorhandenen Scanstellen.

Beispiel: Bei weniger als 16384 Scanstellen genügen 14 bit zur Kennzeichnung einer von diesen. Pro Wahlempfänger ist also

$F_1 = 1400\,\text{bit/s}$ (Bei paralleler Abfrage von z. B. 10 Scanstellen müssen weniger als $2048 = 2^{11}$ Scanstellen-Gruppen abgefragt werden, also $F_1 = 1100\,\text{bit/s}$ für 10 Wahlempfänger oder 110 bit/s pro Wahlempfänger, d. h. der Datenfluß und seine Verteilung auf F_1 bzw. F_2 hängen von der technischen Lösung ab.)

Der Datenfluß F_2 vom Wahlempfänger zum Zentralsteuerwerk ist 1 bit in 10 ms, also $F_2 = 100$ bit/s, auf einen Wahlempfänger bezogen. Drängt man den Informationsübertrag auf 10% der zur Verfügung stehenden Zeit zusammen, um der Steuerung auch Gelegenheit zu anderer Arbeit zu geben, erhöht sich die Informationsdichte auf das Zehnfache.

b) Identifizieren. Hier werden nur Änderungen übertragen, also z. B. je Wahlimpuls 2 Änderungen. Nimmt man an, daß 6 Ziffern mit im Mittel 5 Impulsen gewählt werden, so ergeben sich 60 Änderungen pro Verbindung. Nimmt man ferner an, daß ein Wahlempfänger mit 0,8 Erl $\triangleq$ 48 min/h ausgelastet ist und je Verbindung im Mittel 20 s belegt wird, so ergibt sich eine Belegungszahl von 144 pro Stunde, das bedeutet 8640 Änderungen in der Stunde oder 2,4 Änderungen pro Sekunde. Wir betrachten vereinfachend nur den Datenfluß F_2, wobei jetzt der Änderung (plus oder minus entspricht 1 bit) noch die Adresse der Sonde zugefügt werden muß (z. B. 14 bit bei weniger als 16384 Sonden). Es ergibt sich also ein mittlerer Datenfluß von $F_2 = 15 \cdot 2{,}4 = 36$ bit/s.

c) Wenn man nun den Wahlempfänger mit der relativ einfachen Fähigkeit ausstattet, die Wahlimpulse selbständig zu Ziffern zu integrieren, so bedeutet das, daß der Empfänger für 144 Verbindungen in der Stunde im Mittel 5 Ziffern zu je 4 bit an die Steuerung abgibt. Der mittlere Datenfluß ist $F_2 = 14 \cdot 144 \cdot 5 \cdot 4$ bit/h (14 bit für die Adresse) oder etwa 11 bit/s.

Hieraus kann man also qualitativ für die Wahlaufnahme in einem rechnergesteuerten Vermittlungssystem folgende Schlüsse ziehen:

— Die zu verarbeitende Datenmenge (unter Vernachlässigung von F_1) beim Scannen im Vergleich zur Übermittlung von vollständigen Ziffern verhält sich wie zu 10:1. Die zentrale Steuerung bzw. der Rechner kann merklich entlastet werden, wenn die Daten durch Vorverarbeitung der Wahlimpulse zu Ziffern reduziert werden. (Diese Vorverarbeitung kann im Wahlempfänger selbst oder durch eine zusätzliche Steuerung erfolgen.)

— Die Übertragungskapazität des Zugriffsystems muß beim Scannen sogar das 100fache gegenüber der erwähnten Datenreduktion betragen, wenn das zentrale Steuerwerk nur mit 0,1 Erl für die Aufnahme der Information belastet werden darf. Das ist wichtig bei Überlegungen zur Fernsteuerung von Vermittlungsstellen.

Sinngemäße Überlegungen lassen sich für weitere Vermittlungsfunktionen wie z. B. die Aufnahme des Teilnehmer-Anreizes („Aushängen des Teilnehmers") durchführen.

7.5.2 Reaktionszeiten

Ein anderes Problem, das mit dem der Datenflüsse in gewissem Zusammenhang steht, ist das der Reaktionszeiten. Wir hatten schon davon gesprochen (Abschn. 6.2.3), daß die erlaubte Reaktionszeit in die mögliche Belastbarkeit des Rechners eingeht. Sie hat aber darüber hinaus Bedeutung für die eben erwähnte Fernsteuerung. Bleiben wir bei dem in Abschn. 7.2.1, Punkt e) besprochenen Beispiel: In 10 μs müssen Abfrage und Verarbeitung von 10 aus 12000 Informationsquellen bewerkstelligt werden. Wir nehmen an, daß abzüglich Verarbeitung 5 μs für die eigentliche Informationsabfrage übrig bleiben. Für die Adressierung von 10 aus 12000 Informationsquellen werden 11 bit benötigt. Als Antwort auf die Abfrage erscheint ein Bitmuster über 10 bit entsprechend den 10 abgefragten Scanstellen. Teilt man die Zeit für Abfrage und Antwort im Verhältnis 1:1, so bleiben 2,5 μs für jeden dieser Prozesse. Das bedeutet einen Bitstrom von 4 Mbit/s, der für eine Fernsteuerung über *normale Fernsprechleitungen* unangenehm hoch ist. Ein Scannen über solche Leitungen ist also nicht möglich.

Wenn man das Aussenden von Wahlimpulsen aus einer ferngesteuerten Vermittlungsstelle vom zentralen Rechner aus steuert, hat die erlaubte zeitliche Toleranz für den Schaltbefehl „Impuls anschalten" oder „Impuls abschalten" beispielsweise einen Wert von $\pm$ 1 ms. Die erlaubte Übertragungszeit wäre also 2 ms, wenn nicht durch die Wahrscheinlichkeit, daß die Übertragungsstrecke bereits durch andere Nachrichten belegt ist, Wartezeiten auftreten könnten. Wir definieren willkürlich — und um als Anhaltspunkt wieder Bild 6.7 verwenden zu können — $t_W/t_Z = 5$ und erlauben eine Überschreitungswahrscheinlichkeit $P(> t)$ von weniger als 1⁰/₀₀. Dabei wird die Datenstrecke als zentrale Steuerung und t_Z als Übertragungszeit einer Nachricht gedeutet. (Die Voraussetzung des exponentiell verteilten Einfalls von Belegungen der Datenstrecke gilt hier allerdings nur angenähert, vgl. Abschn. 6.2.1.) Die erlaubte Übertragungszeit t_Z darf nun also (bei $t_W + t_Z = 2$ ms) nur 0,33 ms betragen. Für die Adressierung von (angenommen) weniger als 131072 Informationssenken braucht man 17 bit, womit sich eine notwendige Übertragungsgeschwindigkeit von 51000 bit/s ergibt. Bei dieser Geschwindigkeit darf die Datenleitung etwa mit 0,35 Erl ausgelastet werden, das sind $3,8 \cdot 10^6$ Nachrichten in der Stunde. Bei, auch hier wieder angenommen, 100 Ereignissen je Verbindung lassen sich also Vermittlungsstellen mit 38000 Verbindungen pro HVSt oder einem Verkehrswert von z. B. 1000 Erl fernsteuern.

Steuert man nicht jeden einzelnen auszusendenden Wahlimpuls, sondern überträgt die Ziffer, die dann von einem Wahlsender selbständig in die Wahlimpulsserie umgewandelt wird (entsprechend dem in Abschn. 7.5.1 genannten Beispiel für den Ziffernempfang), so reduziert sich die Zahl der Nachrichten, während sich die erlaubte Übertragungszeit erhöht. Beide Effekte führen zu einer beträchtlichen Reduzierung der Übertragungsgeschwindigkeit.

Beispiel: Bei gleichem zu steuernden Verkehrswert von 1000 Erl mögen nun nur noch $1{,}9 \cdot 10^6$ Nachrichten in der Stunde zu senden sein. Läßt man eine Übertragungszeit von 1,5 ms je Nachricht zu, wobei die Nachricht wegen des größeren Informationsgehaltes (zusätzlich Angabe der Ziffer) aus 24 bit bestehen möge, so ergibt sich eine erforderliche Übertragungsgeschwindigkeit von 16000 bit/s. Die Belastung der Datenstrecke wird dann 0,79 Erl, die mit $1^0/_{00}$ Wahrscheinlichkeit überschrittene Wartezeit 45 ms. Dieser Wert ist in keiner Weise kritisch. (Er muß allerdings im Zusammenhang mit weiteren Reaktionszeiten im System gesehen werden!)

In diesen Beispielen wurden viele Vereinfachungen und Vergröberungen zugelassen, um den Gedankengang nicht zu komplizieren. In dieser Richtung müssen aber die ingenieurmäßigen Überlegungen bei der Konzeption oder Beurteilung von Vermittlungssystemen laufen. Konsequenzen lassen sich etwa folgendermaßen formulieren:
— Scannen über Fernsteuer-Datenleitungen ist ziemlich problematisch.
— Bei Datenvorverarbeitung in der vermittlungstechnischen Peripherie (z. B. werden anstelle von Einzelimpulsen Ziffern über die Datenleitungen übertragen) ergeben sich die weitaus geringsten Datenflüsse.

7.5.3 Der „passive Verbindungssatz"

In den vorhergehenden Abschnitten wurden Datenflüsse und Zeitbedingungen diskutiert, die abhängig von der Aufgabenverteilung im Vermittlungssystem zwischen Peripherie und zentralem Rechner auftreten. Diese Überlegungen sind insbesondere deshalb wichtig, weil zunehmend versucht wird, die Probleme der Wirtschaftlichkeit kleiner Vermittlungen durch Fernsteuerung zu lösen. Dann aber sind hohe Datenflüsse und enge Zeitbedingungen im allgemeinen schädlich; man muß vielfach dazu übergehen, einige datenfluß- und zeitintensive Funktionen in der Peripherie selbst abzufangen. In diesem Fall spricht man von „aktiver Peripherie". Die notwendigen Steuerungsfunktionen können entweder in den Verbindungssätzen selbst („aktive Verbindungssätze", Abschn. 14.1) oder in je Verbindungssatzgruppe teilzentralisierten Steuerungen abgewickelt werden. Im zweiten Fall bleiben die Verbindungssätze „passiv" ohne Aufgaben der Informationsverarbeitung. Es tritt jedoch die schon diskutierte Frage der Wirtschaftlichkeit teilzentraler Steuerungen auf: Kann auf Duplizierung verzichtet werden, d. h. kann man eine erhöhte Ausfallwahrscheinlichkeit hinnehmen?

Während also in ferngesteuerten Vermittlungen die auf die eine oder andere Art „aktive" Peripherie einen gewissen Beitrag zum Gesamtaufwand liefert, wird in vielen rechnergesteuerten Vermittlungssystemen ohne Fernsteuerungskonzept versucht, den Aufwand aus der Peripherie in den zentralen Rechner zu verlagern. Die Verbingungssätze sind dann ebenfalls „passiv". Eine solche Konzeption ist insbesondere dann, wenn man auf Fernsteuerung verzichtet und mit einem einheitlichen Rechnertyp auskommen will, nicht unvernünftig: Bei kleinen Vermittlungsstellen ist die Rechnerkapazität nicht ausgelastet, sie kann also für diese Steuerungsfunktionen herangezogen werden. Bei Vergrößerung der Vermittlungsstelle müssen ggf. Untersteuerwerke für die Reduktion der Daten zugefügt werden.

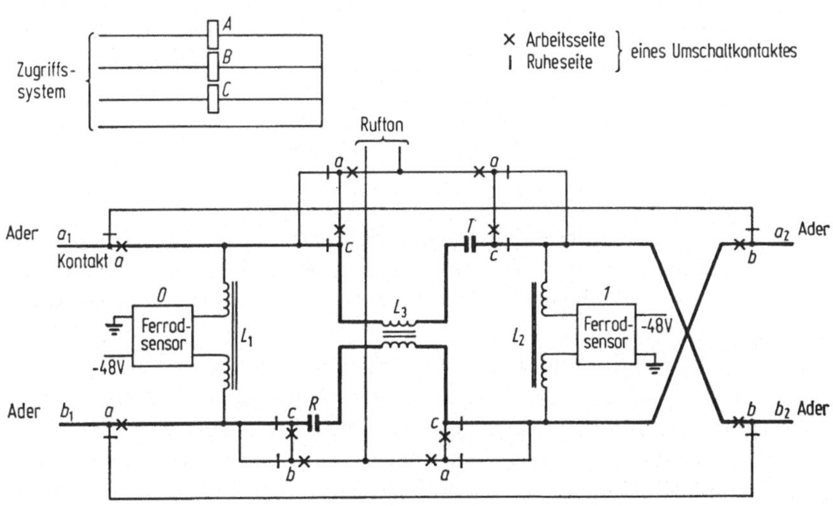

Bild 7.19 Passiver Internverbindungssatz (Junctor)

Zum Abschluß dieses Kapitels soll am konkreten Beispiel eines „passiven Verbindungssatzes" gezeigt werden, welche Aufgaben die Zugriffsysteme haben. In Bild 7.19 ist ein Internverbindungssatz (Junctor) des Systems ESS 2 dargestellt [13.1]. Er verbindet rufenden mit gerufenem Teilnehmer in derselben Vermittlungsstelle (Abschn.

13.3), verfügt über zwei Sonden (Ferrod-Sensor, Abschn. 12.4.1) zur
Überwachung des Schleifenzustandes der Teilnehmeranschlußleitungen und besitzt drei Relais A, B und C mit je vier Umschaltekontakten
zur Herstellung der verschiedenen Vermittlungszustände (Bild 7.20).
Außerdem sind aus übertragungstechnischen Gründen Übertrager, Induktivitäten und Kapazitäten vorhanden.

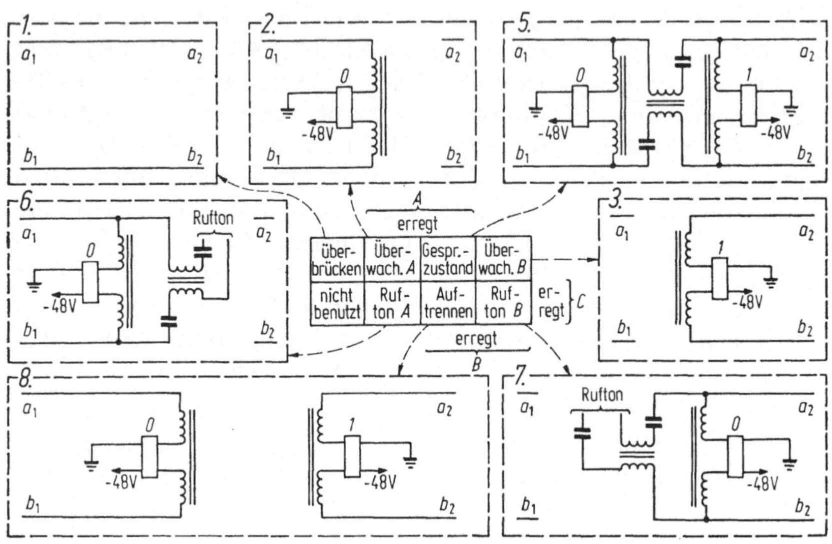

Bild 7.20   Vermittlungszustände des Verbindungssatzes

Folgende Vermittlungszustände lassen sich einstellen:
1. Verbindungssatz überbrückt, Relais-Schaltzustände $A = B = C = 0$.
Der Verbindungssatz ist im Sprechweg praktisch nicht vorhanden
und kann rückwirkungsfrei mit anderen Sätzen in Reihe geschaltet
werden.
2. Überwachung des rufenden Teilnehmers (links), Schaltzustände
$A = 1$, $B = C = 0$. Dieser Zustand tritt während des Verbindungsaufbaus ein, wenn der Partner gerufen werden soll. In dieser Vermitt-
lungsphase ist es notwendig, sich jederzeit davon zu überzeugen, ob
der rufende Teilnehmer auch nicht vorzeitig einhängt.
3. Entspricht 2., rufender Teilnehmer jedoch rechts mit dem Satz verbunden, Schaltzustände $A = 0$, $B = 1$, $C = 0$.
4. Nicht benutzt, Schaltzustände $A = 0$, $B = 0$, $C = 1$.
5. Gesprächszustand, Schaltzustände $A = B = 1$, $C = 0$.
6. Rufton für linken Teilnehmer (d. h. Hörzeichen zur Signalisierung
des Rufzustandes), Schaltzustände $A = 1$, $B = 0$, $C = 1$.
7. Rufton für rechten Teilnehmer, Schaltzustände $A = 0$, $B = C = 1$.

8. Auftrennen mit Schleifenüberwachung für beide Teilnehmer, Schaltzustände $A = B = C = 1$. Dieser Zustand tritt während des Herbeiholens von Dienstsätzen (durch Nachwahl) im Gesprächszustand auf.

Aufgabe des Zugriffsystems ist es, die beiden Sonden des Internsatzes abzufragen und deren Zustände (1 oder 0) zur zentralen Steuerung zu übertragen. Diese untersucht die Zustandsmeldungen in Hinblick auf aufgetretene Änderungen, interpretiert sie als „Schleife wurde geschlossen" oder „Schleife wurde geöffnet" und leitet aus dem im Speicher notierten vorhergehenden Vermittlungszustand (z. B. „Gesprächszustand") den notwendigen folgenden Zustand (z. B. „Auslösung") ab. Anschließend erhält das Zugriffsystem die Schaltbefehle für die entsprechenden Relais, die im Verbindungssatz den gewünschten Verbindungszustand herstellen.

8. Strukturen von Programmsteuerwerken

Der Weg, der zum Einsatz von Rechnern in der Vermittlungstechnik geführt hat, sei nochmals kurz aufgezeichnet:

.a) Neue Betriebsbedingungen in der Vermittlungstechnik fordern den Einsatz elektrisch änderbarer Speicher für Daten.

b) Die notwendigen Speicherkapazitäten sind beträchtlich und zwingen dazu, durch Zentralisierung und optimale Belegung der Speicher zu möglichst geringen Kosten pro Speicherbit zu kommen und die Speicher gut auszunützen.

c) Die Zusammenarbeit mit zentralen Speichern, in denen durch „Adreßrechnung" eine optimale Speicherbelegung erreichbar sein soll, geschieht zweckmäßigerweise durch Rechner.

d) Die Aufbewahrung der Ablaufprogramme in einem Speicher gibt die Möglichkeit, die Vermittlungssysteme jederzeit an neue oder unterschiedliche Bedingungen anzupassen.

Das ist eine Kette von Schlüssen, die natürlich angreifbar ist. Vielleicht werden auch kleine Speicher — Halbleiterspeicher etwa — sehr billig, vielleicht sind sie leicht in beliebigen Formaten herstellbar, so daß die Argumente für eine Zentralisierung und für eine dichtgepackte Speicherbelegung zur Kostenoptimierung geringeres Gewicht bekommen. Was aber ist *gegen* Rechner einzuwenden?

Es gibt zwei wesentliche Gesichtspunkte, die aber nur qualitativ faßbar sind:

— Für kleine Vermittlungsstellen ist die Rechnersteuerung im allgemeinen zu teuer. So gibt es bisher kein rechnergesteuertes Vermittlungssystem für *öffentliche* Anwendung, das für wenige 100 *Fernsprech*teilnehmer schon wirtschaftlich ist.

— Die Komplexität rechnergesteuerter Vermittlungsanlagen ist größer als die konventioneller Systeme. Das bedeutet u. a.: Die Systeme sind nach Fehlern schwieriger in Stand zu setzen. Diese Komplexität wird durch die Tatsache deutlich, daß allein der Entwicklungsaufwand rechnergesteuerter Systeme um wenigstens eine Größenordnung über dem konventioneller Systeme liegt.

Man kann Gegenargumente bringen: Auf weitere Sicht gesehen, mit der Tendenz fallender Elektronik- und Speicherpreise, wird sich die Wirtschaftlichkeitsgrenze nach unten verschieben. Durch Wartungs- und Diagnoseprogramme läßt sich die Wartung der Systeme sogar gegenüber herkömmlichen Systemen vereinfachen. Höhere Kosten und größere Komplexität werden allein schon durch die erweiterten Betriebsbedingungen verursacht, unabhängig vom Steuerungskonzept.

Es wäre schön, durch quantitativ zu belegende Argumente von der „Weltanschauung" zur „Aussage" zu kommen. Das ist bis heute nicht gelungen. Aber wodurch soll der Unterschied im Aufwand und in der Komplexität bedingt sein? Auch dazu werden wir nur qualitativ Vermutungen äußern können. Da diese Gedanken aber das Verständnis der Rechnersteuerung vielleicht fördern können, soll hier in einem Abschnitt auf diese Frage eingegangen werden.

8.1 Steuerwerksprinzipien

Die Alternative zum Rechner ist das auf einen bestimmten und eingeschränkten Aufgabenkreis zugeschnittene „Spezialsteuerwerk". Als Beispiel wollen wir einen „Markierer" betrachten.

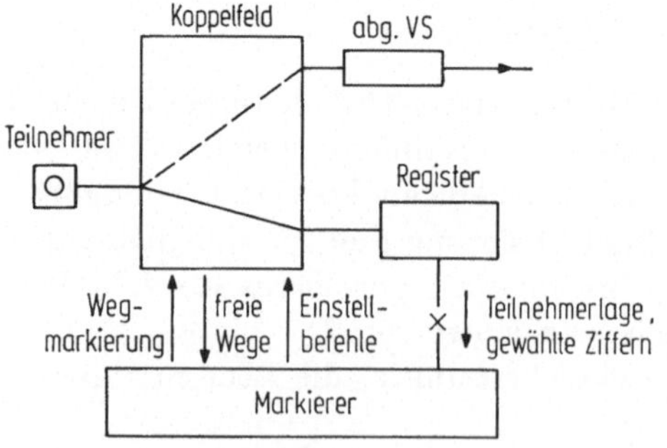

Bild 8.1 Aufgaben eines Markierers (vereinfacht)

Dabei sei von der in Bild 8.1 dargestellten Ausgangssituation ausgegangen: Ein Teilnehmer ist über das Koppelfeld mit einem „Register" (im vermittlungstechnischen Sinn) verbunden. Das Register hat die vom Teilnehmer gewählten Ziffern aufgenommen. Es besteht nun die Aufgabe, einen Weg durch das Koppelfeld zu suchen und zu schalten, der den Teilnehmer mit dem gewünschten Ziel — z. B. mit einem Verbindungssatz in Richtung zur Zielvermittlungsstelle — verbindet. Hierzu muß das Register dem Markierer die nötigen Informationen übergeben, nämlich die gewählte Rufnummer und die Anschlußlage des rufenden Teilnehmers am Koppelfeld. Aus der gewählten Rufnummer muß der Markierer zunächst die Zielrichtung bestimmen, dann kann er durch Anlegen der Wegemarkierung im Wegesuchnetz (Abschn. 3.3.4) die in Frage kommenden Wege zur Suche freigeben. Von den möglichen, freien Wegen wird einer durch den Markierer ausgewählt. Anschließend werden die Koppelpunkte dieses Weges eingestellt.

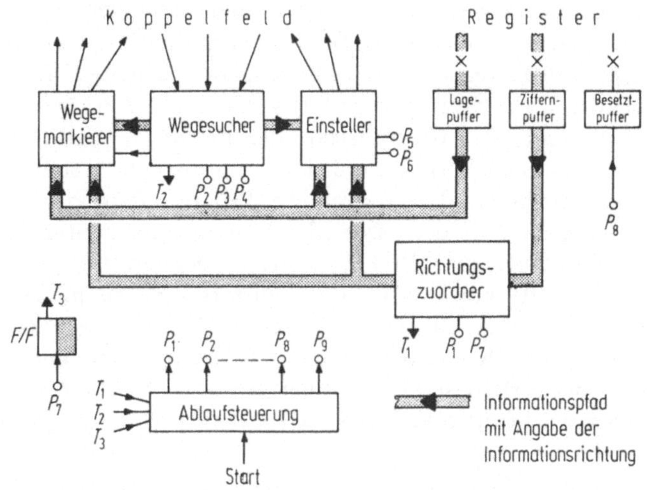

Bild 8.2   Vereinfachtes Funktionsbild eines Markierers

Bild 8.2 deutet die technische Realisierung eines solchen Markierers an. Nach der Anschaltung des Registers (Anschaltekontakte durch Kreuze angedeutet) liegen gewählte Rufnummer und Lagenummer des rufenden Teilnehmers im Markierer vor („Ziffernpuffer" und „Lagepuffer"). Aus der Rufnummer wird in einem „Zuordner" die Ausgangsrichtung bestimmt. Die Aufforderung zur Arbeit wird dem Zuordner über eine Eingangsklemme P_1 (Programmpunkt) erteilt. Ein zweiter Programmpunkt P_7 ist notwendig, um dem Zuordner mitzuteilen, daß er — sofern möglich — eine Umwegrichtung angeben soll, weil z. B. alle Leitungen der direkten Richtung bereits belegt sind. Der Zuordner kann außer den Richtungsinformationen auch eine „Testinformation" (T_1) abgeben darüber, ob eine Wegesuche überhaupt möglich ist (Beispiele: Bei unvollständiger Rufnummer oder unbeschalteter Richtung ist keine Wegesuche möglich). Anschlußlage des rufenden Teilnehmers und Richtungsangabe werden dem Wegemarkierer übergeben. Die Wegesuche erfolgt im Wechselspiel zwischen „Wegesucher" und „Wegemarkierer" in mehreren Phasen (Bild 3.21) in Übereinstimmung mit den Programmpunkten P_2 bis P_4. Eine Testinformation T_2 gibt Auskunft darüber, ob ein freier Weg gefunden wurde. Nach der Wegeauswahl werden durch den „Einsteller" z. B. in zwei Phasen (P_5 für die Erregung von Submatrizenrelais, P_6 für die Erregung der eigentlichen Koppelpunkte) die Koppelpunkte geschaltet, wofür die Informationen der Wegeauswahl und der Endpunkte des Weges im Einsteller benötigt werden. Besteht keine Wegemöglichkeit, muß das Register davon in Kenntnis gesetzt werden, um dem rufenden Teilnehmer das Besetztzeichen zu senden (P_8). Die Steuerung besteht aus einer Reihe von Kippschaltungen, die z. B. als Zählkette arbeiten und in einem vorgegebenen Takt weitergeschaltet werden. Die Ausgänge der Kippschaltungen sind die Ablaufphasen oder Programmpunkte P_1 bis P_9, die jeweils die zugehörige Funktion anstoßen. Testbedingungen T_1 bis T_3 sorgen dafür, daß bestimmte Programmpunkte angesteuert oder übersprungen werden. Der Ablauf wird ohne weitere Erklärung aus dem Flußdiagramm Bild 8.3 klar, er beginnt mit der Registeranschaltung und endet mit der Registerabschaltung. Die Ablaufsteuerung ist im wesentlichen ein getreues Abbild des Flußdiagramms.

Einige typische Kennzeichen eines solchen Spezialsteuerwerks sind:

— Das Steuerwerk besteht aus einer Anzahl von Baugruppen (z. B. Wegesucher, Richtungszuordner), die spezielle und umfangreiche Funktionen ausführen.

— Die von den Baugruppen benötigten und abgegebenen Informationen werden über spezielle, angepaßte Informationspfade zu- und abgeführt (z. B. Informationspfad für die gewählte Rufnummer vom Ziffernpuffer zum Richtungszuordner).

— Die Ein- und Ausgabefunktionen sind häufig (wie im vorliegenden Beispiel) in einzelnen Baugruppen integriert. Speziell verdrahtete Ein- und Ausgabeleitungen sammeln und verteilen Informationen mit optimal der Funktion angepaßten Potential- und Leistungsverhältnissen.

— Die Ablaufsteuerung führt verhältnismäßig wenig Schritte aus, da die einzelnen Funktionsbaugruppen selbständig und hochwirksam ihre Aufgaben abwickeln.

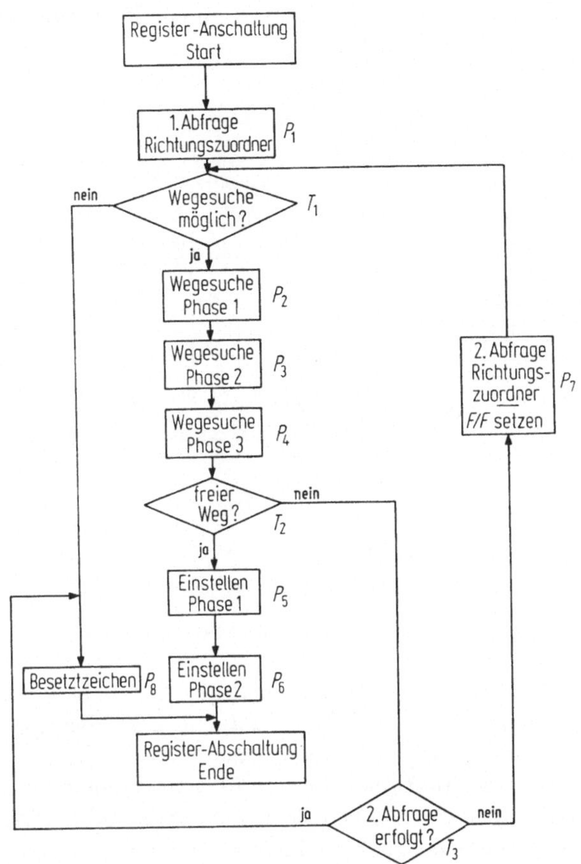

Bild 8.3 Vereinfachter Funktionsablauf im Markierer

— Die einzelnen Schritte (Programmpunkte) der Ablaufsteuerung
finden in entsprechenden Schaltkreisen („Hardware") ihr materielles
Abbild. Die Ablaufsteuerung ist unabhängig von den einzelnen Funktionsbaugruppen unmittelbar funktionsbereit.

Ein ganz anderes Funktionsbild bietet ein Rechner (Bild 8.4). Er
gliedert sich in eine „Verarbeitungseinheit" im engeren Sinn, die die
aktiven Steuerungsvorgänge übernimmt, und in die unmittelbar an-
steuerbaren Speicher („Arbeitsspeicher").
— Die Verarbeitungseinheit besteht aus einer Anzahl von Funktionsgruppen, die sehr universelle und im allgemeinen elementare Vorschriften zur Behandlung von beliebigen Informationen ausführen.
Beispiele: Addition zweier Informationen, UND-Verknüpfung zweier
Informationen, Komplementbildung einer Information oder auch ledig-

10*

lich Aufbewahrung einer Information in einem Pufferspeicher („Register" im Sinne der Datentechnik).

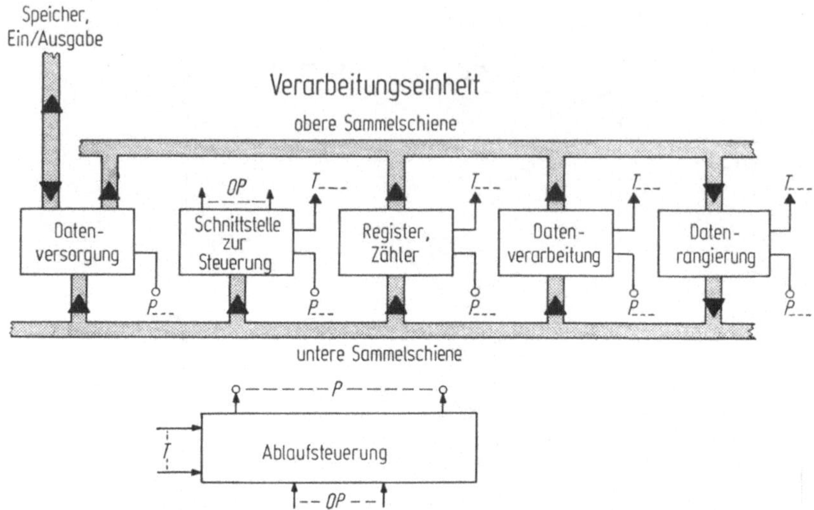

Bild 8.4   Vereinfachtes Funktionsbild eines Rechners

— Die von den Baugruppen benötigten oder abgegebenen Informationen werden über universelle Datenvielfache zu- oder abgeführt, an denen sämtliche Baugruppen parallel liegen.

— Ein- und Ausgabefunktionen werden über universelle und genormte Leitungssysteme abgewickelt. Die eigentliche Anpassung an die gesteuerte Peripherie erfolgt über zusätzliche spezielle Geräte (Zugriffsysteme).

— Die Ablaufsteuerung muß sehr viele elementare Schritte ausführen, um höherwertige Funktionen auszuführen. Wegen dieser großen Schrittzahl ist es nicht mehr möglich, jedem Ablaufschritt einen eigenen Hardware-Schaltkreis zuzuordnen.

— Statt dessen werden Vorschriften über die abzuwickelnden Ablaufschritte in Form von Tabellen in einem Speicher aufgehoben (Programm). Das bedeutet aber, daß jeder Ablaufschritt erst im Speicher erfragt werden muß.

Zum besseren Verständnis sei das (stark vereinfachte) Bild 8.4 beschrieben, in dem die dargestellten Funktionsgruppen durchaus aus mehreren Baugruppen bestehen können.

a) *Datenversorgung.* Dazu gehören Anschlüsse zu den peripheren Geräten, um mit der Umwelt in Kommunikation zu treten, und Anschlüsse zu den Speichern. Die Speicher als Informationsreservoire spielen bei Rechnern eine überragende Rolle, wenngleich sie natürlich auch in Spezialsteuerwerken angewendet werden können. Für den Informationsaustausch mit Speichern ist neben Pufferregistern für die eigentliche einzuschreibende oder auszulesende *Information* auch die Bereitstellung von Registern für die *Adresse* notwendig, unter der die jeweilige Information im Speicher zu finden oder abzulegen ist.

Die Register der Datenversorgung können über ihre Anschlüsse an das zentrale Leitungssystem (Sammelschiene) mit den übrigen Baugruppen des Rechners in Verbindung treten. Sie können also ihre Daten im allgemeinen in beliebige Verarbeitungsprozesse einbringen und werden andererseits auch mit Daten aus diesen Prozessen geladen.

b) *Schnittstelle zur Steuerung.* Da im Gegensatz zum Spezialsteuerwerk die Informationen für den jeweils nächsten Ablaufschritt von außen — nämlich vom Speicher — kommen, muß es möglich sein, diese Informationen in die Ablaufsteuerung einzuschleusen. Hierzu dienen eigene Baugruppen mit entsprechendem Zugriff zur Steuerung. In Bild 8.4 ergibt sich folgender Zyklus: Aus der Datenversorgung gelangt die Steuerungsinformation — die Instruktion — auf die obere Sammelschiene. Sie wird über die Baugruppe „Datenrangierung" zur unteren Sammelschiene durchgelassen und gelangt von dort in die „Schnittstelle zur Steuerung". Von dort greifen die Ausgangsleitungen OP in die Steuerung ein. Der eben beschriebene elementare Zyklus wird von der Ablaufsteuerung selbständig kontrolliert, also ohne daß ein Rückgriff auf die aus dem Speicher erhaltene Instruktion notwendig ist.

c) *Register, Zähler.* Eine Anzahl von Registern dient als Kurzzeitgedächtnis für allgemeine oder auch spezielle Aufgaben. Der eigentliche Speicher kann hierfür oft deshalb nicht benutzt werden, weil der Zugriff zu ihm zu lange dauert und außerdem das Ausrechnen der Speicheradresse auf Daten zurückgreifen müßte, die in eben diesen Registern kurzzeitig aufbewahrt werden. Ein Teil der Register ist zu Zählern entartet, in denen z. B. die Anzahl der Durchläufe von Programmschleifen mitgezählt werden kann (sinngemäß Bild 8.3, erste und zweite Abfrage des Richtungszuordners mit F/F und T_3). Die Register sind beidseitig an die Datensammelschiene angeschlossen.

d) *Datenverarbeitung.* In diesen Baugruppen erfolgt die bereits erwähnte elementare Veränderung von Informationen (Operanden) nach bestimmten Vorschriften. Häufig sind *zwei* Operanden beteiligt (Addition, UND-Verknüpfung usw.), es können jedoch auch *einzelne* Operanden geändert werden (Komplementbildung). Die Operanden werden z. B. nacheinander über die untere Sammelschiene zugeführt, das Ergebnis kann über die obere Sammelschiene abgeholt werden.

e) *Datenrangierung.* In den zugehörigen Baugruppen werden die Informationen in bestimmter Weise manipuliert: Sie können entweder unbeeinflußt von der oberen zur unteren Sammelschiene durchgelassen werden, oder gewisse Bereiche werden ausgeblendet („Maskieren") oder die Bitpositionen der Information werden verschoben („Shiften").

f) *Sammelschiene*. Der Sammelschiene kommt überragende Bedeutung zu, da sie die Möglichkeit eröffnet, Informationen völlig flexibel zwischen den verschiedenen Baugruppen hin und her zu transportieren. Auf den Sammelschienen werden die Informationen parallel übertragen, d. h. jeder Bitposition ist eine eigene Leitung zugeordnet. Da die volle Informationsbreite auf dem Leitungssystem und in den Verarbeitungsbaugruppen jedoch zu aufwendigen Schaltungen führt, wird die Information häufig in seriellen Schüben transportiert und verarbeitet (Beispiel: Bild 8.5).

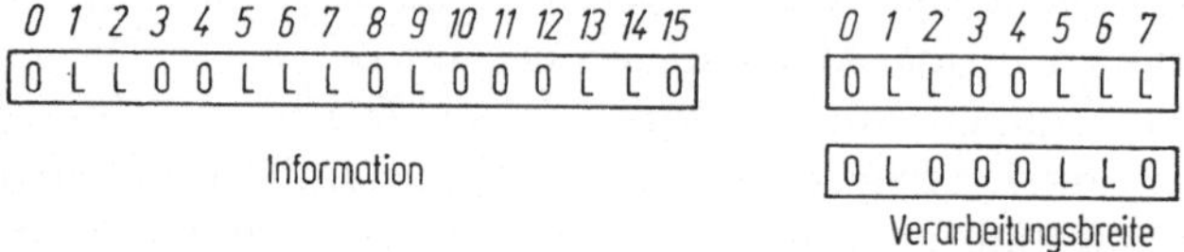

Bild 8.5 Informationsbreite und Verarbeitungsbreite

g) *Ablaufsteuerung*. Sie hat die Aufgabe, den Transport der Informationen auf den Sammelschienen zu steuern und die einzelnen Baugruppen zu bestimmten Funktionen aufzurufen. Hierzu dienen entsprechend Bild 8.2 die Punkte P. Testinformationen T beeinflussen den Programmablauf an Entscheidungsstellen (Bild 8.3). In welcher Weise die Informationen jedoch transportiert und verarbeitet werden sollen, wird der Steuerung über die Leitungen OP auf Grund von Instruktionen aus dem Speicher mitgeteilt.

Die Arbeitsweise des Rechners ist durch zahlreiche Einzelschritte gekennzeichnet, die in ihrer Vielzahl aber dasselbe leisten wie die wenigen Ablaufphasen von Spezialsteuerwerken. Für die Wegesuche z. B. ist es in großen Zügen nötig (Bild 3.23),

— den Belegungszustand der in Frage kommenden Bündel aus dem Speicher in den Rechner zu transportieren. Hierzu müssen aber erst die Adressen der Speicherzellen berechnet werden, in denen diese Informationen aufbewahrt werden;

— die Belegungszustände nacheinander in die Datenverarbeitungsbaugruppen zu schieben, wo sie „UND-verknüpft werden;

— das Ergebnis in ein Schieberegister zu übertragen und solange nach links zu verschieben, bis die erste Eins „herausgeschoben" wird;

— den Stand des Schiebezählers (in diesem Fall „2") als ausgewählte Zwischenleitung zu interpretieren;

— daraus die Koordinaten für die Einstellung der Koppelpunkte zu berechnen;
— diese Informationen in eine „Ausgabeliste" im Speicher zu transportieren, (von der aus die Weitergabe an die Koppelfeldeinsteller erfolgt);
— die Belegungszustände der ausgewählten Zwischenleitungen zu korrigieren (mit Berechnung der jeweiligen Speicheradressen).

Jede dieser Ablaufphasen erfordert viele Einzelschritte für Transport und Verarbeitung der Informationen. Hierauf wird in Abschn. 9.1 noch eingegangen.

Zu unserer eingangs gestellten Frage nach Aufwand und Komplexität lassen sich nun Hinweise geben:
— Spezialsteuerwerke enthalten u. U. komplizierte Spezialbaugruppen, dagegen läßt sich die Ablaufsteuerung im allgemeinen auf wenige Ablaufphasen beschränken.
— Universalsteuerwerke enthalten relativ einfache Grundbaugruppen auf Kosten umfangreicher Ablaufprogramme.
— Spezialsteuerwerke haben nur einen eingeschränkten Aufgabenbereich. Zum Beispiel werden Markierer nicht mit der Aufgabe des Ziffernempfangs und der Ziffernspeicherung belastet.
— Universalsteuerwerke werden im allgemeinen für alle Funktionen des Vermittlungssystems verwendet, ihr Aufgabenpensum ist also ungleich größer als das von Spezialsteuerwerken.

Ob sich aber hieraus eine quantitative Beurteilung der einen oder anderen Steuerungsart ableiten läßt, ist ungeklärt. Alle weiteren Betrachtungen gelten den Universalsteuerwerken.

8.2 Rechnerstrukturen

8.2.1 Befehlsstruktur und Ablaufsteuerung

Dem Programmierer ist es allgemein nicht zuzumuten, alle für eine Rechenoperation notwendigen Detailschritte auszuprogrammieren. Für den Transport einer Information aus einer bestimmten Speicherzelle in ein vorgegebenes Register sind z. B. folgende Einzelschritte notwendig: Laden des Adreßregisters für die Speicheransteuerung mit der angegebenen Adresse/Abfragen des Speichers/Aufnahme der Speicherantwort im Datenregister der „Datenversorgung"/Transport der Information auf die obere Sammelschiene/Durchschleusen der Information durch die „Datenrangierung", ohne sie zu verändern, und Übergabe an die untere Sammelschiene/Durchschalten der Information zum Bestimmungsregister.

Der Programmierer schreibt dafür nur eine Instruktion: „Transportiere Speicherinhalt unter Adresse X in das Register Y." Die Ablaufsteuerung interpretiert die Instruktion und führt die Einzelschritte selbständig aus. Das Repertoire der möglichen Instruktionen — die „Befehlsliste" — ist eine für jeden Rechner charakteristische Größe.

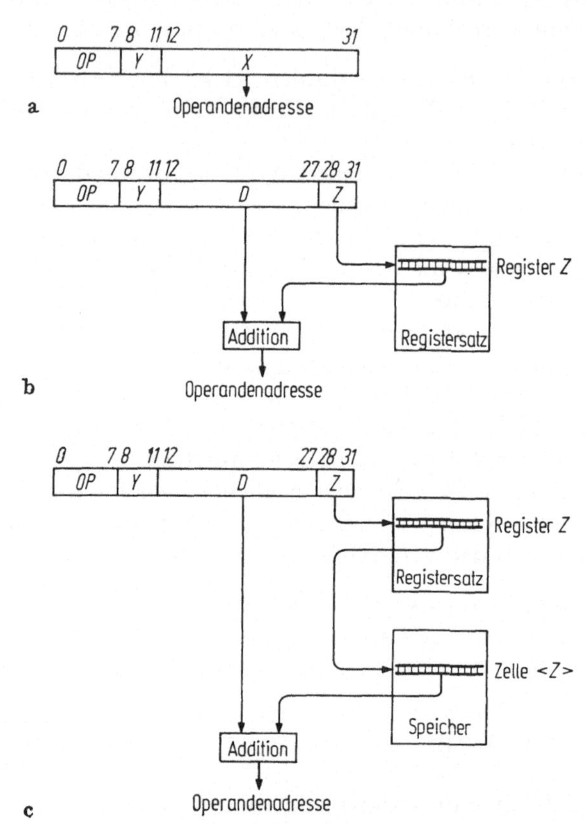

Bild 8.6   Beispiele für Adreßrechnung
a) Operandenadresse $A = X$; b) Operandenadresse $A = \langle Z \rangle + D$; c) Operandenadresse $A = \langle \langle Z \rangle \rangle + D$

Bleiben wir noch etwas bei diesem einfachen Transportbefehl. Bild 8.6 a zeigt eine mögliche Darstellung des Befehlswortes. Ein aus 8 Bitpositionen bestehender Operationscode bezeichnet den Befehl, also die auszuführende Operation. Mit 8 bit können an sich 256 verschiedene Befehlstypen angesprochen werden, die Zahl der effektiv vorhandenen Befehlsmöglichkeiten kann jedoch geringer sein. Im betrachteten Beispiel wird durch die entsprechende Bitkombination im Operationscode also der Auftrag gekennzeichnet, das Register Y mit der im Speicher unter der Adresse X aufbewahrten Information zu laden. Für die Angabe des Registers Y stehen im Beispiel 4 bit zur Verfügung, womit eins von 16 Registern bezeichnet werden kann. Es bleiben 20 bit für die Kennzeichnung der Adresse des Speicherwortes, dessen Inhalt in das Register Y transportiert werden soll. Das bedeutet hier, daß eins von 1 048 576 möglichen Speicherworten auszuwählen ist. Die Adresse A des „Operanden" — d. h. der Information, die der Prozedur „Transport" unterworfen wird — steht im Klartext in dem Befehlswort:

$$A = X.$$

Die Angabe der absoluten Adresse des Operanden ist oft unpraktisch. Einer der Gründe dafür ist, daß sich in Abhängigkeit von der Größe der Vermittlungsstelle und von der Zahl der zu realisierenden Bedingungen die Größe des Speichers und damit die Zahl der Adressen ändert. Man müßte also für jeden Einsatzfall alle Operandenadressen neu programmieren. Um das zu vermeiden, bezieht man alle Adressen eines bestimmten Programms auf eine Bezugsadresse, die von Einsatzfall zu Einsatzfall neu festgelegt werden kann. Man programmiert also die Vielzahl der Befehle mit für alle Einsatzfälle konstanten Distanzwerten D und muß lediglich *einmal* die zugehörige Basisadresse B angeben, die für die Dauer des betreffenden Programms oft in einem der Register aufgehoben wird. Die Aufteilung des Befehlswortes ändert sich dann z. B. entsprechend Bild 8.6b: 4 bit der Positionen 28 bis 31 bezeichnen das Register Z, in dem die Basisadresse aufgehoben ist, die Distanz ist im Klartext in den Bitpositionen 12 bis 27 abgelegt. Zur Bestimmung der Operandenadresse ist nun eine Adreßrechnung nötig:

$$A = <Z> + D$$

($<Z>$ bedeutet „Inhalt von Z").

Es gibt eine ganze Anzahl verschiedener Basisadressen für die unterschiedlichen Programme und Programmteile. Man kann also nicht alle Basisadressen von vornherein in den nur in kleiner Zahl vorhandenen Hardware-Registern ablegen. Deshalb müssen die Basisadressen im allgemeinen erst aus dem Speicher geholt werden, wo sie in bestimmten Speicherzellen aufbewahrt werden. Dieser Transport aus dem Speicher kann einmal für ein Programm oder Programmteil erfolgen, er kann aber auch für einen einzelnen Programmschritt erforderlich sein. Im letzteren Fall steht also im Register Z nicht die Basisadresse selbst, sondern die Adresse der Speicherzelle, in der die Basisadresse steht:

$$A = \ll Z \gg + D \quad \text{(Bild 8.6c).}$$

Manchmal wird an der Adreßbildung auch noch ein weiteres Register (hier mit M bezeichnet) beteiligt:

$$A = <Z> + <M> + D.$$

Das Register M dient z. B. bei Suchprogrammen als Zählzelle, mit der die Adresse des Operanden von Suchschritt zu Suchschritt erhöht wird.

Jede Variante in der Ausdeutung der Felder des Befehlswortes erfordert einen eigenen Operationscode OP. Neben den hier besprochenen Spielarten des einfachen Transportbefehls „vom Speicher zum Register", die nur einen Teil der möglichen Adreßmodifikationen aufzeigen sollten, gibt es noch weitere Transportbefehle wie z. B. „vom Register zum Speicher" oder „von einem zum anderen Register".

Außer den Transportbefehlen sind noch eine Vielzahl anderer Befehlsklassen nötig. So gibt es:
— arithmetische Operationen und Vergleich (Addition, Subtraktion, Vergleich durch Subtraktion usw.; höhere Befehle wie Gleitkomma-Operation, Wurzelberechnung u. a. sind in der Vermittlungstechnik nicht nötig);
— logische Befehle (UND, ODER, Masken usw.);
— Schiebebefehle (Schiebe links, suche erste Eins usw.);
— Sprungbefehle (unbedingte/bedingte Sprünge);
— Ein/Ausgabebefehle (Ein- und Ausschreiben der Ein/Ausgabe-listen, Informationsaustausch mit anderen Geräten);
— Überwachungsbefehle (Fehlererkennung, Lokalisierung).

Die Bedeutung der Sprungbefehle läßt sich einfach anhand des Bildes 8.3 erläutern. Dazu deuten wir die Programmpunkte P als Befehle, die in einem Speicher der Reihe nach notiert sein mögen: Start — $P_1 - P_2 - P_3 - P_4 - P_5 - P_6 - P_7 - P_8$ — Ende. Würde man dieses Programm nach der Vorschrift abarbeiten: „nächster Befehl ist $P_{(i+1)}$", wobei i den gerade behandelten Befehl bezeichnet, so ergäbe sich ein falscher Ablauf. Wir müssen auch die Testbedingungen noch als Befehle einführen. Damit wird die Reihenfolge richtig: Start — $P_1 - T_1$ (wenn nein, springe nach P_8) — $P_2 - P_3 - P_4 - T_2$ (wenn nein, springe nach T_3) — $P_5 - P_6$ — Ende — T_3 (wenn ja, springe nach P_8) — P_7 — Springe nach T_1 — P_8 — Springe nach Ende. Die Befehle werden, so abgearbeitet daß man zu dem in der Reihenfolge nächsten Schritt übergeht, wenn es nicht anders angegeben ist. T_1 bis T_3 sind „bedingte Sprünge", da sie von Testbedingungen abhängen. „Springe nach T_1" und „Springe nach Ende" sind dagegen „unbedingte Sprünge", die auf jeden Fall durchgeführt werden müssen.

Ein Befehl erfolgt im allgemeinen in mehreren Ablaufschritten, deren Zahl von der Komplexität des Befehls abhängt. Die zur Durchführung eines Befehls notwendigen Funktionsabläufe sind — wie schon Bild 8.6 als Beispiel zeigt — sehr unterschiedlich. „Hochwirksame" Befehle führen zahlreiche Einzelschritte aus (oder verfügen über spezielle Funktionsbaugruppen im Rechner) und ersparen dem Programmierer damit Arbeit, außerdem wird der Programmablauf meist beschleunigt. So gibt es z. B. Befehle, die den Informationsaustausch mit der vermittlungstechnischen Peripherie einschließlich der „Listenverwaltung" der Ein- und Ausgabelisten im Speicher selbständig durchführen. (Unter Listenverwaltung wird die Buchführung über freie Speicherplätze und deren Vergabe verstanden.) Das ist ein sehr umfangreicher Ablauf!

Eine noch nicht schlüssig beantwortete Frage ist die nach der optimalen Befehlsliste eines Vermittlungsrechners. Soll sie hochwirksame oder elementare Befehle enthalten? Sicher kann man das Befehlsrepertoire mit elementaren Befehlen kleiner halten, da sich alle Abläufe aus elementaren Grundoperationen zusammensetzen lassen. Andererseits aber erfordern — wie erwähnt — Programme mit elementaren Befehlen Mehrarbeit für den Programmierer und vor allem längere Durchlaufzeiten. Warum also nicht generell hochwirksame Befehle?

Hochwirksame Befehle benötigen im allgemeinen ein längeres Befehlswort, da als Parameter mehr Daten angegeben werden müssen. Es ist klar, daß die notwendigen Daten (Adressenangaben, Konstanten usw.), die sonst auf mehrere elementare Befehle verteilt werden, nun in einem Befehl Platz zu finden haben. Außerdem muß das Befehlsrepertoire aber auch eine Reihe elementarer Instruktionen enthalten, damit allgemeine Abläufe realisierbar sind (hochwirksame Befehle integrieren ja bereits eine Anzahl elementarer Operationen zu einem speziellen Ablauf). Für diese elementaren Befehle ist kein so langes Befehlswort erforderlich, man verschenkt also Speicherraum im Programmspeicher oder man muß zwei verschiedene Befehlsformate einführen, ein langes Befehlswort für wirksame und ein kurzes Befehlswort für elementare Befehle. Es ist allerdings umstritten, ob diese Maßnahme merklich den Speicherbedarf senkt.

Ein weiterer Gesichtspunkt ist, daß komplexe Befehle und ein größeres Befehlsrepertoire, wie es bei wirksamen Befehlen notwendig ist, den Aufwand in der Ablaufsteuerung erhöhen.

Das Optimum liegt wahrscheinlich wieder im Kompromiß: Auf einige wirksame Befehle wird man nicht verzichten können, um die Ablaufzeiten der Programme und damit die Leistungsfähigkeit des Rechners zu verbessern. Diese Befehle müssen jedoch sorgfältig ausgewählt werden.

Die Ablaufsteuerung selbst, die jeden Befehl in seinen einzelnen Elementarschritten auszuführen hat, kann nach verschiedenen Prinzipien realisiert werden. Die Funktionen der einzelnen Befehle können „verdrahtet" sein, d. h. der Ablauf wird z. B. durch Zählketten realisiert, wie für das „Spezialsteuerwerk" besprochen (Abschn. 8.1). An die Stelle von individuellen Zählketten kann auch ein für viele Befehle gemeinsames Mehrphasen-Taktsystem treten. Eine andere Möglichkeit besteht darin, die Elementarschritte der einzelnen Befehle ihrerseits in einem kleinen, besonders schnellen Speicher aufzubewahren. Man spricht dann von einem „Mikroprogramm" zur Realisierung der Befehle.

8.2.2 Informationsaustausch mit Speichern

Zur Ergänzung des stark vereinfachten Bildes 8.4 wird in Bild 8.7 eine Möglichkeit des Informationsaustausches mit Speichern angedeutet. Es seien getrennte Speicher für Programme und Daten angenommen. Für jeden Speicher ist in der Verarbeitungseinheit ein Adreßregister vorhanden (P- bzw. I-Adreßregister), in dem die Adresse der auszulesenden Speicherzelle in voller Breite aufgehoben wird. Die Adressen werden direkt oder über bestimmte Manipulationen — wie besprochen — generiert. Das geschieht in den symbolisch mit „Adreßrechnung" bezeichneten Baugruppen. Eine Besonderheit bildet das Adreßregister für den Programmspeicher: Für die in aufeinanderfolgenden Schritten aus dem Speicher auszulesenden Instruktionen genügt es, die im Register enthaltene Adresse jeweils um eins zu erhöhen („Befehlszähler"). Nur für Sprungbefehle muß eine neue Adresse eingeschrieben werden.

Die vom bzw. zum Speicher transportierten Befehle oder Daten werden in zugehörigen Registern aufgenommen, wie bereits besprochen.

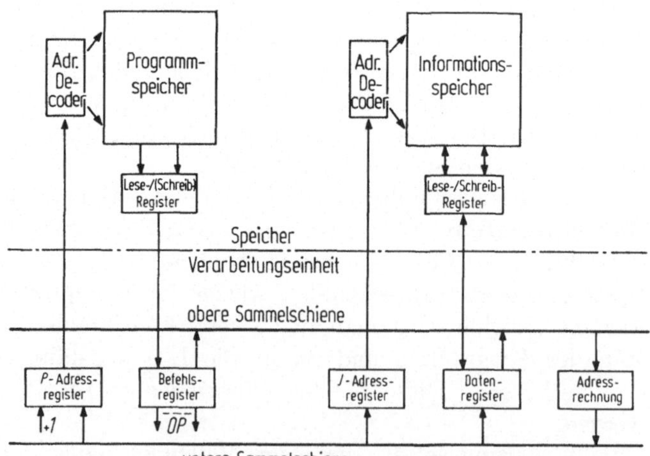

Bild 8.7 Informationsaustausch mit Speichern

Der Zugriff vom Befehlsregister zur oberen Sammelschiene erlaubt die Übergabe von Konstanten aus dem Programmspeicher an das Verarbeitungssystem.

Die Aufbewahrung von Programmen und veränderlichen Informationen in getrennten Speichern kann aus folgenden Gründen zweckmäßig sein:

— In der Vermittlungstechnik lassen sich Programme in Festwertspeichern aufheben, da sich die Programme selten ändern. Man hat also unterschiedliche Speichermedien, evtl. auch verschiedene Zykluszeiten und Speicherformate. Der Einsatz von Festwertspeichern ist insbesondere dann zweckmäßig, wenn das Speichermedium merklich billiger als das von variablen Speichern ist.

— Die Verarbeitungsgeschwindigkeit kann dadurch gesteigert werden, daß der folgende Befehl bereitgestellt wird, während der vorhergehende noch abgearbeitet werden muß.

Eine Vielzahl von Varianten zu Bild 8.7 sind denkbar. Einige Beispiele:

a) Keine Trennung von Programm- und Informationsspeicher. Dann müssen Befehlszählerstand und Operandenadressen wahlweise in ein gemeinsames Adreßregister geladen werden. Entsprechendes gilt für die Daten: Sie müssen entweder zum Befehlsregister oder in ein Register des Verarbeitungssystems geleitet werden.

b) Die Adreßrechnung erfolgt nicht in den Baugruppen der allgemeinen Datenverarbeitung, sondern in speziellen, angepaßten Baugruppen. Dadurch lassen sich die Vorgänge der Adreßrechnung beschleunigen.

8.2.3 Operationszeiten und Belastung

Die Zahl der Befehlsschritte, die für eine Verbindung nötig sind (Verbindungsaufbau, Überwachung der bestehenden Verbindung, Verbindungsabbau), richtet sich nach der Wirksamkeit der Befehle und nach der „Ausstattung" der Vermittlung. Je mehr Betriebsmöglichkeiten eine Vermittlung verwirklicht, desto größer ist die Zahl der Befehlsschritte. In Praxis liegt diese Zahl etwa zwischen 3000 und 10 000.

Wir wollen ein Beispiel betrachten: Bei einem Verkehrswert von 1 000 Erl und 40 Verbindungen pro Erlang wickelt eine Vermittlung z. B. 40 000 Externverbindungen in der Hauptverkehrsstunde ab. Mit dem oberen Wert von 10 000 für die mittlere Schrittzahl muß der zentrale Rechner also wenigstens $4 \cdot 10^8$ Befehle ausführen. Wie bereits in Abschn. 6.2 besprochen, darf die zentrale Steuerung aber nicht voll mit 1 Erl ausgelastet werden, weil sonst die Wartezeiten zu groß werden. Läßt man eine Belastung von 0,7 Erl zu, so stehen für die

Abwicklung der Programme nur $0,7 \cdot 3,6 \cdot 10^9 = 25 \cdot 10^8 \,\mu s$ in der Hauptverkehrsstunde zur Verfügung. Damit ergibt sich als erforderliche Zeit für die Ausführung eines Befehls ein Mittelwert von $6,2 \,\mu s$.

Diese Befehlszeiten sind mit heutigen Rechnern gut zu erreichen. Welche Maßnahmen aber können getroffen werden, wenn die Verkehrswerte noch wesentlich höher werden ?

a) Eine logisch triviale, technisch aber oft schwierige Maßnahme ist es, den Rechner schneller zu machen. Im übrigen sind schnelle Rechner teurer als langsame. Um für kleine Vermittlungen, in denen die Geschwindigkeit weniger wichtig ist, wohl aber die Kosten eine Rolle spielen, eine wirtschaftliche Lösung zu finden, kann man deshalb eine „Familie" von untereinander kompatiblen, verschieden schnellen Rechnern vorsehen.

b) Durch wirksamere Befehle wird die Zahl der auszuführenden Befehlsschritte gesenkt. Zwar erfordern wirksamere Befehle im Mittel längere Operationszeiten als elementare, doch ist im ganzen die Zeitbilanz günstiger.

c) Teile der Steuerungsfunktionen — insbesondere zeitraubende und einfache Routineoperationen der Ein- und Ausgabe — werden aus dem Rechner herausgelöst und geeigneten Spezialsteuerwerken zugewiesen (z. B. „aktive Peripherie", Abschn. 7.5.3).

d) Eine ähnliche Maßnahme sieht eine *Aufgabenteilung* (Abschn. 6.1.1) zwischen mehreren Rechnern vor. Jeder Rechner ist allerdings in der Lage, alle Aufgabenarten zu bearbeiten. Damit ergibt sich im Störungsfall anstelle des „Ersatzes" die Möglichkeit der „Aushilfe" (Abschn. 6.3.4).

e) Ähnlich verhält es sich mit der *Lastteilung* von Rechnern. Dabei bearbeitet jeder Rechner zwar alle Aufgaben, jedoch nur für einen Teil des anfallenden Verkehrs.

f) Die Prinzipien d) und e) lassen sich in „Mehrrechner"-Konzepten wahlweise und kombiniert verwenden. Dabei arbeitet eine Anzahl von Verarbeitungseinheiten mit einer Anzahl von Speichern in wechselnder Zuordnung zusammen.

Die unter d) bis f) angegebenen Prinzipien haben ihre organisatorischen Schwierigkeiten, da die Inhalte sich entsprechender Speicher stets gleichlaufen sollten. Für diese Organisationsaufgaben wird zusätzliche Verarbeitungskapazität der Rechner beansprucht.

8.2.4 Unterbrechungsstruktur

Wie in Abschn. 9.3.2 noch näher erläutert wird, kann es sich als notwendig erweisen, das im Rechner laufende Programm zu unterbrechen, wenn eine Reaktion hoher Dringlichkeit einsetzen muß. Beispiel: Wegen einer Störung im System wird alarmiert. Eine sofortige Reaktion ist notwendig, damit keine Falschverbindungen aufgebaut oder Speicherinhalte zerstört werden. „Sofort" heißt unmittelbar nach Ende des gerade ablaufenden Befehls.

Hierfür sind Hardware-Eingriffe (also spezielle Schaltungen) nötig. Wenn der Unterbrechungszustand eintritt, muß als erstes das laufende Programm gestoppt werden. Das kann z. B. dadurch geschehen, daß die Ablaufsteuerung nach der Ausführung jedes Befehls erst ein Unterbrechungsregister abfragt, bevor sie den Ablauf des nächsten Befehls beginnt. Stellt sie eine Unterbrechungsanforderung fest, startet sie einen speziellen Ablauf, der folgende Schritte umfaßt:
— Abspeichern des Befehlszählerstandes des laufenden Programms;
— Abspeichern der Registerinhalte des laufenden Programms (manchmal wird statt dessen auf einen anderen, der entsprechenden Unterbrechungsstufe zugeordneten Registersatz umgeschaltet);
— Laden des Befehlszählers mit der verabredeten Startadresse des unterbrechenden Programms.

Damit kann der Ablauf des höher priorisierten Programms beginnen, in dessen Verlauf die Unterbrechungsanforderung rückgestellt wird. Am Ende dieses Programms müssen der Befehlszähler wieder mit der Befehlsadresse und die Register mit den Daten des unterbrochenen Programms geladen werden, damit dieses weiterlaufen kann.

Meistens werden mehrere Prioritätsstufen vorgesehen, womit es möglich ist, unterbrechende Programme ihrerseits wieder durch höhere Prioritäten zu unterbrechen. Bei der Vergabe der Prioritäten oder durch besondere Unterbrechungsbedingungen (die Unterbrechung darf z. B. nicht nach jedem Befehl wirksam werden!) muß dafür gesorgt werden, daß keine störenden Programmüberlappungen auftreten. Beispiel: Die Wegesuche wird unterbrochen, bevor alle Wegeabschnitte „besetzt" geschrieben sind. Eine Wegesuche in höherer Priorität wählt bereits vergebene Wegeabschnitte aus, damit wird eine Doppelverbindung hergestellt.

8.2.5 Besonderheiten der Überwachung

Speicherorientierte Steuerungen reagieren, wie in Abschn. 6.3.5 bereits erwähnt, besonders empfindlich auf Fehler, da ein Gedächtnisverlust schwer rückgängig zu machen ist. Eine weitere Schwierigkeit liegt darin, daß Abläufe schlechter zu überwachen sind als Informationstransporte und -verarbeitungen. Gerade Rechner aber sind, wie in Abschn. 8.1 gesagt, außerordentlich ablaufintensiv.

Wenn man bei Fehlern nicht einen „Neustart des Systems" aus dem Zustand „Null" hinnehmen will, ist es zunächst also wichtig, einen weitgehenden Schutz gegen Gedächtnisverlust vorzusehen. Hierzu sind die Speicher zu duplizieren. Außerdem muß man die Speicher eigenüberwachen und mit Paritätbit oder höherwertigen Sicherheitscodes absichern, damit man eindeutig den „defekten" Speicher (d. h. den Speicher mit gestörtem Gedächtnis) lokalisieren kann.

Die Speicherüberwachung schützt freilich nicht gegen fehlerhafte Informationen, die schon vom Rechner falsch geliefert werden. Wesentlich ist also auch eine möglichst lückenlose Rechnerüberwachung.

Die zunächst einfachste und wirksamste Methode der Rechnerüberwachung ist der synchrone Parallellauf mit ständigem Vergleich der Ergebnisse, wobei jedem Rechner ein eigener Speicher zugeordnet wird. Bei näherer Betrachtung ergeben sich jedoch einige Schwierigkeiten:

— Es kann nicht immer sichergestellt werden, daß die Fehlermeldung frühzeitig genug erfolgt, um das Einschreiben einer falschen Information in einen der duplizierten Speicher zu verhindern.

— Auf Grund der Fehlermeldung muß der defekte Rechner lokalisiert werden. Dies kann nur durch Prüfprogramme geschehen. Wenn es sich um einen sporadischen Fehler handelte, wird das Prüfprogramm zu keinem Ergebnis führen. Das bedeutet aber auch, daß es in ungünstigen Fällen nicht möglich ist, denjenigen der duplizierten Speicher zu bestimmen, der etwa eine falsche Information erhielt. Diese Schwierigkeit ist durch eine Triplizierung der Rechner zu vermeiden, wobei durch Mehrheitsentscheidung auch eine Lokalisierung sporadischer Fehler möglich ist.

— Bei Ausfall eines Rechners versagt die ständige Überwachung. Auch dies trifft für triplizierte Rechner nicht zu. Natürlich bedeuten triplizierte Rechner eine beträchtliche Aufwandserhöhung.

Ideal wäre also eine lückenlose Eigenüberwachung der Rechner, die auch sporadische Fehler erkennt. Das ist allerdings ein schwer erreichbares Ziel. Verschiedentlich werden programmierte Überwachungsmethoden angegeben, deren Wirksamkeit gegenüber Informationsverfälschungen jedoch fraglich ist. Im ganzen ist Überwachung und Fehlerreaktion von Rechnern ein weites Gebiet, dessen Problematik — ergänzend zu Abschn. 6.3.5 — hier an einem Beispiel noch einmal aufgezeigt werden sollte.

8.3 Speicher

Über Speicher auf wenigen Seiten alles wesentliche sagen zu wollen, ist ein sinnloses Unterfangen. Hier muß für gründliche Information auf die einschlägige Literatur verwiesen werden. Eine gute Zusammenstellung über schnelle Speicher bringt z. B. [8.1]. Derartige Speicher sind für die Vermittlungstechnik bedeutungsvoll. Damit ist gleich ein Stichwort gefallen: Schnelligkeit. Es gibt viele Gesichtspunkte, nach denen sich Speicher klassifizieren lassen, die Schnelligkeit ist einer von diesen. Wir wollen zunächst die für die Vermittlungstechnik wichtigen Eigenschaften zusammenstellen, um dann auf wenige wichtige Speicherprinzipien einzugehen.

8.3.1 Speichereigenschaften in der Vermittlungstechnik

Allgemein läßt sich der Anspruch der Vermittlungstechnik etwa folgendermaßen formulieren: Der Speicher soll bei Zugriffszeiten im Bereich einer Mikrosekunde billig und zuverlässig sein. Das bedarf einiger Erläuterungen.

a) *Speicherkosten.* Natürlich ist es eine Binsenweisheit, daß Speicher möglichst billig sein sollen. Wenn man jedoch berücksichtigt, daß für jeden angeschlossenen Fernsprechteilnehmer z. B. etwa 100 Speicherbit (dupliziert also 200 bit!) *ohne* Programmanteil (etwa 10000 bis 100000 Befehle) erforderlich sind, wird diese Forderung noch einleuchtender.

b) *Speicherarten.* Im Zusammenhang mit den Speicherkosten ist die Auswahl des für die jeweilige Aufgabe wirtschaftlichsten Speichermediums wichtig. Es gibt Vermittlungssysteme, die billige Massenspeicher (z. B. Trommelspeicher) als „externe Speicher" (also nicht unmittelbar zugreifbar) für selten benötigte Informationen und Programme benutzen [z. B. 8.2]. Der Anschluß externer Speicher ist jedoch organisatorisch etwas schwieriger zu beherrschen, da die für die Vermittlungstechnik typischen Funktionsabläufe (Abschn. 9.2) mehr auf den raschen Zugriff zu großen Arbeitsspeichern (als Teil des Rechners) zugeschnitten sind. Andere Systeme verwenden Festwertspeicher (ROM = „Read Only Memory") [12.1, 13.1] für Programme und unveränderliche Daten, wenn das Speichermedium billiger als das eines veränderlichen Speichers ist. Vorteilhaft ist natürlich in diesem Fall, daß auch in Katastrophenfällen kein absoluter Gedächtnisverlust auftreten kann. Andererseits gibt es aber in der Vermittlungstechnik kaum Daten, die völlig unveränderlich sind (Teilnehmer können z. B. ihre Berechtigungen ändern). Deshalb muß auch für ROM eine einfache Änderungsprozedur möglich sein.

c) *Zugriffs- und Zykluszeiten.* Die derzeit üblichen Zugriffs- bzw. Zykluszeiten für Arbeitsspeicher einschließlich Programmspeicher liegen in der Größenordnung einer Mikrosekunde. Eine wesentliche Ausnahme bilden die ESS-Systeme [12.1, 13.1], die auf Grund der schon vor längerer Zeit „eingefrorenen" Technologie noch mit ihren Zeiten höher liegen. Grundsätzlich wird der Tendenz zu niederen Kosten

der Vorrang vor einer Tendenz zu niedrigeren Zykluszeiten zu geben
sein, da höhere Geschwindigkeiten in den kostenkritischen kleinen Vermittlungsstellen nicht mehr optimal ausgenutzt werden.

d) *Funktionssicherheit.* Die hohen Anforderungen der Vermittlungstechnik führen zu eigenüberwachten Speichern, in denen u. a. Informationstransport und Informationsspeicherung wenigstens durch
Paritätbit gesichert ist. Der Einsatz in einem weiten Temperatur-
bereich (Beispiel: Raumtemperatur von 0 bis 40 °C) wird meistens
verlangt. Besonders wichtig ist die Forderung nach hoher Zuverlässigkeit. Um hierfür einen Anhaltspunkt zu geben: Betrachtet man Rechner und Speicher als eine zusammengehörige „Ausfalleinheit", so muß
die in Abschn. 6.3.1 erwähnte Ausfallrate von $4,4 \cdot 10^{-4}$/h eingehalten
werden. Teilt man diese (zunächst etwas willkürlich) zu 25% auf den
Rechner und 75% auf den Speicher auf, so ist für den Speicher eine
Ausfallrate von $3,3 \cdot 10^{-4}$/h zu fordern. Das bedeutet bei einem Speicher-
volumen von etwa $2,5 \cdot 10^6$ bit für eine Vermittlungsstelle mit 10000
Fernsprechteilnehmern eine auf das Bit bezogen respektable Ausfallrate von $1,3 \cdot 10^{-10}$/h. Durch Aufteilung von Rechner und Speicher in
verschiedene „Ausfalleinheiten", die unabhängig voneinander zu einem
betriebsfähigen System zusammengeschaltet werden können, lassen
sich diese Anforderungen reduzieren (Abschn. 6.3.1).

8.3.2 Magnetkernspeicher

Bislang ist der Magnetkernspeicher noch das Speicherprinzip, das
generell und auch in der Vermittlungstechnik angesichts der erwähnten
Forderungen am häufigsten verwendet wird. Der Kernspeicher ist
seit seiner Erfindung im Jahr 1951 [8.3] zu hoher technischer Perfek-
tion und Vielseitigkeit entwickelt worden. Durch Verkleinern der
Kerne bis zu 0,3 mm Außendurchmesser, durch die damit verbundene
Volumenreduzierung des gesamten Speichers und durch geeignete An-
steuermethoden lassen sich Zykluszeiten merklich unterhalb $^1/_2$ µs er-

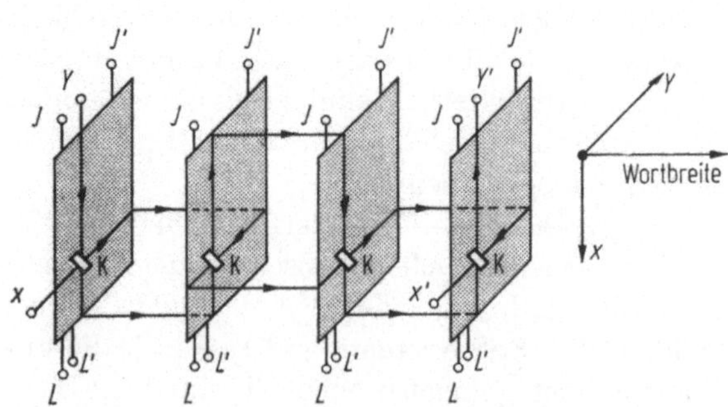

Bild 8.8   Ansteuerprinzip des **4-draht**, 3D-Kernspeichers

reichen. Besonders wirtschaftlich wird das Kernspeicherprinzip auch
für Großspeicher mit über 10 Millionen Bit verwendet.

Das klassische Verfahren der Kernansteuerung, das sich durch
den geringsten Ansteueraufwand auszeichnet, deutet Bild 8.8 an.
Durch jeden Kern werden vier Drähte gefädelt, von denen zwei im
Bild gezeigt sind. Die Kerne werden in Matrizen zu z. B. 64 · 64 oder
128 · 128 angeordnet, in denen jeder Kern durch eine X- und eine Y-
Koordinate bezeichnet wird. In Bild 8.8 sind vier derartige Matrizen
dargestellt. Um den remanenten Fluß eines Kerns vom Null- in den
Eins-Zustand zu verschieben, muß sich je ein Halbstrom X und Y
addieren, wie Bild 8.9 zeigt. Das sinngemäße gilt für die Überführung
des Kerns aus dem Remanenzzustand Eins in den Zustand Null. Die
Ansteuerdrähte entsprechender Kerne in den verschiedenen Matrizen
werden in Reihe geschaltet.

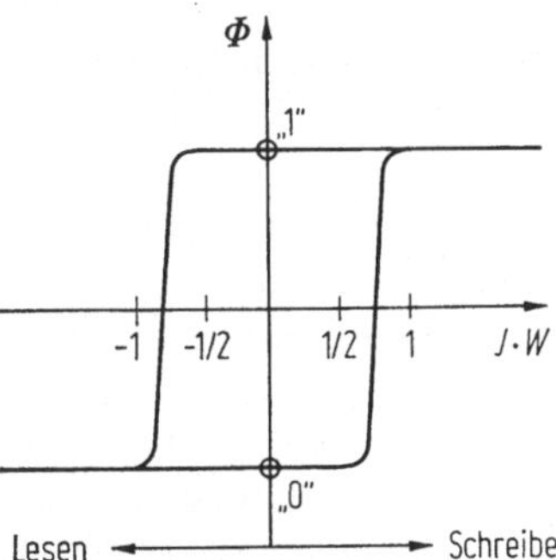

Bild 8.9 **Prinzip der „Halbstrom"-Koinzidenz**

Eine Speicherzelle besteht aus den gleichnamigen Kernen verschiedener Matrizen. Um sie zu lesen, wird je ein negativer Halbstrom durch
den ausgewählten X- und Y-Draht der Zelle (Adresse) geschickt, der
die etwa im Eins-Zustand befindlichen Kerne in den Null-Zustand
überführt. Beim Ummagnetisieren wird im sogenannten Lesedraht L
eine Spannung induziert. Der Lesedraht ist nach einem bestimmten
Schema durch sämtliche Kerne einer Matrize gefädelt. Die Matrizen, in
denen der durch X und Y bezeichnete Kern zuvor im Eins-Zustand
lag, werden also ein Ausgangssignal liefern. Dabei wird die Information
zerstört, da sich jetzt alle Kerne der Zelle im Null-Zustand befinden.

Anschließend muß die ausgelesene Information — ggf. verändert —
wieder in die betreffende Speicherzelle eingeschrieben werden. Auch
hierbei werden die Kerne der Zelle durch zwei — jetzt positive — Halbströme gekennzeichnet, die die Kerne von der Null- in die Eins-Rema-
nenz überführen. Um „Null"-Stellen in die Information einzubringen,
wird durch einen negativen Halbstrom in der betreffenden Matrize
dafür gesorgt, daß resultierend nur *ein* positiver Halbstrom im aus-

11*

gewählten Kern übrig bleibt. Hierzu wird durch jede Matrize ein „Inhibit"-Draht I (das ist also der vierte Draht in jedem Kern) gefädelt, der alle Kerne der Matrize erfaßt.

Da die X- und Y-Adressenschalter nur einmal für alle Matrizen gebraucht werden und pro Matrize nur ein Lese- und ein Inhibit-Verstärker erforderlich wird, ist der elektronische Ansteueraufwand eines solchen Vierdrahtspeichers relativ gering. Wegen der dreidimensionalen Anordnung der Kerne und Ansteuermittel spricht man von einem 3D-Prinzip.

Unangenehm und aufwendig ist beim Vierdrahtspeicher das Fädeln der Matrizen. Für das komplizierte Fädelmuster des Lesedrahtes ist eine Automatisierung bisher noch nicht gelungen. Schließlich bringen die Vielzahl der durch die Adressendrähte angesteuerten Kerne und die durch den Inhibitstrom verursachten Störungen und Toleranzen auch eine Begrenzung der möglichen Zykluszeiten oberhalb 1 µs. So geht man in letzter Zeit zu aufwendigeren Ansteuerprinzipien über, bei denen drei oder nur zwei Drähte durch jeden Kern gefädelt werden.

Wenn man in Bild 8.8 den Inhibit-Draht je Kern einsparen will, kann man z. B. *eigene* X-Adressenschalter für jede Matrize vorsehen. Das Lesen entspricht dem vorher beschriebenen Fall, beim Einschreiben schicken jedoch nur diejenigen X-Adressenschalter einen Halbstrom in ihre Matrix, deren adressiertes Speicherbit auf Eins gesetzt werden soll. Durch die Vervielfachung der X-Adressenschalter entsprechend der Matrizenzahl wird der Ansteueraufwand höher. Die Ansteuerung hat sich in einer Koordinate linearisiert ($2^{1}/_{2}$ D-Prinzip). Schließlich läßt sich auch der Lesedraht noch einsparen, wenn man die Lesespannung am X-Adressendraht abnimmt. Das läßt sich nur bei zeitlich gestaffeltem Schalten von X- und Y-Adressenstrom erreichen. Speicher dieser Art werden also langsamer, sind aber besonders gut für sehr große Speicherkapazitäten geeignet.

Bei linearer Wortauswahl (2D-Prinzip) erhält jede Speicherzelle im Prinzip ihren eigenen Adressenschalter, die Speicherorganisation ist zweidimensional (Bild 8.10). Das Lesen kann mit weit über dem Vollstrom liegenden Amplituden besonders schnell erfolgen, nur für

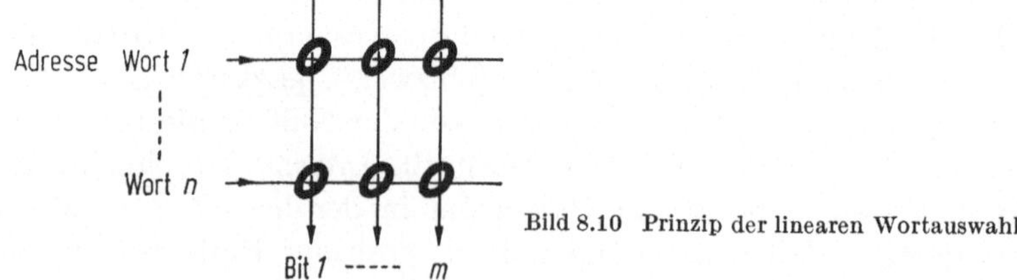

Bild 8.10 Prinzip der linearen Wortauswahl

das Einschreiben wird noch das Halbstrom-Koinzidenzprinzip benötigt. Auch diese Speicher lassen sich zweidrähtig aufbauen, verwenden jedoch häufig zwei Kerne pro Bit (die nur teilgeschaltet werden) für die Abgabe bipolarer Lesesignale, um den Störabstand zu erhöhen. Bei einer Kapazität von 32 kByte lassen sich mit solchen Speichern Zykluszeiten von etwa 200 ns erreichen, der Elektronikaufwand ist jedoch etwa dreimal so groß wie beim 3D-Vierdrahtspeicher.

8.3.3 Weitere Speicherprinzipien

Es gibt wohl kaum ein so interessantes und wichtiges Anwendungsgebiet physikalischer und chemischer Effekte wie das der Speicher. Leider haben bisher bei näherer Untersuchung immer wieder alle guten und neuen Ideen einige Mängel gezeigt, so daß die erwartete Funktionssicherheit oder Wirtschaftlichkeit nicht erreicht werden konnte. Im Bereich der Schnellspeicher versprechen derzeit Magnetschichtdraht- und Halbleiterspeicher mehr oder weniger vorteilhafte Eigenschaften.

Beim Magnetschichtdrahtspeicher werden Drähte verwendet, auf denen eine etwa $^1/_2$ bis 1 µm dicke Magnetschicht galvanisch abgeschieden ist. Diese mit einer magnetischen Anisotropie versehene dünne Schicht wirkt als Speichermedium, der Trägerdraht selbst als Leseleitung. Die lineare Wortansteuerung erfolgt durch senkrecht zu den Magnetschichtdrähten über und unter diesen verlegte Drahtschleifen. Magnetschichtdrahtspeicher sind sehr schnell (schneller als 500 ns) bei Kapazitäten bis 10^6 bit.

Von noch größerem Interesse sind die Halbleiterspeicher, die durch die Möglichkeiten der Großintegration („large scale integration", LSI) wirtschaftlich interessant werden. Sie können als — bislang noch völlig starre — Festwertspeicher und als variable Speicher verwendet werden. Im letzteren Fall wird jedes Speicherbit durch eine Kippschaltung gebildet, das einen Flächenbedarf von etwa 0,01 bis 0,02 mm² auf einem Halbleiterchip hat. Damit werden auch gleich gewisse Nachteile klar: Informationsverlust bei Ausfall der Versorgungsspannung und ein ständiger Leistungsverbrauch, den man jedoch bereits auf etwa 0,1 mW/bit bis 1 mW/bit senken konnte. Halbleiterspeicher lassen sich in bipolarer Technik (höhere Leistung, höhere Geschwindigkeit, größerer Platzbedarf, höhere Kosten) und als feldgesteuerte Halbleiter (MOS-Technik, kleinere Leistung, mit etwa 1 µs Zykluszeit geringere Geschwindigkeit, kleinerer Platzbedarf und geringere Kosten) ausführen. Eine gewisse Schwierigkeit dürfte noch das Erreichen der erforderlichen Zuverlässigkeit bereiten, was bei Kernspeichern weniger problematisch ist.

8.4 Leitungssysteme

In Abschn. 6.1.4 wurde bereits auf die Bedeutung der „Schnittstellen"
hingewiesen. Sie enthalten als wesentliche Komponenten die „Leitungssysteme", die verschiedene Geräte oder Gerätegruppen über mehr oder
weniger große Entfernungen verbinden. Die Anforderungen an Leitungssysteme und die sich daraus ergebende technische Ausführung
bestimmen nicht unwesentlich die Systemkonzeption. Derartige Anforderungen an Leitungssysteme werden gestellt durch:

a) Die zu überbrückende Entfernung. Gestellinterne Verdrahtungen
sind zwar nicht problemlos, bieten aber in Hinblick auf Spannungsabfall, Erdpotentialdifferenzen und Laufzeiten den Vorteil relativ
geringer Leitungslängen. In den ausgedehnten Anlagen der Vermittlungstechnik müssen jedoch häufig Entfernungen von einigen 10 oder
gar 100 m zwischen den Geräten berücksichtigt werden. Dann spielen
die erwähnten Einflüsse eine wesentliche Rolle bei der Auslegung von
Leitungssystemen, die dadurch natürlich aufwendiger werden.

b) Die Übertragungsgeschwindigkeit. Begnügt man sich mit Über-
tragungszeiten von einigen 10 oder 100 µs, so spielen Reflexionen noch
keine wesentliche Rolle. Die Umladung von Kabelkapazitäten muß
jedoch durch niederohmige Sendeschalter fallweise bereits beschleunigt
werden. Bei Bit-Folgefrequenzen in der Größenordnung einiger 100 kHz
sind jedoch sorgfältige Anpassungen an die Leitungseigenschaften bereits unumgänglich notwendig.

c) Die Störeinflüsse. Solange in Vermittlungsstellen noch Relais oder
andere Induktivitäten geschaltet werden (z. B. auch Leuchtstoff-
röhren!), muß mit hohen Spannungsspitzen gerechnet werden, die in
Leitungssysteme einkoppeln können (kapazitive Einkopplung). Aber
auch magnetische Einstreuungen, z. B. durch die u. U. recht hohen
Schaltströme für Kreuzpunktkoppler, müssen beachtet werden. Je
höher die Übertragungsgeschwindigkeit wird, desto empfindlicher
stören diese Einflüsse. Geschirmte Kabel oder symmetrische Übertragungssysteme helfen hier weiter.

d) Die Zahl der angeschlossenen Geräte. Verhältnismäßig geringe
Schwierigkeiten bereitet ein Leitungssystem allein zwischen zwei Geräten. Wenn man jedoch mehrere Geräte an ein Leitungssystem anschließen will, müssen z. T. aufwendige Entkopplungsmaßnahmen vorgenommen werden. Bei hohen Übertragungsgeschwindigkeiten sollten Änderungen des Wellenwiderstandes an den Anschlußpunkten
weitgehend vermieden werden. Das führt zu besonders rückwirkungs-
freien Empfängern und leistungsfähigen Sendern.

Im einfachsten Fall besteht also ein Leitungssystem aus einer
Anzahl von Drähten zwischen sendenden und empfangenden Gattern.
Über größere Entfernungen (je nach Steilheit der zu übertragenden

Flanken kann eine „große Entfernung" schon bei wenigen Zenti-
metern beginnen!) wird man zu verdrillten Aderpaaren übergehen, um
Hin- und Rückstrom möglichst eng beieinander und damit induktivi-
tätsarm zu führen. Überschreiten die Störspannungen die Störschwel-
len der empfangenden Gatter, kann man mit Hilfe von Differenzempfängern eine Anhebung des zulässigen Störnebels erreichen
(Bild 8.11), da beide Adern des eng verdrillten, symmetrischen Lei-
tungspaares gleich beeinflußt werden. Die „Gleichtaktunterdrückung"
der Differenzempfänger wird jedoch bei hohen Störamplituden unwirksam, außerdem machen sich Erdpotentialdifferenzen bei Gleichstromkopplung unliebsam bemerkbar. Bei höchsten Anforderungen
wird man also zu wechselstromgekoppelten Leitungssystemen übergehen, wie eines z. B. in den Bildern 12.21/22 gezeigt ist.

Je aufwendiger ein Leitungssystem durch diese Maßnahmen wird,
desto mehr wird man bestrebt sein, die Zahl der Leitungen, d. h.
die parallel übertragene Informationsbreite, zu verringern, also zu
serieller Übertragung überzugehen. Außerdem kann man an ein auf-
wendiges Leitungssystem nicht mehr Einzelgeräte geringen Umfangs
(etwa einzelne Verbindungssätze) anschließen, weil deren Wirtschaftlichkeit dadurch in Frage gestellt ist.

Abschließend sei das in Bild 8.11 gezeigte Beispiel eines Leitungssystems besprochen. Es handelt sich um ein System für größere Ent-

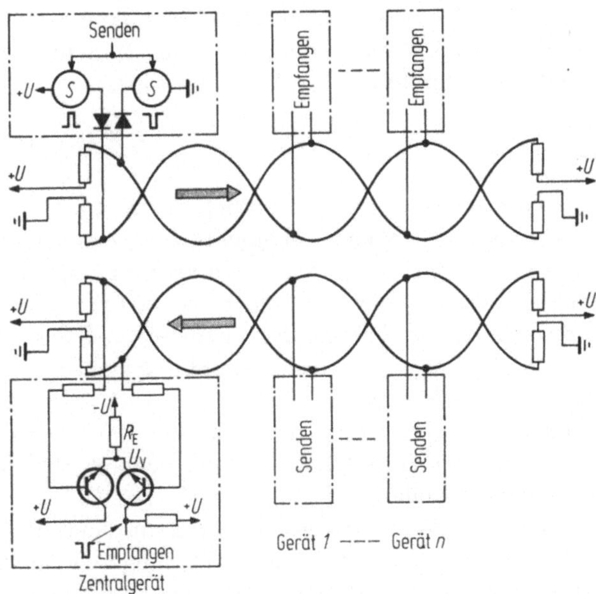

Bild 8.11 Gleichstromgekoppeltes, symmetrisches Leitungssystem

fernungen mit entsprechenden Störeinflüssen, so daß bereits eine symmetrische Übertragung mit Differenzempfängern notwendig wird, andererseits aber noch Gleichstromkopplung möglich ist. Das Bild gibt die für die Übertragung *eines* Bits erforderlichen Einrichtungen wieder; je nach Informationsbreite muß man sich diese also vervielfacht denken. Sender und Empfänger im zentralen Gerät und in den angeschlossenen dezentralen Geräten sind gleich, deshalb also nur einmal für das zentrale Gerät dargestellt. Die Leitungen sind beidseitig mit ihrem Wellenwiderstand abgeschlossen, um Reflexionen zu vermeiden. Durch einen hier nicht dargestellten Auswahlvorgang wird jeweils nur *ein* dezentrales Gerät in die Lage versetzt, ein Bit zum zentralen Gerät zu senden oder ein vom zentralen Gerät gesendetes Bit auszuwerten. Ein Sender legt gleichzeitig und symmetrisch Gegenpotentiale an das Adernpaar.

Die Wirkungsweise des Differenzempfängers ist wie folgt: Der linke Transistor des Empfängers ist im Ruhezustand leitend, so daß sich am gemeinsamen Emitterwiderstand R_E ein gewisser Spannungsabfall U_V einstellt. Diese Vorspannung hält den rechten Transistor gesperrt. Eine positive oder negative Störspannung läßt U_V über den linken Transistor in derselben Tendenz bei entsprechender Schaltungsdimensionierung mitwandern, so daß der rechte Transistor, an dessen Basis die Störspannung in eben dieser Weise auftritt, gesperrt bleibt. Im Arbeitszustand kehren sich die Verhältnisse um. Es ist leicht einzusehen, daß dieser Differenzverstärker spätestens dann seine Wirkung verliert, wenn die Störspannungen die Versorgungsspannungen des Verstärkers absolut überschreiten.

8.5 Bedienelemente

Wie bei Datenverarbeitungsanlagen üblich, sind auch in rechnergesteuerten Vermittlungsanlagen Möglichkeiten zu schaffen, dem Bedienungspersonal Eingriffe in Daten- und Programmspeicher zu gewähren. Hierzu steht das bekannte Repertoire von Ein- und Ausgabegeräten wie etwa Fernschreiber, Lochstreifenleser und Schnelldrucker zur Verfügung, wobei man den Gesichtspunkt der Wirtschaftlichkeit wesentlich beachten muß.

Im Gegensatz zu den meisten kommerziellen Datenverarbeitungsanlagen spielen in der Vermittlungstechnik jedoch zwei Gesichtspunkte eine erhebliche Rolle:

a) *Fernbedienung.* Zur Wartungsvereinfachung muß man fordern, daß Speicherinhalte von fern — z. B. aus einem Wartungszentrum heraus — geändert werden können. Damit werden Datenanschlüsse am Rechner notwendig.

b) *Koordinierung des Zugriffs.* Bei den Verwaltungen gibt es *verschiedene* Dienststellen, die Eingriffsmöglichkeiten in die Speicher — häufig noch in dieselben Speicherzellen — verlangen: Aus den teilnehmerindividuellen Speicherworten werden vom Gebühren-Rechenzentrum Zählerstände abgefordert, in diese Speicherzellen hinein muß die Anmeldestelle Berechtigungsänderungen eintragen, schließlich können auch Wartungseingriffe nötig werden. Alles dies muß abgestimmt werden, damit keine verwaltungstechnischen Überlappungen und Unverträglichkeiten entstehen. Es liegt nahe, zur Koordinierung dieser Aufgaben wiederum einen Rechner zu verwenden, der in einem für einen Verwaltungsbezirk zentralen Bedienungs- und Wartungszentrum stationiert wird [2.10]. Auf die damit verbundenen Probleme soll an dieser Stelle jedoch nicht weiter eingegangen werden.

Im Endeffekt ergibt sich hiermit also eine weitere Zentralisierungsstufe für den Betrieb von Vermittlungsstellen, die jedoch als „nicht lebensnotwendig" evtl. nicht gedoppelt werden muß. Es handelt sich dabei im wesentlichen um eine universelle Datenverarbeitungsanlage, in der auch die für Wartungsmaßnahmen notwendigen Programme (etwa „Diagnoseprogramme") in billigen Massenspeichern aufgehoben werden können, um im Bedarfsfall an die betroffene Vermittlungsstelle überspielt zu werden.

9. Programmierung von Vermittlungssystemen

9.1 Zusammenspiel von Rechner und Programm

Zweck der Ausführungen über Programmsteuerwerk und Programm soll es sein, diese Steuerungsart denen näher zu bringen, die noch keine weitgehenden Kenntnisse in der Datenverarbeitung haben. So scheint es zweckmäßig zu sein, nach der Erklärung des Rechners an einem einfachen Beispiel seine Funktionsweise im Zusammenspiel mit dem Programm zu erläutern. Dabei sind gewisse Vereinfachungen vorgenommen worden, die aber die Gültigkeit des Prinzips nicht berühren.

In unserer Modellbetrachtung schauen wir uns zunächst die Hardware der Rechenmaschine an, um die sich ein Programmierer normalerweise nicht kümmert (Bild 9.1). Entsprechend Bild 8.4 finden wir mit Register 1 die Datenversorgung, mit Register 2 einen Vertreter des Registerwerks. Die Schiebebaugruppe ist in die Datenrangierung einzuordnen, während die übrigen Baugruppen der Datenverarbeitung angehören. Das ist ein ziemlich unvollkommener Rechner, in dem nur die Baugruppen enthalten sind, die für das kleine Programmodell gebraucht werden. Um das Verständnis zu erleichtern, ist der Rechner zudem recht komfortabel ausgeführt. Die zu verknüpfenden Informationen werden den Verarbeitungsbaugruppen nämlich parallel und

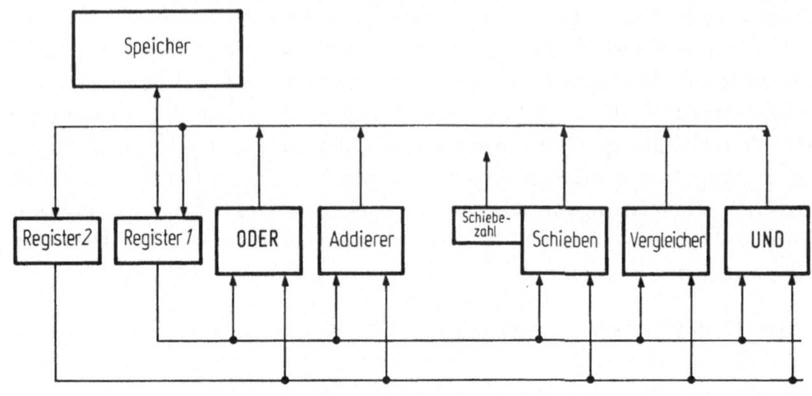

Bild 9.1   Modell des Rechners

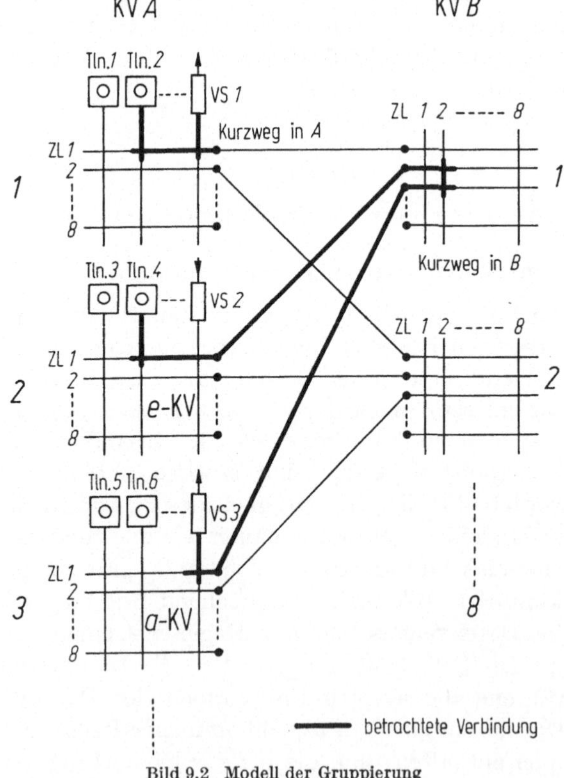

Bild 9.2   Modell der Gruppierung

gleichzeitig über zwei untere Sammelschienen zugeführt, meistens geschieht dies in Praxis seriell über *ein* Leitungssystem.

Der Programmierer beschäftigt sich zuerst mit den Kennzeichen der Aufgabe (Bild 9.2), die gelöst werden soll (Problemanalyse). Im vorliegenden Fall handelt es sich um eine zweistufig gefaltete Gruppierung (Abschn. 3.2.2), durch die ein Weg gesucht werden soll. Die Belegungszustände der Zwischenleitungen sind im Speicher abgelegt. Der Weg führt von einem Eingangs-Koppelvielfach A (e-KV) über ein Koppelvielfach B zum Ausgangs-Koppelvielfach A (a-KV). Beispiel: Teilnehmer *4* ist mit Verbindungssatz VS *3* zu verbinden (dick ausgezogen). Durch die Regelmäßigkeit der Gruppierung ergibt sich, daß im e-KV und a-KV jeweils dieselbe Zwischenleitungsnummer für eine Verbindung verwendet wird. Die Suche eines Weges über die B-Stufe geschieht nach dem „Bündelverfahren" seriell (Abschn. 3.3.6), d. h. es werden zunächst alle ersten Zwischenleitungen der KVB auf ihren Belegungszustand hin betrachtet; wenn kein freier Weg mehr vorhanden war, folgen die zweiten Zwischenleitungen aller KVB usw. Mit diesen Voraussetzungen kann der Programmierer ein Flußdiagramm über den Programmablauf entsprechend Bild 9.3 aufstellen. Hierzu noch einige Bemerkungen:

— Wenn überhaupt keine freie Zwischenleitung mehr im e-KV vorhanden ist, kann die Wegesuche sofort mit „Besetztgabe" abgebrochen werden.

— Wenn Eingang und Ausgang im selben KVA liegen, wird ein „Kurzweg in Koppelstufe A" aufgebaut. Beispiel in Bild 9.2: Verbindung Teilnehmer 2 mit Verbindungssatz VS *1*.

— Ist in e- und a-KV noch eine korrespondierende, freie Zwischenleitung gefunden worden, kann mit der Bündelsuche begonnen werden. Ist dies nicht der Fall, wird im Beispiel „Besetzt" gegeben. (In Praxis wird im abgehenden Verkehr der Versuch mit einem anderen Verbindungssatz wiederholt.)

— Die Bündelsuche wird bis zum Finden einer Wegemöglichkeit oder bis zur „Besetzt"-Gabe fortgesetzt. (In Praxis werden die hier seriell ablaufenden Vorgänge durch „Spreizen der KVA-Belegungszustände" häufig parallel ausgeführt, wie in Abschn. 3.3.6 erwähnt.)

Um den im Flußdiagramm festgelegten Ablauf in einem Programm realisieren zu können, muß der Programmierer zunächst die Belegung des Speichers mit den benötigten Informationen festlegen (Bild 9.4). Von einer Basis- oder Grundadresse GA *1* ausgehend werden die Verbindungszustände der KVA-Zwischenleitungen Zeile für Zeile eingetragen, wobei die Nummer der Zeile der des jeweiligen KVA entspricht (L entspricht „frei"). Entsprechend werden von einer Grund-

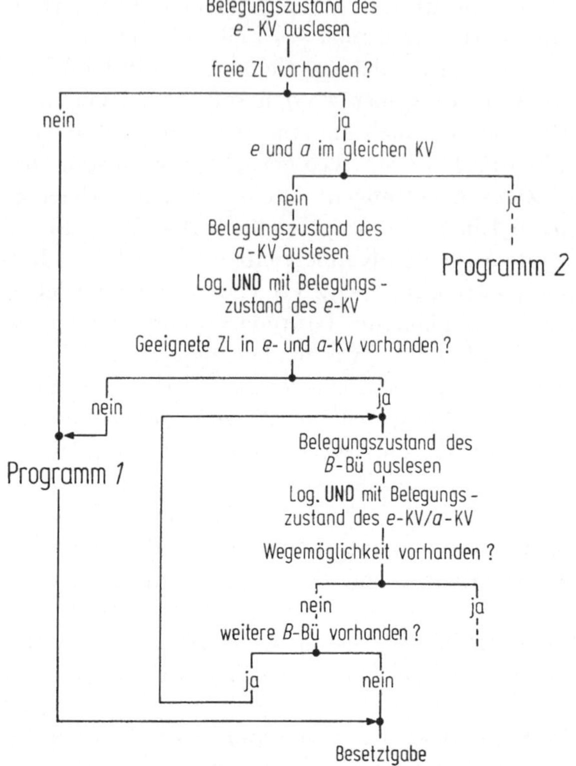

Bild 9.3 Flußdiagramm der Wegesuche

adresse GA *2* beginnend die Bündel-Belegungszustände aufeinander-folgend notiert. GA *1* und GA *2* werden unter den festen Adressen x und y im Speicher abgelegt. Weitere Speicherplätze sind unter den Adressen e, a, n, m, k für die Ablage von Zwischenergebnissen bestimmt. Statt der Ablage im Speicher ist auch eine Aufbewahrung in Hardware-Registern möglich, wodurch sich die Abläufe beschleunigen.

Nun kann das Programmieren an Hand einer vorgegebenen Be-fehlsliste (Bild 9.5) beginnen. Bild 9.6 zeigt das Programm. Es beginnt damit, daß die Grundadresse GA *1* aus dem Speicher geholt und in das Register *2* eingetragen wird (Befehl *1*). Die Ablaufsteuerung des Rech-ners muß hierfür

— die Adresse x zum Speicher übertragen,

— als Ergebnis des Lesevorgangs die Information GA *1* in das Daten-register *1* übernehmen (Bild 9.1),

— die Information über die Baugruppe ODER auf die obere Sammel-schiene übertragen, wobei die zweiten Eingänge der Baugruppe auf Null stehen,

— die Information von der oberen Sammelschiene in das Register *2* übernehmen.

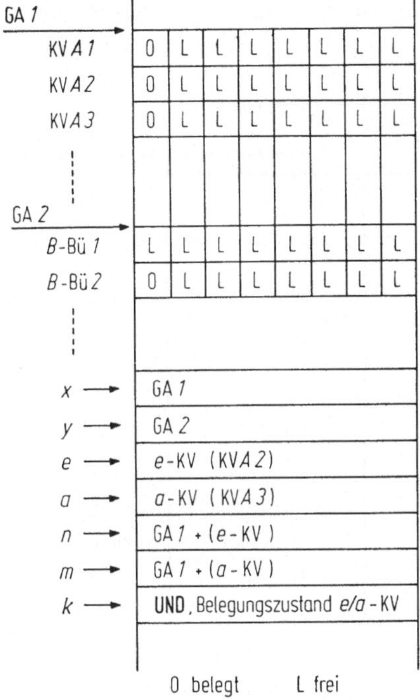

Bild 9.4 Speicherbelegung

Befehl	Bedeutung
LD , z , 2	Lade den Inhalt der Speicherzelle z in das Register *2*
SP , z , 2	Speichere den Inhalt des Registers *2* in der Speicherzelle z ab
ADD, z , 2	Addiere den Inhalt der Speicherzelle z zum Inhalt des Registers *2*
SE , − , 2	Verschiebe den Inhalt des Registers *2* und suche erste Eins
SPR, Progr. p, BED	Springe, wenn die Sprungbedingung BED erfüllt ist, in das Programm p
VGL, z , 2	Vergleiche den Inhalt der Speicherzelle z mit dem Inhalt des Registers *2*
UND, z , 2	Bilde das logische **UND** aus dem Inhalt der Speicherzelle z und dem Inhalt des Registers *2*

Bild 9.5 Befehlsliste des Rechnermodells

Diese Ablaufschritte erfolgen ohne Zutun des Programmierers auf Grund des Befehls. Sinngemäß werden die folgenden Befehle in einer Vielzahl von Einzelschritten ausgeführt, wobei die Ablaufvarianten durch die unterschiedlichen Operationscodes und Zusatzangaben veranlaßt werden.

Befehl (lfd. Nr.)	Operations-code	Speicheradresse bzw. sonstige Angaben	Register bzw. Sprungbedingung	Inhalt Register 2
1	LD	x	2	GA 1
2	ADD	e	2	GA 1 + (e-KV)
3	SP	n	2	GA 1 + (e-KV)
4	LD	mit in n angegebener Adresse	2	Belegungszustand e-KV
5	SE	——	2	Belegungszustand e-KV
6	SPR	Programm 1	keine Eins	Belegungszustand e-KV
7	LD	e	2	e-KV
8	VGL	a	2	e-KV
9	SPR	Programm 2	e-KV = a-KV	e-KV
10	LD	x	2	GA 1
11	ADD	a	2	GA 1 + (a-KV)
12	SP	m	2	GA 1 + (a-KV)
13	LD	mit in n angegebener Adresse	2	Belegungszustand e-KV
14	UND	mit in m angegebener Adresse	2	Belegungszustand e-KV **und** a-KV
15	SP	k	2	Belegungszustand e-KV **und** a-KV
16	SE	——	2	Belegungszustand e-KV **und** a-KV
17	SPR	Programm 1	keine Eins	Belegungszustand e-KV **und** a-KV

Bild 9.6   Ausschnitt aus dem Wegesuchprogramm (Modell)

Im zweiten Befehl wird der Inhalt der Speicherzelle e, in die während eines vorangegangenen Programms die KVA-Nummer des Teilnehmers eingetragen worden war, zum Inhalt des Registers 2 addiert. Damit ist die Adresse der Belegungszustände der e-KV-Zwischenleitungen berechnet, sie wird unter Adresse n zunächst im Speicher abgelegt, um das Register 2 für andere Operationen freizumachen.

Im folgenden Befehl 4 wird mittels der in n angegebenen Adresse der Belegungszustand der e-KV-Zwischenleitungen in das Register 2 übertragen. Von dort wird mit Befehl *5* die Schiebebaugruppe geladen und durch Verschieben die erste Eins gesucht. Wird keine Eins gefunden, so erfolgt mit Befehl *6* der Sprung in den mit 1 bezeichneten Programmzweig zur Besetztzeichengabe. Bei Erfolg der Suche wird dagegen das Programm mit Befehl *7* fortgesetzt. So schließen sich die weiteren Befehle an, auf deren detaillierte Beschreibung wohl verzichtet werden kann.

9.2 Kennzeichen des Vermittlungsprozesses

Die Programme statten den Rechner mit der Fähigkeit aus, einen bestimmten Prozeß — in unserem Fall den Vermittlungsprozeß — zu steuern. Dabei haben die Kennzeichen des Prozesses starke Rückwirkungen auf die Programmorganisation. Diese Kennzeichen und deren Auswirkungen wollen wir zunächst betrachten.

a) Der Vermittlungsprozeß läuft in vielen Teilprozessen ab, deren zeitlicher Abstand willkürlich — d. h. vom Teilnehmer abhängig — festgelegt wird. Die Ergebnisse jedes Teilprozesses müssen teilweise an die Peripherie ausgegeben, teilweise aber im Speicher intern aufbewahrt werden, um mit den neu aus der Peripherie hinzukommenden Daten den nächsten Teilprozeß abwickeln zu können.

Bild 9.7 dient der näheren Erläuterung. Im *durchlaufenden* Prozeß werden anfangs alle für die Abwicklung notwendigen Daten aus der Peripherie und dem internen Speicher bereitgestellt. Anschließend läuft das Programm ohne Unterbrechung ab und erarbeitet die Ergebnisdaten, die an die Peripherie und den internen Speicher abgegeben werden. Dabei ist nicht ausgeschlossen, daß gewisse für den Prozeß notwendige Daten erst während des Programmablaufs — meist aus dem Speicher — abgerufen oder in den Speicher eingeschrieben werden (gestrichelt gezeichnet). Der Prozeß erfährt dadurch jedoch keine Unterbrechung.

Im *zusammengesetzten* Ablauf sind dagegen zur Fortsetzung des Prozesses neue Daten erforderlich, die von äußeren Informationsquellen zu willkürlichen Zeitpunkten beigesteuert werden. Es ist also notwendig, den Prozeß bis zum Eintreffen dieser neuen Daten zu unterbrechen. Die in dem Teilprozeß erarbeiteten Teildaten können manchmal bereits an die Peripherie ausgegeben werden. Andere dieser Daten dienen der Korrektur des internen Speicherinhalts. Wesentlich aber ist, daß ein Teil der erarbeiteten Daten als Eingangsinformation für die Fortsetzung des Prozesses gebraucht wird. Diese Daten werden in Pufferspeichern (im Speicher) aufgehoben, die dem jeweiligen Prozeß häufig nur für die Dauer seines Ablaufs zugeordnet werden.

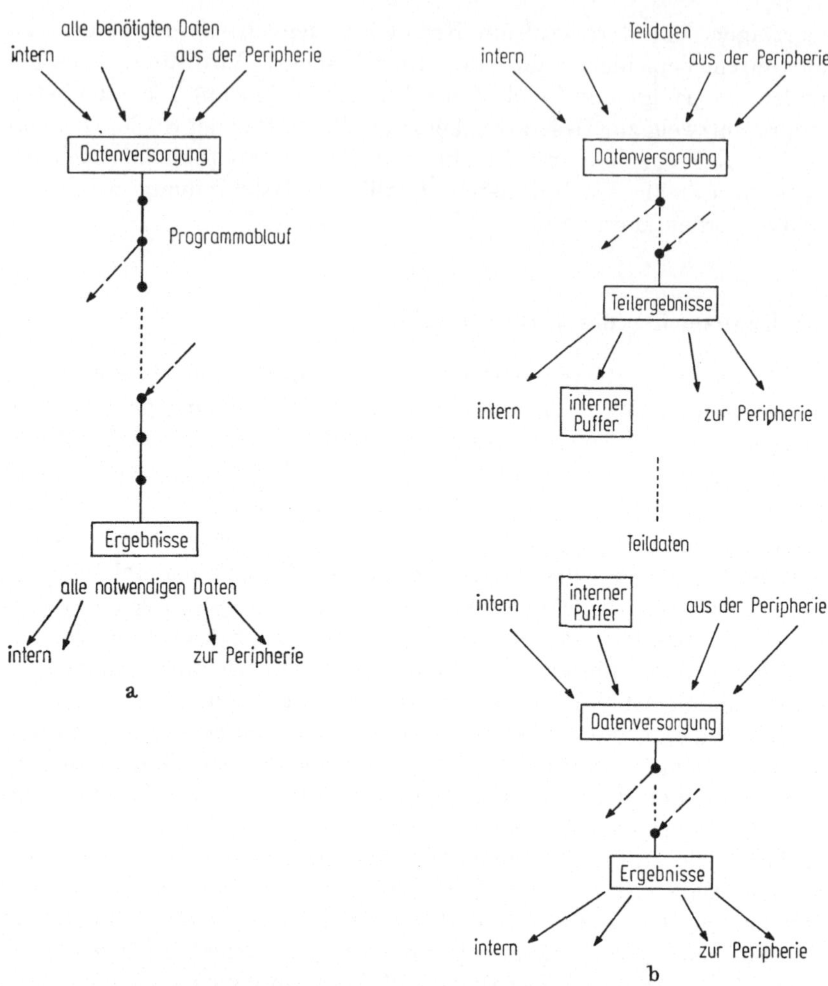

Bild 9.7 Durchlaufender und zusammengesetzter Prozeß
a) Durchlaufender Prozeß; b) Zusammensetzen aus Teilprozessen

Diese zusammengesetzten Abläufe sind typisch für die Vermittlungstechnik. Die Fortsetzung des Prozesses ist z. B. von der Wahl der nächsten Ziffern der Rufnummer abhängig.

b) In der Vermittlungstechnik muß eine große Zahl von Verbindungen praktisch gleichzeitig hergestellt oder ausgelöst werden. Das bedeutet, daß viele der erwähnten Teilprozesse, die zu verschiedenen Verbindungen gehören, zeitlich ineinandergeschachtelt werden. Diese Arbeitsweise läßt sich durch zwei Begriffe charakterisieren:

— Multiprogramming. Die Aufträge verschiedener Benutzer werden gleichzeitig bearbeitet.

— Simultanverarbeitung. Die verschiedenen Ein- und Ausgabegeräte arbeiten simultan für verschiedene Benutzer.

c) Real-Time-Betrieb. Die Aufträge an den Rechner müssen sofort bearbeitet werden und dürfen gewisse Reaktionszeiten nicht überschreiten (Abschn. 6.2.3).

Hieraus ergeben sich recht komplizierte Konsequenzen hinsichtlich der Programmorganisation (Abschn. 9.3.2), die von der Aufgabenverteilung im Vermittlungssystem abhängen.

d) Spezifische Eigenschaften des Vermittlungsprozesses, die in der Befehlsliste ihren Ausdruck finden, sind u. a.:

— es fehlen arithmetische Operationen höherer Ordnung;

— die Abläufe sind durch viele Entscheidungen (bedingte Sprünge) gekennzeichnet;

— Zuordnungen (d. h. Tabellen über spezifische Eigenschaften von z. B. „Teilnehmern" oder „Leitungen") sind in großem Umfang vorhanden;

— wesentlich ist die Überwachung des Prozesses, um Fehler rasch erkennen zu können.

9.3 Programmstruktur

Die Tatsache, daß Programme vieler Benutzer im „Real-Time-Betrieb" ineinandergeschachtelt werden müssen, bedingt gewisse Ordnungsfunktionen und Hierarchien. Man kann eine organisatorische und eine zeitliche Strukturierung unterscheiden.

9.3.1 Organisatorische Strukturierung

a) *Der Befehl*. Er ist die kleinste, dem Programmierer zugängliche Programmeinheit. Er ist gewissermaßen das Instrument, das die immateriellen Gedankengänge des Programmierers an die Schaltkreise des Rechners — an die Hardware — übermittelt. Wie bereits erwähnt, ist die Zusammenstellung einer optimalen Liste möglicher Rechnerbefehle ein schwieriges Problem, bei dem gegenläufige Einflüsse abgewogen werden müssen.

b) *Der Makrobefehl*. Häufig auftretende Befehlsfolgen können zu einem solchen zusammengefaßt werden. Makrobefehle werden im allgemeinen nur innerhalb der „Assemblersprache" definiert, um dem Programmierer die Arbeit zu erleichtern. Speziell für Real-Time-Prozesse kann die Übernahme des Makrobefehls in das Befehlsrepertoir (also in die Ablaufsteuerung) des Rechners jedoch günstig sein, um den Programmablauf zu beschleunigen und die Leistungsfähigkeit des Rechners zu erhöhen.

c) *Das Unterprogramm.* Auch Unterprogramme fassen häufig vorkommende Befehlsfolgen zusammen. Im Gegensatz zum Makrobefehl, der bei jedem Vorkommen wieder programmiert wird und damit auch jedesmal wieder Platz im Programmspeicher beansprucht, werden Unterprogramme nur einmal im Speicher abgelegt. Dadurch kann in sehr wirksamer Weise Programmspeicherplatz gespart werden, wenn die Unterprogramme nicht zu kurz sind. Der Aufruf des Unterprogramms erfordert einen (unbedingten) Sprungbefehl im Hauptprogramm (Bild 9.8), bei dem außerdem dafür zu sorgen ist, daß nach Ablauf des Unterprogramms das Hauptprogramm fortgesetzt werden kann. Hierzu wird die ,,Rücksprungadresse" (das ist die Adresse des letzten oder des auf den Absprung folgenden Befehls im Hauptprogramm) z. B. in einem Register abgespeichert.

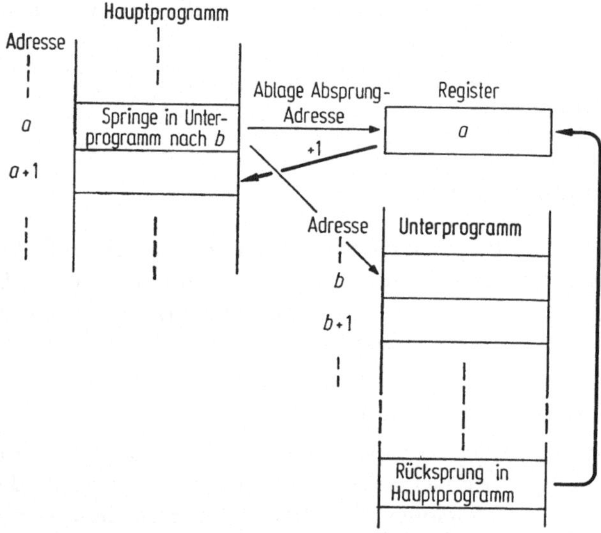

Bild 9.8 Beispiel für Unterprogrammtechnik

Unterprogramme können bisweilen ihrerseits mehrfach ineinandergeschachtelt werden. Es gibt also Unterprogramme von Unterprogrammen usw. Ein typisches Unterprogramm der Vermittlungstechnik ist die ,,Wegesuche", das bei den unterschiedlichsten Funktionsabläufen aufgerufen wird.

d) *Das Hauptprogramm.* Hauptprogramme übernehmen die spezifischen Funktionen des Prozesses, in unserem Fall also der Vermittlung, der Wartung, der Prüfung usw.

Hauptprogramme müssen übersichtlich gegliedert und unterteilt werden, damit sie verständlich bleiben und damit eine Arbeitsaufteilung auf verschiedene Programmierer bei der Entwicklung möglich ist. Sie werden z. B. nach Funktionsbereichen oder nach den Geräten, von denen sie angestoßen werden, geordnet. Selbstverständlich laufen sie im allgemeinen auch in den unter 9.2 besprochenen Teilprozessen ab, die nötig sind, um neue Informationen zu beschaffen.

Ein Hauptprogramm der Vermittlungstechnik ist z. B. der „ankommende Verkehr", begonnen mit der Belegung des Verbindungssatzes, fortgesetzt mit Wahlaufnahme, Wegesuche und Wegeeinstellung sowie Ruf, bis es schließlich mit dem Melden des Gerufenen endet. Ein anderes, sehr wesentliches Hauptprogramm ist das der Ein-/Ausgabe zur Informationsbeschaffung und -verteilung.

e) *Das Organisationsprogramm.* Es hat die Aufgabe, die einzelnen Hauptprogramme zur Arbeit aufzurufen. Die speziellen Funktionen des Vermittlungsprozesses sind in ihm nicht mehr erkennbar.

9.3.2 Zeitliche Strukturierung

Wenn alle Programmabläufe und Teilprozesse gleich dringlich sind, genügt es, wenn das Organisationsprogramm eine einfache Arbeitszuteilung vornimmt. Sie kann z. B. darin bestehen, daß alle Programme in der Reihenfolge der Aufträge in der Eingabeliste abgearbeitet werden, bevor ein neuer Eingabezyklus erfolgt.

Anders verhält es sich, wenn man zwischen sehr dringlichen, dringlichen und weniger dringlichen Programmen in einer Vielzahl von Abstufungen unterscheiden muß. Das ist in der Vermittlungstechnik meistens der Fall. Es ist zum Beispiel nötig, wenigstens alle 10 ms ein Eingabeprogramm ablaufen zu lassen, damit keine Informationen aus der vermittlungstechnischen Peripherie verlorengehen (Beispiel: Wahlimpulse).

Je nach der Aufgabenverteilung im Vermittlungssystem ergeben sich mehr oder weniger viele Abstufungen der Dringlichkeit. Das Aufnehmen von einzelnen Wahlimpulsen ist eine sehr dringliche Aufgabe, da diese nur etwa 60 ms lang andauern und zudem noch eine mehrfache Abtastung erfordern (Abschn. 7.2.1). Weniger hart ist die Zeitforderung, wenn man nicht einzelne Impulse, sondern ganze Wahlziffern in den Rechner eingibt. Wahlziffern haben eine geringere, minimale Wiederholungsperiode, die hierfür besonders kritische Tastenwahl z. B. 100 ms. Eine weitere, zeitliche Entlastung ist möglich, wenn die gewählten Ziffern ohne Mithilfe des Rechners zwischengepuffert werden, d. h. wenn die nächstfolgende Ziffer einlaufen kann, ohne daß die vorhergehende an den Rechner abgegeben wurde. Alle diese Maßnahmen setzen jedoch eine gewisse Vorverarbeitung der Informationen außerhalb des *eigentlichen* Rechners voraus (Abschn. 8.2.3). Folgende

12*

Möglichkeiten gibt es, um den Ablauf dringlicher Programme vor un-
dringlichen zu gewährleisten:

a) *Programmunterbrechung* (Abschn. 8.2.4). Die Programmunterbrechung erlaubt den sofortigen Übergang zu einem dringlicheren Programm, ohne den Ablauf des gerade bearbeiteten Programms (manchmal sogar des Befehls) abwarten zu müssen.

Wenn unterbrechende und unterbrochene Programme in dieselben
Speicherzellen hineinarbeiten können, besteht die Gefahr von Falsch-
funktionen. Wenn z. B. ein Wegesuchprogramm unterbrochen und
statt dessen ein dringlicheres Wegesuchprogramm begonnen wird, besteht die Gefahr, daß ein und dieselbe Leitung zweimal belegt werden
kann. Dagegen sind Schutzmaßnahmen notwendig.

Programmunterbrechungen erfolgen etwa bei Störungsmeldungen,
um schnell wieder ein funktionsfähiges System herstellen zu können,
oder zur zeitgerechten Abwicklung von Ein- und Ausgabeoperationen.

b) *Die programmierte Unterbrechung.* Gegenüber der eben besprochenen Unterbrechung, die an jede Stelle des Programms wirksam werden
kann, lassen sich natürlich auch Abfragen an bestimmten Stellen des
Programms einprogrammieren, bei denen der Ablauf an das Organisationsprogramm überwiesen wird. Das Organisationsprogramm sucht
nach dringlicheren Aufgaben, sorgt für deren Ablauf und übergibt die
Kontrolle wieder dem ursprünglich unterbrochenen Programm.

c) *Abfertigungsmuster.* Die Programme werden in Dringlichkeitsklas-
sen unterteilt, die in bestimmter Reihenfolge abgearbeitet werden. Es
möge z. B. die Programmklassen A, B, C, D geben, die in der Folge
$ABACABADAB...$ für eine sehr häufige Abfertigung der Klasse A
und eine noch relativ häufige Abfertigung der Klasse B sorgen. Diese
Maßnahme kann nur dann wirksam werden, wenn die einzelnen Programme kurz sind. Sie ähnelt damit der unter b) besprochenen Maßnahme.

Die Einteilung der Programme nach Dringlichkeiten ist nur sinnvoll, wenn die in den einzelnen Dringlichkeitsstufen vorliegenden Aufträge rasch zu finden sind. Das kann z. B. dadurch geschehen, daß die
für die Programme nötigen Eingangsdaten in Pufferplätzen gespeichert
werden, die jeweils einer Dringlichkeitsstufe fest zugeordnet sind.

9.3.3 Arbeitsweise von Programmstrukturen

Bild 9.9 versucht das in den vorhergehenden Abschnitten Gesagte zu
erläutern. Programme müssen aufgerufen und mit Daten versorgt
werden, damit sie ablaufen können. Das Ergebnis der Programmabläufe sind wiederum Daten, die für andere Programme oder periphere
Geräte benötigt werden. In jedem Zeitpunkt ist der Rechner unter der

Kontrolle nur eines Programmes. Diese Kontrolle muß also von Programm zu Programm überwiesen werden.

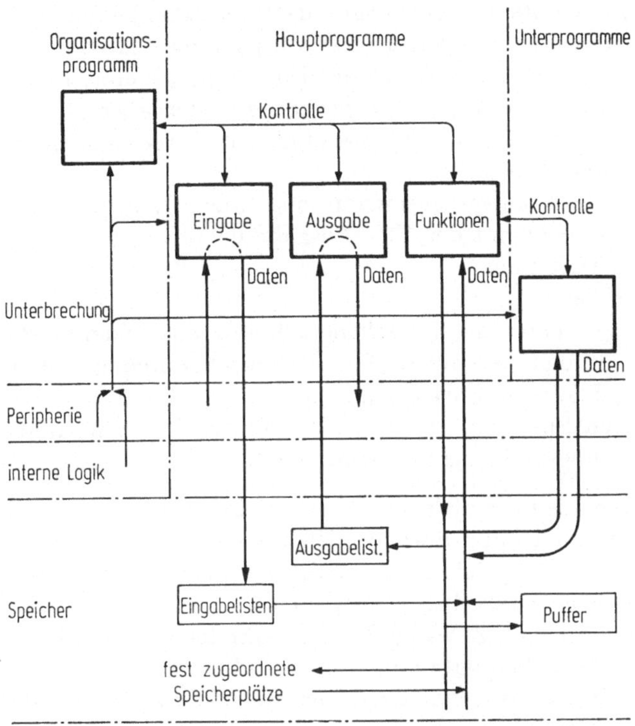

Bild 9.9 Programmhierarchie und Datenversorgung

Im Bild 9.9 mögen die stark umrandeten Kästen einzelne Programme repräsentieren. Betrachten wir zunächst das Organisationsprogramm. Es ruft die einzelnen Programme nach einer bestimmten Reihenfolge auf, überweist ihnen die Kontrolle und erhält nach Ablauf des jeweiligen Programms die Kontrolle zurück, um sie an das nächste Programm abzugeben. Organisationsprogramme arbeiten zyklisch, d. h. wenn alle Programmklassen durchlaufen sind (wobei es durchaus vorkommen kann, daß einzelne Programme oder Klassen übersprungen werden, weil keine Aufträge vorliegen), beginnen sie von vorn.

Eine übergeordnete organisatorische Maßnahme ist die Unterbrechung. Sie greift mittels Hardware-Funktionen in jedes Programm niedrigerer Dringlichkeit ein, übergibt die Kontrolle an das dringlichere Programm, um nach dessen Ablauf die Kontrolle an das zuvor unterbrochene Programm zurückzuüberweisen.

Die Eingabeprogramme veranlassen die entsprechenden Hardware-Schaltkreise des Rechners, Informationen aus der Peripherie einzusammeln und in Eingabepuffer („Eingabelisten") einzuschreiben. Dabei kann bereits eine Sortierung nach Dringlichkeiten erfolgen. Für Eingabelisten sind im Speicher fest vorgegebene Plätze reserviert. Die Überweisung der Kontrolle an die Eingabeprogramme geschieht entweder durch das Organisationsprogramm oder aber — wenn feste, zeitliche Abstände für die Eingabe eingehalten werden müssen — durch Programmunterbrechung.

Unter Funktionsprogrammen sind alle Hauptprogramme verstanden, die nicht mit der Ein-/Ausgabe befaßt sind. Sie beziehen die benötigten Daten aus
— Eingabelisten;
— Pufferspeichern, die Zwischenergebnisse aus anderen Programmabläufen für den jeweiligen (Vermittlungs-) Vorgang festhalten und ihre festen Plätze im Speicher haben;
— an festen Speicherplätzen ständig abgespeicherten Informationen (z. B. Belegungszustände von Leitungen).

Als Ergebnis ihrer Arbeit füllen diese Programme
— Ausgabelisten mit Informationen für die Peripherie (die Ausgabelisten puffern im Speicher die für die Peripherie bestimmten Daten);
— Pufferspeicher mit Zwischenergebnissen
und verändern die an festen Plätzen ständig abgespeicherten Informationen. Ausgabeprogramme leeren die Ausgabelisten und veranlassen die Hardware-Schaltkreise des Rechners zur Übergabe der Informationen an die Peripherie.

Unterprogramme werden wie Hauptprogramme mit Daten versorgt, geben auch wie Hauptprogramme ihre Daten ab, werden jedoch im Gegensatz zu diesen nicht vom Organisationsprogramm, sondern von den einzelnen Hauptprogrammen aufgerufen.

9.3.4 „Generische" oder angepaßte Programme

Vermittlungen können unterschiedliche Größe und unterschiedliche Ausstattung — d. h. unterschiedliche Betriebsbedingungen — haben. Ein schwieriges Problem ist die Programmierung von Vermittlungssystemen für derartig verschiedene Anforderungen. Ein mögliches Verfahren sieht ein großes Programm vor, das alle Varianten enthält. In einer „Generaltabelle" wird für jede Vermittlungsstelle das Repertoire der gültigen Programme angegeben [9.1]. Solche Universalprogramme werden „generisch" genannt. Sie ersparen umfangreiche Programmierarbeiten für jeden einzelnen Anwendungsfall, erfordern auf der anderen Seite in jeder Vermittlungsstelle den Programmaufwand für die Maximalausstattung. Das andere Extrem führt zu speziellen Programmen für jeden Einsatzfall. Das führt zu laufend hohem Programmieraufwand. Das Optimum liegt irgendwo in der Mitte, der günstigste Kompromiß läßt sich jedoch nicht allgemein angeben.

9.4 Programmklassen

Die Betriebsprogramme umfassen alle zum Betrieb der Vermittlungsstelle nötigen Programme. Es sind dies folgende Kategorien:

a) *Organisations- und Zeitprogramme*. Das sind zyklisch ablaufende Programme, die — wie erwähnt — anderen Programmen die Arbeit zuweisen oder aber Zeitabläufe kontrollieren. Für sie bestehen harte „Real-Time-Forderungen", d. h. sie müssen ihre Aufgaben in möglichst kurzer Zeit abarbeiten, um die Rechnerbelastung klein zu halten.

b) *Vermittlungsprogramme*. Sie wickeln die für den Prozeß „Vermittlung" typischen Arbeiten einschließlich der Ein- und Ausgabeprozeduren ab. Auch für diese Programme ist die Real-Time-Forderung zu erheben. Aus diesem Grunde ist es auch noch offen, ob sich jemals spezielle „Programmsprachen der Vermittlungstechnik" durchsetzen werden, da höhere Programmsprachen in der Regel zeitaufwendiger sind (und auch mehr Speicherplatz belegen).

c) *Prüfprogramme*. Sie reagieren auf Störungsmeldungen, führen Lokalisierungs- und Ersatzschaltemaßnahmen durch, prüfen routinemäßig oder auf Anforderung Geräte durch. Auch die erwähnten „Recovery"-Maßnahmen (Abschn. 6.3.5) sowie die Funktionen bei Neueinschaltung oder Wiederanlauf einer Vermittlungsstelle (Rückstellungen der Geräte in den Nullzustand) fallen in ihren Arbeitsbereich ebenso wie die umfangreichen Diagnoseprogramme. Der ganze Bereich der Prüfprogramme kann den der Vermittlungsprogramme noch beträchtlich übertreffen. Deshalb wird häufig versucht, einen Teil dieser Programme erst bei Bedarf in den Vermittlungsrechner zu laden.

d) *Dienstprogramme*. Sie dienen dem Betrieb und der Verwaltung der Vermittlungsstelle. Hierzu gehören die Programme zum Verkehr mit Bedienelementen oder Wartungszentren. Dienstprogramme verwalten und protokollieren die Speicherinhalte, erlauben deren Veränderung und Erweiterung und führen schließlich auch Verkehrs- und Belastungsmessungen durch.

Außer diesen Programmklassen gibt es noch sehr wesentliche Hilfsprogramme für die Entwicklung, Fertigung und Prüfung von Vermittlungssystemen. Hierzu gehören Assembler oder Compiler, Simulationsprogramme und Programme für die Einzelprüfung im Prüffeld. Diese Programme laufen jedoch auf kommerziellen Datenverarbeitungsanlagen und nicht im Vermittlungsrechner (Betriebssystem).

9.5 Speicherorganisation

Wie bereits in Abschn. 9.1 erläutert, ist die *Zuweisung von Speicherplätzen* für Programme und Daten eine wesentliche Vorbedingung für das Programmieren. Diese *Speicherorganisation* umfaßt in grober Klassifizierung:

— den für Programme benötigten Speicherraum;

— Plätze für Zuordnungen und Tabellen (Adressenverzeichnisse u. ä.).

Beide Kategorien werden häufig in geschützte Bereiche oder Festwertspeicher eingeschrieben.

— Speicherplätze, die den Geräten der Vermittlungsstelle (z. B. Verbindungssätze, Teilnehmerschaltungen, Zwischenleitungen) fest zugeordnet sind und feste oder variabele Daten enthalten, die den Zustand oder die Eigenschaften dieser Geräte beschreiben;

— Speicherplätze für Daten, die nur zeitweise einer Verbindung zugeordnet werden. Hierzu gehören Ein- und Ausgabelisten oder Puffer für die Daten noch laufender Programme, die aus irgendwelchen Gründen unterbrochen wurden oder noch nicht abgeschlossen sind.

10. Zeichengabe

Eine Vermittlung soll den „Nutznachrichtenfluß", der aus der Kommunikation zwischen Partnern entsteht, möglichst „transparent" durchlassen, d. h. je geringer die Beeinflussung des Nutznachrichtenflusses ist, desto hochwertiger ist die Vermittlung. Im Gegensatz dazu greift die Vermittlung massiv in den Fluß der „Steuerungsinformationen" ein. Steuerungsinformationen werden für den Verbindungsaufbau und -abbau sowie andere betriebliche Vorgänge gebraucht. Sie werden in den Vermittlungen teilweise verarbeitet, teilweise weitergegeben, teilweise auch neu generiert. Erschwerend für die Transparenz der Vermittlung gegenüber „Nutznachrichten" ist die Tatsache, daß Steuerungsinformationen teilweise den Nutznachrichten über- oder unterlagert werden müssen.

Nachfolgend sollen die Aspekte dieser vermittlungstechnischen „Zeichengabe" aus dem Blickwinkel der „rechnergesteuerten Vermittlungssysteme" betrachtet werden.

10.1 Klassifizierung

Es gibt verschiedene Gesichtspunkte, unter die sich die Steuerungsinformationen einordnen lassen.

10.1.1 Partner der Zeichengabe

Die Zeichengabe kann erfolgen:

a) Zwischen Vermittlungsstellen oder Vermittlungssystemen. Partner sind also „Maschinen", dementsprechend werden durch die Zeichengabe Schaltvorgänge ausgelöst. Diesem Zeichenaustausch kommt in zukünftigen Systemen besondere Bedeutung zu, weil sich durch neue Bedingungen mannigfache Steuerungsbeziehungen zusätzlich ergeben.

b) Vom Endgerät zur Vermittlung. Durch diesen Informationsaustausch wird das Nachrichtensystem mit den notwendigen „Primärdaten" versorgt, die z. B. die vom Teilnehmer gewünschte Verbindung beschreiben. Die Problematik liegt darin, daß meist Endgeräte (zumindest im weitestverbreiteten Fernsprechnetz) wegen ihrer großen Zahl sehr wirtschaftlich ausgelegt werden müssen. Sie wandeln also die vom Menschen eingegebenen Informationen möglichst einfach in elektrische Zeichen um. Damit ist dieser Informationsaustausch stark von der Willkür des Menschen abhängig: die einen wählen sehr schnell, die anderen machen große Wählpausen. Beide Extreme muß die Vermittlung beherrschen.

c) Von der Vermittlung zum Endgerät. Auch hier spielt der erwähnte wirtschaftliche Aspekt eine große Rolle: Im *Fernsprechnetz* werden die meisten Zeichen in dieser Richtung als „Hörtöne" zur unmittelbaren Kommunikation mit dem Menschen übertragen, sie lösen also keine Schaltvorgänge aus und erfordern damit auch keinen Aufwand im Endgerät.

10.1.2 Übertragungsweg

Für die Übertragung der vermittlungstechnischen Zeichen gibt es drei Wege:

a) Innerhalb des für die Nutzinformation zur Verfügung stehenden Kanals. Hier ist besonders wichtig, daß dabei die Nutzinformation nicht beeinflußt oder verfälscht wird, umgekehrt dürfen aber auch die Steuerungsinformationen durch Nutzinformationen nicht gestört werden. Durch die Übertragung im eigenen Nutzkanal ist die eindeutige Zuordnung der Zeichen zu den Informationsquellen und -senken gegeben (dezentrale „in band"-Signalisierung).

b) Außerhalb des für die Nutzinformation zur Verfügung stehenden Kanals, jedoch in seiner unmittelbaren Nachbarschaft. Das soll heißen, daß z. B. dieselbe physikalische Leitung verwendet wird (Beispiel: dem Sprachsignal unterlagerte Gleichstromzeichengabe). Für die gegenseitige Beeinflussung der Informationen sowie die Zuordnung von Quellen und Senken gilt damit das oben Gesagte (dezentrale „out band"-Signalisierung).

c) Unabhängig vom Nutzinformationskanal über zentrale Datenkanäle, die die vermittlungstechnischen Zeichen vieler Verbindungen transportieren. Mit den Zeichen müssen die Adressen der betroffenen Informationsquellen und -senken mitgegeben werden.

10.1.3 Zeitpunkt der Übertragung

Es gibt folgende Möglichkeiten für den Zeitpunkt der Übertragung:
a) Vor Beginn der Nutz-Kommunikation, also für die Zeit des Verbindungsaufbaus.
b) Während der Nutz-Kommunikation, also z. B. während des Gesprächs. Hier sind die Übertragungswege a) und b) (Abschn. 10.1.2) wegen der Beeinflussung kritisch. Übertragungsweg c) bietet keine Probleme, steht aber im allgemeinen nicht bis zum Teilnehmer zur Verfügung.
c) Nach Ende der Nutz-Kommunikation.

10.1.4 Steuerinformations-Darstellung

Die Steuerinformation läßt sich wie folgt darstellen:

a) „Angepaßte" Darstellung mit Gleichstrom- oder Wechselstromzeichen, die auf die Möglichkeiten einfacher Sender und Empfänger an relativ dezentraler Stelle zugeschnitten sind. Die Information wird z. B. in Form von Impulsserien, kurzen oder langen Impulsen übertragen.
b) Daten mit den hierfür zweckmäßigen Methoden der Codierung, Übertragung und Sicherung.

10.1.5 Zeichenvorrat

Das ist ein sehr wesentlicher Gesichtspunkt im Hinblick auf die in Kap. 1 besprochene Ausweitung der Kommunikationsmöglichkeiten. Diese Ausweitung und Verfeinerung erfordert neue Steuerzeichen, die auf einem zentralen Datenkanal ohne Schwierigkeiten übertragen werden können. Bei dezentraler Übertragung innerhalb oder außerhalb des Nutzinformationskanals ist es wesentlich schwieriger, zusätzliche Zeichen unterzubringen.

10.1.6 Konsequenzen für rechnergesteuerte Vermittlungssysteme

Der zentrale Datenkanal bietet besonders im Hinblick auf die zukünftige Entwicklung deutliche Vorteile. Hinzu kommt, daß er einer zentralen Rechnersteuerung organisch angepaßt werden kann, weil er keines umfangreichen Zugriffsystems bedarf. Trotzdem muß auch das Problem der dezentralen Zeichengabe in rechnergesteuerten Systemen

beherrscht werden, da einerseits in der Einführungsphase auch und
überwiegend Zeichen mit konventionellen Vermittlungen ausgetauscht
werden müssen, andererseits die dezentrale Zeichengabe vom und zum
Teilnehmer auch in weiter Zukunft noch notwendig sein wird. (Ein
eigener Kanal für Steuerungsinformationen zum Teilnehmer ist im allgemeinen zu aufwendig.) Nachfolgend soll deshalb der Bedeutung entsprechend auf die neuartigen Formen der dezentralen Informations-
eingabe durch den Teilnehmer und auf die der zentralen Zeichengabe
eingegangen werden.

10.2 Dezentrale Zeichengabe in rechnergesteuerten Vermittlungssystemen

In Kap. 7 sind die wesentlichen Gesichtspunkte der Steuerung bereits
behandelt worden. So wird hier eine Zusammenfassung genügen:
a) Für die Einsammlung und Verteilung der Zeichen wird die „Trichterfunktion" der Zugriffsysteme erforderlich.
b) Zur Vermeidung von Informationsverlusten und Informationsverfälschungen sind kurze Zugriffszeiten erforderlich, die sehr wesentlich Technik und Aufwand der Zugriffsysteme beeinflussen (z. B.
Scan-Zyklus).
c) An die „Sonden" zur Informationsaufnahme und die „Geber" zur
Informationsweitergabe werden durch die Leitungseigenschaften hohe
Anforderungen gestellt (z. B. Fremdspannungen).

Ein wesentliches Verfahren dezentraler Zeichengabe ist die „Tastwahl", die eine schnelle und zukünftigen Anforderungen gerecht werdende Übermittlung von Steuerungsinformationen aus der Teilnehmerstation zur Vermittlung erlaubt. Sie möge hier als Beispiel näher betrachtet werden.

10.2.1 Kennzeichen der Tastwahl

Die Nummernscheibe der Teilnehmerstation wird in ihrer Funktion
durch eine Tastatur mit 10 + 2 — oder mehr — Tasten ersetzt. Damit
ist gleich ein wesentliches Kennzeichen der Tastwahl angesprochen:
Die Eingabe ist nicht mehr auf eine von 10 Ziffern beschränkt, sondern
erlaubt zusätzliche Zeichen, mit denen Sonderfunktionen eingeleitet
werden können. Damit erfüllt die Tastwahl eine wesentliche Voraussetzung: Sie ermöglicht die für die Zukunft zu erwartende Ausweitung
der Kommunikationsmethoden.
Technisch wird die Tastwahl häufig mit Hilfe von Tonfrequenzsignalen
realisiert, die mit dem Tastendruck in der Station erzeugt werden. In
der Vermittlungsstelle muß jedem Teilnehmer ein Wahlempfänger für

die Dauer des Verbindungsaufbaus zur Verfügung gestellt werden. Es gibt allerdings auch Verfahren, bei denen man die Empfänger nur für die Dauer des Tastendrucks „fliegend" anschaltet. Im Hinblick auf Beeinflussung und Aufwand ist es günstig, für die Zeichenübertragung zwei von acht Frequenzen zu verwenden. Die acht Frequenzen sind in zwei Gruppen von je vier Frequenzen eingeteilt (im Bereich von 697 Hz bis 941 Hz in der ersten, 1209 Hz bis 1633 Hz in der zweiten Gruppe), aus denen je eine Frequenz übertragen wird. Damit lassen sich bis zu 16 verschiedene Zeichen darstellen.

Das Zugriffsystem muß in seiner Leistungsfähigkeit so ausgelegt werden, daß man bei einer kürzesten Tastendruckdauer von 40 ms und einem minimalen Abstand von 100 ms für aufeinanderfolgende Tastvorgänge keine Wahlinformation verliert. Das ist keine sonderlich schwierige Aufgabe für ein Zugriffsystem. Anders werden die Verhältnisse bei „fliegender Anschaltung" der Empfänger. Dann muß im Verlauf von 10 bis 20 ms sowohl der Tastendruck als solcher erkannt als auch die Anschaltung der Wahlempfänger vorgenommen werden. Der zentrale Rechner würde durch eine solche Aufgabe unverhältnismäßig stark beansprucht. Falls die Empfängeranschaltung „fliegend" vorgenommen wird, ist es deshalb zweckmäßig, diese Aufgabe an die Peripherie zu delegieren.

10.2.2 Schutz gegen Beeinflussung

Die Tastwahl gehört im allgemeinen in die Kategorie der Zeichen, die im Nutzkanal vor Beginn der Nutzkommunikation, also z. B. vor Gesprächsbeginn, übertragen werden. Damit sollte theoretisch die Möglichkeit einer gegenseitigen Beeinflussung ausgeschlossen werden können. Praktisch besteht jedoch häufig die Schwierigkeit, daß die Vermittlung nicht weiß, wann der Wählvorgang beendet ist. Das bedeutet aber, daß die Kommunikationsbereitschaft bis zu einem gewissen Grad auch schon während der Wahl hergestellt sein muß. Damit besteht die Gefahr der Verfälschung von Wählinformationen durch Sprache oder Geräusche.

Bild 10.1 zeigt die Störungsmöglichkeiten. Der Empfänger ist über einen Zweig einer Gabel angeschlossen, der andere Zweig der Gabel ist die weiterführende Verbindung. Der Teilnehmer soll einerseits Hörzeichen und Ansagen aus dem Netz aufnehmen, andererseits seine Wahlinformationen absetzen können. Ansagen, Hörtöne oder auch Störgeräusche dürfen den Empfänger jedoch nicht beeinflussen. Besonders kritisch in dieser Hinsicht ist der Wählton, der in der eigenen Vermittlungsstelle angelegt wird und mit dem ersten Tastendruck abgeschaltet werden muß. Die Richtwirkung der Gabel ist wegen der fehlerbehafteten Nachbildung der Teilnehmerleitung nicht vollkommen, außerdem können zum Teil auch Geräusche in den Wählpausen über das Teilnehmermikrophon auf die Leitung gelangen. Aus diesem Grunde muß der Empfänger mit einem „Sprachschutz" versehen werden.

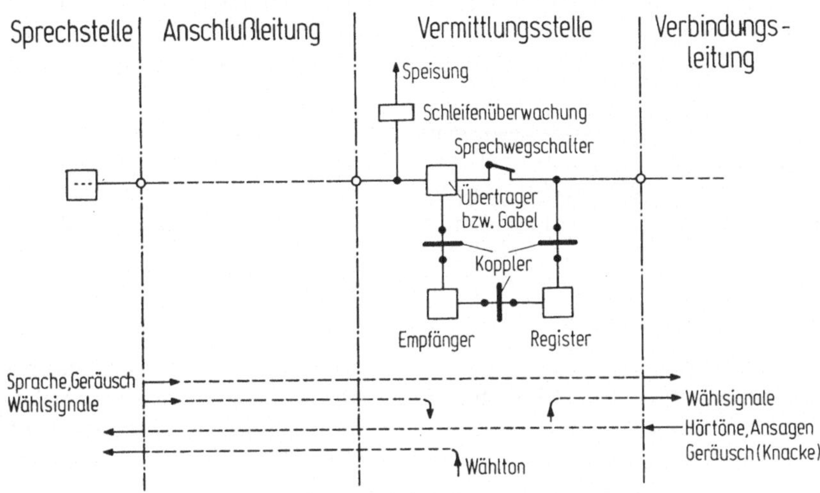

Bild 10.1 Störungsmöglichkeiten für Tastwahlempfänger

Im Sprachschutz wirken mehrere Maßnahmen zusammen:

a) Es wird nicht nur der Frequenzbereich der Tastfrequenzen, sondern der gesamte Frequenzbereich überwacht. Treten neben einem möglicherweise echten Zeichen auch fremde Frequenzen auf, sperrt die Sprachschutzschaltung die Signalauswertung, weil der Verdacht besteht, daß das Zeichen vorgetäuscht wurde. Freilich kann das bei einer zu empfindlichen Auswertung von Fremdfrequenzen auch zur Unterdrückung eines echten Signals führen.

b) Ein Amplitudenvergleich der beiden Signalfrequenzen des $2 \cdot (1$ von 4)-Codes wird durchgeführt. Bei stark unterschiedlichen Amplituden ist eine Zeichensimulation anzunehmen.

c) Die Zeichenfrequenzen müssen in einer gewissen Mindestdauer empfangen werden.

d) Die Codeprüfung muß dem empfangenen Zeichen eindeutig eine Bedeutung innerhalb des zugelassenen Zeichenvorrats zuordnen.

Trotz einer Reihe von Schwierigkeiten, auf die hier nicht eingegangen werden kann, gelingt es mit diesen Maßnahmen, die Wahlaufnahme zufriedenstellend zu lösen.

10.3 Zentrale Zeichengabe

Die im vorigen Abschnitt besprochenen Beeinflussungsprobleme treten
in einem zentralen Kanal, in dem nur vermittlungstechnische Zeichen
übertragen werden, nicht auf. Allerdings sind auch soche Kanäle
nicht störungsfrei, doch lassen sich Daten durch Codesicherung und
ggf. Nachrichtenwiederholung ausreichend schützen. Diese Maßnahmen verbieten sich häufig bei dezentraler Zeichengabe wegen des
Aufwands und wegen des nur beschränkten Zeichenvorrats in dezentralen Kanälen.

Hinsichtlich Datenorganisation und Codierung bestehen für den
zentralen Kanal zunächst beliebige Freiheitsgrade. Es treten ja auch,
wie in Abschn. 7.5 gezeigt wurde, je nach Aufgabenstellung erheblich
unterschiedliche Datenflüsse auf, die ggf. eine unterschiedliche Behandlung verlangen.

10.3.1 Anwendungsfälle

Im Sinne der eingangs definierten Aufgaben kommt der zentrale
Datenkanal in erster Linie für den Informationsaustausch zwischen
Vermittlungsstellen in Frage. Jedoch kann er auch einzelnen Endgeräten — etwa in Wartungs- und Bedienungszentren — zugeordnet
werden. Damit ergeben sich folgende Anwendungsfälle:
a) Informationsaustausch zwischen Schwestervermittlungen. Der Datenfluß beschränkt sich auf etwa 10 bis 20 Nachrichten je Verbindung.
b) Fernsteuerung von nicht autarken Vermittlungen. Da eine Reihe
zusätzlicher Aufgaben (wie Einstellung des Verbindungsweges) mit
Hilfe der fernübertragenen Daten auszuführen sind, erhöht sich der
Datenfluß — je nach Aufgabenverteilung — beträchtlich. Hinzu
kommt, daß kürzere Reaktionszeiten eingehalten werden müssen
(Abschn. 7.5).
c) Datenanschluß zu Bedienungs- und Wartungszentren. Der Datenfluß tritt nur sporadisch auf, ist dann aber unter Umständen recht
groß. Beispiele: Abfrage von Zählerständen oder Verkehrsmeßdaten,
Übertragung von Hilfsprogrammen.

Ob so unterschiedliche Anwendungsfälle, die vielleicht noch dazu
verschiedene Anforderungen an die Datensicherung stellen, mit einheitlichen Geräten oder Prozeduren abgedeckt werden können, läßt sich
nicht allgemein beantworten. Immerhin bestehen schon detaillierte
Vorschläge, den Datenaustausch zwischen autarken Vermittlungen
zumindest im internationalen Verkehr zu normen. Diese Vorschläge
sind naturgemäß für die anderen Anwendungsfälle nicht optimiert.

10.3.2 Das CCITT-Zeichengabeverfahren Nr. 6 für internationale Verbindungen

Eine wichtige Voraussetzung für die Normung der Zeichengabe im internationalen Verkehr war die Festlegung des Weltnumerierungsplans und der Struktur des internationalen Fernsprechnetzes. Außerdem mußten die Verfahren des Verbindungsaufbaus abgesprochen werden. Ein Zeichengabeverfahren, das diesen Vereinbarungen gerecht wird, muß schnell, sicher und flexibel sein. Auch das neue CCITT-Zeichengabeverfahren Nr. 6 soll diese Bedingungen erfüllen.

Das Verfahren sieht ein Netz von zentralen Datenkanälen vor, wobei diese sogar in anderen Trassen als die zugehörigen Sprechkanäle geführt werden können. Die Datenkanäle werden doppelt gerichtet betrieben und für eine Übertragungsgeschwindigkeit von 2400 bit/s ausgelegt. Die Übertragung geschieht in „Blöcken", die aus je 12 Zeichen bestehen. Das 12. und letzte Zeichen jedes Blocks ist eine Quittung, die jedes der ersten 11 Zeichen eines Blockes der Gegenrichtung bestätigt und im Störungsfall die Wiederholung des verfälschten Zeichens veranlaßt. Die übrigen 11 Zeichen enthalten Steuerungsinformationen oder, falls solche gerade nicht übertragen werden, Synchronisierzeichen. Die Synchronisierzeichen stellen den Zeichen- und Blocksynchronismus bei der Datenübertragung her. Zur gezielten Wiederholung bestimmter Zeichen ist es nötig, auch die Blöcke durchzunumerieren. Dies geschieht in einem Zyklus von jeweils 8 Blöcken, wobei das erwähnte 12. Zeichen zusätzlich die Blocknummer angibt.

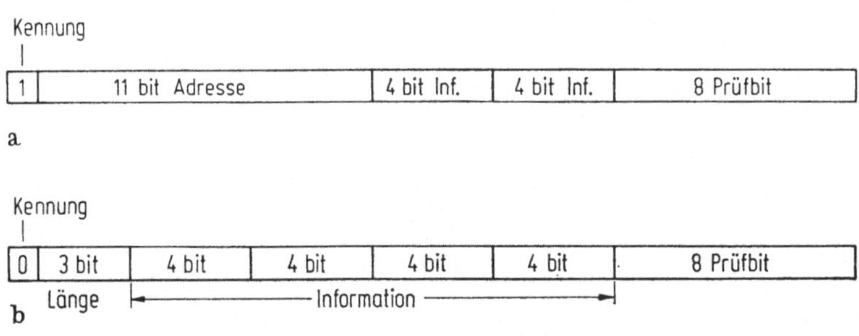

Bild 10.2 Zeichenstruktur des CCITT-Systems Nr. 6
a) Einzelzeichen; b) Folgezeichen

Ein Zeichen ist 28 bit lang, von denen 8 als „Prüfbit" der Sicherung der Information dienen. 2 · 4 bit sind der eigentlichen Informationsdarstellung vorbehalten. 11 bit werden für die Zuordnung der Information zu einem bestimmten Sprechkanal benötigt (Adresse), damit sind also 2048 Einzelkanäle durch einen zentralen Datenkanal adressierbar (Bild 10.2). Da der Anteil der Adresse innerhalb eines Zeichens relativ groß ist, besteht die Möglichkeit, mehrere Zeichen

unter gemeinsamer Adresse „zusammenzuketten" und den „Wirkungsgrad" der Informationsübertragung damit zu erhöhen. Solche „Mehrfachzeichen" bestehen aus dem „Anfangszeichen" mit der 11-bit-Adresse
und „Folgezeichen" ohne Adresse, die sich durch die Kennung 0 von
Anfangs- und Einzelzeichen mit der Kennung 1 unterscheiden. Als
„Länge" wird die Anzahl der Folgezeichen je Mehrfachzeichen angegeben. Je Folgezeichen können 4 Wählziffern übertragen werden. Im
ersten Folgezeichen lassen sich in bestimmten Fällen spezielle Informationen unterbringen wie „End/Transitverkehr", „Echosperre eingeschaltet" usw.

Zur Informationsdarstellung im Einzel- oder Anfangszeichen stehen
mit $2 \cdot 4$ bit 256 Möglichkeiten zur Verfügung. Durch die Folgezeichen
lassen sich diese Möglichkeiten erweitern. Das CCITT-Zeichengabeverfahren Nr. 6 ist somit flexibel, zukunftsicher und speziell für die
Zusammenarbeit rechnergesteuerter Vermittlungen geeignet.

IV. Strukturen rechnergesteuerter Vermittlungssysteme

11. Strukturgesichtspunkte

In den bisherigen Kapiteln wurden hauptsächlich Einzelfragen diskutiert, die für die Beurteilung und Projektierung von rechnergesteuerten Vermittlungssystemen wichtig sind. Wir wollen nun versuchen, die für die grundlegende Planung oder Kritik wesentlichsten Gesichtspunkte zusammenzufassen. Man kann drei entscheidende Fragen stellen:

— Welche Bedingungen soll das System erfüllen?
— Welche Bauelemente stehen zur Verfügung?
— Wie sind die Funktionen im System zu verteilen?

11.1 Systembedingungen

11.1.1 Grundaufgabe

Die Grundaufgabe läßt sich mit mehreren Parametern beschreiben, die alle wichtige Einflußgrößen sind:

a) *Vermittlung für analoge oder digitale Signale?* Für analoge Signale wie etwa nichtquantisierte Sprache wird hohe Übertragungsqualität, also ein hochwertiges Koppelelement im Durchschaltenetz verlangt. (Beispiel: Eine Fernsprechortsvermittlung muß bei 800 Hz eine Restdämpfung von etwa 0,1 Np einhalten, die hauptsächlich für die notwendigen Abriegelungen verbraucht wird. Die Nebensprechdämpfung hat mindestens 9 Np zu betragen. Vergleichbare Werte gibt es z. B. in Telexvermittlungen nicht.) Sehr wesentlich ist die geforderte Bandbreite oder Bitrate zu berücksichtigen, die für neue Anwendungen bis in die Größenordnung MHz (Bildfernsprecher) bzw. Mbit/s (Datenaustausch zwischen Rechnern) reicht. Hier muß auch die Frage nach Speicher- oder Durchschaltevermittlung beantwortet werden. Der Einsatzbereich der Speichervermittlung ist auf Datenverkehr mit kleineren und mittleren Bitraten beschränkt, sie erspart aber das Durchschaltenetz.

Schließlich ist sehr wesentlich, ob die Vermittlung sich in ein integriertes Netz einzufügen hat.

Durch diese Überlegungen wird der Grundtypus des Durchschaltenetzes und damit ein wichtiger Systemparameter festgelegt.

b) *Nebenstellenanlage oder öffentliche Vermittlung?* Im Schwerpunkt der Anwendungen liegt die Größe von Nebenstellenanlagen merklich unter der von öffentlichen Anlagen. Die Anforderungen an die Betriebssicherheit sind in vielen Fällen in der Nebenstellentechnik geringer, während die Zahl der Betriebsmöglichkeiten zumindest derzeit noch erheblich höher als in der öffentlichen Technik liegt.

Damit ergibt sich in der Nebenstellentechnik auch für kleinere Anlagen schon die Notwendigkeit sehr vielseitiger Steuerungsfunktionen. Bei *Verzicht auf Duplizierung* lassen sich diese mit entsprechend leistungsfähigen *zentralen* Steuerwerken leichter realisieren als in öffentlichen Vermittlungen mit hohen Sicherheitsanforderungen.

c) *Große oder kleine Vermittlung?* Diese Frage schließt an die vorige an: Bei kleinen Vermittlungen ist es schwierig, umfangreiche Leistungsmerkmale wirtschaftlich zu realisieren. „Klein" ist dabei ein relativer Begriff, die absolute Größe ist vom Einsatzgebiet (Fernsprechen, Daten, öffentliche oder Nebenstellentechnik) abhängig. Konsequenzen für kleine Vermittlungen könnten sein:

— Verzicht auf Leistungsmerkmale,

— Verzicht auf Duplizierung zentraler Steuerwerke,

— Fernsteuerung.

d) *Zweidraht- oder Vierdrahtvermittlung?* Hier geht u. a. noch einmal die Frage nach dem Durchschaltenetz ein. Dadurch, daß Anpassungen an Zweidrahtstationen und Überspannungen auf den Leitungen entfallen, sowie durch bessere Möglichkeiten des Dämpfungsausgleichs verringern sich die Schwierigkeiten für den Einsatz elektronischer Koppelpunkte bei vierdrähtiger Durchschaltung.

11.1.2 Geforderte Systemfunktionen

Dabei lassen sich die für die Strukturierung wichtigen Fragen stellen:

— Verlangen die Funktionen den Einsatz von Speichern? Diese Frage wird man wohl für neue Systeme generell bejahen.

— Sind die Funktionen ihrer Natur nach „zentral", d. h. erfordern sie den Überblick der Steuerung über die gesamte Vermittlungsstelle?

— Sind die Funktionen „lebenswichtig"?

Die Antworten auf diese Fragen geben einen Hinweis auf die Notwendigkeit der Zentralsteuerung bzw. der Rechnersteuerung, wobei möglicherweise auf eine Duplizierung verzichtet werden kann.

11.2 Verwendete Bauteile

In erster Linie ist es das Koppelelement, das einen starken Einfluß auf die Systemkonzeption ausübt. Wir fassen die Gesichtspunkte noch einmal zusammen:

— Elektronische Koppelpunkte können in erster Linie angewendet werden, wenn keine kostspieligen Anpassungen an Leitungsbedingungen und Endgeräte nötig sind.

— Elektrisch haltende, mechanische Koppelpunkte können ohne Mithilfe zentraler Steuerungsteile am Ende der Verbindung ausgelöst werden. Ein Verbindungsgedächtnis im Speicher ist also hierfür nicht nötig. Die Wegesuche im „Wegesuchnetz" ist naheliegend.

— Im Gegensatz dazu ist bei selbsthaftenden Kopplern ohne Steueradern ein Verbindungsgedächtnis nötig, die Wegesuche im Speicher also sinnvoll.

— Bei selbsthaftenden Kopplern mit Steuerader(n) hat man den Freiheitsgrad, die Steuerader(n) zur Entlastung der zentralen Steuerung, also z. B. für die Wegesuche im Wegesuchnetz, zu benutzen.

— Die Ansprechzeit des Kopplers begrenzt bei „weitspannender Wegesuche im Wegesuchnetz" die maximal mögliche Größe der Vermittlungsstelle. Bei Wegesuche im Speicher besteht diese Einschränkung nicht.

11.3 Aufgabenverteilung

Nach Klärung der in den vorigen Abschnitten besprochenen Voraussetzungen muß die Aufgabenverteilung innerhalb des Systems diskutiert oder konzipiert werden. Die wesentlichen Fragen sind:

a) *Zentralisierung oder Dezentralisierung der verlangten Funktionen?* Zu betrachten sind die Gesichtspunkte:

— Fordert die Funktionssicherheit eine Duplizierung zentraler Steuerwerke?

— Sind bei der Größe, die für die Vermittlung gefordert wird, duplizierte zentrale Steuerwerke wirtschaftlich tragbar? (Fragestellung für kleine Vermittlungen).

— Reicht andererseits die Leistungsfähigkeit der zentralen Steuerwerke (und Zugriffsysteme!) aus, um die geforderte Größe der Vermittlungsstelle zu bedienen? (Fragestellung für große Vermittlungen).

— Ist Fernsteuerung erforderlich?

13*

Die Antworten auf diese Fragen können zu einer Verlagerung aus der Zentralsteuerung bzw. zu einer Dezentralisierung von geeigneten Funktionen führen.

b) *Steuerung durch universelle Vermittlungsrechner oder Spezialsteuerwerke?* Wichtige Gesichtspunkte sind:

— Speicherorientierung. Großer Speicherbedarf führt zu zentralen Speichern und Rechnersteuerung.

— Variable Bedingungen und Funktionen. Flexibilität fordert universelle Verarbeitungsmöglichkeiten und ein gespeichertes Programm.

Andererseits sind zu berücksichtigen:

— Aufwand, Komplexität, Wartung;

— Leistungsfähigkeit (Größe der Vermittlungsstellen).

Letztere Gesichtspunkte könnten (was noch nicht erwiesen ist) zu mehr hardwareorientierten Spezialsteuerwerken führen.

11.4 Prinzipielle Lösungsmöglichkeiten rechnergesteuerter Vermittlungssysteme

Für rechnergesteuerte Vermittlungssysteme lassen sich demnach folgende Strukturen angeben:

a) Volle Zentralsteuerung aller „Intelligenzfunktionen" durch einen oder mehrere Rechner. Hierbei tritt als Problem die Belastung bei sehr großen Vermittlungsstellen und der hohe Grundaufwand bei kleinen Vermittlungsstellen auf.

b) Herausnahme von einzelnen Intelligenzfunktionen aus dem Rechner wegen zu hoher Rechnerbelastung oder zu hohen Datenflusses zwischen Rechner und Peripherie. Hierzu wird man zeitraubende Routineaufgaben auswählen, deren Intelligenzgrad keine komplizierten zusätzlichen Steuerungen verlangt.

c) Verlagerung von wesentlichen Intelligenzfunktionen auf Spezialsteuerwerke oder in Richtung zur vermittlungstechnischen Peripherie. Der Rechner bleibt neuen Betriebsbedingungen vorbehalten. Wenn es gelingt, nur „lebensunwichtige" Betriebsfunktionen in den Rechner zu verlagern, braucht dieser nicht dupliziert zu werden. Hier bietet sich vielleicht ein Weg an, auch in kleinen Anlagen mit erträglichem Aufwand neue Betriebsbedingungen einzuführen. Strukturen dieser Art sind jedoch bisher kaum bekannt geworden [11.1, 11.2].

12. Das System ESS 1 [12.1]

Seit 1945 führen die Bell Laboratorien der größten Telefongesellschaft der Welt, der American Telephone & Telegraph Company (AT & T), ein intensives Forschungs- und Entwicklungsprogramm auf dem Ge-

biet der elektronischen oder elektronisch gesteuerten Vermittlungssysteme durch. Bereits im Jahr 1960 nahm diese Gesellschaft in Mor-
ris/Illinois ein vollelektronisches Vermittlungssystem mit Rechnersteuerung in Betrieb. Auf diesem System und den entsprechenden
Erfahrungen aufbauend, entstand das System ESS 1 (Electronic
Switching System No. 1), das seit 1965 als erstes serienmäßig ge-
fertigtes Vermittlungssystem mit Rechnersteuerung eingesetzt wird
und bis zum Jahr 1970 bereits mit etwa 100 Anlagen Zeugnis für den
hohen technischen Stand dieser Gesellschaft ablegt.

12.1 Überblick, Aufgabenverteilung

Das System ESS 1 ist in die Kategorie der voll rechnergesteuerten
Systeme mit Verlagerung aller Intelligenzfunktionen in das Zentralsteuerwerk einzureihen. Es handelt sich um ein Fernsprechsystem
für Orts- und Fernverkehr, das außer in der öffentlichen Technik
auch für militärische Netze eingesetzt wird. Es war für Teilnehmerzahlen von etwa 5 000 bis 65 000 geplant. Die ursprünglich beabsichtigte
Rechnerkapazität von 100 000 Verbindungen pro Stunde ließ sich
nicht erreichen. Der Rechner kann 33 000 Verbindungen in der Stunde
bearbeiten. Bei Ergänzung des Rechners durch einen „Signal Processor" [12.2], der gewisse zeitraubende Routineaufgaben übernimmt,
wächst die Kapazität auf 65 000 Verbindungen pro Stunde. Für 65 000
Teilnehmer würde dies bei 90 s mittlerer Verbindungsdauer einem
relativ geringen Verkehrswert von 2,5 Erl pro 100 Teilnehmer entsprechen.

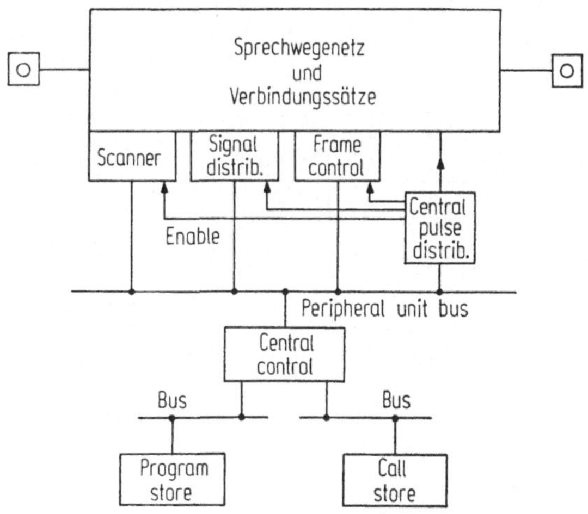

Bild 12.1 Prinzip des Systems ESS 1

Bild 12.1 gibt einen Überblick über das System. Die Peripherie besteht aus dem Koppelfeld (Sprechwegenetz) und Verbindungssätzen, die die verbindungseigenen Funktionen übernehmen. Die zentrale Steuerung (Central Control) stützt sich auf getrennte Programmspeicher (Program Store) und Informationsspeicher (Call Store) ab. Zur Peripherie hin besteht ein Leitungssystem (Peripheral Unit Bus), das von geeigneten Untersteuerwerken Informationen einsammelt bzw. Nachrichten an diese abgibt. Untersteuerwerke sind:

— „Scanner" zur Abfrage der Informationssonden in den verschiedenen dezentralen Geräten;

— „Signal Distributor" zur Abgabe von Befehlen der Zentralsteuerung an die Verbindungssätze. Hierbei handelt es sich um Befehle, die nicht zeitkritisch sind;

— „Frame Control" zur Einstellung der Koppelpunkte auf Grund von Informationen der Zentralsteuerung;

— „Central Pulse Distributor" zur Übermittlung von Befehlen der Zentralsteuerung, die schnell — d. h. mit „elektronischer Geschwindigkeit" — abgewickelt werden müssen. Es sind dies einerseits „Enable"-Pulse, die die übrigen Untersteuerwerke adressieren und an das zentrale Leitungssystem schalten, andererseits aber werden auch über vorgeordnete Kippschaltungen Relais in bestimmten Verbindungssätzen geschaltet. Auf diese Weise wird u. a. die Aussendung von

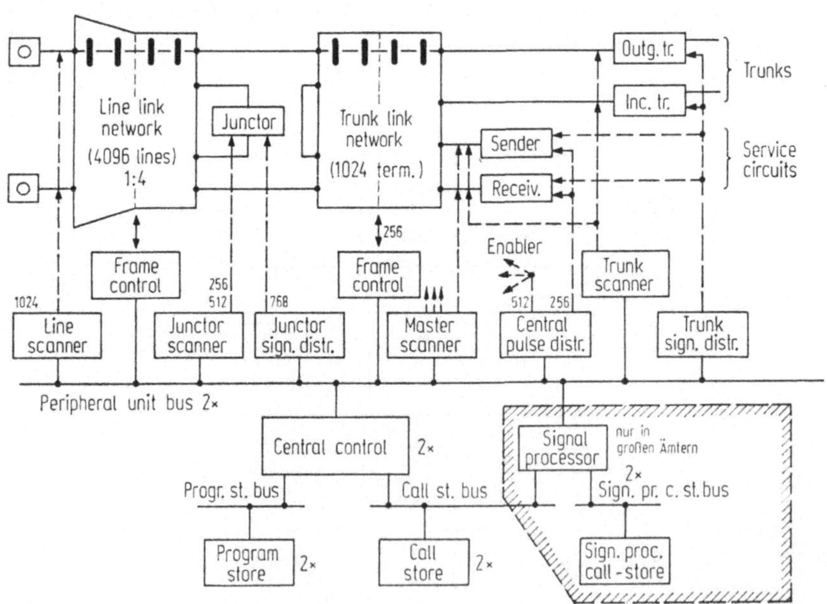

Bild 12.2 Überblick über das System ESS 1

Wahlimpulsen unmittelbar von der Zentralsteuerung kontrolliert. Um die Zeichenverzerrungen klein zu halten, ist der schnelle Zugriff zur An- und Abschaltung des Impulsrelais nötig.

Bild 12.2 geht etwas mehr in die Details. Man erkennt eine Differenzierung der Untersteuerwerke entsprechend den in der Peripherie zugeordneten Aufgaben. Die Peripherie selbst besteht aus einem Teilnehmer-Netzwerk (Line Link Network), einem Satz-Netzwerk (Trunk Link Network), aus Internverbindungssätzen (Junctor), abgehenden und ankommenden Verbindungssätzen (Outgoing/Incoming Trunk) sowie den Dienstsätzen (Service Circuits), die Funktionen während des Verbindungsaufbaus übernehmen (Wahlaufnahme, Weitergabe der Wahlinformation an nachfolgende Vermittlungsstellen usw.).

Die Untersteuerwerke sind auch konstruktiv den von ihnen gesteuerten dezentralen Geräten zugeordnet und befinden sich im gleichen Gestell oder Doppelgestell wie diese. Damit ergibt sich für die Steuerung ein erweiterungsfreundlicher Aufbau: Erweiterungseinheiten können, komplett vorgeprüft, lediglich durch Anschluß an das zentrale Leitungssystem in Betrieb genommen werden, d. h. es sind keine größeren und durch die Möglichkeit der Beeinflussung vorhandener Systemteile gefährlichen Erweiterungsarbeiten in der Steuerung notwendig.

Entsprechend dieser engen Zuordnung gibt es bei den Untersteuerwerken
— „Line Scanner" zu Abfrage des Schleifenzustands der Teilnehmeranschlußleitungen;
— „Junctor Scanner", die zwecks „Einhängeüberwachung" den Speisestrom zu rufendem und gerufenem Teilnehmer im Internverbindungssatz abfragen;
— „Trunk Scanner", die dieselbe Aufgabe sinngemäß an den Verbindungssätzen von und zu anderen Vermittlungsstellen ausführen;
— in entsprechender Zuordnung zu Junctors und Trunks die „Signal Distributors" zur Einstellung der Relais in diesen Sätzen;
— die jeweils einem Koppelfeldteil zugeordneten „Frame Controls;
— den „Master Scanner", der in besonders kurzem Zyklus die Service Circuits abfragt
— und schließlich den bereits erwähnten „Central Pulse Distributor".

Ein Verbindungsaufbau spielt sich in großen Zügen folgendermaßen ab:
a) Alle 100 ms werden sämtliche Teilnehmeranschlußleitungen abgefragt, um neue Anforderungen zu erkennen. Hierzu beaufschlagt der zentrale Rechner die entsprechenden Line Scanner aufeinanderfolgend mit den Adressen der abzufragenden Leitungen, erhält als Antwort den

Leitungszustand und überprüft nach dem „last look"-Prinzip im Speicher, ob eine Änderung eingetreten ist.

b) Stellt der Rechner das Aushängen des „Hörers" durch einen Teilnehmer fest (Schleifenschluß), so sucht er im Speicher, in dem die Belegungszustände aller Wegekomponenten festgehalten sind, einen freien Weg zu einem freien Wahlempfänger. Dabei werden Empfänger für Wahlimpulse oder für Tastenwahl je nach Wahlverfahren der entsprechenden Teilnehmerstation in Betracht gezogen. (Das Wahlverfahren der jeweiligen Station ist im Speicher festgehalten.)

c) Der Rechner erteilt die Einstellbefehle an die am ausgesuchten Weg beteiligten Frame Controls und belegt den Wahlempfänger. Die Wahlempfänger sind wie die Leitungen zu anderen Vermittlungsstellen auf der Ausgangsseite des Trunk Link Network angeschlossen. Der belegte Wahlempfänger führt eine Prüfung der Teilnehmerleitung auf ihren ordnungsgemäßen Zustand hin durch (der Anreiz an den zentralen Rechner hätte auch durch eine Fremdspannung erzeugt werden können!) und sendet dem Teilnehmer das Wählzeichen. Der Anreizkreis unmittelbar an der Teilnehmerleitung wird abgeschaltet.

d) Der Teilnehmer beginnt mit der Wahl. Als Beispiel sei Impulswahl angenommen. Der Master Scanner fragt die Wahlempfänger unter Kontrolle des Zentralsteuerwerks alle 10 ms ab, um die Wahlimpulse noch einzeln auflösen zu können. Im Zentralsteuerwerk werden die Impulse zu Ziffern zusammengesetzt und abgespeichert.

e) Wenn die letzte Ziffer gewählt ist — dies ist durch die in den USA übliche „Feststellennumerierung" erkennbar —, untersucht der Rechner, in welche Richtung die Verbindung aufgebaut werden soll. Es sei angenommen, daß die Verbindung über eine andere Vermittlungsstelle weitergeführt werden muß. Der Rechner schaltet einen Impulssender über den in Bild 12.3 gezeigten Weg an unter Berücksichtigung

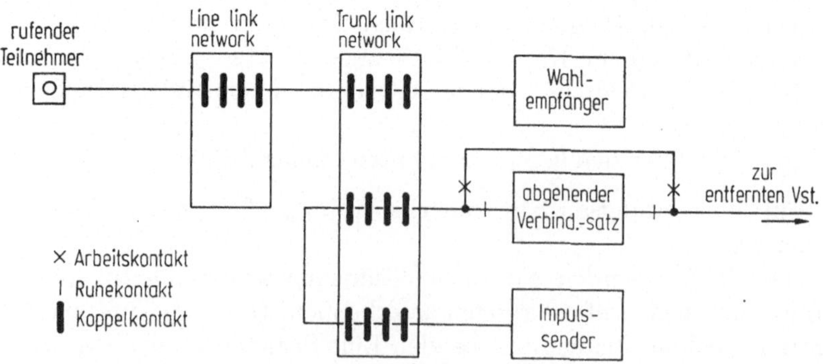

Bild 12.3 Verbindungsaufbau abgehend

eines freien Ausgangs in der gewünschten Richtung, der auch vom rufenden Teilnehmer aus erreichbar ist. Der Verbindungssatz am Ausgang wird zunächst überbrückt, um den Impulssender nicht zu behindern.

f) Der Impulssender sendet alle notwendigen der gewählten Ziffern unter Kontrolle des Rechners in Zielrichtung weiter. Nach Aussendung der letzten Ziffer wird die Verbindung vom Teilnehmer zum Wahlempfänger und vom Impulssender zum abgehenden Verbindungssatz aufgelöst und die endgültige Verbindung aufgebaut, die — wie in Bild 12.4 gezeigt — vom Teilnehmer über das Line Link Network und Trunk Link Network zum abgehenden Verbindungssatz verläuft. In dieser Zeit wird im Zielamt die Verbindung vollständig aufgebaut und der angewählte Teilnehmer gerufen. Die Verbindung bleibt unter Kontrolle des abgehenden Verbindungssatzes, der einerseits die Teilnehmeranschlußleitung überwacht, um das Einhängen oder den Nachwahlwunsch des Teilnehmers festzustellen, und andererseits rückwärtige Zeichen von der Zielvermittlungsstelle empfängt, z. B. das Zeichen für Gesprächsbeginn. Die an den Leitungen liegenden Aufnahmesonden werden zu diesem Zweck alle 100 ms vom Rechner über den Trunk Scanner abgefragt.

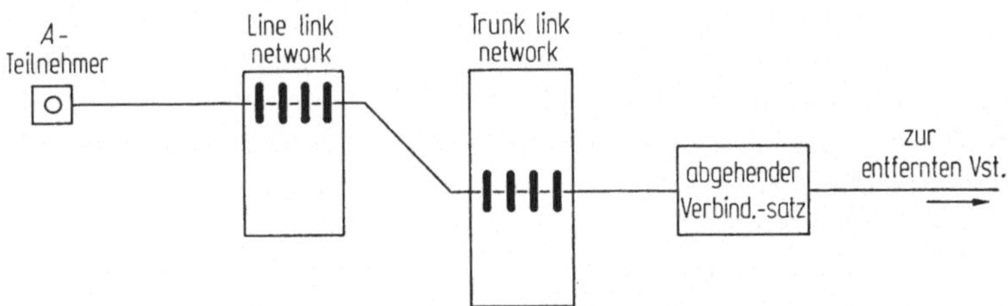

Bild 12.4 Gesprächszustand in einer abgehenden Verbindung

Der Internverkehr unterscheidet sich vom abgehenden Externverkehr durch die Prozedur nach Wahlende. Der rufende Teilnehmer wird mit einem „Freizeichensatz" verbunden, der zu rufende Teilnehmer mit einem „Rufsatz" (Bild 12.5). Nach dem Melden des gerufenen Teilnehmers wird der endgültige direkte Weg zwischen beiden Teilnehmern aufgebaut.

Bereits dieser erste Überblick zeigt eine sehr charakteristische Eigenschaft des Systems ESS 1: Die Verbindungssätze haben nur noch die für die Gesprächsdauer nötigen Überwachungsfunktionen zu erfüllen. Selbst Hörzeichen- und Rufzeichengabe sind in spezielle Dienstsätze verlegt. Damit werden die Bedingungen der Vielzahl von Leitungssätzen merklich vereinfacht, allerdings auf Kosten eines höheren Koppelpunktaufwandes, der für die Anschaltung der Dienstsätze erforderlich ist. Darüber hinaus müssen folgende Bedingungen vom System eingehalten werden:

— Kurze Reaktionszeit des Rechners und schneller Durchgriff zur Peripherie. So muß z. B. die in Bild 12.5 gezeigte Umkopplung vom Rufsatz bzw. Freizeichensatz zur endgültigen Verbindung zwischen den Teilnehmern in der Zeit zwischen Abheben des Hörers und Meldung mit Namen erfolgt sein.

— Quasivollkommene Erreichbarkeit der Dienstsätze, damit deren Zahl relativ gering gehalten werden kann.

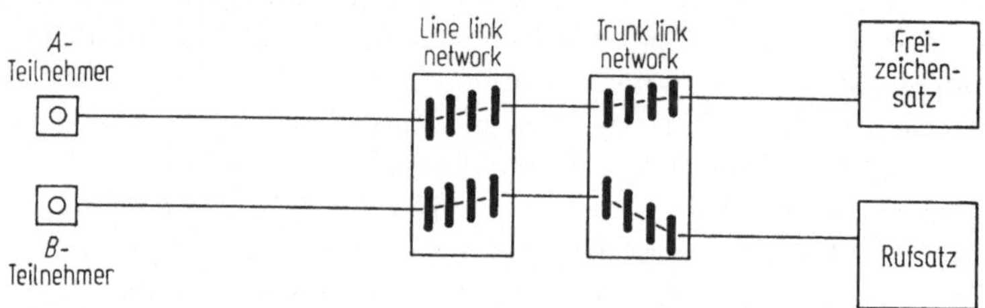

Bild 12.5   Rufen des B-Teilnehmers im Internverkehr

12.2 Verwendete elektromechanische Bauteile

Vom Einfluß des Koppelelementes auf die Systemstruktur war bereits gesprochen worden. Bei ESS 1 wird ein zweiadriger, selbsthaftender Koppelpunkt mit unter Schutzgasatmosphäre arbeitenden Reed-Kontakten verwendet. Das bedeutet also, daß das „Verbindungsgedächtnis" in den Speicher verlegt werden muß, womit auch die Wegesuche im Speicher zweckmäßig ist.

Das magnetische Prinzip dieses „Ferreed-Kopplers" ist interessant [12.3]. Es wird ein Magnetmaterial mit rechteckiger Hystereseschleife verwendet, das aus 48% Eisen, 48% Kobalt, 3,5% Vanadium und 0,5% Mangan besteht und die in Bild 12.6 gezeigten magnetischen Eigenschaften hat.

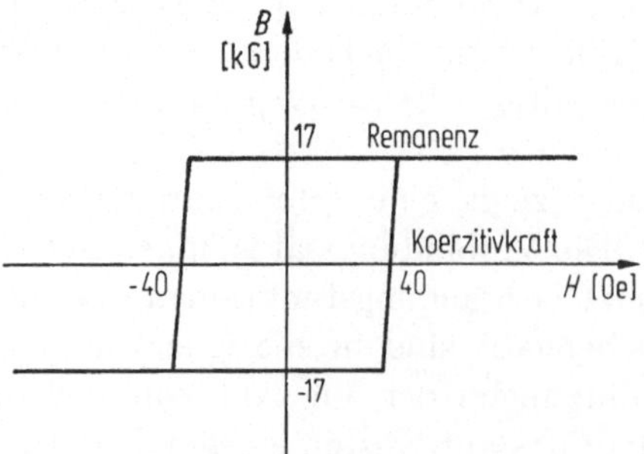

Bild 12.6   Eigenschaften der Kobalt-Eisen-Vanadium-Legierung des Ferreed-Kopplers

Eine von außen aufgezwungene Flußrichtung wird also nach Verschwinden des magnetischen Feldes beibehalten. Damit läßt sich als „Serien-Ferreed" ein Kontaktmechanismus steuern. Bild 12.7 deutet das Prinzip an. Links im Bild sind beide Schenkelhälften des Magneten entgegengesetzt magnetisiert, die Flüsse der beiden Teilmagneten heben sich im Kontakt auf und schließen sich über ein in der Symmetrieachse liegendes Shunt-Blech. Der Kontakt ist nicht betätigt. Rechts im Bild dagegen unterstützen sich bei gleichsinniger Magnetisierung die beiden Flüsse und bewirken das Schließen des aus magnetischem Material bestehenden Kontaktes. Die beiden Lagen sind völlig stabil, Erschütterungen z. B. können den Kontaktzustand schlimmstenfalls nur für die Dauer dieser Störung verändern.

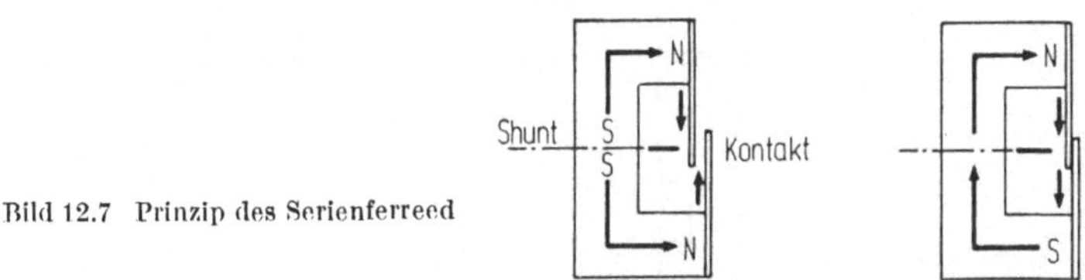

Bild 12.7   Prinzip des Serienferreed

Sehr interessant ist auch die elektrische Ansteuerung des Kontaktes gelöst (Bild 12.8). Jeder Koppelpunkt ist mit einer X- und einer Y-Spule versehen, die jeweils gegensinnig den oberen und unteren Schenkel umfassen, wobei die Windungszahlen sich in der gezeichneten Weise wie 2:1 verhalten.

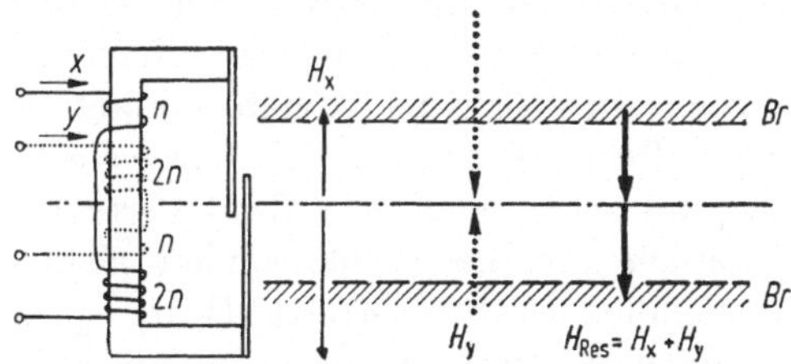

Bild 12.8   Koinzidenzansteuerung des Ferreed-Kopplers

Ist nur eine der beiden Spulen, z. B. X, stromdurchflossen, so ergeben sich in der oberen und in der unteren Hälfte des Schenkels entgegengesetzte, allerdings verschieden große Feldstärken, die jedoch entgegengesetzt gleiche Flüsse erzeugen, da in beiden Schenkelhälften die Sättigungsinduktion erreicht wird. Der Kontakt bleibt geöffnet.

Werden beide Spulen von Strom durchflossen, so entsteht eine gleichgerichtete, resultierende Feldstärke in beiden Hälften des Schenkels, die einen resultierenden Fluß über den Kontakt zur Folge hat. Der Kontakt wird geschlossen.

8 mal 8 solcher Koppelpunkte sind nun in einer quadratischen Koppelmatrix angeordnet (Bild 12.9). Dabei werden jeweils gleichnamige X- und gleichnamige Y-Spulen in Serie geschaltet. Zur Betätigung des Koppelpunktes $K_{5,6}$ werden die Spulen X_5 und Y_6 erregt. Im Kreuzpunkt beider Koordinaten schließt allein Kontakt $K_{5,6}$. Darüber hinaus werden aber andere noch auf den Koordinaten X_5 und Y_6 etwa geschlossene Kontakte automatisch geöffnet.

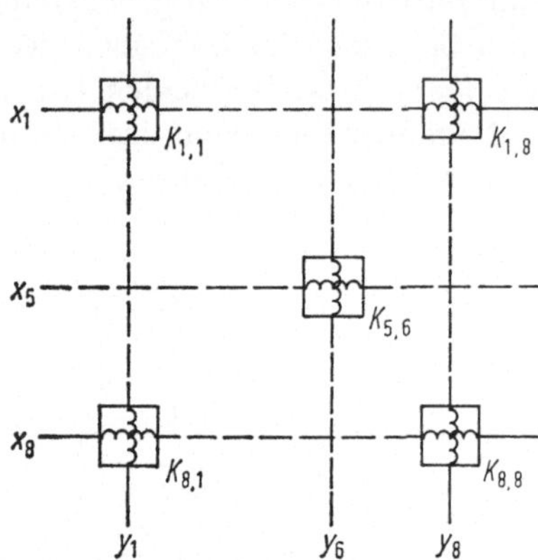

Bild 12.9 Koinzidenzansteuerung der Koppelpunkte K in einer Ferreed-Koppelmatrix

Das ist eine sehr wichtige Eigenschaft. Es ist nun nämlich nicht mehr nötig, am Ende einer Verbindung die betätigten Koppelpunkte auszulösen, da sie mit Aufbau der nächsten Verbindung, die ihre Koordinaten berührt, ohnehin geöffnet werden. Das erspart dem Rechner und den für die Koppelfeldsteuerung nötigen Einstellern (Frame Control) viel Arbeit. Allerdings ist es nicht mehr einfach möglich, gezielte Doppelverbindungen (für Prüf- und Aufschaltezwecke) herzustellen, bei denen zwei Koppelpunkte auf einer Koordinate erregt werden müssen.

Im übrigen werden für die verbleibenden elektromechanischen Funktionen hauptsächlich Drahtfederrelais (Wire Spring Relays) verwendet, die mit ungeschützten Kontakten ausgestattet sind. In seltenen Fällen werden auch Reed- oder Quecksilberkontakte gebraucht. Die Drahtfederrelais sind meist magnetisch haftend ausgeführt.

12.3 Das Koppelfeld

12.3.1 Verbindungsmöglichkeiten

Die Gruppierung besteht aus zwei Netzwerktypen (Bild 12.10), dem Teilnehmer-Netzwerk (Line Link Network) und dem Satz-Netzwerk (Trunk Link Network). Die Wegesuche findet weitspannend von einem

links befindlichen Ursprungspunkt zu einem ebenfalls links gekennzeichneten Ziel statt, das gesamte Koppelfeld bildet also ein einziges
Suchfeld. Im Sinne von Abschn. 3.2.2 handelt es sich also eher um *eine*
Wahlstufe. Die verschiedenen Netzwerke sind untereinander (rechts
im Bild) über ein Rangierfeld vermascht, so daß — entsprechend den
Verkehrswerten — beliebige Verkehrsbeziehungen hergestellt werden
können. Es lassen sich also Verbindungen innerhalb des eigenen Teilnehmernetzwerkes (*a*), zu anderen Teilnehmernetzwerken (*b*), zu Satz-
netzwerken (*c*) und innerhalb der Satznetzwerke (*d*) herstellen. Jeder
Netzwerkblock (z. B. Block 1, *m*, *n*) enthält ein vierstufiges Koppelfeld mit 1 024 Ausgängen an der rechten Seite. Jede Verbindung wird
demnach konstant über 8 Koppelstufen abgewickelt.

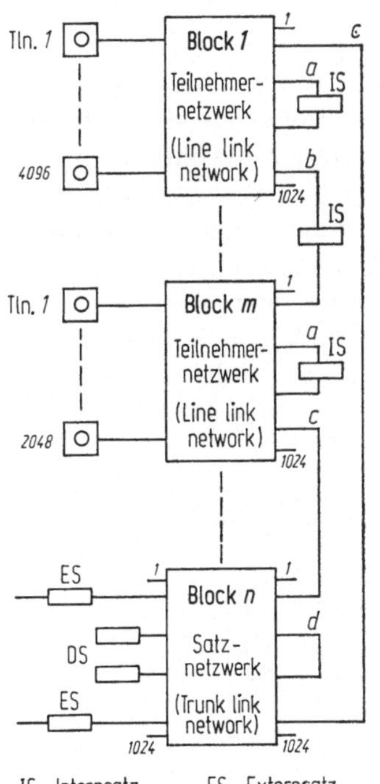

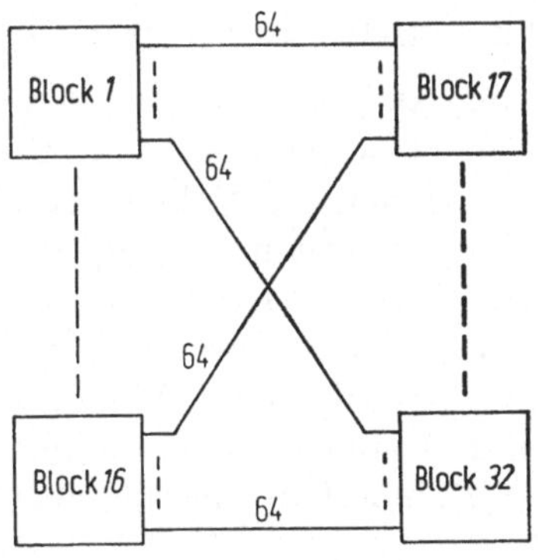

Bild 12.11   Maximalausbau des ESS 1-Koppelfeldes
(hier gezeigt für Verbindungen vom Typ *c*)

IS Internsatz   ES Externsatz
DS Dienstsatz
a...d verschiedene Verbindungsmöglichkeiten

Bild 12.10   Koppelfeld des Systems ESS 1 mit
Verbindungsmöglichkeiten

Diese Netzwerkanordnung eröffnet sehr freizügige Verbindungsmöglichkeiten:

— Internverkehr innerhalb des eigenen Teilnehmernetzwerk-Blockes
über fest dieser Verbindungsleitung zugeordnete Internsätze (*a*);

— desgleichen Internverkehrs zu anderen Teilnehmernetzwerk-Blöcken (*b*);

— Externverkehr von und zu anderen Vermittungsstellen (*c*);

— Durchgangsverkehr von anderen zu anderen Vermittlungsstellen (*d*);

— Verkehr von internen Teilnehmern zu Dienstsätzen (*c*);

— Verkehr von externen Sätzen zu Dienstsätzen (*d*).

Nachteilig ist bei dieser Anordnung lediglich, daß die Anzahl der im eigenen Netzwerktyp bleibenden Brücken *a*, *b*, *d* verkehrswertabhängig rangiert und evtl. geändert werden muß.

Wie Bild 12.11 zeigt, können maximal 16 Blöcke jedes Typs in einer Vermittlungsstelle vorgesehen werden.

12.3.2 Einzelheiten der Gruppierung

Die im vorigen Abschnitt bezeichneten Blöcke müssen noch näher untersucht werden. Bild 12.12 zeigt den Block des Satznetzwerkes, Bild 12.13 den des Teilnehmernetzwerkes in der gewohnten Symbolik. Die Blöcke enthalten Koppelgruppen („Grids") als Gruppierungseinheiten, die untereinander systematisch verbunden sind. Auffallend sind die auf Zweierpotenzen aufbauenden Gruppierungsparameter, die sich damit gut an die duale Arbeitsweise des Zentralsteuerwerkes anpassen.

Die Gruppierung ist insgesamt maschenförmig aufgebaut, wobei sich z. B. innerhalb eines Satznetzwerk-Blockes bereits eine Masche aus

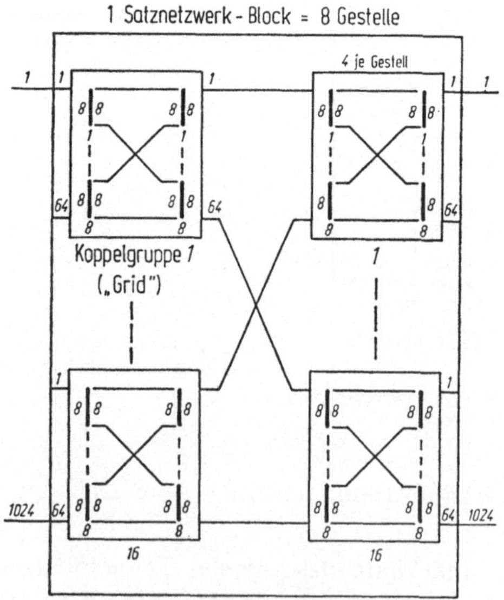

Bild 12.12   Block des Satz-Netzwerkes

4 Wegemöglichkeiten zwischen einem Eingang und einem Ausgang ergibt.

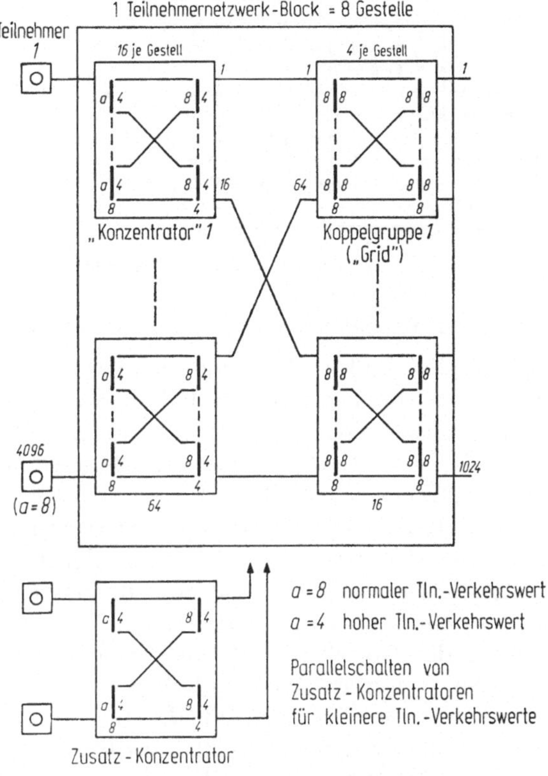

Bild 12.13 Block des Teilnehmer-Netzwerkes

Die Teilnehmer sind an Koppelgruppen angeschlossen, die im Verhältnis von Eingangs- zu Ausgangszahl ein Konzentrationsverhältnis von 4:1 bzw. von 2:1 je nach Verkehrswert aufweisen. Für schwächere Verkehrswerte können die Ausgänge von Teilnehmerkoppelgruppen parallelgeschaltet werden, wie es in Bild 12.13 unten dargestellt ist. Eine Besonderheit ist noch zu erwähnen: In der Teilnehmerkoppelgruppe mit Konzentrationsverhältnis 4:1 sind die Koppelvielfache der Koppelstufe A etwas anders angeordnet als der Einfachheit halber in Bild 12.13 angegeben. Nicht 8 Teilnehmer erreichen gemeinsame 4 Zwischenleitungen zur Koppelstufe B, sondern 16 Eingänge werden nach dem Schema des Bildes 12.14 auf 8 Ausgänge verteilt, wobei jeder Eingang nur 4 von 8 Ausgängen erreicht. Durch diese Anordnung wird ein besserer Belastungsausgleich innerhalb eines Kollektivs von 16 Eingangsleitungen erzielt.

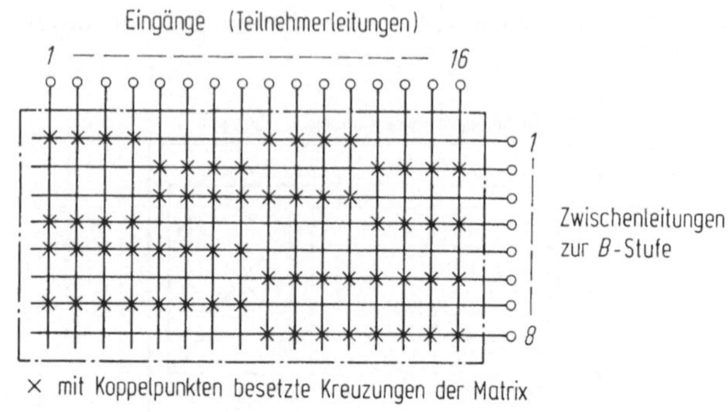

Bild 12.14   4:1 Konzentration in der Koppelstufe A

12.3.3 Konstruktive Aufteilung und Steuerung des Koppelfeldes

In einem Doppelgestell sind 16 Teilnehmerkoppelgruppen einschließlich Steuerung dieser Koppelgruppen enthalten, wobei auch die Teilnehmerschaltungen einschließlich Teilnehmerscanner in diesem Gestell untergebracht sind. Diese Zusammenfassung ist zweckmäßig, da die „Trennrelais" der Teilnehmerschaltungen — ebenfalls in Form von Ferreed-Koppelpunkten — von der Koppelfeldsteuerung mitbedient werden können. Teilausbau von 8 Teilnehmerkoppelgruppen im Hauptteil des Doppelgestells ist möglich. Von den übrigen Koppelgruppen passen jeweils 4 in ein Gestell samt zugehöriger Steuerung. Mehr als 50% des Platzes in den Gestellen wird von der Steuerung belegt. Ein Teilnehmer- oder Satznetzwerk-Block umfaßt jeweils 4 Gestelle.

Die Steuerung eines solchen Koppelfeldgestells ist über ein Bus-Leitungssystem mit dem zentralen Rechner verbunden, von dem sie unmittelbar ihre Aufträge bekommt. Die Funktionsweise der Steuerung geht aus Bild 12.15 hervor.

Als Beispiel wird eine Koppelgruppe im Satznetzwerk betrachtet. Durch die Kontakte von Submatrizenrelais wird ein Strompfad vorbereitet, der über die Zeilen und Spalten der zu erregenden Koppelpunkte in beiden Koppelstufen in Serie fließt. Es gibt 8 Submatrizenrelais E_0 bis E_7, die den Eingang in jedes Koppelvielfach der Koppelstufe „0" bezeichnen. Jedes E-Relais besitzt 8 Kontakte, mit denen es parallel in jedem der 8 Koppelvielfache „0" einen bestimmten Eingang kennzeichnet. Damit der Erregungsstrom für die Koppelpunkte aber nur in einem Koppelvielfach „0" fließt, sind die Ausgänge dieser Koppelvielfache über Kontakte von Koppelvielfachrelais KO_0 bis KO_7 geführt, die das jeweils gewünschte Koppelvielfach angeben. Jedes dieser Relais greift mit 8 Kontakten in die Ausgänge des zugehörigen Koppelvielfachs „0" ein. Nun muß der Ausgang des gewünschten Koppelvielfachs der Koppelstufe „1" bezeichnet werden. Die Kontakte der 8

Ausgangsrelais A_0 bis A_7 werden entsprechend denen der E-Relais parallel an die Ausgänge der Koppelvielfache „1" gelegt. Um einen eindeutigen Strompfad zu schalten, muß nun noch eines der Ausgangs-Koppelvielfache „1" durch ein einkontaktiges Relais $K1$ markiert werden. Werden also z. B. die Relais E_0, KO_7, A_0 und $K1_7$ erregt, so ergibt sich der mit Pfeilen eingetragene Stromkreis, der lediglich zwei von 1024 Koppelpunkten der Koppelgruppe betätigt.

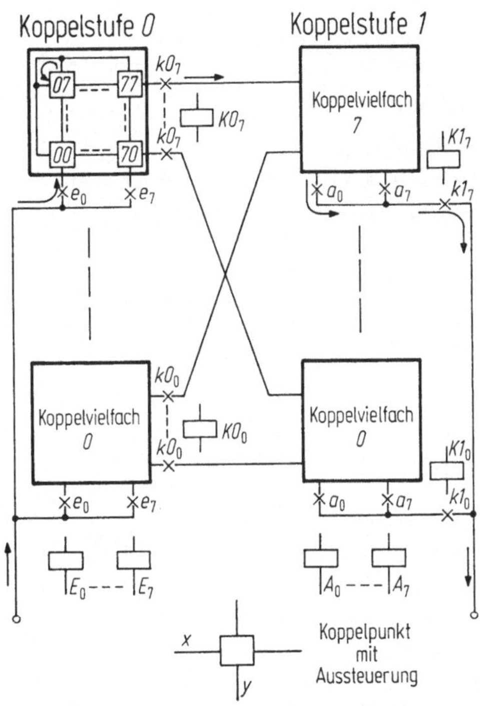

Bild 12.15 Koppelpunktauswahl in einer Koppelgruppe

Dieses Ansteuerprinzip ist recht kontaktintensiv und darum dann empfehlenswert, wenn Vielkontaktrelais mit relativ niederen Kontaktkosten zur Verfügung stehen. Im vorliegenden Fall werden je Koppelpunkt etwa 0,2 Ansteuerkontakte benötigt.

Praktisch werden die gezeigten Vielkontaktrelais, die 24 Kontakte auf einmal schalten können, auch noch zur Ansteuerung in der zweiten Koppelgruppe des Gestells mit ausgenutzt, wodurch sich eine weitere, mit Koppelgruppen-Auswahlkontakten realisierte Koinzidenzbedingung ergibt. Die Submatrix-Relais werden über Umcodierschaltungen und elektronische Register angesteuert, die Teil der Koppelfeldsteuerung sind. Die elektronischen Register sind notwendig, um die Einstellbefehle schnell vom Rechner übernehmen zu können. Nachdem der Strompfad durch die Submatrizenrelais voreingestellt worden ist, wird der eigentliche Einstellstrom zur Betätigung der Koppelpunkte durch Kondensatorentladung erzeugt. Die erforderliche Leistung ist nicht unbeträchtlich: Ein Strom von 9 A muß über 32 in Reihe geschaltete Koppelpunktspulen geschickt werden, die Impulsbreite beträgt 300 µs.

12.4 Struktur der Zugriffsysteme

12.4.1 Der Scan-Punkt

Als Sonde in den Teilnehmer- oder Verbindungsleitungen oder an sonstigen Informationspunkten dient ein im ganzen System einheitlich verwendeter Grundbaustein, das „Ferrod" (ferrite rod).

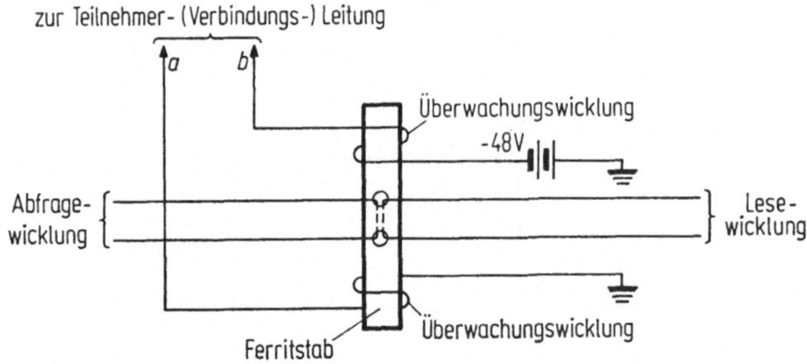

Bild 12.16 Das Ferrod als Scan-Element

Bild 12.16 zeigt das Prinzip. Ein Ferritstab ist mit zwei symmetrischen Wicklungen versehen, die in dem zu überwachenden Stromkreis, also z. B. in der Teilnehmerschleife liegen. Windungszahl und Wicklungswiderstand unterscheiden sich in drei verschiedenen Ausführungsformen, jedoch ist die Windungszahl in der Größe von etwa 1 000. Hier liegt übrigens auch gleich der Vorteil dieses Elementes: Durch die Stabform lassen sich (im Gegensatz zum Ringkern) leicht größere Windungszahlen auf das Element aufbringen. In der Mitte des Ferritstabes sind zwei Löcher vorhanden, durch die ein Abfrage- und ein Lesedraht geführt werden.

Das Element wirkt wie ein Transformator, in dem die magnetische Kopplung zwischen Abfrage- und Lesedraht durch den Fluß gesteuert wird, den der Strom in den Überwachungswicklungen hervorruft. Fließt dieser Strom, so wird das Magnetmaterial gesättigt, die Kopplung zwischen Abfrage- und Lesedraht ist gering. Sind die Überwachungswicklungen stromlos, so kann der bipolare Abfrageimpuls das Ferritmaterial in der Umgebung des Loches ummagnetisieren, in der Lesewicklung wird eine Spannung von etwa 200 mV induziert. Bei gesättigtem Ferritstab ist die Lesespannung bei Abfrage weniger als $^1/_{10}$ dieses Wertes. Der Abfrageimpuls hat eine Amplitude von 500 mA und eine Impulsdauer von 3 µs.

12.4.2 Scanner

Bild 12.17 macht das Prinzip der Scanner-Organisation klar. Die Abfragewicklungen von jeweils 16 Ferrods in einer Zeile und senkrecht dazu die Lesewicklungen von je 64 Ferrods in einer Spalte werden in Reihe geschaltet. Damit ergibt sich eine Matrix von $16 \cdot 64 = 1\,024$ Ferrods oder Scan-Punkten.

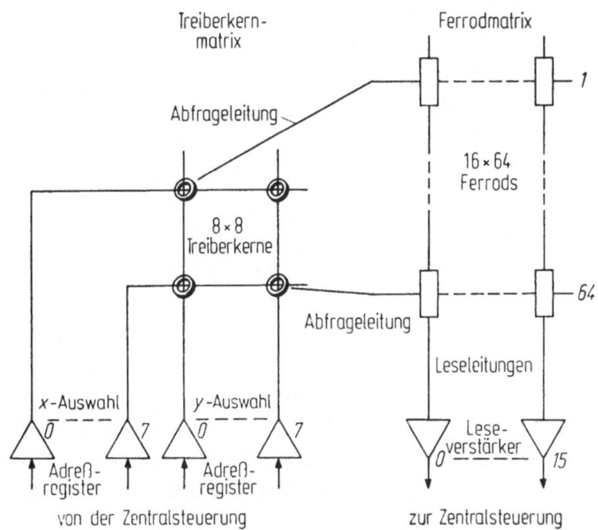

Bild 12.17 Scanner-Organisation

Der Abfragestrom für eine Ferrod-Zeile wird von einem Magnetkern geliefert, der in Stromkoinzidenz angesteuert wird. Entsprechend den 64 Ferrod-Zeilen gibt es 64 solcher Treiberkerne, die ihrerseits in einer quadratischen Matrix angeordnet sind. Den Ansteuerstrom für die Treiberkerne geben nach entsprechender Verstärkung die Adreßregister ab, die über den zentralen Bus vom Rechner aus mit der Ferrod-Zeilenadresse im $2 \cdot (1 \text{ aus } 8)$-Code geladen werden. Als Ergebnis der Abfrage wird der Zustand von jeweils 16 Scan-Punkten an das zentrale Leitungssystem zum Rechner abgegeben.

14*

Der Scan-Prozeß läuft also vollkommen unter Kontrolle des Rechners ab. Nur die jeweils vom Rechner angegebene Ferrod-Zeile wird ausgelesen und die erhaltene Information an den Rechner zurückgesendet. Erst der Rechner entscheidet durch „last look", ob eine Änderung von Zuständen eingetreten ist.

Wie bereits erwähnt, werden diese Scanner konstruktiv mit den jeweiligen Geräten vereint, die sie überwachen. So gibt es Teilnehmer-Scanner, Verbindungssatz-Scanner usw. Jede Teilnehmerleitung wird im Zyklus von 100 ms abgefragt. Zur Aufnahme von Wahlimpulsen ist ein 10-ms-Zyklus notwendig, der über den Master Scanner ausgeführt wird. Die Überwachung von Verbindungen, die sich im Gesprächszustand befinden, kann wieder im 100-ms-Zyklus erfolgen (Junctor Scanner, Trunk Scanner).

12.4.3 Schnelle Signalverteilung

Wie in Kap. 7 bereits ausgeführt, erfordern gewisse Funktionen in der vermittlungstechnischen Peripherie — z. B. die Abgabe von Wahlimpulsen — den schnellen Zugriff vom zentralen Rechner. Im ESS 1-System übernimmt diese Funktion wie auch die Ansteuerung der am zentralen Bus-System liegenden Geräte (Scanner, Frame Control, Signal Distributor) der „Central Pulse Distributor" (CPD). Außerdem beeinflußt der CPD im direkten Zugriff Zustands-Kippschaltungen in den verschiedenen Steuerungen, die die Funktionsbereitschaft dieser Geräte kennzeichnen.

Ein CPD kann 1 024 Punkte ansteuern. Infolge seiner zentralen Lage und der hochfrequenten Ausgangssignale — ein CPD-Impuls dauert nur 0,5 µs — muß der Störsicherheit der Signalübertragung Aufmerksamkeit geschenkt werden. Die Impulse werden deshalb symmetrisch über „twisted pairs" übertragen. Die Impulserzeugung geschieht zentral, wobei durch geeignete Impulsformung für günstige Übertragungsbedingungen gesorgt ist.

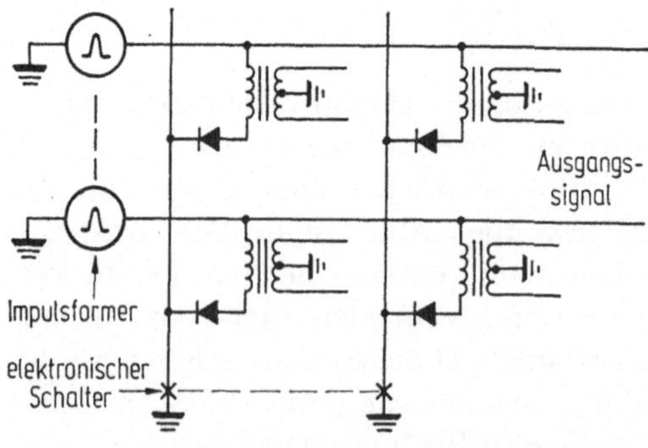

Bild 12.18 Grundprinzip des Central Pulse Distributor

Der CPD arbeitet als Decoder mit Transformatormatrizen, wie es Bild 12.18 für eine Decodierstufe zeigt. Durch Auswahl je eines Elementes in der horizontalen und vertikalen Ansteuerung wird der im Kreuzpunkt liegende Transformator angesteuert und zur Abgabe eines Ausgangssignals veranlaßt. Es sind unipolare und bipolare Ausgangssignale möglich.

Bis zu 16 CPD können in großen Vermittlungsstellen notwendig werden.

12.4.4 Langsame Signalverteilung

Um Relais in den peripheren Geräten eines Vermittlungssystems zu erregen, ist Leistung erforderlich. Der billigste Leistungsschalter ist derzeit noch — oder war zumindest noch zur Zeit der Entwicklung des Systems ESS 1 — der Relaiskontakt. Aus diesem Grunde werden im System ESS 1 an allen Stellen, wo es die Schalthäufigkeit und die Schaltgeschwindigkeit erlauben, Relais-Decoder verwendet (Abschn. 7.3.2). Dies ist für sehr viele Sätze der Fall.

Diese Signal Distributor haben 512 oder 1024 Ausgänge und sind konstruktiv mit den Sätzen, deren Relais sie steuern, in einem Gestell vereint. Sie erhalten Einstellbefehle unmittelbar vom Rechner über das zentrale Bus-System.

12.4.5 Koppelfeldsteuerung

Die Ansteuerung der Koppelpunkte gehört zum Bereich der Zugriffsysteme. Im Interesse des besseren Verständnisses wurde dieser Teil jedoch bereits mit den Koppelfeldern selbst abgehandelt (Abschn. 12.3.3).

12.5 Verbindungs- und Dienstsätze

Das System ESS 1 verwendet voll „passive" Relaissätze (Abschn. 7.5.3). Es wurde schon gesagt, daß zusätzlich durch die starke Funktionstrennung in Verbindungssätze und viele Arten von Dienstsätzen eine weitere Vereinfachung der Sätze möglich ist, freilich ein wenig auf Kosten zusätzlicher Koppelpunkte. So kommt es, daß zahlreiche Sätze lediglich 2 bis 3 Relais und 2 Scan-Punkte benötigen. Ein Junctor (Internverbindungssatz) wird z. B. mit 2 Scan-Punkten und 2 Relais, von denen jedes nur 2 Arbeitskontakte im eigentlichen Junctor-Kreis aufweist, ausgerüstet.

Aus diesem Grunde wurden für Sätze Universalgestelle eingeführt, in die verschiedene Typen nach Bedarf in beliebiger Verteilung eingesteckt werden können. Lediglich das Programm muß über die Bedeutung des jeweiligen Satzes informiert sein. Bis zu 128 Sätze können so einschließlich der zugehörigen Scanner und Signalverteiler in einem Gestell untergebracht werden.

Die Relais in den Sätzen sind meist Drahtfederrelais mit magnetischer Haftwirkung. Ohne elektrische Energiezufuhr haltende Relais sind in passiven Relaissätzen sehr vorteilhaft wegen
— der Ersparnis eines Haltekontaktes für einen elektrischen Haltekreis,
— der leichteren Rückstellbarkeit,
— des geringeren Energieverbrauchs, der insbesondere bei dem kompakten Aufbau passiver Relaissätze eine Rolle spielt.

12.6 Zentralsteuerung

Die Zentralsteuerung besteht aus der Verarbeitungseinheit, getrennten Programm- und Informationsspeichern und den Leitungssystemen, über die sie intern und extern Daten verteilt. Außerdem sind zentrale Überwachungs- und Schalteinrichtungen vorhanden, mit denen die Funktionsfähigkeit der Vermittlung sichergestellt wird. Schließlich müssen die Bedienungselemente erwähnt werden, mit deren Hilfe administrative Eingriffe in die Speicher des Systems möglich sind.

12.6.1 Programmspeicher

Der Programmspeicher im System ESS 1 ist als „Twistor-Speicher" ein „Read Only Memory". Damit ist eine ungewollte Zerstörung des Programminhalts durch Gerätefehler oder falschen Operator-Eingriff absolut unterbunden. Ein weiterer Vorteil ist, daß die Kosten pro Bit im Programmspeicher nur $^1/_5$ der Bitkosten im Informationsspeicher betragen.

Dem Twistor-Speicher liegt folgendes physikalisches Prinzip zugrunde:
a) Ein magnetischer Draht, der stromdurchflossen ist, führt eine Torsionsdrehung aus, wenn ihm ein axiales magnetisches Feld von außen aufgeprägt wird (Wiedemann). Umgekehrt wird über einem tordierten magnetischen Draht eine Spannung erzeugt, wenn ihm ein äußeres, axiales Magnetfeld zugeführt wird (Bild 12.19). Diese

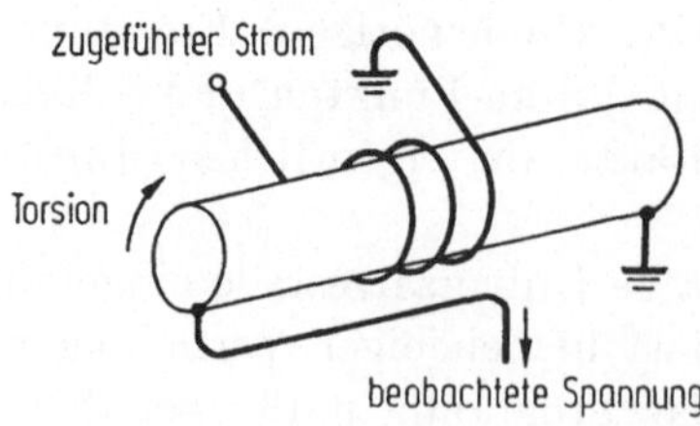

Bild 12.19 Physikalisches Prinzip des Twistor-Speichers

Spannung ist merklich größer als die mit *einer* Sekundärwindung erzielte induzierte Spannung. Der tordierte Magnetdraht läßt sich auch durch ein spiralförmig um einen Kupferdraht gewickeltes Band aus magnetischem Material ersetzen (Twistor-Band).

b) Ein kleiner Dauermagnet über dem Magnetdraht ist in der Lage, das von außen zugeführte Magnetfeld so weit zu verschieben, daß es keine Spannung im Magnetdraht erzeugen kann (Bild 12.20).

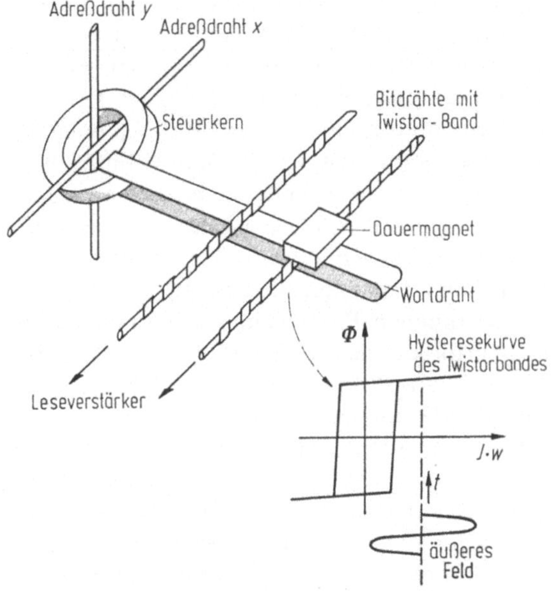

Bild 12.20   Technisches Prinzip des Twistor-Speichers

Das Bild zeigt außerdem das Ansteuerprinzip: Ein Steuerkern wird koinzident über X- und Y-Koordinaten geschaltet. Der dabei sekundär erzeugte Strom von 1 A Amplitude und einer Impulsdauer von etwa 4 μs wird im „Wortdraht" über die Twistor-Bänder geführt, die die Bit-Drähte des Speichers darstellen. Dieser Strom erzeugt das äußere Magnetfeld, das die Lesespannung über dem Draht verursacht, wenn kein Dauermagnet vorhanden ist.

Ein Twistor-Speicher hat eine Kapazität von 131 072 Worten zu je 44 bit, das sind also $5{,}8 \cdot 10^6$ bit. Er nimmt in 3 Gestellen eine Fläche von etwa 2,10 m · 2,40 m ein. In großen Vermittlungsstellen werden mit Speicherkapazitäten bis 18 Millionen bit bis zu 3 duplizierte Twistorspeicher gebraucht, d. h. also 6 derartige Speicherblöcke. Dieser Speicherbedarf entfällt nur bis zu etwa $4 \cdot 10^6$ bit auf Programme, ein proportional der Vermittlungsgröße wachsender Anteil wird für Tabellen und teilnehmereigene Zuordnungen (z. B. Rufnummer-Lage-Zuordnung) gebraucht. Die Aufbewahrung derartiger Zuordnungen in einem Festwertspeicher setzt eine sorgfältige Organisation des Änderungsdienstes voraus. So werden alle Änderungen zunächst im veränderlichen Informationsspeicher („Call Store") der Zentralsteuerung aufbewahrt.

Im Vermittlungsbetrieb wird bei der Abfrage von Zuordnungen im Call Store nachgeschaut, ob sich die Zuordnung geändert hat. Wenn dies der Fall ist, wird die Zuordnung des Call Store berücksichtigt. In regelmäßigen Abständen, z. B. jede Woche, werden die Änderungen in den Programmspeicher übernommen. Hierzu müssen die zu ändernden Moduln des Programmspeichers mit geeigneten Hilfsmitteln aus dem Speicher entfernt und in einen „Card Writer" eingeführt werden. In einem Card Writer kann jeweils ein Modul mit 8000 Programmworten in etwa 12 Minuten automatisch auf neuen Stand gebracht werden. „Automatisch" heißt in diesem Fall, daß die Änderungen aus dem Call Store unter Kontrolle der Zentralsteuerung in den Card Writer übergeben werden. Nimmt man an, daß in einer großen Vermittlungsstelle $4^1/_2$ der 6 vorhandenen Programmspeicher wöchentlich geändert werden müssen, so erfordert das wöchentlich etwa 18 h Maschinenzeit.

Einige Daten noch zum Programmspeicher: Der Lesezyklus ist mit 5,5 μs für heutige Begriffe langsam. Das Ausgangssignal beträgt etwa 2,5 mV an 300 Ω mit einem Nutz- zu Störverhältnis von 2,5 zu 1. Durch einen Strobe-Impuls wird die Lesesicherheit vergrößert, da das Maximum des Nutzsignals mit dem Minimum des Störsignals zusammenfällt. Von den 44 bit des Programmspeicherwortes dienen 7 der Redundanz. Es wird ein einfache Fehler korrigierender Hamming-Code verwendet, der sich über das Speicherwort einschließlich seiner Adresse im Speicher erstreckt.

12.6.2 Der Informationsspeicher

Als Speicher für variable Informationen dient der sog. „Call Store". Als Speichermedium werden Ferritplättchen von etwa $2^1/_2 \cdot 2^1/_2$ cm² Fläche verwendet, in denen $16 \cdot 16 = 256$ Löcher die diskreten Kerne von Kernspeichern ersetzen. 768 solcher Plättchen bilden einen Speicher, der in 8192 Worten zu je 24 bit (das sind 196608 bit) organisiert ist. Auf jedem Plättchen ist ein Kupferleiter aufgebracht, der alle Löcher in Serie durchsetzt und als einer der beiden Adreßdrähte (Y) dient. Der Speicher ist als 3D-Vierdrahtspeicher (Adresse X und Y als Halbströme, Lesedraht und Inhibit-Draht) aufgebaut.

Der Bedarf an variablen Speichern beträgt abhängig von der Größe der Vermittlung zwischen 100000 und 4000000 bit. Das bedeutet, daß einschließlich Duplizierung bis zu 40 dieser Speicher in einer Vermittlung gebraucht werden. Ein Speicher nimmt den Platz eines etwa 1 m breiten Gestells ein, wobei der Speicherblock selbst nur etwa $^1/_{10}$ der Fläche beansprucht.

Der Speicher paßt sich — obgleich er an sich schneller arbeiten könnte — an den 5,5-µs-Zyklus der Zentralsteuerung an. Das Ausgangssignal eines koinzident angesteuerten Speicherblocks beträgt 75 mV für die gestörte Eins bei einer Schaltzeit von 0,9 µs. Von den 24 bit des Speicherwortes wird eines als Paritätsbit über Information und Adresse verwendet.

12.6.3 Verarbeitungseinheit

Der Rechner des Systems ESS 1 gehört in seiner Struktur zur zweiten Generation von Datenverarbeitungsanlagen. Dabei sind mit ihm sehr interessante Prinzipien zur Bewältigung des „Real-Time"-Betriebes und der außerordentlichen Sicherheitsanforderungen verwirklicht. Er gehört mit 12500 NAND-Gattern zu den größeren seiner Art, wobei — der Entwicklungszeit entsprechend — diskrete Bauelemente verwendet werden. Mit maximalen Gatterlaufzeiten von 65 ns ist die Schaltkreistechnik in den Bereich normaler Geschwindigkeitsbereiche im Sinne heutiger integrierter Schaltkreise einzuordnen. Einige bemerkenswerte Strukturmerkmale sind:

a) *Befehlsliste.* Die Befehlsliste ist recht umfangreich und enthält etwa 90 Grundbefehle. Hinzu kommen etwa 30 Überwachungs- und Prüfbefehle. Die Vielfalt ist mit bedingt durch die Verbindung der Operation mit einer Registeradresse. So wird z. B. der Transport einer Information vom Speicher in ein bestimmtes Register X und der entsprechende Transport in ein anderes Register Y durch zwei verschiedene Befehlstypen bezeichnet.

Das Befehlswort umfaßt 44 bit, von denen — wie bereits erwähnt — 7 bit der Sicherung dienen. Der Operationsteil ist 16 bzw. 14 bit lang und in Unterfelder für den eigentlichen Operationsteil, das angesprochene Register und gewisse, mehreren Befehlen gemeinsame Modifikationsmöglichkeiten (z. B. Komplementbildung) unterteilt. Maximal 23 bit — entsprechend der Datenlänge und Verarbeitungsbreite — werden im Befehlswort für die Angabe von Konstanten benötigt. Aus 14 (Operationsteil) und 23 (Daten) ergibt sich die Befehlswortlänge von 44 bit. Anstelle der Daten kann auch eine vollständige Speicheradresse angegeben werden. Mit 21 bit ist es möglich, jedes Speicherwort ohne Adreßrechnung direkt anzusprechen.

Das Befehlsrepertoire selbst verzichtet auf höhere arithmetische Operationen wie Multiplikation und Division, hat dafür eine Vielfalt von Entscheidungsbefehlen und verfügt über sehr wirksame Spezialbefehle, die in der Vermittlungstechnik häufig gebraucht werden. Hierzu gehören Scan-Befehle und Befehle zur Wegesuche („Suche erste eins von rechts").

Die Ausführung der Befehle wird durch Befehlsdecoder überwacht, die die Schaltstellen im Rechner ansteuern. Der zeitliche Ablauf der Befehle ist durch ein Multiphasen-Taktsystem festgelegt. Für besonders komplizierte und längere Abläufe dienen spezielle „Sequencer". Insgesamt handelt es sich also um ein „verdrahtetes Befehlsrepertoire", das mit Decodern, Taktphasen und Sequencern zwischen 15% und 20% des gesamten Rechneraufwandes beansprucht.

b) *Zeitbilanz*. Ein Maschinenzyklus beträgt 5,5 µs und ist definiert als der minimale zeitliche Abstand zweier aufeinanderfolgender Programmwortabfragen (bestimmt durch die Zykluszeit des Programmspeichers), d. h. also als die kürzestmögliche Befehlsfolge. Mit Rücksicht auf die Leistungsfähigkeit der Maschine ist natürlich anzustreben, die am häufigsten vorkommenden Befehle innerhalb *einer* Zykluszeit ablaufen zu lassen. Das läßt sich aber im allgemeinen nicht durchführen. So benötigen allein die mit einer Häufigkeit von 60% bis 70% auftretenden Schreib- und Lesebefehle für den Call Store mehr als $1^1/_3$ bzw. $1^2/_3$ Zyklen. Aus diesem Grunde werden die Befehle überlappend verarbeitet. Im ersten Zyklus erfolgt z. B. die Indizierung und Modifikation der Adresse, im zweiten die Ausführung mit dem Transport zum Call Store. In dieser Zeit kann aber im nächsten Befehl bereits wieder die Adresse aufbereitet werden. Diese „Overlap"-Prozeduren erfordern sorgfältige Überlegung und führen auch zu gewissen Einschränkungen in der Programmierung. Es kommt sogar vor, daß das interne Bus-System des Rechners von zwei Befehlen gleichzeitig benutzt wird.

Voraussetzung für das hier angewendete Verfahren ist der Anschluß von Programm- und Informationsspeichern an getrennten Leitungssystemen. Allerdings ergeben sich durch die Aufbewahrung auch von Daten (wie z. B. Zuordnungstabellen) im Programmspeicher zusätzliche Schwierigkeiten.

c) *Unterbrechungsstruktur*. Die Verlagerung aller Intelligenzfunktionen in das Zentralsteuerwerk macht es notwendig, laufende Programme zugunsten dringlicherer Aufgaben zu unterbrechen. Dabei ist eine Hierarchie von 9 Dringlichkeitsstufen vorgesehen, wobei eine bestimmte Priorität nur Programme darunterliegender Dringlichkeit unterbricht. Es können sich also im Programmablauf verschiedene Unterbrechungen aufeinander aufstocken.

Die Unterbrechungsautomatik sorgt dafür, daß die Daten und die Adresse des nächsten Programmwortes für das gerade laufende Programm nicht verloren gehen. Diese Informationen werden in speziell hierfür pro Dringlichkeitsstufe vorgesehenen Speicherplätzen im Call

Store abgelegt. Nach Ende der Unterbrechung wird das laufende Programm automatisch mit den im Call Store „geretteten" Informationen wieder aufgenommen.

Eine Unterbrechung wird erst nach Beendigung des laufenden Befehls wirksam. In Sonderfällen muß sogar noch der Ablauf eines weiteren Befehls abgewartet werden. Das ist der Fall, wenn Programme verschiedener Priorität in gleichen Bereichen des Call Store arbeiten, z. B. zur Belegtkennzeichnung doppelt gerichteter Verbindungsleitungen. Es darf nicht geschehen, daß durch Programme unterschiedlicher Priorität eine Verbindungsleitung doppelt belegt wird, nur weil das unterbrochene Programm noch nicht die Belegtkennzeichnung der ausgewählten Leitung vornehmen konnte.

Die Unterbrechungsautomatik kann selektiv für die einzelnen Hierarchiestufen stillgelegt werden. Das ist nötig für gewisse Prüfprogramme, in deren Ablauf Unterbrechungsanforderungen zu Testzwecken erzeugt werden, oder aber auch zur Abwehr bestimmter Fehler in der Peripherie, die zu ständigen Unterbrechungsanforderungen führen.

12.6.4 Leitungssysteme

Zur Verbindung der Verarbeitungseinheit mit Speichern und peripheren Geräten werden einheitliche Prinzipien und Schaltkreise verwendet. Bedingungen sind:

— Die Leitungslänge von der Verarbeitungseinheit bis zum entferntesten peripheren Gerät kann bis zu 135 m betragen.

— Die Zahl der in der Peripherie angeschlossenen Geräte kann in großen Vermittlungsstellen auf einige hundert anwachsen.

— Die Übertragungsgeschwindigkeit muß so hoch sein, daß sie die Leistungsfähigkeit der Verarbeitungseinheit nicht merklich beeinträchtigt.

— Durch die räumliche Ausdehnung bedingte Erdpotentialdifferenzen und Störimpulse aus Relaisschaltkreisen dürfen die Informationsübertragung nicht beeinflussen.

— Der Defekt eines am Leitungssystem liegenden Senders oder Empfängers darf das Leitungssystem nicht außer Betrieb setzen.

Diese Bedingungen werden durch ein Wechselstrom-Übertragungssystem realisiert, an das die Sender parallel (Bild 12.21) und die Empfänger in Serie (Bild 12.22) angekoppelt werden. Die Übertragung geschieht mit einem 0,5-μs-Impuls von 20 mA Amplitude bei einer Last von 50 Ω.

a) *Bus-System zum Program Store.* Aus Laufzeitgründen beträgt die maximale Länge von der Verarbeitungseinheit bis zum entferntesten

Speicher 30 m. Legt man die Verarbeitungseinheit in die Mitte, stehen insgesamt 60 m Leitungslänge zur Verfügung. Die Übertragung erfolgt parallel, so daß in Senderichtung (Verarbeitungseinheit zum Speicher) für Adressierung und Steuermoden 25 Leitungen, in Empfangsrichtung (Speicher zur Verarbeitungseinheit) 46 Leitungen erforderlich sind.

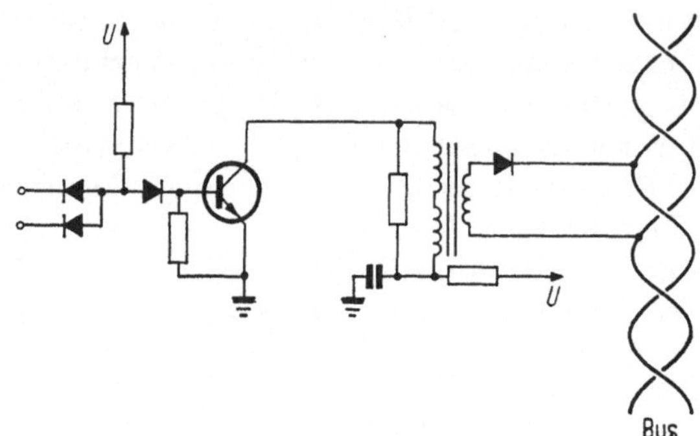

Bild 12.21 Sender am Bus-System

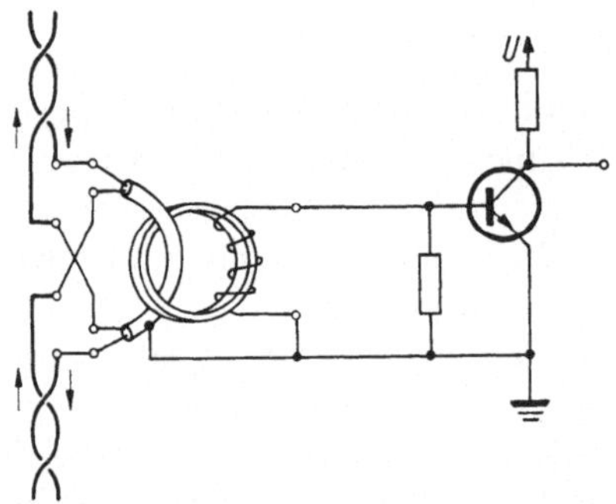

Bild 12.22 Empfänger am Bus-System

b) *Bus-System zum Call Store.* Hier beträgt sinngemäß a) die maximale Länge von der Verarbeitungseinheit zum entferntesten Speicher 38 m. Bei paralleler Übertragung werden 26 Leitungen für Adressierung und Steuermoden, 25 Leitungen für das Einschreiben und 26 Leitungen für das Lesen von Daten benötigt.

c) *Peripheres Bus-System.* Das periphere Bus-System besteht aus verschiedenen Teilen (Bild 12.23). Ein Adreß-Bus transportiert Informationen vom Rechner zu den verschiedenen peripheren Geräten, ein Answer-Bus leitet umgekehrt Informationen (aus Scan-Punkten) von den peripheren Geräten zum Rechner. Das gewünschte Gerät wird durch individuelle Ansteuerung von einem Central Pulse Distributor adressiert (CPD). Die CPD ihrerseits sind über ein Bus-System mit dem

Rechner verbunden, über das sie die Adressen der anzusteuernden
Geräte oder Einzel-Kippschaltungen erhalten und andererseits Quit-
tungsinformationen zurückgeben. Die Adressierung der CPD selbst
erfolgt vom Rechner über individuelle Leitungen. Alle Informationen
werden parallel übertragen.

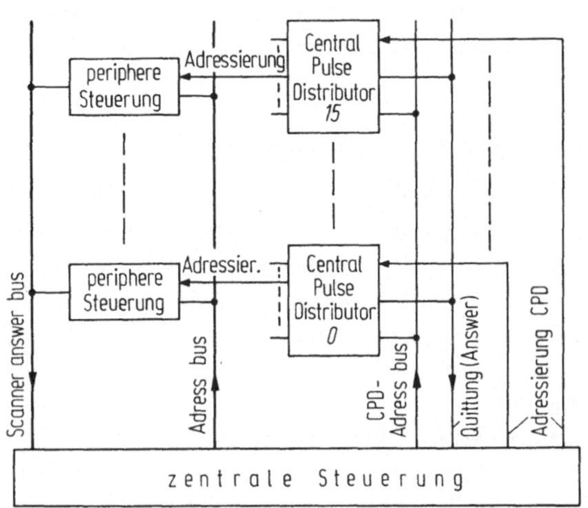

Bild 12.23 Periphere Bus-Systeme

Der periphere Adreß-Bus enthält 36 Leitungen, der Answer-Bus
17 Leitungen. Das CPD-Bus-System besteht aus 32 Adreß- und 24
Answer-Leitungen. Da die Laufzeiten des Ansteuerimpulses für das periphere Gerät über den CPD einerseits und der Information für dieses
Gerät über den peripheren Adreß-Bus andererseits aufeinander abgestimmt sein müssen, ist der Leitungsführung sorgfältige Beachtung
zu schenken. Deshalb wird das periphere Bus-System über die CPD als

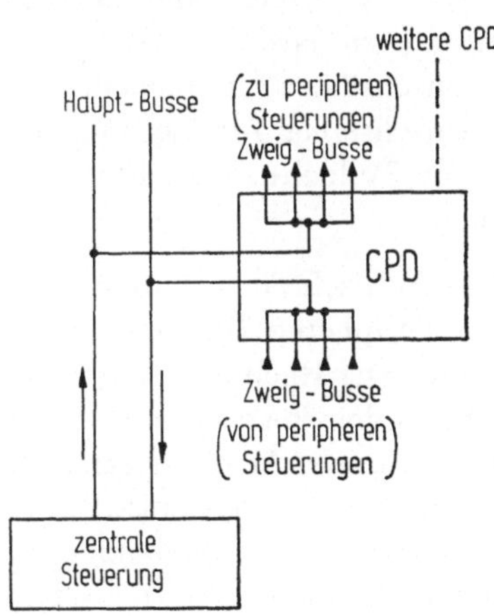

Bild 12.24 CPD als Verteilpunkt für
periphere Busse

Verteiler-Sternpunkte geführt. Von einem CPD gehen vier Zweige des peripheren Bus-Systems aus. Auf diese Weise läßt sich auch das Problem, in großen Vermittlungsstellen viele hundert Geräte mit dem peripheren Bus-System versorgen zu müssen, beherrschen (Bild 12.24).

Außer den hier beschriebenen Bus-Systemen und Ansteuerleitungen gibt es noch weitere, teilweise individuelle Steuerleitungen zur Abfrage und Ansteuerung von Zustandskennzeichen für Überwachungs- und Diagnosezwecke.

12.6.5 Wartungs- und Bedienelemente

Wartungs- und Bedienelemente gehören im weiteren Sinne zur Zentralsteuerung, weil sie den menschlichen Zugriff in die Zentralsteuerung und die von ihr abgewickelten Programme erlauben. Der Informationsaustausch mit dem Menschen kann entweder direkt am Ort der Vermittlungsstelle oder abgesetzt in einem Wartungszentrum erfolgen. Der Informationsaustausch geschieht entweder über Fernschreiber oder Test-Tableaus.

a) *Fernschreiberanschlüsse.* Das Problem, den verschiedenen Wartungs- und Bedienungsdienststellen nur die Eingriffe zu erlauben, zu denen diese Dienststellen befugt sind, wird durch Zuordnung eigener Fernschreiber gelöst. So gibt es:

— Wartungsfernschreiber. Er druckt Fehlermeldungen, Diagnoseergebnisse, Verkehrsüberlastungen und Antworten auf Fragen des Wartungspersonals aus. Diese Fragen können auf Speicherinhalte bestimmter Zellen gerichtet oder Diagnoseaufträge sein. Ein Wartungsfernschreiber ist in der Vermittlungsstelle selbst, ein zweiter im Wartungszentrum installiert.

— Service-Orders-Fernschreiber. Er ist im Service-Orders-Büro untergebracht. Aufgaben sind: Zuteilung von Teilnehmerberechtigungen, Rufnummern usw.

— Fernschreiber für Verkehrsmessungen.

— Fernschreiber für Leitungsprüfung. Die Ergebnisse von Routinetests von Teilnehmeranschlußleitungen werden an zentraler Stelle ausgedruckt.

Die Fernschreiber haben Anpassungen, die wie periphere Geräte an den peripheren Bus-Systemen liegen. Sie werden aus dem Rechner gesteuert. Der Rechner besorgt auch die Umsetzung aus der Maschinensprache in den Fernschreib-Code und umgekehrt.

b) *Test Panels.* Wartungseingriffe über Fernschreiber setzen eine noch funktionsfähige Zentralsteuerung voraus. Mit einem Tasten- und Lampenfeld ist es jedoch möglich, direkt in den Systemzustand einzugreifen, Ersatzgeräte anzuschalten usw. Desgleichen ist ein Tasten-

und Lampenfeld für die Prüfung von Sätzen und Leitungen vorhanden, das eine schnellere Prüfung als über den Wartungsfernschreiber erlaubt.

c) *Gebührenerfassung.* Die Gebühren werden nach dem „AMA-Prinzip" (Automatic Message Accounting) erfaßt. Dazu werden die Verbindungsdaten (Ursprung, Ziel, Dauer der Verbindung) auf Magnetbändern gespeichert, die von der Zentralsteuerung des Systems ESS 1 beschickt werden. Die Magnetbänder werden dann zu gegebener Zeit im Rechenzentrum für Gebührenerfassung ausgewertet.

12.6.6 Signal Processor [12.2]

Der Signal Processor übernimmt in großen Vermittlungsstellen die Ein- und Ausgabefunktionen der Verarbeitungseinheit. Dazu gehört zum Beispiel die Aufnahme von Wahlimpulsen und deren Zusammenstellung zu Ziffern. Damit gelingt es, die Verarbeitungskapazität der Zentralsteuerung von maximal 33000 auf 65000 Verbindungen pro Stunde zu erhöhen.

Der Signal Processor arbeitet synchron mit der Verarbeitungseinheit, besitzt einen eigenen Call Store und wird durch ein verdrahtetes Programm gesteuert. Im Umfang nimmt er $^2/_3$ der Verarbeitungseinheit ein. Die Überwachung geschieht wie die der Verarbeitungseinheit (Abschn. 12.8) durch Parallellauf und Vergleich der Ergebnisse zweier Signal Processoren.

Die Zusammenarbeit mit der Verarbeitungseinheit wird über den Call Store Bus der Verarbeitungseinheit abgewickelt. Der Signal Processor hat außerdem parallel zu der Verarbeitungseinheit Zugriff zu den peripheren Bus-Systemen. Die Verarbeitungseinheit kann über den Signal Processor in den Call Store des Signal Processors eingreifen.

12.7 Programmsystem

Wesentlich für die Auslegung des Programmsystems sind folgende Bedingungen:

— Erfüllung der „Real-Time"-Forderungen für dringliche und nichtdringliche Funktionen;

— Flexibilität gegenüber wechselnden Bedingungen und unterschiedlichen Größen der Vermittlungsstellen;

— in diesem Zusammenhang: einfache und einheitliche Assembler-Programme;

— Optimierung des Programmaufwandes.

12.7.1 Zeitbedingungen

Die volle zentrale Steuerung aller Funktionen führt zu einschneidenden Konsequenzen in der Programmstruktur. Damit alle Verbindungen in allen Teilfunktionen in vernünftiger Zeit abgearbeitet werden können, wird ein ausgefeiltes System von Unterbrechungs- und Prioritätsstufen verwendet, bei dem versucht wird, die einzelnen Programmabschnitte möglichst kurz zu halten, um auch niedere Prioritätsstufen zufriedenstellend zu bedienen. So ergibt sich etwa folgende Klassifirung:

a) *Oberste Unterbrechungsstufe (Ebene A)*. Diese Unterbrechungsstufe wird durch manuellen Eingriff vom Wartungsfeld her erzeugt (Abschn. 12.6.5).

b) *Unterbrechungsstufen B bis G*. Diese sind Fehlermeldungen von verschiedenen Geräten — je nach Bedeutung und Dringlichkeit — zugeordnet.

c) *Unterbrechungsstufen H und I*. Abgesehen von den in Störungsfällen notwendigen Reaktionen sind die Ein- und Ausgabeoperationen zum großen Teil dringlich. Für die Eingabe ist es wichtig, Informationen, die in der Peripherie angeboten werden, vor ihrem möglichen Verschwinden zunächst einmal in Eingabelisten („Hopper") zu „retten", da in der Peripherie keine Pufferspeicher bestehen. Für die Ausgabe müssen in bestimmten Fällen — z. B. bei der Weitergabe der eng tolerierten Wahlimpulse — scharfe Zeitbedingungen eingehalten werden.

Deshalb werden in Zeitabständen von 5 ms die laufenden Programme unterbrochen, um Ein- und Ausgabeoperationen nach einer festgelegten Reihenfolge und Wiederholungszeit (von 5 bis 120 ms) durchzuführen. Das geschieht in Dringlichkeitsstufe I. Nun gibt es unter den Ein- und Ausgabeoperationen wiederum solche, die nur kleine Zeittoleranzen vertragen, und solche, die unempfindlicher gegen Zeitverschiebungen sind. Besteht für die Erstgenannten die Gefahr, daß bei Spitzenlast die erlaubte Zeittoleranz überschritten wird, so können sie in Prioritätsstufe H eine bevorzugte Behandlung bei den Ein- und Ausgabeprogrammen verlangen. Normalerweise werden die Programme in Dringlichkeitsstufe I — abhängig vom gerade vorhandenen Verkehr — in 0,2 bis 2 ms abgewickelt.

Allgemein gilt für die Unterbrechungsprogramme die in Abschn. 12.6.3 [Punkt c)] angegebene Prozedur. Nach Beendigung des unterbrechenden Programms wird das unterbrochene Programm fortgesetzt.

d) *Organisationsprogramm für die Basis-Ebene*. Alle nicht in Unterbrechungsebenen laufenden Programme — das ist die überwiegende Mehrzahl — werden in der Basisebene abgewickelt. Ein Organisationsprogramm sorgt dafür, daß auch in der Basisebene gewisse Prioritäten geschaffen werden. Diese Prioritäten führen nicht mehr zu einer Programmunterbrechung, sondern zu einer bevorzugten Abfertigung nach abgeschlossenem Ablauf eines Programms.

e) *Interject-Programme*. Diese Programme der Basisebene haben eine Dringlichkeit, die nahezu noch eine Unterbrechung rechtfertigen würde. Das ist aber z. B. deshalb nicht möglich, weil diese Programme gleiche Call-Store-Bereiche wie weniger dringliche Programme benützen [Abschn. 12.6.3, Punkt c)]. Deshalb werden diese Programme nach Abschluß jedes Programms bevorzugt abgefertigt, sofern keine Unterbrechungsanforderungen vorliegen.

f) *Abfertigungsmuster für Basisprogramme*. Die Prioritäten innerhalb der Basisebene werden durch die Reihenfolge und Häufigkeit der Abwicklung erzwungen. Hierzu werden die Programme in Klassen eingeteilt, die nach einem bestimmten Muster abgefertigt werden. Ein solches Muster ist z. B. (Abschn. 9.3.2):

$$ABACABADABACABAEABACABADABACAB.$$

g) *Dispenser-Programme*. Innerhalb einer solchen Programmklasse existiert schließlich jeweils eine Anzahl von Programmen, die in einer bestimmten Reihenfolge abgewickelt werden. Damit ergibt sich für die einzelnen Programme der Basisebene z. B. folgendes Abfertigungsmuster:

$$a_1a_2a_3a_4a_5b_1b_2b_3b_4a_1a_2a_3a_4a_5c_1c_2c_3a_1\ldots$$

Die Zuteilung der Informationsverarbeitung an die einzelnen Basisprogramme einer Klasse wird durch „Dispenser-Programme" vorgenommen.

Eine wesentliche Voraussetzung für eine derartig differenzierte Abfertigungsreihenfolge von Programmen ist die Schaffung einer Vielzahl von speziellen Eingabelisten, die den Programmklassen entsprechen. Denn es ist selbstverständlich aus Zeitgründen nicht möglich, eine Sammel-Eingabeliste nach den jeweils zu bevorzugenden Programmklassen zu durchsuchen. Bei der von der Zentralsteuerung gezielt veranlaßten Abfrage der einzelnen Informationsquellen ist eine solche Verteilung auf spezielle Eingabelisten („Hopper") möglich.

12.7.2 Wirtschaftlichkeit und Flexibilität

Durch Unterprogramme, die mehreren Programmen gemeinsame Abläufe realisieren, kann eine Verringerung des gesamten Programmaufwandes erreicht werden. Normierung, Einsprung in das und Rücksprung aus dem Unterprogramm erfordern jedoch zusätzlichen Zeitbedarf im Programmablauf. Deshalb wird nur in allen nicht zeitdrängenden Abläufen von der Unterprogrammtechnik Gebrauch gemacht.

Die Anpassung der Programme an unterschiedliche Bedingungen und Größen von Vermittlungsstellen geschieht durch allgemeingültige Grundprogramme, die durch Parametertabellen an die jeweiligen Verhältnisse angeglichen werden. Damit sollen insbesondere einfache Assembler oder Compiler ermöglicht werden (Abschn. 9.3.4).

Immerhin wird für das System ESS 1 ein Programmaufwand von über 100000 Befehlen genannt, von denen allerdings mehr als die Hälfte für Überwachungs- und Diagnosezwecke verwendet wird.

12.7.3 Programmfunktionen

Während in Abschn. 12.7.1 die Programme in Hinblick auf ihre *zeitliche Dringlichkeit* klassifiziert wurden, folgt nun eine *funktionelle Aufgliederung*. Die Programme werden in drei Kategorien eingeteilt:

a) *Ein- und Ausgabeprogramme.* Eingabeprogramme stellen die in der Peripherie anfallenden Informationen sicher und speichern sie in einer Vielzahl verschiedener Eingabelisten ab, um damit eine nach Dringlichkeiten geordnete Weiterverarbeitung zu ermöglichen. Zu den Eingabeprogrammen gehören u. a.

— Abfrage von Teilnehmerschaltungen alle 100 ms und Abspeicherung von interessierenden Zustandsänderungen im „Line Service Request Hopper".

— Abfrage von Wahlimpulsempfängern alle 10 ms, Bewertung von Zustandsänderungen, Zusammenstellen der einzelnen Wahlimpulse zu einer Ziffer und Abgabe an den „Dial Pulse Digit Hopper".

Das Ausgabeprogramm entnimmt der allgemeinen Ausgabeliste die Ausgabebefehle und verteilt sie an Koppelfeldeinsteller (Frame Control), langsame und schnelle Signalverteiler (Signal Distributor, Central Pulse Distributor) und andere Geräte. Lediglich die Fernschreiber- und Magnetbandanschlüsse werden aus eigenen Ausgabelisten bedient. Das Ausgabeprogramm überwacht die korrekte Ausführung der ausgegebenen Befehle und gibt Vollzugs- oder Fehlermeldung an die allgemeinen Verarbeitungsprogramme (Call-Control-Programme) zurück.

b) *Call-Control-Programme.* Die Call-Control-Programme entnehmen Aufträge aus den Eingabelisten oder speziellen Registern, führen deren Verarbeitung bis zu einem Zwischenergebnis oder Endergebnis durch und speichern die erarbeiteten Daten in der Ausgabeliste oder zur weiteren Verarbeitung in Zwischenregistern.

Typische Call-Control-Programme sind u. a.
— Verbindung einer anfordernden Teilnehmerleitung mit einem Wahlempfänger,
— Bewertung der gewählten Ziffern.
c) *Unterprogramme.* Unterprogramme führen gemeinsame Aufgaben für viele Call-Control-Programme durch. Auch sie stützen sich auf spezielle Register zur Datenversorgung und Aufnahme der Ergebnisse ab. Typische Unterprogramme sind:
— Wegesuche,
— Umwertungen und Zuordnungen.

Neben den bereits erwähnten Eingabelisten und Registern, die im Call Store den jeweiligen Verbindungen nur kurzzeitig zugeordnet werden, sind in diesem auch fest zugeordnete Speicherplätze z. B. für leitungseigene Daten vorhanden.

12.8 Funktionssicherheit

Folgende Komponenten bewirken die genügende Sicherheit des Systems:
— Verwendung hochzuverlässiger Bauelemente und „worst case"-Toleranzrechnung, Schutzmaßnahmen gegen Störimpulse,
— Duplizierung aller wichtigen Systembestandteile,
— Dauerüberwachung aller Geräte und Funktionen zur sofortigen Fehlererkennung,
— Fehlerlokalisierungsprogramme zur Abschaltung der defekten Geräte und Wiederherselltung eines funktionsfähigen Systems,
— Diagnoseprogramme zur Eingrenzung des Fehlers auf einige Baugruppen genau.

Alle Einzelheiten hierzu würden den Rahmen dieser Ausführungen sprengen. Deshalb mögen folgende Bemerkungen genügen:
a) *Duplizierung.* Alle Geräteteile mit zentralen Funktionen — also auch die Steuerungen von Scannern und Signalverteilern — und alle Leitungssysteme sind dupliziert. Jedes dieser zentralen Geräte hat Zugriff zu jedem seiner duplizierten Leitungssysteme. Das heißt also Gerät und Leitungssystem sind ausfallunabhängig, sie bilden keine Ausfalleinheit.
Die Geräte werden in der Zentralsteuerung elektronisch, in der Peripherie mit elektromechanischen Kontakten umgeschaltet. Dies geschieht unter Kontrolle der Verarbeitungseinheit durch Setzen von „route flipflops" für Speicherleitungssysteme und Speicher und für die Peripherie durch Sperrbefehl an die benachbarte Steuerung.
b) *Überwachungsmaßnahmen.* Neben Dauerüberwachungen werden auch Routineüberwachungen (z. B. zur Prüfung von Überwachungs-

schaltungen) verwendet. Der Rechner überwacht sich durch *Vergleich* zahlreicher Ablaufsituationen mit dem synchron mitgeführten Duplikat. In den übrigen Geräten sind umfangreiche Eigenüberwachungen wie Code-Kontrollen (beim Programmspeicher sogar mit Korrektur einfacher Fehler), Stromüberwachungen und vor allem Quittungen über die ordnungsmäßig durchgeführte Funktion des Gerätes vorhanden.

c) *Fehlerlokalisierung.* Die zahlreichen Überwachungsschaltungen, der direkte Zugriff des Rechners in die Peripherie und die damit mögliche Abfrage kritischer Zustände in den Geräten erlaubt im allgemeinen eine wirksame Lokalisierung. Angestrebt wird, innerhalb von 5 ms den funktionsfähigen Systemzustand wiederherzustellen, damit eine Verfälschung der Vermittlungsfunktionen ausgeschlossen ist.

Die Lokalisierung von defekten Verarbeitungseinheiten geschieht durch Prüfprogramme, die bei Alarmmeldung aus dem Vergleicher angelassen werden. Entsprechend dem Testergebnis wird die „führende" oder die „inaktive" Verarbeitungseinheit gesperrt, wenn sie fehlerhaft ist. Die Ersatzschaltung wird von der führenden Verarbeitungseinheit veranlaßt. Wenn sie so defekt ist, daß sie diesen Umschaltevorgang nicht mehr durchführen kann, tritt ein „emergency-action"-Schaltkreis in Tätigkeit, der nach einer Zeit von 40 ms die Umschaltung selbst vornimmt. Dieser Schaltkreis wird auch in anderen Notfällen wirksam, wenn — z. B. bei mehrfachen Fehlern — die Fehlerlokalisierung erfolglos bleibt. Er permutiert dann systematisch alle Systemzustände durch, bis wieder eine funktionsfähige Zustandskonstellation gefunden ist.

d) *Diagnose.* Die Diagnose der defekten Verarbeitungseinheit wird von der intakten Verarbeitungseinheit vorgenommen, wobei der Synchronlauf wieder hergestellt ist. Die Vergleichermeldung dient dabei als Kriterium für die Fehlereingrenzung. Die Diagnoseprogramme laufen in unterster Priorität. Für die Diagnose der Verarbeitungseinheit werden 6 000 Programmworte benötigt.

12.9 Schlußbemerkung

Die hier relativ ausführliche Beschreibung des Systems ESS 1 hat zwei Gründe:

— ESS 1 ist das erste rechnergesteuerte Vermittlungssystem und damit richtungweisend;

— ESS 1 ist außerordentlich gut beschrieben und zeigt dabei eine bemerkenswerte Durchentwicklung bis ins Detail, die große Erfahrung mit diesen Systemen verrät.

Selbstverständlich kann an dieser Stelle nur ein oberflächlicher Auszug aus der Originalbeschreibung, die nahezu 800 Seiten umfaßt, gebracht werden. Das Original ist übrigens sehr lesenswert und didaktisch gut aufgebaut.

In den folgenden Systembeschreibungen soll versucht werden, anknüpfend an das System ESS 1 charakteristische Unterschiede aufzuweisen.

13. Das System ESS 2 [13.1]

Das System ESS 2 knüpft an die Erfahrungen des Systems ESS 1 und des Nebenstellensystems ESS 101 [13.2] an und ist gezielt zum wirtschaftlichen Einsatz in mittelgroßen Vermittlungsstellen entwickelt worden. So liegt der Einsatzbereich etwa zwischen 1000 und 10000 Teilnehmeranschlüssen, ein Verkehrsvolumen von 19000 Verbindungen pro Stunde kann bewältigt werden. Für größere Vermittlungen besteht die Möglichkeit, ein „Dual Office" aus zwei ESS 2-Zentralen zu bilden. Hierzu wird die Gruppierung in zwei Einheiten aufgeteilt, die von jeweils einer eigenen Zentralsteuerung bedient werden. Beide Zentralsteuerungen verkehren über einen Datenkanal miteinander.

Ende 1970 wurde das erste Vermittlungssystem dieses Typs eingeschaltet.

In der Struktur ähnelt ESS 2 seinem großen Bruder ESS 1 stark. Im folgenden soll kurz auf die typischen Unterschiede der einzelnen Systemkomponenten gegenüber ESS 1 eingegangen werden.

13.1 Das Koppelfeld

Als Koppelelement wird wie bei ESS 1 der Ferreed-Koppler verwendet.

Die Gruppierung ist wiederum für eine zweimal vierstufige Durchschaltung ausgelegt, im Gegensatz zu ESS 1 sind aber die Verbindungs- und Teilnehmerleitungen am gleichen Koppelfeld angeschlossen (gefaltetes Netzwerk). Die Anpassung an kleinere Verkehrswerte geschieht durch Hinzufügen von Teilnehmer/Satz-Koppelgruppen, deren Ausgänge mit den bereits vorhandenen parallel geschaltet werden.

Die Zahl der von einer Koppelfeldsteuerung bedienten Koppelpunkte ist in ESS 2 vier- bis sechsmal größer als in ESS 1. Eine einzige, duplizierte Steuerung versorgt 64 Teilnehmer/Satz-Koppelgruppen und 8 „Junctor"-Koppelgruppen (die den „Satz"-Koppelgruppen in ESS 1 entsprechen). Dabei arbeiten die duplizierten Steuerungen normalerweise unabhängig voneinander gleichzeitig, erst bei Ausfall einer Steuerung übernimmt die andere den ganzen Arbeitsbereich. Das Prinzip, pro Gestelleinheit eine Steuerung vorzusehen, wird damit verlassen, insgesamt ergibt sich wohl eine Verringerung des Aufwandes gegenüber ESS 1.

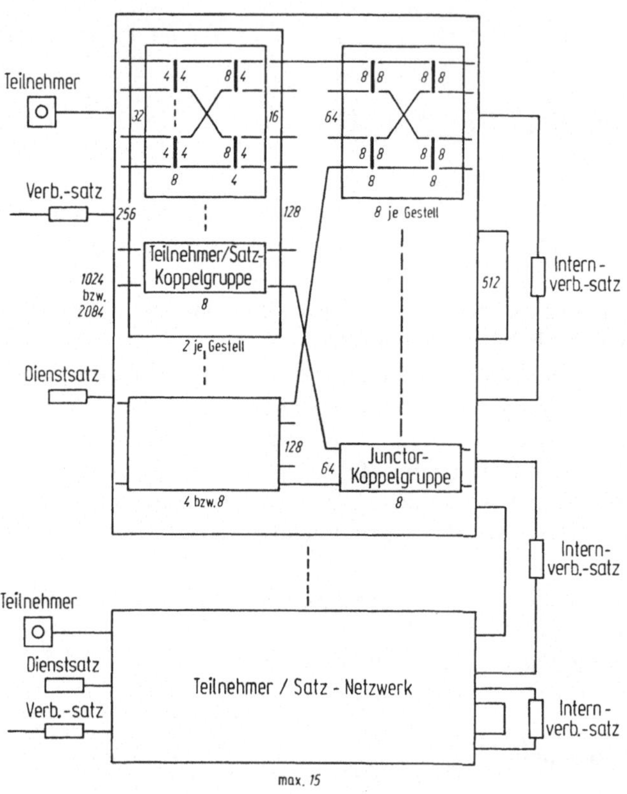

Bild 13.1 Das Koppelfeld des Systems ESS 2

Bei der Bildung von Dual Offices werden die Zwischenleitungen auf der gegenüberliegenden Seite der Teilnehmer- und Leitungsanschlüsse teilweise zur jeweils anderen Vermittlungsstelle hinübergeführt (Bild 13.2). Um den Datenaustausch zwischen den Rechnern (über die Datenleitung) zu verringern, erfolgt die Wegesuche zu Dienstsätzen (Service Circuits) nur innerhalb der eigenen Vermittlungsstelle. Dadurch gelingt es, insgesamt einen Gewinn von etwa 60% an Leistungsfähigkeit durch ein Dual Office (gegenüber einer einzelnen Vermittlungsstelle) zu erreichen.

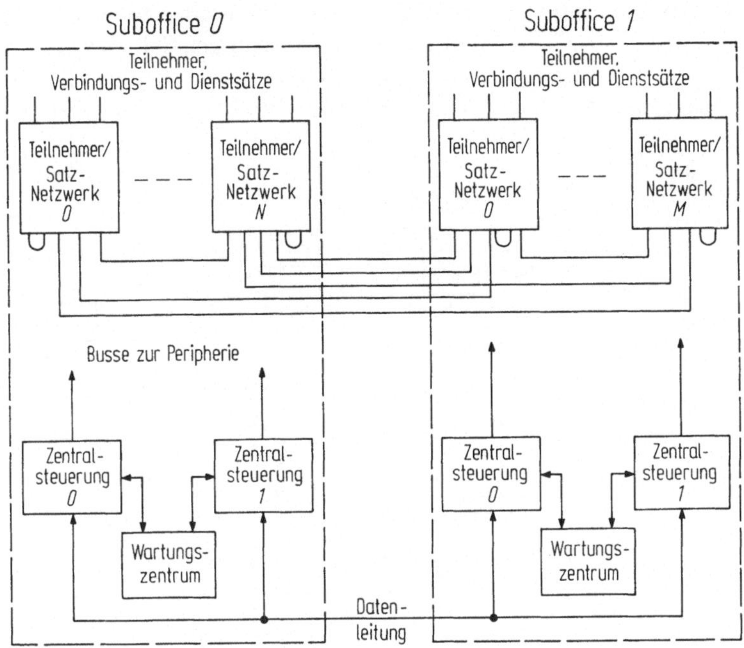

Bild 13.2   Das „dual office" zur Erhöhung der Leistungsfähigkeit

13.2 Struktur der Zugriffsysteme

Der Ferrod als Scan-Punkt wird beibehalten. Desgleichen hat sich die
Scanner-Organisation gegenüber ESS 1 nicht geändert. Das Prinzip und
der Aufgabenbereich des Central Pulse Distributors (CPD) gleicht dem
des Systems ESS 1, jedoch ist die Organisation den kleineren Ämtern
angepaßt. Während in ESS 1 bis zu 16 CPD nötig sind, reichen in
ESS 2 deren zwei (dupliziert) aus. Einer der CPD ist fest der Zentralsteuerung zugeordnet, während der andere seine Daten über den „peripheren Adress-Bus" erhält (Bild 13.5).

Ein wesentlicher Unterschied gegenüber ESS 1 besteht jedoch in
der Verwendung der „Peripheral Decoder" anstelle der langsamen Signalverteiler (Signal Distributor). Es hat sich herausgestellt, daß mit
der Verwendung integrierter Schaltkreise eine wirtschaftlichere elektronische Lösung anstelle der elektromechanischen Signal Distributor
möglich ist.

Das Prinzip des Peripheral Decoder ist folgendes (Bild 13.3):
Von je einem Ausgang des CPD wird nach dem „Start/Stop"-Prinzip
ein bipolarer Bitstrom von 7 Impulsen an je einen Peripheral Decoder
übertragen. Start- und Stop-Impuls haben Eins-Polarität, die Polari-

tät der übrigen Impulse hängt von dem zu übertragenden Bit-Muster ab. Die Eins-Impulse werden auf ein siebenstufiges Schieberegister geleitet, Nullen und Einsen zusammen wirken als Taktpuls. Die Start-Eins wird bis zur Start-Kippschaltung durchgeschoben. Zu diesem

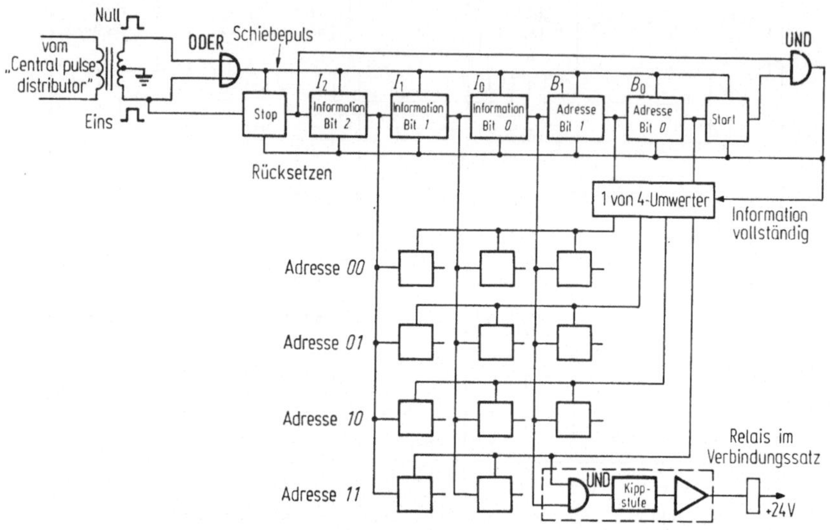

Bild 13.3   Peripheral Decoder

Zeitpunkt ist auch die Stop-Kippschaltung mit einer Eins geladen, während die übrigen Stufen des Schieberegisters die 5-bit-Information tragen. Durch Koinzidenz von Start- und Stop-Eins wird nun der Übertrag des Schieberegisterinhalts in Zustandskippschaltungen vorgenommen und das Schieberegister selbst wieder gelöscht.

Die ersten beiden Bit der Nachricht werden als Adresse interpretiert und über einen Decoder zur Ansteuerung einer von vier Zeilen von Zustandskippschaltungen verwendet. Jede Zeile enthält drei solcher Zustandskippschaltungen, die von den restlichen drei Bit der Nachricht in den Eins- oder Null-Zustand versetzt werden. Frühere Zustände werden überschrieben. Über einen der Zustandskippschaltung nachgeschalteten Verstärker wird ein Relais erregt oder aberregt.

In den meisten Fällen sind die vom Peripheral Decoder gesteuerten Verbindungssätze nur mit drei Relais bestückt. Dann kann ein Peripheral Decoder vier solcher Verbindungssätze bedienen. Mit Rücksicht auf die niedrige Betriebsspannung integrierter Schaltkreise wird je Peripheral Decoder ein Gleichspannungswandler vorgesehen. Ein solcher Decoder mit Verstärkern, Wandler und Siebmitteln ist auf *einer* Baugruppe untergebracht.

13.3 Verbindungs- und Dienstsätze

Der Grundgedanke einer weitgehenden Aufteilung der Funktionen auf spezielle Dienstsätze, um die Verbindungssätze zu vereinfachen, ist von ESS 1 mit kleinen Varianten übernommen worden. So werden z. B. die Hörtöne in den Verbindungssätzen selbst angelegt und nicht mehr von speziellen Tonsätzen aus gesendet, um den Rechner von zeitraubenden Wegesuchaufgaben zu entlasten, denn andererseits ist das Anlegen von Hörtönen im Verbindungssatz wenig aufwendig. Ein recht bemerkenswerter Unterschied gegenüber ESS 1 ist jedoch die Verwendung neutraler Relais in den Sätzen, die durch das Prinzip des Peripheral Decoder bedingt ist. Ein Beispiel für einen Verbindungssatz des Systems ESS 2 ist in Abschn. 7.5.3 angegeben.

13.4 Zentralsteuerung

13.4.1 Überblick über Unterschiede zu ESS 1

Bemerkenswert sind folgende Abweichungen:

a) Das Zentralsteuerwerk besteht aus dem eigentlichen Rechner, dem Programmspeicher, dem Speicher für variable Daten und einer Ein-/Ausgabe-Steuerung, die sich auf denselben variablen Speicher wie der Rechner abstützt (Bild 13.4). Diese Ein-/Ausgabe-Steuerung führt die zeitraubenden Ein-/Ausgabe-Operationen einschließlich der Zusammen-

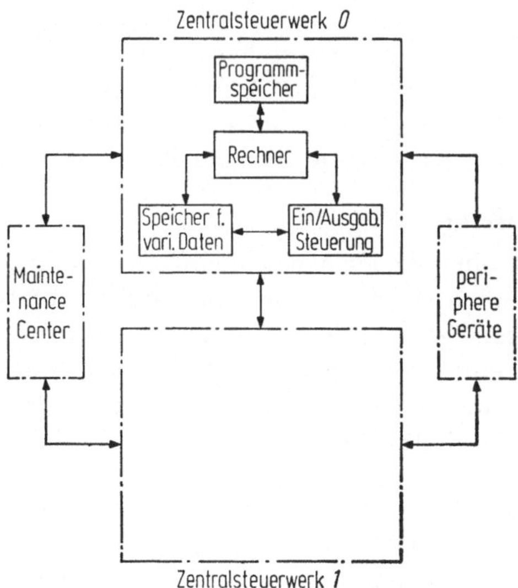

Bild 13.4 Zentralsteuerung im System ESS 2

fassung von Wahlimpulsen zu Wahlziffern unabhängig von der Verarbeitungseinheit aus. Dadurch ist es möglich, den Unterbrechungszyklus des Rechners für Ein-/Ausgabe-Operationen von 5 ms auf 25 ms heraufzusetzen. Die Ein-/Ausgabe-Steuerung enthält ein verdrahtetes Programm. Mit anderen Worten: Der Signal Processor des Systems ESS 1 ist in etwas anderer Organisation im Zentralsteuerwerk des Systems ESS 2 fest enthalten.

b) Entsprechend den kleineren Ämtern ist der Maximalausbau des Speichers für variable Informationen 32768 Worte zu je 16 bit (das sind 4 Call-Store-Gestelle gegenüber 20 bei EWS 1; beide Angaben für ungedoppelte Speicher). Eine kleine Vermittlungsstelle benötigt jedoch nur 8192 Worte.

c) Auch der Programmspeicheraufwand ist durch andere Programmorganisation und nur 22 bit (gegenüber 44 bei ESS 1) für die maximale Befehlsbreite geringer. Je nach Größe und Bedingungen werden 16384 bis zu 262144 Worte zu je 22 bit verwendet (das ist maximal $^1/_3$ des Programmspeichervolumens von ESS 1).

d) Bis auf die Leitungen zu den Programmspeichern werden alle internen Bus-Leitungen als (billige) Gleichstromsysteme ausgeführt. Hierdurch können Hardware-Register im Call Store eingespart werden.

e) Innerhalb der Zentralsteuerung bilden Rechner, Speicher, Leitungssysteme und Eingabe/Ausgabe nebst peripheren Leitungssystemen eine Ausfalleinheit. Es ist also nicht möglich, defekte *Teile* einer Zentralsteuerung außer Betrieb zu nehmen. Damit wird der Aufwand für die internen Umschaltungen gespart, allerdings kann ein Fehler in einem der Teile — z. B. auf einem peripheren Leitungssystem — damit eine ganze Zentralsteuerung betriebsunfähig machen.

f) Durch die kürzeren Befehls- und Informationsworte (22 statt 44 bit im Programmwort, 16 statt 24 bit im Informationswort) wird die Größe der Register und Steuerpfade in der Verarbeitungseinheit verringert.

13.4.2 Befehlsstruktur

Die Befehle führen im allgemeinen sehr einfache Funktionen aus, wobei das häufig notwendige Abfragen von Registern im Call Store nach dem Vermittlungszustand der betreffenden Verbindung besonders berücksichtigt wird. Es gibt zwei Typen von Befehlsworten:

— Befehle über die ganze Wortlänge. Sie enthalten einen 5-bit-Operationscode, 16 bit für Adressenangaben und ein Prüfbit zur Angabe, ob es sich um einen Sprungbefehl handelt. Dieses Prüfbit hat sich sehr bewährt für die Entdeckung von Hardware- und Softwarefehlern. Ein Paritätbit fehlt. Von diesem Typ gibt es nur wenig Befehle, sie dienen der absoluten Adressierung von Programmsprüngen und der Konstantenversorgung.

— Befehle über die halbe Wortlänge. Zwei Befehle mit je 5 bit für den Operationscode und 5 bit für das Datenfeld sowie einem für beide Befehle gemeinsamen Sprung-Prüfbit und Parität-Prüfbit nehmen ein Befehlswort ein. Dieser Typ kann in einzelnen Befehlen auch als 10-bit-Operationscode mit einem zusätzlichen 10-bit-Datenfeld gedeutet werden. So sind hochwirksame Makrobefehle für häufig durchlaufene Programmschleifen und anderes möglich.

Auf den komplizierten Overlap-Betrieb des ESS 1-Rechners kann verzichtet werden, da mit der meist möglichen Hereinnahme von zwei Befehlen in einem Wort der Lesezyklus des Programmspeichers effektiv von 6 auf 3 µs ermäßigt wird und außerdem die Operationen meist sehr einfach sind. Es gibt eine ganze Anzahl von Befehlen, die lediglich durch Decodierung des Operationscodes und Ansteuerung der entsprechenden Schaltstellen verwirklicht werden, ohne daß zusätzliche Abläufe und logische Funktionen nötig werden. Für Befehle, die Abläufe erfordern, steht ein 8-Phasen-Taktsystem zur Verfügung. Der Grundtakt der Verarbeitungseinheit beträgt 2,67 MHz.

Wie bei ESS 1 ist ein Unterbrechungssystem vorgesehen, das hier 8 (gegenüber 9 bei ESS 1) Dringlichkeitsstufen umfaßt, von denen jedoch bisher nur drei ausgenutzt werden. Die obersten beiden Prioritäten dienen Wartungs- und Alarmierungseingriffen, die dritte Priorität gilt den Ein-/Ausgabe-Operationen. Da — wie erwähnt — die Ein-/Ausgabe-Steuerung autark arbeitet, genügt es, die Programme der Verarbeitungseinheit alle 25 ms zu unterbrechen, um mit der Ein-/Ausgabe-Steuerung Informationen auszutauschen. Damit ist eine bessere Auslastung des Rechners möglich (Abschn. 6.2.3).

13.4.3 Leitungssysteme und periphere Struktur

a) *Interne Leitungssysteme des Zentralsteuerwerks.* Im Rückgriff auf Bild 13.4 werden zusammenfassend noch einmal die internen Leitungssysteme aufgezeigt:
— ein Wechselstromleitungssystem von der Verarbeitungseinheit zum Programmspeicher;
— ein Gleichstromleitungssystem von der Verarbeitungseinheit zum Call Store;
— ein ebensolches Leitungssystem von der Ein-/Ausgabe-Steuerung zum Call Store, wobei der Zugriff zu diesem Speicher zwischen Verarbeitungseinheit und Ein-/Ausgabe-Steuerung koordiniert wird;
— Leitungen zwischen Ein-/Ausgabe und Verarbeitungseinheit;
— Leitungen von der Zentralsteuerung zum „Maintenance Center".
b) *Leitungssysteme zur Peripherie.* Für *alle* Ein-/Ausgabe-Operationen auf den Leitungssystemen ist die Ein-/Ausgabe-Steuerung zuständig,

während im ESS 1 Verarbeitungseinheit und Signal Processor parallel
auf die peripheren Bus-Systeme zugreifen können. Entsprechend ESS 1
gibt es für den Datentransport zu den peripheren Geräten den „Peripheral Unit Adress Bus" (Bild 13.5) und für den Rückweg zur Zentralsteuerung den „Scan Answer Bus". Für die Bezeichnung der peripheren Geräte, die mit der zentralen Steuerung zusammenarbeiten sollen, dient der CPD (Abschn. 13.2).

Die peripheren Leitungssysteme sind Wechselstromsysteme nach dem im System ESS 1 gewählten Prinzip (Abschn. 12.6.4).

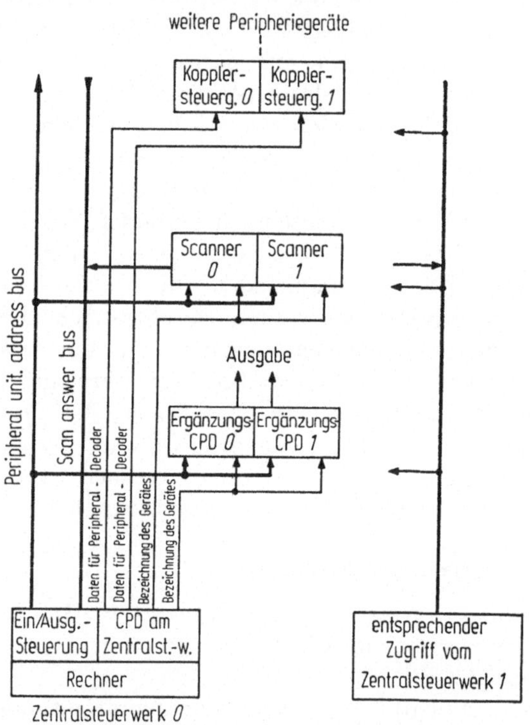

Bild 13.5 Periphere Leitungssysteme im System ESS 2

13.4.4 Wartungs- und Bedienelemente

Auch im ESS 2 werden die Zentralsteuerungen durch Vergleich der
Ergebnisse überwacht, soweit nicht Eigenüberwachungen vorhanden
sind. In folgenden Punkten unterscheidet sich aber diese Überwachung
von der des Systems ESS 1:

—Es werden nur die 22 bit des Eingangsregisters für den Call Store
verglichen. Demgegenüber vergleicht ESS 1 288 interne Punkte in

einer Anzahl von „Match"-Operationen (mit 24 Punkten je Match-Operation).
— Die Vergleicherschaltungen befinden sich im Maintenance-Center an zentraler Stelle, während sie bei ESS 1 in jeder Zentralsteuerung vorhanden sind.

Im übrigen werden die Überwachungs- und Wartungsprinzipien des Systems ESS 1 — wenn auch, wie obiges Beispiel zeigt, teilweise vereinfacht — beibehalten. Es sind bis 8 Fernschreiberanschlüsse möglich. Die Fernschreibanschlüsse liegen nicht an den peripheren Leitungssystemen wie in ESS 1, sondern an eigenen Gleichstromleitungen.

13.5 Programmstruktur

13.5.1 Wirtschaftlichkeit

Geringerer Aufwand im Programmspeicher und im Informationsspeicher läßt sich durch einige Maßnahmen erreichen, die die Tatsache ausnützen, daß die Zeitbedingungen durch die Ein-/Ausgabe-Steuerung entschärft und die Kapazität der Zentralsteuerung an kleinere Vermittlungsstellen angeglichen werden kann. Im Gegensatz zu ESS 1 ist also „Zeit" nicht mehr das Hauptproblem. Damit sind folgende Möglichkeiten gegeben:
— Die Programmhierarchie und damit auch das Organisationsprogramm wird vereinfacht.
— Die Unterprogrammtechnik kann in erhöhtem Maß eingesetzt werden, da der Zeitaufwand für die Überweisung der Daten an die Unterprogramme und zurück unkritisch ist. Insbesondere können Unterprogramme weitere Unterprogramme in verschiedenen Unterprogrammstufen aufrufen.
— Informationen lassen sich im Call Store dicht packen, es bleiben keine Leerplätze übrig. Das zeitraubende „Auspacken", d. h. die verarbeitungsgerechte Aufbereitung der Informationen ist zeitlich möglich.
— Doppelspeicherungen werden weitgehend vermieden. Im Call Store werden z. B. keine Informationen aufgehoben, die — wenn auch in mehreren Schritten — aus dem Program Store rekonstruierbar sind.

13.5.2 Programmhierarchie

Im Gegensatz zu ESS 1 gibt es keine Programmprioritäten innerhalb einer Unterbrechungsstufe. Das bedeutet: Die Programme werden in einer nahezu willkürlichen Reihenfolge ohne Rücksicht auf Dringlichkeiten abgewickelt. Damit verbunden ist der Verzicht auf eine Unterteilung der Programme in verschiedene Abschnitte unterschiedlicher Dringlichkeit, d. h. die Programme laufen soweit durch, wie es auf Grund der Eingangsdaten möglich ist. Organisationsprogramme im Sinne von ESS 1 (Abfertigungsmuster, Dispenser) können entfallen. Programmunterbrechungen erfolgen in den in Abschn. 13.4.2 angegebenen Stufen.

13.5.3 Programmfunktionen

Eine gewisse Ordnung wird durch die „Hauptprogrammschleife", eine Art Organisationsprogramm, hergestellt. Dieses Programm läuft alle 100 ms anschließend an eine 25 ms Programmunterbrechung ab. Es beginnt mit der Verteilung der von der Ein-/Ausgabe-Steuerung neu erarbeiteten Eingabedaten auf „Call Records".

Call Records sind feste Speicherplätze, die jeder Verbindung für die Dauer des Aufbaus oder Abbaus zugeteilt werden. Sie übernehmen als Universalregister die im System ESS 1 vielen speziellen Registern zugeteilte Aufgabe, den jeweiligen Stand des Verbindungsaufbaus nebst den nötigen Daten und Hinweisen auf andere Speicherplätze aufzubewahren. Damit wird für die betreffende Verbindung der reibungslose Anschluß des nächsten Programms mit neuen Eingabedaten ermöglicht.

Im nächsten Abschnitt des Hauptprogramms werden alle Call-Records nacheinander abgefragt und etwa mögliche Programme zur weiteren Abwicklung der betreffenden Verbindungen ausgeführt. Wenn diese eigentlichen Vermittlungsprogramme abgeschlossen sind, werden im dritten und letzten Abschnitt Wartungs- und Prüfprogramme durchlaufen.

Auf Einzelheiten kann in diesem Rahmen nicht eingegangen werden. Die sehr lesenswerte Beschreibung des Systems ESS 2 bringt jedoch zahlreiche und interessante Details zu diesen und anderen Problemen rechnergesteuerter Vermittlungssysteme.

14. Das System EWS 1 [14.1, 14.2]

Das Fernsprechsystem EWS 1 (Elektronisches Wählsystem 1) ist eine Entwicklung der vier bundesdeutschen Amtsbaufirmen DeTeWe (Deutsche Telefonwerke AG), SEL (Standard Elektrik Lorenz AG), Siemens AG und T & N (Telefonbau und Normalzeit GmbH), die für die Deutsche Bundespost und in Zusammenarbeit mit dem Fernmeldetechnischen Zentralamt durchgeführt wird. Grundlage des Konzeptes ist das System IV der Siemens AG, die auch die Federführung des Projektes hat. Das System EWS 1 soll — beginnend in den 70er

Jahren — allmählich das derzeitige EMD-System in Orts- und Fernvermittlungen ablösen, um den wachsenden Rationalisierungsnotwendigkeiten und Teilnehmerwünschen gerecht zu werden.

14.1 Überblick, Aufgabenverteilung

Das System EWS 1 ist ein interessanter Gegenpol zum System ESS 1, das — bedingt durch andere Aufgabenstellung — auch teilweise zu prinzipiell anderen Lösungen führt. Auf die charakteristischen Unterschiede soll in den folgenden Ausführungen eingegangen werden. Bei der Entwicklung des Systems war zu beachten:

— Die Rationalisierung von Wartungsmaßnahmen und neue Betriebsbedingungen für Fernsprechteilnehmer müssen in allen Vermittlungsstellen des Fernsprechnetzes möglich sein.

— Zur Vereinfachung der Wartung ist ein einheitliches Vermittlungssystem für alle Vermittlungsstellen vorzusehen.

Daraus ergeben sich einige Konsequenzen:

— Das Vermittlungssystem muß eine für große und kleine Vermittlungsstellen wirtschaftliche Lösung bieten.

— Da eine Rechnersteuerung für kleine Vermittlungen unwirtschaftlich ist, müssen solche Vermittlungen ferngesteuert werden.

— Die Verwendung gleicher Geräte und Steuerungseinheiten in großen und kleinen Vermittlungen setzt voraus, daß die Grundeinheiten genügend klein und modular erweiterbar sind.

Die Fernsteuerung legt gewisse Parameter des Systems fest. Wenn eine Fernsteuerung überall durchführbar sein soll, muß sie auch über unverstärkte und pupinisierte Fernsprechleitungen möglich sein. Es sind also im allgemeinen nur Übertragungsraten von 2 400 oder 1 200 bit/s oder noch geringer pro Leitung realisierbar. Hieraus ist zu folgern:

— Der Datenfluß für die Fernsteuerung muß so gering sein, daß auch bei diesen Bitraten nicht mehr als eine oder wenige Steuerleitungen gebraucht werden. Damit läßt sich der Fernsteueraufwand klein halten.

— In die Reaktionszeiten der Steuerung ist die für die Datenübertragung benötigte Zeit mit einzubeziehen. Extrem kurze Reaktionszeiten sind nicht möglich.

Das bedeutet eine gewisse Vorverarbeitung der Informationen, wie wir sie bereits bei ESS 1 mit dem Signal Processor und bei ESS 2 mit der Ein-/Ausgabe-Steuerung kennengelernt haben. Allerdings muß diese Vorverarbeitung in die ferngesteuerte Peripherie verlagert werden, womit sie wegen der Einheitlichkeit des Systems generell in der Peripherie vorzunehmen ist.

Datenvorverarbeitung in der Peripherie kann entweder in den Verbindungssätzen selbst oder in Untersteuerwerken für eine Anzahl von Verbindungssätzen zentralisiert erfolgen. Im System EWS 1 wurde der erste Weg im wesentlichen aus folgenden Gründen beschritten:

— In kleinen Vermittlungsstellen ist der Aufwand eines zu duplizierenden Untersteuerwerks größer als der von Verbindungssätzen mit individueller Vorverarbeitung.

— In weiterer Zukunft werden die Aufgaben der Vorverarbeitung immer geringer. Die Fernsprechteilnehmer wählen mit Tasten anstelle von Wählscheiben, der Zeichenaustausch zwischen den Vermittlungsstellen geschieht über gesonderte Datenkanäle. Die Hauptaufgaben der Vorverarbeitung, die Integration der Wahlimpulse zu Ziffern und die inverse Funktion bei Weitergabe von Wahlinformationen an andere Vermittlungsstellen, werden also in Zukunft entfallen. Die Funktionen von zentralisierten Untersteuerwerken werden immer weniger genutzt. Bei Vorverarbeitung in den Sätzen kann jedoch der Schaltungsaufwand dem tatsächlichen Bedarf genau angepaßt werden.

Ein letzter, wichtiger Parameter der Systemkonzeption ist der Umstand, daß für die Wartung des Systems Wartungszentren vorgesehen werden, in denen „Bedienrechner" den Zugang zu den Zentralsteuerwerken vieler Vermittlungsstellen koordinieren. In den Bedienrechnern werden auch viele Daten und Programme aufbewahrt, die in den Vermittlungsstellen selbst nicht ständig gebraucht werden. Das bedeutet zum Beispiel, daß einzelne Diagnoseprogramme bei Bedarf in die betreffende Vermittlungsstelle überspielt werden können. Damit kann der Programmspeicher in der Vermittlung wesentlich entlastet werden. Andererseits ist natürlich — im Gegensatz zu den ESS-Systemen — ein zumindest teilweise elektrisch änderbarer Programmspeicher notwendig.

Bild 14.1 zeigt das Prinzip des Systems EWS 1. Die Peripherie besteht aus Verbindungssätzen einschließlich der Dienstsätze und dem dreistufigen Umkehrkoppelfeld, das in „Koppelgruppen der Stufen A und B" und „C-Reihen" unterteilt ist. Koppelgruppen A/B und C-Reihen haben eigene Steuerungen, die etwa den „Frame Control" des Systems ESS 1 entsprechen. Verbindungssätze und Koppelfeldsteuerungen sind über ein einheitliches Leitungssystem mit „Arbeitsfeldsteuerwerken" (ASt) verbunden, die den Informationsaustausch zwischen Zentralsteuerwerk und Peripherie koordinieren und aneinander anpassen. Die Zahl der Arbeitsfeldsteuerwerke richtet sich nach der Größe der Vermittlungsstelle. Das Zentralsteuerwerk selbst besteht aus der eigentlichen Verarbeitungseinheit und den Speichern, die über ein einheitliches Speicherleitungssystem erreicht werden. Es gibt

also keine prinzipielle Trennung in Programm- und Informationsspeicher.

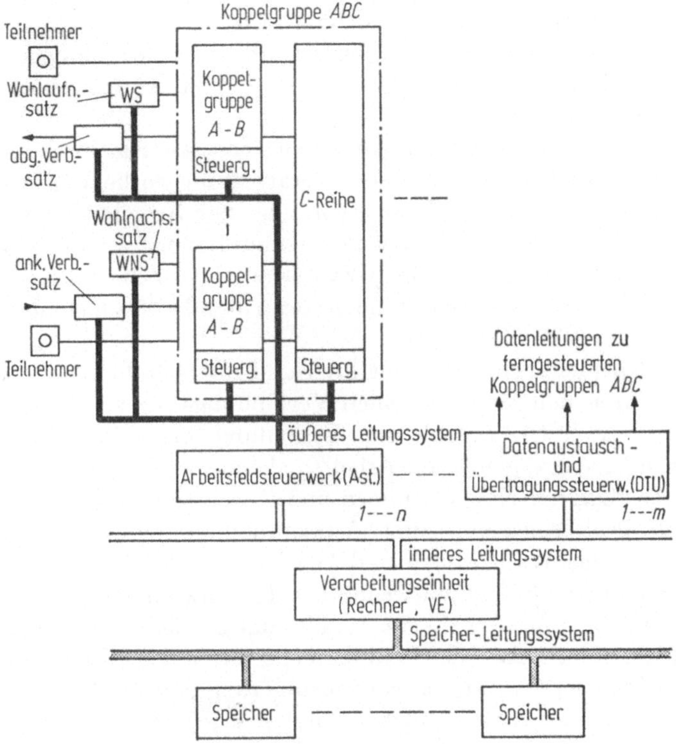

Bild 14.1 Prinzip des Systems EWS 1

Zur Fernsteuerung von Vermittlungsstellen wird zwischen Arbeitsfeldsteuerwerk und Zentralsteuerung eine Datenübertragungsstrecke
geschaltet, die entsprechende Steuerwerke erfordert. Weitere Datenstrecken werden zur Steuerung von Konzentratoren (Abschn. 14.3.2),
zum Zeichenaustausch zwischen Schwestervermittlungen des Systems
EWS 1 und zur Verbindung mit Wartungszentren benötigt.

Ein Verbindungsaufbau geschieht etwa in folgenden 15 Schritten
(vgl. Bild 14.4):

a) Ein Fernsprechteilnehmer hebt den „Hörer" ab. Der Schleifenschluß veranlaßt die Steuerung der Koppelgruppe, an die der Teilnehmer angeschlossen ist, die entsprechende Anschlußleitung zu „identifizieren". Die festgestellte Anschlußlage am Koppelfeld muß der
Zentralsteuerung mitgeteilt werden.

b) Hierzu fordert die Koppelgruppensteuerung das zugehörige Arbeitsfeldsteuerwerk an.

c) Das Arbeitsfeldsteuerwerk stellt die Ordnungszahl der anfordernden
Koppelgruppe fest und schaltet sich an diese an.

d) Die Koppelgruppensteuerung überträgt die Anschlußlage des rufenden Teilnehmers zum Arbeitsfeldsteuerwerk.

e) Das Arbeitsfeldsteuerwerk puffert die von der Koppelgruppensteuerung empfangene Information und gibt die Koppelgruppensteuerung selbst wieder frei.

f) Das Arbeitsfeldsteuerwerk muß dem Zentralsteuerwerk mitteilen,
daß eine Information zur weiteren Verarbeitung vorliegt. Hierzu fragt
das Zentralsteuerwerk im Zyklus von 5 ms alle Arbeitsfeldsteuerwerke
ab, um Informationen einzusammeln und Befehle an die Peripherie
abzugeben. Im nächstfolgenden Zyklus wird also die im Arbeitsfeldsteuerwerk gepufferte Anschlußlage des rufenden Teilnehmers in das
Zentralsteuerwerk übertragen.

g) Das Zentralsteuerwerk sucht an Hand der Anschlußlage des Teilnehmers in seinem Speicher einen Verbindungsweg zu einem „Wahlaufnahmesatz“. Die Befehle zur Einstellung dieses Verbindungswegs
werden über die zugehörigen Arbeitsfeldsteuerwerke an die Steuerungen der beteiligten Koppelgruppen und C-Reihen erteilt.

h) Nach Durchschaltung zum Wahlaufnahmesatz (WS) erhält der
Teilnehmer das Wählzeichen und beginnt mit der Wahl. Der Wahl-
aufnahmesatz empfängt entweder bei Tastenwahl das Tonfrequenz-
signal oder bei Impulswahl die Wahlimpulse, die er zu vollständigen
Ziffern zusammensetzt. Jede empfangene Ziffer wird sofort über das
Arbeitsfeldsteuerwerk an die Zentralsteuerung abgesetzt.

i) Das Zentralsteuerwerk prüft, ob mit den jeweils empfangenen Ziffern bereits die Zielrichtung festliegt, d. h. ob eine externe oder interne
Verbindung gewünscht wird.

j) Wenn die Zielrichtung erkannt ist, sucht das Zentralsteuerwerk
einen freien Ausgang in diese Richtung und verbindet ihn mit einem
„Wahlnachsendesatz“ (WNS), wenn es sich um eine Externverbindung
handelt. Bei der Auswahl wird berücksichtigt, ob von diesem Ausgang
aus auch noch ein freier Weg zum Teilnehmer selbst besteht. Der Verbindungsweg vom Teilnehmer zum ausgewählten Ausgang wird im
Speicher „reserviert“, d. h. besetzt geschrieben, damit nicht andere
Verbindungen die letzten Wegemöglichkeiten für diese Verbindung
wegnehmen können.

k) Der Wahlnachsendesatz erhält vom Zentralsteuerwerk nacheinander die nachzusendenden Ziffern und setzt sie in Wahlimpulse zu
konventionellen Vermittlungsstellen hin um.

l) Der Wahlnachsendesatz empfängt von der Zielvermittlungsstelle
das „Wahlendekriterium“, wenn genügend Ziffern gewählt wurden,
und meldet es dem Rechner. Die Verarbeitungseinheit gibt die end-

gültigen Durchschaltebefehle zur direkten Verbindung des Teilnehmers mit dem Ausgang an die beteiligten Koppelfeldsteuerungen ab und trennt die parallel laufenden Verbindungen zu Wahlaufnahmesatz und Nachsendesatz auf.

m) Im ankommenden Verkehr nimmt der belegte Verbindungssatz (ankommender Satz) die Wahlimpulsserien vom fernen Amt auf, integriert sie zu Ziffern und gibt diese an die Zentralsteuerung ab.

n) Wenn das Ziel festliegt, sucht das Zentralsteuerwerk einen Weg vom Koppelfeldeingang zum angewählten Ziel (Punkt-zu-Punkt-Verbindung).

o) Der Weg wird durchgeschaltet, und der „ankommende Satz" übernimmt Ruf und Aushängeüberwachung. Wenn der gerufene Teilnehmer aushängt, wird der Ruf gestoppt und der Gesprächszustand hergestellt.

Jeglicher Informationsaustausch zwischen Zentralsteuerwerk und Peripherie erfolgt, wie anfangs erwähnt, über die Arbeitsfeldsteuerwerke.

Im Gegensatz zu ESS 1 ist im System EWS 1 keine so weitgehende Funktionstrennung auf Dienstsätze und Verbindungssätze vorgenommen. Vielmehr übernehmen die Verbindungssätze noch viele Funktionen mit, die eigentlich in die Auf- und Abbauphase von Verbindungen fallen und die bei ESS 1 von getrennten Dienstsätzen wahrgenommen werden. Das liegt daran, daß

— die notwendigen kurzen Reaktionszeiten für Umschaltevorgänge nach „Wahlende" über Datenstrecken nicht sicherzustellen sind;

— eine Aufwandsabschätzung keinen wesentlichen Vorteil durch die Funktionstrennung verspricht, weil dieser durch den zusätzlichen Koppelpunktaufwand für die Anschaltung der Dienstsätze wieder aufgezehrt wird.

Außerdem wird durch die Einsparung von Koppel- und Umkoppelvorgängen die Belastung des Rechners und der Zugriffsysteme verringert.

14.2 Elektromechanische Bauteile

Das System EWS 1 verwendet in Sprech- *und* Signalkreisen Kontakte, die unter Schutzgas arbeiten. Im Gegensatz zum „Reed"-Kontakt der ESS-Systeme handelt es sich jedoch um einen stahlgekapselten Kontakt (Bild 14.2). Mit diesem Kontaktprinzip lassen sich Relais und Koppelkontakte in neutraler oder haftender Ausführung herstellen.

Die Haftwirkung wird durch „Flußumsteuerung", also anders als im ESS-Ferreed, erreicht. Das Prinzip deutet Bild 14.3 an. Ein Dauermagnet M treibt im Ruhezustand und bei offenem Kontakt seinen magnetischen Fluß über einen magnetischen Nebenschluß N. Über den Luftspalt des geöffneten Kontaktes K fließt wegen des hohen Widerstandes nur ein geringer Anteil, der zur Betätigung des aus magnetischem Material bestehenden Kontaktes nicht ausreicht. Er-

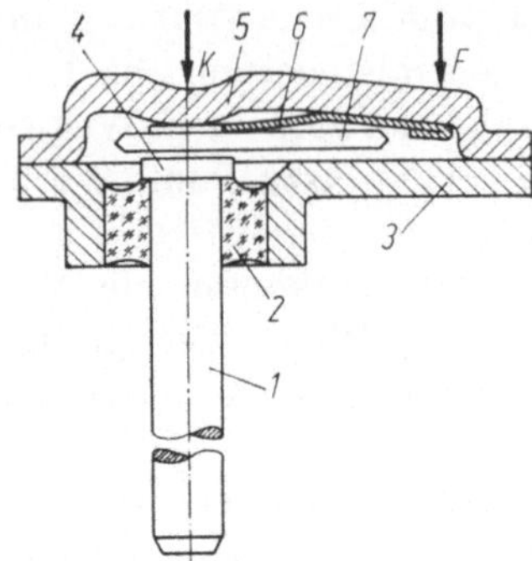

Bild 14.2   Längsschnitt durch einen Schutzgaskontakt mit Metallgehäuse

1 Polstift und innerer Leiter; *2* Glasring; *3* Grundplatte und Außenteil der Druckglaseinschmelzung; *4* Scheibe zur Vergrößerung der Kontaktfläche; *5* Gehäusedeckel und äußerer Leiter; *6* Blattfeder, am Gehäusedeckel befestigt; *7* zwei Ankerplättchen, an der Blattfeder angeschweißt

Einstellung der Kenndaten des Kontaktes durch Druck auf K (Abstand zwischen *4* und *7*) und F (Federkraft)

zeugt man jedoch mit der Spule Sp einen unterstützenden Fluß, so schließt der Kontakt. Der magnetische Widerstand ist nun durch den stark verringerten Luftspalt so klein geworden, daß ein größerer Anteil des Dauermagnetflusses über den Kontakt fließt. Dadurch bleibt der Kontakt auch nach Fortnehmen des erregenden Stromes geschlossen. Zum Abwerfen des Kontaktes muß in der Erregerspule ein gegenläufiger Fluß erzeugt werden.

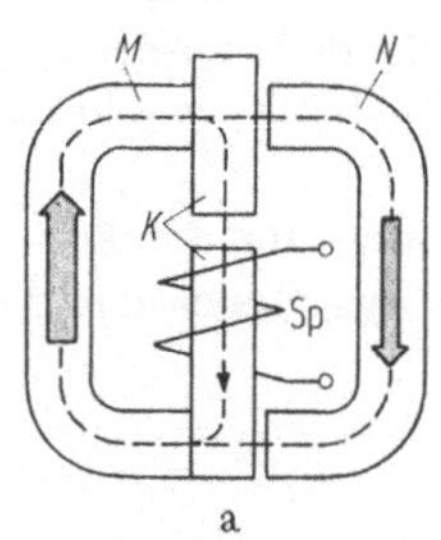
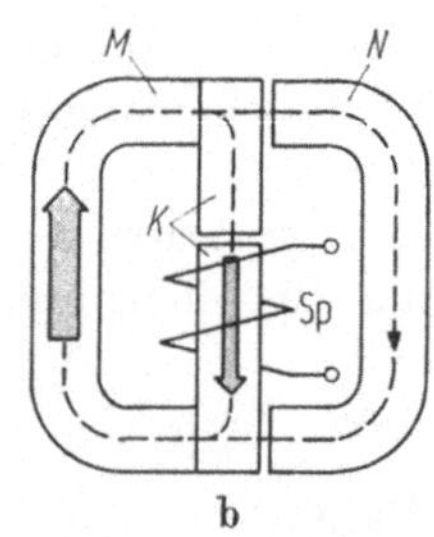

Bild 14.3   Flußumsteuerung
a) Magnetkreis offen;
b) Magnetkreis geschlossen

Der Vorteil dieses Prinzips gegenüber dem Ferreed ist, daß für die Steuerung der einzelnen Koppelkontakte wesentlich weniger Leistung als beim Ferreed gebraucht wird. Allerdings ist das Halten nicht so sicher wie beim Ferreed, bei dem der Kontakt sogar — z. B. durch Erschütterung — öffnen kann, worauf er anschließend selbsttätig wieder in den geschlossenen Zustand übergeht. Durch geeignete Dimensionierung läßt sich jedoch auch die Haftwirkung durch Flußumsteuerung so stabil machen, daß die praktisch auftretenden Erschütterungen keine Veränderung des Schaltzustandes herbeiführen.

Zwei einzelne Kontakte bilden einen Koppelpunkt, der sinngemäß Bild 7.14 in Matrizen gesteuert wird.

14.3 Das Koppelfeld

14.3.1 Verbindungsmöglichkeiten

Die Gruppierung besteht aus einem einzigen Koppelfeld, an das an einer Seite alle Sätze und Teilnehmerschaltungen angeschlossen sind. Auf der anderen Seite des Koppelfeldes befinden sich — im Gegensatz zu ESS 2 — lediglich Brücken (Zwischenleitungen) zur Verbindung der einzelnen Koppeleinheiten (Umkehrgruppierung).

Damit ergeben sich folgende Verbindungsmöglichkeiten (Bild 14.4):

— Von Teilnehmern zu Dienstsätzen (z. B. zum Wahlaufnahmesatz).

— Von Dienstsätzen zu Verbindungsleitungen (z. B. vom Wahlnachsendesatz).

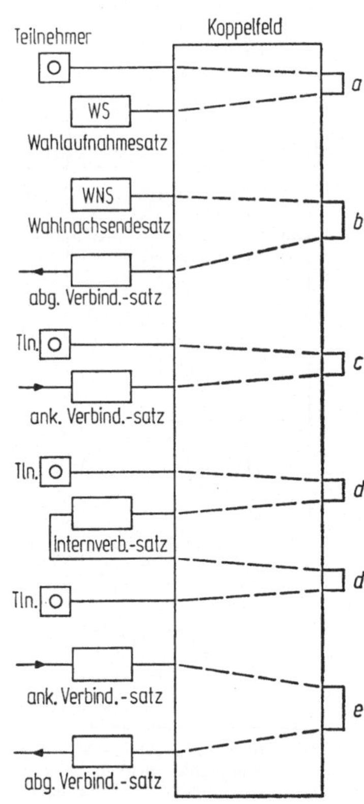

Bild 14.4 Verbindungsmöglichkeiten im System EWS 1 (*a* bis *e*)

17*

— Von Teilnehmern zu Verbindungsleitungen (z. B. abgehende oder ankommende Verbindungsleitung).

— Vom Teilnehmer über einen Internverbindungssatz zu einem Teilnehmer in der eigenen Vermittlungsstelle. Für diese Verkehrsart muß das Koppelfeld insgesamt viermal durchlaufen werden (im Gegensatz zu ESS 2, dort sind die Internverbindungssätze oder Junctors auf der gegenüberliegenden Seite des Koppelfeldes angeschlossen).

— Von Verbindungsleitung zu Verbindungsleitung (Durchgangsverkehr).

Außerdem können in Sonderfällen selten benötigte Sondersätze (z. B. Fangsätze) in die Verbindung eingeschleift werden.

14.3.2. Einzelheiten der Gruppierung

Die Gruppierung besteht aus bis zu 9 „Koppelgruppen ABC"(Bild 14.5). Eine solche enthält ihrerseits 8 Koppelgruppen AB und 8 C-Reihen. Die Zwischenleitungsverdrahtung ist regelmäßig und enthält keine Mischungen. Dadurch sind besonders einfache Bedingungen für

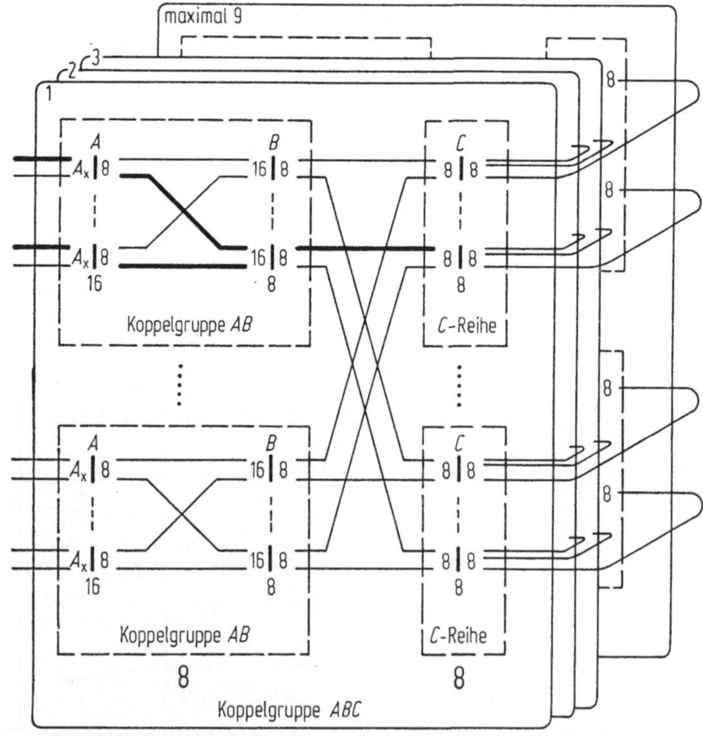

Bild 14.5 Die Gruppierung des Koppelnetzes für ein großes Ortsamt (der verstärkt eingetragene Verbindungsweg zeigt die Möglichkeit, wie zwei an dieselbe Koppelgruppe AB angeschlossene Leitungen zusammengeschaltet werden, Kurzwege)

die Wegesuche „im Speicher" und für die Montage und Erweiterung gegeben.

Die Anpassung an verschiedene Teilnehmerverkehrswerte geschieht durch Anschluß unterschiedlich vieler Teilnehmer und Sätze an einem Koppelvielfach A. Damit kann man es so einrichten, daß jedes KVA einen konstanten Verkehrswert trägt. So gibt es u. a. Koppelvielfache A mit 16 Anschlüssen, von denen 2 für hochbelastete Verbindungsleitungen und 14 für Teilnehmer vorgesehen sind, andere Koppelvielfache wieder lassen den Anschluß von 32 Teilnehmern zu. Gibt man einen „Punkt-zu-Punkt-Verlust" von 2% im ankommenden Verkehr vor, so ist die Belastung jedes KVA mit 2,43 Erl möglich. Bei einem Summenverkehrswert von 5,5 Erl pro 100 Teilnehmer können etwa 25 000 Teilnehmer am voll ausgebauten Koppelfeld angeschlossen werden. Für noch größere Vermittlungen werden die Koppelvielfache C vergrößert auf maximal 16 Eingänge und Ausgänge. In Fernvermittlungen wird dasselbe Gruppierungsprinzip mit leicht abgewandelten Gruppierungsparametern verwendet.

Verbindungen innerhalb des eigenen Koppelvielfachs, der eigenen Koppelgruppe AB oder ABC werden über „Kurzwege" abgewickelt (Bild 9.2). Koppelgruppen AB können als „Konzentratoren" aus der Gruppierung herausgezogen und im Vorfeld der Vermittlung untergebracht werden. Es gibt jedoch auch kleinere Konzentratoren, die in der Vermittlung auf Eingänge der Koppelvielfache A führen.

14.3.3 Konstruktive Aufteilung und Steuerung des Koppelfeldes

Vier Koppelgruppen AB werden mit zwei Koppelfeldeinstellern in zwei benachbarten Gestellen untergebracht. Jeder der beiden Koppelfeldeinsteller kann alle vier Koppelgruppen bedienen, jedoch dient einer als „kalte Reserve" für den Fehlerfall des „on line"-Einstellers. Zusätzlich befinden sich die zugehörigen Teilnehmerschaltungen in den Gestellen zusammen mit zwei „Identifizierern", die den Anreizzustand von Teilnehmerschaltungen erkennen.

Die 8 C-Reihen einer Koppelgruppe ABC sowie zwei Einsteller („on line" und „Reserve") zur Steuerung dieser Koppelpunkte sind in *einem* Gestell untergebracht.

Die Koppelpunkte sind in Matrizen angeordnet und werden über Submatrizen gesteuert. Als Beispiel ist in Bild 14.6 die Ansteuerung der Koppelpunkte der Koppelstufe A von vier Koppelgruppen schematisch dargestellt. Zusätzlich zu den eigentlichen Koppelpunkten beeinflußt der Einsteller die „Trennrelais" (T-Relais) der Teilnehmerschaltungen, die wahlweise unabhängig oder aber zusammen mit einem Koppelpunkt geschaltet werden können. Durch besondere Maßnahmen ist es möglich, alle Koppelpunkte einer Zeile oder Spalte in einem Koppel-

vielfach in einem Schaltvorgang abzuwerfen („Putzen"). Damit läßt
sich die Eigenschaft des Ferreed-Kopplers, alle nur „einseitig" angesteuerten Koppelpunkte zu öffnen, sinngemäß realisieren. Da dieses
Abwerfen jedoch nicht fest mit dem Ansteuerprinzip verbunden ist,
lassen sich auch Steuerungsmoden ohne Putzen ausführen.

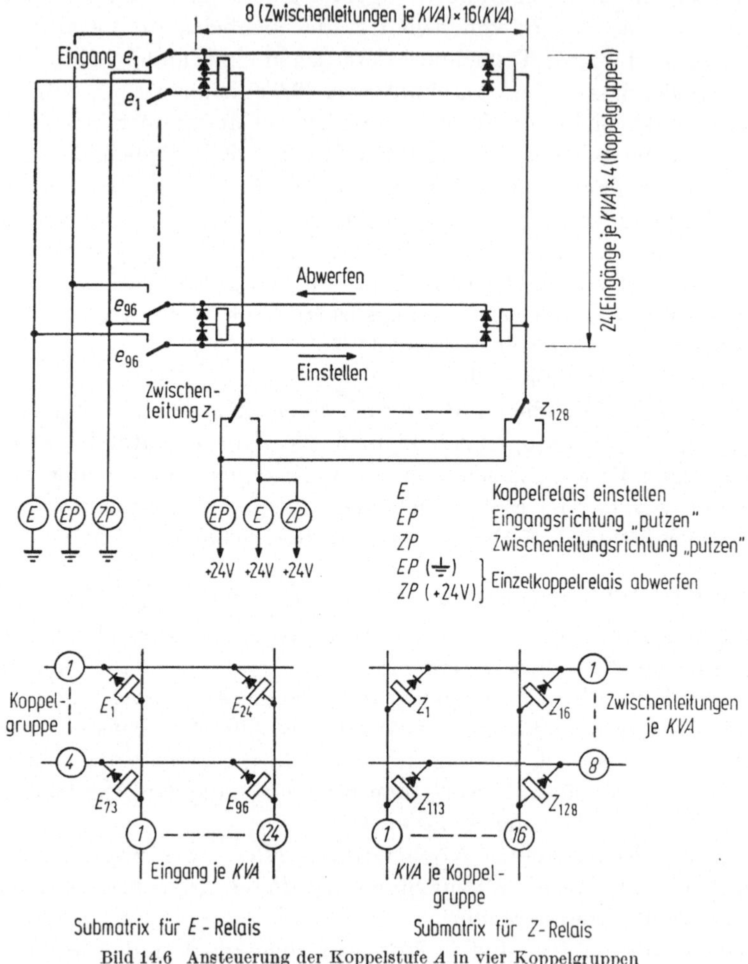

Bild 14.6 Ansteuerung der Koppelstufe A in vier Koppelgruppen

14.4 Struktur der Zugriffsysteme

14.4.1 Sonden

Zur Aufnahme der Informationen von den Leitungen dienen je nach
Anwendungsfall Relais oder beeinflussungssichere elektronische Schal-

tungen entsprechend Bild 7.9. Die Sonden sind jedoch nicht unmittelbar in die Zugriffsysteme einbezogen und deshalb auch ohne Einfluß auf deren Struktur.

14.4.2 Arbeitsfeldsteuerwerk und äußeres Leitungssystem

Im System EWS 1 sind die Funktionen der Signalaufnahme und der Signalverteilung in einem einzigen Gerätetyp zusammengefaßt. Im Gegensatz zu den ESS-Systemen — und auch zu anderen rechnergesteuerten Systemen —, die Informationsquellen und -senken über getrennte „Trichter" adressieren (vgl. Bild 2.15), gibt es nur *einen* Adressentrichter (entsprechend Bild 7.16). Mit Hilfe des Adressentrichters werden Quellen und Senken des adressierten Gerätes auf ein Informations- und Befehlsvielfach geschaltet (Bild 14.7). Diese Funktion übernimmt das „Arbeitsfeldsteuerwerk".

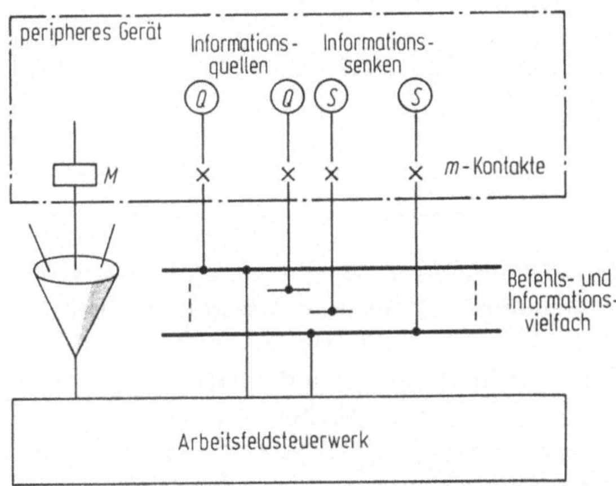

Bild 14.7 Prinzip der Adressierung von Informationsquellen und -senken

Praktisch wird durch diese Maßnahmen ein geräteneutrales Leitungssystem bis in die Ausläufer der Peripherie ausgedehnt. Über die Bedeutung der geräteneutralen Schnittstelle war bereits in Abschn. 6.1.4 gesprochen worden. Es ist also im System EWS 1 möglich, nicht nur große Geräte der Untersteuerwerksebene, sondern auch kleine, dezentrale Geräte wie Verbindungssätze über eine geräteneutrale Schnittstelle anzuschließen. Dadurch wird ein hohes Maß an Flexibilität gewonnen.

Freilich ist es sehr problematisch, das schnelle, vom Rechner ausgehende Leitungssystem bis in die äußersten Punkte der Peripherie zu erstrecken (Abschn. 8.4). Mit Hilfe der Arbeitsfeldsteuerwerke werden diese Schwierigkeiten umgangen. Die Funktionen dieser Arbeitsfeldsteuerwerke lassen sich wie folgt charakterisieren:

a) Sie teilen das gesamte Adressenvolumen und die gesamte Ausdehnung des geräteneutralen Leitungssystems in physikalisch beherrschbare Abschnitte ein. So kann ein Arbeitsfeldsteuerwerk (ASt) 1024 Einzelgeräte über eine Leitungslänge von etwa 100 m adressieren. Maximal 16 ASt werden an einem vom Rechner ausgehenden Leitungssystem angeschlossen (Bild 14.8). Damit wird das geräteneutrale Leitungssystem in identische „äußere Leitungssysteme" je ASt-Bereich und ein „inneres Leitungssystem" aufgegliedert.

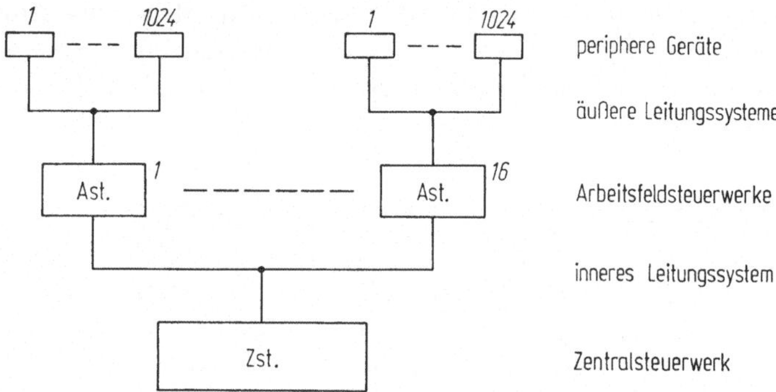

Bild 14.8   Inneres und äußeres Leitungssystem

b) Das äußere Leitungssystem wird in seiner Struktur an die einfachen peripheren Geräte angepaßt. Insbesondere können über dieses Leitungssystem direkt Relais beeinflußt werden. Das bedeutet aber Arbeitszeiten von einigen Millisekunden und relativ große Störeinflüsse, die durch hohen Schaltpegel ausgeglichen werden müssen. Das Arbeitsfeldsteuerwerk muß eine Geschwindigkeits- und Leistungsanpassung zwischen innerem und äußerem Leitungssystem vornehmen. Während das Zentralsteuerwerk ungefähr 50 µs benötigt, um eine Information an ein ASt abzusetzen oder von dort aufzunehmen, braucht das ASt für die Zusammenarbeit mit der Peripherie knapp 5 ms.

c) Die Informationen auf dem inneren Leitungssystem werden byteseriell (je 8 bit parallel) transportiert, um teure Sender und Empfänger zu sparen. Dagegen wird die Information auf dem äußeren Leitungssystem mit 32 bit parallel übertragen. Sender (Kontakte) und Empfänger (Relais) sind in den peripheren Geräten nämlich einfach realisierbar, dagegen würde eine Serien-/Parallel-Umsetzung (und umgekehrt) im peripheren Gerät einen höheren Aufwand bedeuten. Außerdem muß die „Trichterfunktion" wahrgenommen werden: Eine vom Rechner als binär codierte Information gesendete Adresse muß in einen Zugriff zu dem adressierten Gerät umgewandelt werden und umgekehrt. Damit hat das Arbeitsfeldsteuerwerk die Aufgaben der Parallel-/Serien-Umsetzung und der Adressenwandlung.

Die Arbeitsweise eines ASt sei kurz beschrieben:

a) Information aus der Peripherie zum Rechner. Das periphere Gerät fordert das ASt an. Im ASt bestimmt ein Identifizierer die Adresse des anfordernden Gerätes. Daraufhin wird das periphere Gerät durch das ASt an das äußere Leitungssystem angeschaltet. Die Information wird über das Leitungssystem parallel in das ASt übernommen. Danach kann das periphere Gerät wieder vom äußeren Leitungssystem abgeschaltet werden. Im ASt wird aus Geräteadresse und aufgenommener Information eine Nachricht für den Rechner zusammengestellt und auf Rechneranforderung hin zu diesem überspielt. Dabei wird die Information in Blöcken von jeweils parallel 8 bit nacheinander übertragen.

b) Information vom Rechner zur Peripherie. Der Übertrag von Geräteadresse und Information geschieht wiederum byteseriell auf dem inneren Leitungssystem. Im ASt werden die Informationen in Parallelform umgesetzt, aus der Adresse wird der Zugriff zum peripheren Gerät abgeleitet. Nach der Anschaltung des peripheren Gerätes an das äußere Leitungssystem übernimmt es die Information aus dem ASt. Danach wird das periphere Gerät wieder vom Leitungssystem abgeschaltet.

Durch geeignete Maßnahmen ist sichergestellt, daß sich die beiden Informationsrichtungen in die und aus der Peripherie nicht überschneiden können. Am äußeren Leitungssystem lassen sich vielfältige Gerätetypen anschließen wie Verbindungssätze, Koppelfeldeinsteller, Datenübertragungen für Konzentratoren, Prüfgeräte. Voraussetzung für den Anschluß ist die Einhaltung der Schnittstellenbedingungen und ein nicht zu großer Nachrichtenfluß. Um hierfür einen Anhaltspunkt zu geben: Ein Arbeitsfeldsteuerwerk kann etwa 400 000 Nachrichten in der Hauptverkehrsstunde transportieren. Geräte mit einem in die gleiche Größenordnung kommenden Nachrichtenfluß sollten direkt am leistungsfähigeren inneren Leitungssystem angeschlossen werden (Abschn. 14.6).

Da an die Arbeitsfeldsteuerwerke die verschiedensten Geräteklassen anschließbar sind, läßt sich die in Abschn. 14.1 erhobene Forderung nach Modularität und Erweiterbarkeit in kleinen Schritten gut erfüllen. Die Kapazität eines ASt kann voll ausgeschöpft werden, bevor ein zweites ASt installiert werden muß.

14.5 Verbindungs- und Dienstsätze

Wie in Abschn. 14.1 bereits erwähnt, übernehmen die Sätze selbst gewisse Funktionen zur Reduzierung des Datenflusses. So werden etwa in Wahlempfängern die vom Teilnehmer gesendeten Wahlimpulsserien

selbständig zu Ziffern zusammengesetzt, die dann in codierter Form
zum Zentralsteuerwerk übertragen werden. Oder aber die Verbindungssätze unterscheiden selbst kurze und lange Impulse, etwa um Nachwahl oder Auslösung an die Zentralsteuerung melden zu können.

Die wichtigsten Verbindungssätze sind:

— Ankommende Verbindungssätze. Sie liegen an den von konventionellen Vermittlungen kommenden Leitungen, nehmen die Wahlimpulse
auf und setzen sie zu Ziffern zusammen, rufen und überwachen den
B-Teilnehmer.

— Abgehende Verbindungssätze. Von ihnen aus führen die Leitungen
in konventionelle Vermittlungen. Sie dienen dem Zeichenaustausch
mit anderen Vermittlungen während des Gesprächs und der Schleifenüberwachung des *A*-Teilnehmers.

— Internverbindungssätze. Sie verbinden *A*- und *B*-Teilnehmer in
der eigenen Vermittlung, rufen den *B*-Teilnehmer und überwachen den
Schleifenzustand von *A*- und *B*-Teilnehmer.

— Externverbindungssätze. Sie dienen dem doppelt gerichteten Ver-
bindungsverkehr mit Schwestervermittlungen. Da die Zeichengabe
über zentrale Datenkanäle erfolgt, brauchen die Verbindungssätze nur
die Teilnehmerschleife zu überwachen und zu rufen.

Zu den wichtigsten Dienstsätzen gehören:

— Wahlaufnahmesätze. Sie werden dem Teilnehmer bis Wahlende
zugeteilt und nehmen die gewählten Ziffern auf, die sie unmittelbar
nach Empfang an das Zentralsteuerwerk abgeben. Es gibt Wahlaufnahmesätze für Impulswahl und solche für Tasten- *und* Impulswahl.
Die jeweils erforderliche Empfangsart kann den Teilnehmerzuordnun-
gen im Speicher entnommen werden.

— Wahlnachsendesätze. Sie bleiben ebenfalls dem Teilnehmer bis
Wahlende zugeteilt und übernehmen das Aussenden von Wahlimpulsserien im Verkehr mit konventionellen Vermittlungen. Sie erhalten
hierzu von der Zentralsteuerung jeweils Ziffer für Ziffer in codierter
Form.

14.6 Datenaustausch- und Übertragungssteuerwerk

Die Datenaustausch- und Übertragungssteuerwerke (DTU) gehören
zu den „Untersteuerwerken", die wegen ihres großen Nachrichten-
durchsatzes unmittelbar am inneren Leitungssystem angeschlossen
werden. An einem DTU lassen sich maximal 32 Datenleitungen anschließen, die beliebig auf maximal 16 Richtungen verteilt werden
können. Für die Datenübertragung werden im allgemeinen Gleich-
strom-Daten-Niederpegel-Telegrafiegeräte mit Telegrafiergeschwindigkeiten von 1200 bis 4800 bit/s (je nach Leitungsverhältnissen) ver-

wendet, jedoch können auch FM-Modems eingesetzt werden, wenn es die Leitungsverhältnisse erfordern. Es ist also z. B. möglich, in eine Richtung mit starkem Datenverkehr vier Datenleitungen zu schalten, während in einer schwachen Datenrichtung eine Leitung ausreichen kann, vorausgesetzt, daß nicht aus Sicherheitsgründen eine zweite Leitung auf einer anderen Trasse geführt werden muß.

Eine Nachricht wird byteweise parallel auf die zur Verfügung stehenden Datenleitungen verteilt. Jedes Byte wird zusätzlich mit Kennzeichnungs- und Sicherungsbits versehen. Diese Steuerungsaufgaben werden durch das DTU übernommen.

Über DTU werden kleine bis mittelgroße Vermittlungen ferngesteuert, außerdem erfolgt der Datenaustausch mit Schwestervermittlungen und dem Bedienzentrum über DTU. In ferngesteuerten Vermittlungen wird ein vereinfachtes DTU verwendet, das fest mit dem Arbeitsfeldsteuerwerk gekoppelt ist.

Für sehr kleine Vermittlungen und Konzentratoren werden einfache Datenübertragungssteuerungen am äußeren Leitungssystem angeschlossen.

14.7 Das Zentralsteuerwerk

14.7.1 Speicher

Als Speichermedium werden einheitlich Kernspeicher verwendet. Es gibt „Schnellspeicher" mit einer Zykluszeit von 1,5 µs und „Großspeicher" mit einer Zykluszeit von 4 µs. Ein Schnellspeicher kann von 32 kByte bis 128 kByte, ein Großspeicher von 64 kByte bis 256 kByte ausgebaut werden. Adressierbar sind $2^{20} = 1\,048\,576$ Byte.

14.7.2 Verarbeitungseinheit

Die Anpassung an verschieden große Vermittlungen geschieht durch verschieden leistungsfähige Verarbeitungseinheiten, die aufwärts und abwärts programmkompatibel sind. Die schnellste Maschine erreicht mittlere Operationszeiten von etwa 2 µs, die entsprechenden Werte bei der langsamsten Maschine liegen bei ungefähr 30 µs.

Die Befehlsliste umfaßt etwa 80 Befehle. Neben universellen Befehlen, wie sie bei Allzweckrechenmaschinen üblich sind, gibt es auch spezielle Befehle zur Überwachung und für häufig vorkommende Aufgaben wie Ein-/Ausgabe. Das Befehlsformat enthält einheitlich 32 bit. Davon sind 8 bit für den Operationscode vorgesehen. 4 bit dienen der Längenangabe des Operanden. Dies hat sich wegen der stark unterschiedlichen Längen der zu verarbeitenden Daten als zweckmäßig erwiesen, es können Längen von 1 bis 16 Byte bezeichnet werden. Mit weiteren 4 bit wird eins von 16 allgemeinen Registern angegeben. Die Operandenadresse schließlich wird aus einem 12 bit umfassenden Distanzwert und einer Basisadresse berechnet, die in einem mit 4 bit bezeichneten Grundadressenregister steht. Selbstverständlich werden die Felder des Befehlswortes auch mit anderen Angaben (z. B. Schiebezahlen, Masken) belegt, wenn keine Speicheradressen oder Längenangaben nötig sind.

Für Programmunterbrechungen stehen vier oder acht Unterbrechungsstufen zur Verfügung, die für Alarmmeldungen und die Ein-/Ausgabe verwendet werden. Zur Ein-/Ausgabe werden die Programme alle 5 ms unterbrochen, was dem Arbeitszyklus der Arbeitsfeldsteuerwerke entspricht.

Die Ablaufsteuerung der Verarbeitungseinheit arbeitet mit einem als Festwertspeicher ausgebildeten Mikroprogrammspeicher.

14.7.3 Leitungssysteme

„Inneres" und „äußeres" Leitungssystem wurden bereits erwähnt (Abschn. 14.4.2). Auf dem inneren Leitungssystem, das das Zentralsteuerwerk mit den Untersteuerwerken verbindet, werden die Daten mit einer Taktfrequenz von 500 kHz in einer Breite von 8 bit parallel (zugleich 1 bit für die Paritätskontrolle) byteweise übertragen. Der Transfer einer Nachricht dauert etwa 50 µs. An ein inneres Leitungssystem können 16 Geräte der Untersteuerwerksebene angeschlossen werden. Wegen seiner Ausdehnung (150 m) und der Störeinflüsse ist das innere Leitungssystem als Wechselstromsystem ausgeführt.

Das Speicherleitungssystem ist ein Gleichstromsystem und verbindet sowohl die Programm- als auch die Informationsspeicher mit der Verarbeitungseinheit. Es erlaubt den stufenweisen Ausbau der Arbeitsspeicherkapazität mit Schnellspeichern und Großspeichern bis auf über 1 MByte. Der Übertragungszyklus richtet sich nach der Zyklusdauer des jeweils adressierten Speichers.

Schließlich sind noch die Ersatzschalteleitungssysteme zu erwähnen, auf die in Abschn. 14.9 noch eingegangen wird.

14.7.4 Bedienelemente

Abgesehen von den Maßnahmen zur Fernbedienung, die bereits erwähnt wurden, bestehen auch in der Vermittlung selbst Eingriffmöglichkeiten in den Rechner. So gibt es außer Anzeige- und Tastenfeldern auch einen Bedienungsplatz. Die Steuerung für den Bedienungsplatz ist wie die Untersteuerwerke am inneren Leitungssystem angeschlossen. Je nach Bedarf lassen sich bis zu vier Eingabe- und vier

Ausgabegeräte einsetzen wie Bedienungsblattschreiber und Lochstreifengeräte. Nur eines der Geräte kann jeweils in Betrieb sein.

14.8 Programmierung

14.8.1 Zeitbedingungen

Wegen der Vorverarbeitung dringlicher Aufgaben in der Peripherie können auch im System EWS 1 gegenüber ESS 1 zahlreiche Eingabelisten („Hopper") und unterschiedliche Dringlichkeiten eingespart werden. Neben dem Hauptanteil der in Unterbrechungsstufe 0 laufenden Programme wird durch Unterbrechungsstufe 1 alle 5 ms ein Ein- und Ausgabezyklus zum Informationsaustausch mit den Untersteuerwerken (also z. B. Arbeitsfeldsteuerwerken) veranlaßt, außerdem wird alle 50 ms ein Zeitprogramm zur Abwicklung verbleibender Zeitabmessungen angestoßen.

Da ggf. Wartungs- und Prüfeingriffe mit höherer Dringlichkeit als Vermittlungsprogramme auszuführen sind, werden Nachrichten von Bediengeräten in eigene Eingabelisten eingeschrieben. Damit ist es möglich, in programmierter Dringlichkeit zunächst diese Nachrichten zu berücksichtigen und ggf. mit Vorrang abzufertigen, um dann auf die Vermittlungsaufgaben überzugehen.

Programmunterbrechungen werden zusätzlich durch Störungsmeldungen veranlaßt. In höchster Priorität laufen Programme, die auf Störungen im Zentralsteuerwerksbereich reagieren. Etwas weniger dringlich sind Programme, die durch Störungen in der Untersteuerwerksebene veranlaßt werden.

14.8.2 Programmklassen

Im EWS 1 werden folgende, zum Betrieb des Systems notwendige Programmklassen definiert:

— Organisationsprogramme. Jeder Unterbrechungsstufe werden eigene Organisationsprogramme zugeordnet. Sie stoßen u. a. Zeitprogramme und Ein-/Ausgabe-Programme an.

— Vermittlungsprogramme. Sie wickeln die eigentlichen vermittlungstechnischen Funktionen ab. Sie beginnen meist mit dem Auslesen der Eingabeinformation in der Eingabeliste, können aber auch durch Zeitabläufe angeregt werden. Im Gegensatz zu ESS 1, wo die Vermittlungsprogramme nach einer zusammengehörigen, evtl. über mehrere Geräte spannenden Funktionsfolge klassifiziert werden, erfolgt die Einteilung im EWS 1 nach den Geräten, von denen aus die Programme angestoßen werden.

— Prüfprogramme umfassen den weiten Bereich von der dringlichen Reaktion auf Fehlermeldungen zur Wiederherstellung eines funktionsfähigen Systems über Diagnoseprogramme zur Lokalisierung defekter Baugruppen bis zur vorsorglichen Routineprüfung von Geräten. Nur ein Teil dieser Programme braucht im Programmspeicher ständig resident zu sein.

— Dienstprogramme dienen dem Betrieb und der Verwaltung der Vermittlungsstelle unter weitgehender Ausnutzung der Fernbedienung. Hierzu gehören Änderungen und Erweiterungen von Speicherinhalten, Verkehrsmessungen und Protokollierung von Speicherinhalten. Der Zugriff zu den Zentralsteuerwerken wird, wie bereits erwähnt, über Bedienrechner an zentraler Stelle koordiniert.

— Unterprogramme werden auch im EWS 1 weitgehend zur Speicherersparnis und rationellen Programmierung eingesetzt. Es gibt Unterprogramme für Wegesuche, das Ermitteln und Verändern teilnehmereigener Daten, das Setzen und Löschen von Zeitgebern usw.

Neben diesen in den vermittlungstechnischen Zentralsteuerwerken laufenden Programmen gibt es mit dem „Betriebssystem" eine Reihe von Hilfsprogrammen für das Übersetzen, Testen und Verwalten von vermittlungstechnischen Programmen. Diese Hilfsprogramme werden auf Universalrechnern abgewickelt.

14.9 Funktionssicherheit

Die in Abschn. 12.8 für das System ESS 1 angeführten Gesichtspunkte gelten größtenteils auch für das System EWS 1. Auch im EWS 1 ist sehr viel Wert auf eine ständige Überwachung aller lebenswichtigen Funktionsteile gelegt worden. Bei den Rechnern geschieht das wie im ESS 1 durch Vergleich der parallellaufenden Maschinen. Auf einige Besonderheiten sei noch hingewiesen:

14.9.1 Ersatzschalteeinrichtungen

Im System EWS 1 sind zwei Typen von „Ersatzschalteeinrichtungen" vorgesehen, die die Ersatzschaltevorgänge auf Befehl der Zentralsteuerung — notfalls jedoch auch aus eigener Initiative — vornehmen. Die ESE-Z ist für die Umschaltung der Rechner und Speicher zuständig. Die Umschaltung erfolgt über elektronische Schaltstellen. Demgegenüber schaltet die ESE-P Geräte der Untersteuerwerksebene um oder Teile der Peripherie ab, und zwar mit metallischen Kontakten. Zum Zweck der Störungssignalisierung und Umschaltung gehen „Ersatzschalteleitungssysteme" von den Ersatzschalteeinrichtungen aus.

14.9.2 Geräteredundanz

Alle lebenswichtigen Teile werden verdoppelt. Das gilt nicht nur für Verarbeitungseinheiten und Speicher, sondern auch für alle Leitungs-

systeme und bereits relativ dezentrale Geräte wie Einsteller. Wichtig
ist, daß Leitungssysteme und Geräte völlig unabhängig voneinander
umgeschaltet werden können. So kann etwa Verarbeitungseinheit I
mit Speichern der Kategorie II zusammenarbeiten usw. (im Gegensatz
zu ESS 2, jedoch in Übereinstimmung mit ESS 1).

Eine Besonderheit ist bei den Arbeitsfeldsteuerwerken anzumerken.
Sie sind nach dem Prinzip der „Arbeitstrennung" (Abschn. 6.3.4) organisiert. Dabei gibt es ein bis zwei „Ersatzarbeitsfeldsteuerwerke",
die an die Stelle defekter Arbeitsfeldsteuerwerke treten können.

Für Verbindungssätze oder Dienstsätze ist keine Ersatzschaltung
vorgesehen.

15. Ergänzende Betrachtung

Angesichts der zahlreichen und interessanten Konzepte rechnergesteuerter Vermittlungssysteme, die bis jetzt bereits von verschiedenen
Verwaltungen und Firmen vorgestellt wurden, fällt es schwer, sich in
einem Buch über derartige Systeme auf die Beschreibung von lediglich
drei Vertretern dieser Gattung zu beschränken. Da jedoch aus praktischen Gründen eine Begrenzung des Buchs auf einen gewissen Umfang
geboten ist, andererseits die Erläuterung einiger grundlegender Fragen
angebracht schien, die mehr oder weniger in allen rechnergesteuerten
Vermittlungssystemen zu beantworten sind, blieb für den eigentlich
beschreibenden Teil nicht mehr Raum. Stellvertretend für viele geist-
reiche Konzepte seien als Vertreter hier nichtbesprochener Gattungen
genannt:
— Das Projekt „Platon" als Fernsprechzentrale mit elektronischer
Durchschaltung von PCM-Kanälen. Dabei dient der zentral für mehrere
Vermittlungen angeordnete Rechner nur „lebensunwichtigen" Funktionen [11.2].
— Die Nebenstellenanlage 2750 der IBM (International Business
Machines Corp.) mit einem vollelektronischen Raumkoppelfeld
[15.1].
— Die vollelektronische Datenvermittlung EDS nach einem Konzept
der Siemens AG mit einem speziellen Zeitkoppelfeldprinzip [14.2].
— Die rechnergesteuerten Vermittlungssysteme der Metaconta-Fami-
lie der ITT (International Telephone & Telegraph Corp.) mit einer
Steuerung nach dem „Lastteilungs-" (load sharing) bzw. „Funktions-
teilungsprinzip" (function sharing, Abschn. 6.1.1). Da dies eine interessante Variante zu dem bisher beschriebenen Steuerungsverfahren des
synchronen Parallellaufs von Rechnern ist, soll nachfolgend noch kurz
hierauf eingegangen werden.

15.1 Organisation der Zentralsteuerung in den rechnergesteuerten Metaconta-Systemen [15.2]

Die Arbeitsweise der Rechner in den Metaconta-Systemen ist durch folgende Gesichtspunkte zu charakterisieren:

— Zwei Zentralsteuerungen arbeiten nach dem „Lastteilungsprinzip" mit der Peripherie zusammen.

— Die Anpassung an verschiedene Amtsgrößen geschieht durch zwei Rechnertypen (ITT 1600 und ITT 3200), die nicht programmkompatibel sind. Die Maschine 1600 ist kostenoptimiert und erfordert nur 60% des Programmspeicheraufwandes, der bei Verwendung der Maschine 3200 notwendig ist. Sie ist für den Einsatz in relativ kleinen Vermittlungen vorgesehen.

— Die Maschine 3200 ist für den Einsatz in großen bis größten Vermittlungen gedacht. Sie kann zu einem „Mehrrechnersystem" (Abschn. 8.2.3) zusammengestellt werden, so daß die maximale Verarbeitungskapazität auf 150 bis 200 Verbindungen pro Sekunde zu steigern ist.

15.1.1 Arbeitsweise der Zentralsteuerungen nach dem „Lastteilungsprinzip"

Mit der Lastteilung ergeben sich einige grundsätzliche Probleme:

a) Die zwei Zentralsteuerwerke müssen in ihren Speicherinhalten etwa auf Gleichlauf gehalten werden (Abschn. 6.3.4), damit bei Ausfall einer Zentralsteuerung die verbliebene den Gesamtbetrieb möglichst unterbrechungsfrei aufrechterhalten kann.

b) Der Zugriff der Zentralsteuerwerke zur vermittlungstechnischen Peripherie muß koordiniert und ohne Zugriffskonflikte erfolgen, um die Eindeutigkeit aller Steuervorgänge sicherzustellen.

c) Eine möglichst wirksame Überwachung der Vermittlungsvorgänge ist sicherzustellen.

Bei den Metaconta-Systemen werden diese Probleme auf folgende Weise gelöst:

Zu a)

Alle *wesentlichen* Daten über die bearbeiteten Verbindungen werden dem Nachbarrechner mitgeteilt. Hierzu ist eine Verbindung von Verarbeitungseinheit zu Verarbeitungseinheit (Bild 15.1) vorhanden. Selbstverständlich erfordert dieser Datenaustausch zusätzliche Verarbeitungskapazität in den Rechnern, so daß mit der Lastteilung nur eine Leistungssteigerung der gesamten zentralen Steuerung von 50 bis 60% zu erreichen ist. Bei Ausfall einer Steuerung wird der Verlust aller *in Aufbau* befindlichen Verbindungen in Kauf genommen, die vom defekten Rechner betreut wurden.

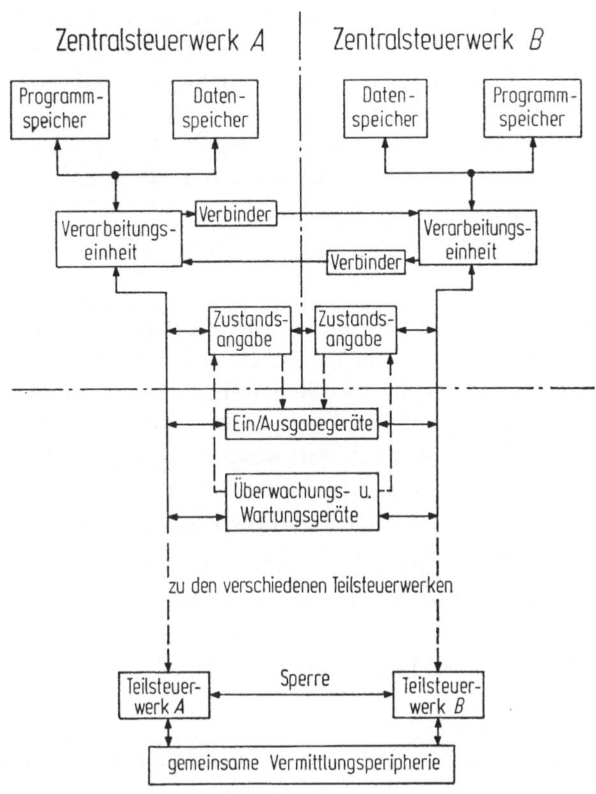

Bild 15.1   Prinzip der Lastteilung in den Metaconta-Vermittlungssystemen

Zu b)

Hier muß zwischen Ein- und Ausgabe der Zentralsteuerwerke unterschieden werden. Die Hereinnahme von Aufträgen geschieht so, daß beide Maschinen überlappend im 10-ms-Rhythmus alle Informationsquellen abfragen, die neue Aufträge bringen können. Erkennt eine Maschine durch eine noch nicht bearbeitete Änderung des Zustands einer Informationsquelle einen neuen Auftrag, so übernimmt sie diesen. Anschließend teilt sie dem Nachbarrechner die neu übernommenen Aufträge mit, so daß dieser in seinem eigenen Abfragezyklus keine bereits bearbeiteten Aufträge in sein Arbeitspensum aufnimmt. Bei der Ausgabe werden Konfliktprobleme auf die Teilsteuerwerke, die mit der gemeinsamen Peripherie zusammenarbeiten, verschoben. Das

heißt gerade arbeitende Teilsteuerwerke sperren ihren Partner gegen
die Ausführung von Zentralsteuerwerksaufträgen, solange sie ihren
eigenen Auftrag nicht voll ausgeführt haben (Bild 15.1). Das bedeutet
aber, daß die Ausführungszeit von Zentralsteuerwerksbefehlen relativ
stark differieren kann, je nachdem ob das Nachbarsteuerwerk gerade
im selben Bereich beschäftigt ist oder nicht. Deshalb wird die Ausführung jedes Befehls vom Teilsteuerwerk für das Zentralsteuerwerk
quittiert. Schließlich muß innerhalb beider Zentralsteuerwerke die
Wegesuche koordiniert werden. Dies geschieht durch zusätzliche Hard-
ware-Logik.

Zu c)

Im Gegensatz zu den synchron parallel arbeitenden Zentralsteuerwerken ist es nicht grundsätzlich möglich, jeden Fehler im Augenblick
des Entstehens zu erkennen. Das bedeutet aber, daß sporadische Fehler sich unter Umständen der Beobachtung entziehen. Zur Fehlererkennung durch Eigenüberwachung werden verschiedene Hardware-
und Software-Maßnahmen ergriffen wie:

— Paritätsprüfung für Informationstransport und Speicher,

— Überwachungsschaltungen in der Stromversorgung,

— „Meilensteine" dürfen im Programm nur zu bestimmten Zeiten
erreicht werden,

— Entdeckung nicht existenter Befehle,

— Speicherschutz.

Neben den erwähnten Problemen bringt der Lastteilungsbetrieb
auch Vorteile. Als solche werden angegeben:

— Werden die Zentralsteuerungen so dimensioniert, daß auch der Betrieb mit *einem* Zentralsteuerwerk noch die vorgegebenen Verbindungs-
verluste einhält, so ergibt sich bei dem Regelfall des Doppelbetriebs
durch die 50 bis 60prozentige Leistungssteigerung eine weitgehende
Unempfindlichkeit gegen unvorhergesehene Lastspitzen.

— Programmfehler, die sich in seltenen, nicht vorbedachten Konstel-
lationen erst herausstellen, treten nicht gleichzeitig in beiden Zentralsteuerwerken auf.

— Ein Rechner kann mittels Programm den Zugriff des anderen Rech-
ners zu mehr oder weniger großen Bereichen der Peripherie sperren.
Damit ist es möglich, bei Erweiterungen im zentralen oder dezentralen
Bereich und bei Änderungen im Programm die dadurch entstandenen
Fehlermöglichkeiten erst mit *einem* Rechner in einem kleinen Bereich
auszutesten, ohne den übrigen Vermittlungsbetrieb zu stören.

15.1.2 Der Übergang zum Mehrrechnersystem

Durch die Erweiterung des Zentralsteuerwerks 3200 zu einem Mehrrechnersystem kann die Leistungsfähigkeit der Zentralsteuerung erhöht werden. Dabei wird das Prinzip der Funktionsteilung angewendet.
Bild 15.2 zeigt den allgemeinen Fall für *ein* Zentralsteuerwerk, den
zugehörigen Partner muß man sich entsprechend aufgebaut denken.

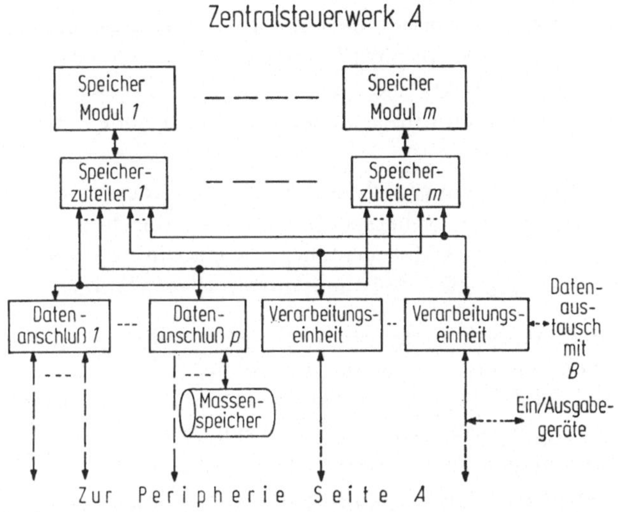

Bild 15.2 Allgemeine Mehrrechnerkonfiguration

Den Speichermoduln werden Speicherzuteiler vorgeschaltet, die
den Zugriff zu den Speichern von den verschiedenen anfordernden Geräten regeln. Speicherzyklen können von Verarbeitungseinheiten oder
Datenanschlüssen beantragt werden. Wie man sieht, übernimmt im
Beispiel eine Verarbeitungseinheit den Datenaustausch mit der Nach-
barzentralsteuerung und mit den Ein-/Ausgabe-Geräten. Ein Datenanschluß ist für den Anschluß von Massenspeichern vorgesehen.

15.2 Beiträge rechnergesteuerter Vermittlungssysteme zur Ratio-
nalisierung des Fernmeldebetriebs

In Abschn. 2.5.6 war bereits auf die Zweckmäßigkeit einer Integration
von Technik und Verwaltung hingewiesen worden. Abschließend möge
dieser Problemkreis unter zwei verschiedenen Gesichtspunkten noch
etwas näher untersucht werden.

18*

15.2.1 Informations- und Führungssysteme für die Fernmeldeverwaltungen

Man kann von einer „dritten Automatisierungsstufe" im Fernmeldewesen sprechen [15.3], wenn nun die Fernmeldeverwaltungen dazu übergehen, administrative Vorgänge für Planung und Betrieb ihrer Fernmeldenetze auf den Einsatz von Datenverarbeitungsanlagen umzustellen [15.4, 15.5]. Während die erste Automatisierungsstufe die Teilnehmerselbstwahl in Ortsfernsprechvermittlungen umfaßt, die zweite Stufe mit der Teilnehmerfernwahl zu kennzeichnen ist, wird jetzt mit der dritten Stufe die Planung des Fernmeldenetzes hinsichtlich einzusetzender Mittel und Geräte, die Führung von einschlägigen Statistiken und Dateien durch automatische Datenverarbeitung rationalisiert und verbessert.

Die Bedeutung rechnergesteuerter Vermittlungssysteme liegt nun mit darin, daß sie einen beträchtlichen Teil der hierfür benötigten Daten automatisch, d. h. ferngesteuert programmierbar abfragen und einschreiben können. Zwei Beispiele mögen dies erläutern:

— Für die Netzplanung geben Verkehrsablaufmessungen wertvolle Hinweise. Die zentrale Funktion der Steuerrechner in den Vermittlungsstellen erlaubt es nun, Verkehrsverteilung, Interessenfaktoren, Besetztfälle u. a. fallweise zu registrieren und an übergeordnete Datenverarbeitungsanlagen zur weiteren Auswertung zu übergeben.

— Außerordentlich stark verknüpft mit verschiedensten Dienststellen und Verwaltungsvorgängen sind Teilnehmerdateien. Erwähnt seien die Zuteilung von Anschlußleitungen und Anschlußschaltungen, die nötigen Hinweise für Fernsprechbuchverlag und Fernsprechauskunft, die Erfassung von Grundgebühr und laufenden Gebühren, die Zuteilung von Berechtigungen, die Umschaltung auf Fernsprechauftragsdienst oder Ansagen, Sperren bei Zahlungsverzug, Statistik über Störungen. Viele dieser Daten müssen die Vermittlung zu bestimmten Reaktionen veranlassen oder müssen aus vermittlungseigenen Speichern abgefragt werden. Auch dies ist automatisch nur bei speicherorientierten, zentralgesteuerten Vermittlungen realisierbar.

15.2.2 Wartung rechnergesteuerter Vermittlungssysteme

Rechnergesteuerte Vermittlungssysteme sollen die Wartung der Vermittlungsstellen rationalisieren. Da diese Systeme in sich komplexer als die Systeme der vorhergehenden Generation sind, muß sehr viel dafür getan werden, die Erkennung und Beseitigung von Störungen zu automatisieren (Abschn. 6.3). Das erfordert einen nicht unbeträchtlichen Programmaufwand (Abschn. 6.3.6), den man gern zentralisieren möchte.

Außerdem muß man damit rechnen, daß auch die wirksamsten Fehlerlokalisierungs- und Diagnoseprogramme in gewissen Fällen versagen. Dann ist hochqualifiziertes Personal notwendig, das die Fehlerbeseitigung übernimmt. Auch dieses Personal wird man, da derartige Notfälle selten vorkommen dürften, an relativ zentraler Stelle für einen ganzen Bereich von Vermittlungsstellen konzentrieren wollen.

Damit ist ein Wartungszentrum für mehrere Vermittlungen zweckmäßig, in dem die aufwendigen Diagnoseprogramme zentral aufgehoben und bei Bedarf zu den gestörten Vermittlungsstellen über Datenleitungen überspielt werden. Im Wartungszentrum kann zudem das hoch qualifizierte Entstörungspersonal stationiert werden.

15.2.3 Schlußbemerkung

Netzplanung und Verwaltung auf der einen Seite, Entstörung und Wartung auf der anderen Seite, sind durch gemeinsame Dateien eng miteinander gekoppelt. Es ist gar nicht einfach und auch nicht verallgemeinert optimal möglich, hierfür eine geeignete technische und organisatorische Struktur zu finden. Alle Ausführungen werden sich nach den speziellen Belangen der jeweiligen Verwaltung und der von ihr gewählten Aufgabenverteilung zu richten haben.

Wesentlich ist jedoch die wichtige Rolle der Vermittlungsrechner als Ursprung und Ziel vieler notwendiger Daten. Der Beitrag rechnergesteuerter Vermittlungssysteme zur Verwaltungs- und Betriebsvereinfachung wird ein wesentlicher Faktor zur Einführung dieser Systeme überall dort sein, wo Personalmangel zur Rationalisierung zwingt.

Literatur

1.1 Feyerabend, E.: Der Telegraph von Gauß und Weber im Werden der elektrischen Telegraphie. Reichspostministerium, Berlin 1933.

1.2 Smith, A. B., Aldendorff, F.: Automatische Fernsprechsysteme. Berlin: S. Heimann & Sohn 1910.

1.3 Küpfmüller, K., Storch: Fernsprechen und Fernschreiben. Europäischer Fernsprechdienst, 51. Folge (1939).

1.4 Siemens AG: Internationale Fernsprechstatistik. 1. Jan. 1970.

1.5 Fischer, K.: Künftige Entwicklung der Kommunikation in Nachrichtennetzen. 27. Arbeitstagung der Ingenieurschuldozenten.

1.6 Vollmeyer, W.: Künftige Tendenzen der Datenfernverarbeitung und des Datenverkehrs. Revue FITCE Nr. 5 (Sept./Okt. 1970).

1.7 Hummel, E.: Datenübertragungsdienste bei der DBP. Post- und Fernmeldewesen 19 (1967) S. 398.

1.8 Connery, A. F.: Introduction to Broadband Switching. Western Union Technical Review 16 (1962) Nr. 3.

1.9 Kaiser, R.: Gedanken zur Breitband-Datentechnik der Zukunft. Revue FITCE Nr. 4 (Juli 1970).

1.10 FITCE-Bericht: Fernmeldewesen-Weiterentwicklung und Forschung. Nov. 1969.

1.11 Electronics 43 (1970) Nr. 40, S. 30.

1.12 v. Sanden, D.: Datenverkehr über Fernsprech-Nebenstellenanlagen. Der Ingenieur der Deutschen Bundespost 18 (1969) S. 114.

1.13 Schröter, O.: Stand und Entwicklung der Datenfernübertragung und ihre Anwendung in der Bundesrepublik Deutschland und in der Welt. Der Ingenieur der Deutschen Bundespost 3 (1969).

1.14 Croisier, A., Falcoz, A.: Transmission de données sur multiplex par impulsions codées. Colloque international sur la téléinformatique, Paris 1969, S. 44.

1.15 Burns: Meter Reading by Telephone. Bell Laboratories Record, April 1970.

1.16 Larsson, T.: Electronic Switching. Tele 2 (1965).

1.17 Oden, H.: Neue Leistungsmerkmale in der Telefonie? Der Ingenieur der Deutschen Bundespost 2 (1965).

1.18 Yostpille, J. J.: Features and Services. Bell Laboratories Record, Juni 1965.

2.1 Daisenberger, G, Schwärtzel, H.: Zur Dimensionierung zentralgesteuerter mehrstufiger Koppelanordnungen in Durchgangsvermittlungsstellen für den Fernsprechverkehr. Nachrichtentechnische Zeitschrift 19 (1966) Nr. 8.

2.2   Siemens AG: Tabellenbuch Fernsprechverkehrstheorie. 1970.

2.3   Zimmermann, G. O., Störmer, H.: Wartezeiten in Nachrichtenvermittlungen mit Speichern. München 1961.

2.4   Hinz: Der Dämpfungsplan 55 für das Landesfernwahlnetz. Unterrichtsblätter der Deutschen Bundespost 9 (1956) Nr. 5/6.

2.5   Joel, A. E.: An Experimental Switching System Using New Electronic Techniques. The Bell System Technical Journal 37 (1958) Nr. 5.

2.6   Hölzler, E., Holzwarth, H.: Theorie und Technik der Pulsmodulation. Berlin 1957.

2.7   Flowers, T. H.: Electronic Telephone Exchanges. Proceedings IEE I (Sept. 1952).

2.8   Unterrichtsblätter der Deutschen Bundespost, Ausgabe B, 16 (1963) Nr. 1.

2.9   Gerke, P: System IV — Konzeption für ein Vermittlungssystem mit gespeichertem Steuerprogramm. Informationen Fernsprech-Vermittlungstechnik 6 (1970) Nr. 1/2.

2.10 Lampe, G., Reiff, H.: Probleme der Unterhaltung von Fernsprechvermittlungsstellen mit Auswirkungen auf die Ausbildung des Personals unter Berücksichtigung der elektronisch gesteuerten Fernsprechvermittlungstechnik. Jahrbuch des elektrischen Fernmeldewesens, Bad Windsheim 1971.

3.1   le Strat, G., Regnier, A., Duquesne, J.: Die Versuchsvermittlungsstelle ARTEMIS. Elektrisches Nachrichtenwesen 42 (1967) Nr. 3.

3.2   Adelaar, H., Masure, J.: Das quasi-elektronische Fernsprechvermittlungssystem 10 CX. Elektrisches Nachrichtenwesen 42 (1967) Nr. 1.

3.3, Hofstetter, H., Rohrbach, W.: Das Verkehrsverhalten der Umkehrgruppierung für Fernsprech-Ortsvermittlungen des Systems IV. Informationen Fernsprech-Vermittlungstechnik 7 (1971) Nr. 1.

3.4   Bininda, N., Hoffmann, E.: Prinzipien mehrstufiger Zwischenleitungsanordnungen der Vermittlungstechnik. Nachrichtentechnische Zeitschrift 18 (1965) Nr. 10.

3.5   Bininda, N., Hoffmann, E.: Aufwand und Leistungsmerkmale bei Zwischenleitungsanordnungen der Fernsprech-Vermittlungstechnik. Siemens-Zeitschrift 40 (1966) Nr. 5.

3.6   Reger, J., Schmöller, M.: Simulationsprogramme in der Programmiersprache Fortran zur Bestimmung der Leistungsfähigkeit von Koppelanordnungen. Informationen Fernsprech-Vermittlungstechnik 5 (1969) Nr. 4.

3.7   Lee, C. Y.: Analysis of Switching Networks. The Bell System Technical Journal 34 (1955) Nr. 6.

3.8   Gerke, P.: Elektronische Markierer. Entwicklungsberichte der Siemens & Halske AG 26 (Dez. 1963).

3.9   Körber, U.: Die Serien-Wegesuche im praktischen Einsatz bei zentralgesteuerten Vermittlungssystemen. Nachrichtentechnische Zeitschrift 22 (1969) Nr. 1.

3.10 SEL-Nachrichten 11 (1963) Nr. 3.

3.11 de Kroes, J. L.: Deutsche Offenlegungsschrift Nr. 1 487 839.

3.12 Bininda, N., Hofstetter, H.: Gruppierung des Koppelnetzes im System IV. Informationen Fernsprech-Vermittlungstechnik 6 (1970).

3.13 Suzuki, T., Takagi, K.: DEX-2 Electronic Switching System Traffic Design. Review Electrical Communication Laboratories 17 (1969) Nr. 11.

4.1   Poschenrieder, W.: Stand der Zeitmultiplex-Vermittlungstechnik. Informationen Fernsprech-Vermittlungstechnik 2 (1966) Nr. 2/4.

5.1   USA-Patent Nr. 1 608 527.

5.2   Schlichte, M.: Prinzipien und Probleme der PCM-Vermittlungstechnik. Informationen Fernsprech-Vermittlungstechnik 5 (1969) Nr. 1.

5.3   Electronics 43 (1970) Nr. 7, S. 67.

5.4   Proposals for Fundamental Characteristics of Primary Multiplexes. CCITT-Contributions Nr. 58 WP SpD (Mai 1970).

5.5   Hartmann, H. L., Lang, H.: Probleme der Zwischenspeicherung für asynchron oder synchron betriebene Multiplexeinrichtungen digitaler Signale. Nachrichtentechnische Zeitschrift 23 (1970) Nr. 12.

5.6   Mumford, H., Smith, P. W.: Overall Synchronisation in a P. C. M. Network, Using Digital Techniques. Electronics Record (Okt. 1966) S. 1420.

5.7   Darré, A., Karl, O.: Gegenseitige Taktsynchronisation in integrierten PCM-Vermittlungsnetzen. Informationen Fernsprech-Vermittlungstechnik 7 (1971) Nr. 1.

5.8   Parks, P. C., Miller, M. R.: Results of Some Studies of P. C. M. Network Synchronisation Systems. Automatica 5 (1969) Nr. 4.

5.9   Härle, P.: Koppelnetze für Zeitmultiplex-Vermittlungsstellen. Nachrichtentechnische Zeitschrift 23 (1970) Nr. 9.

5.10 Walker, E., Duerdoth, W. T.: Trunking and Traffic Principles of a P. C. M. Telephone Exchange. Proceedings IEE 111 (1964) S. 1976.

5.11 Hofstetter, H., Rokitta, E.: Der Einfluß des Wegeauswahlverfahrens auf die Verkehrsleistung eines PCM-Koppelnetzes. Nachrichtentechnische Zeitschrift, erscheint demnächst.

5.12 Slabon, R.: Überblick über den Stand der Vermittlungstechnik für PCM-Signale. Der Fernmelde-Ingenieur 24 (1970) Nr. 10.

6.1   Applebaum, S. P.: Steady State Reliability of Systems of Utility Independent Subsystems. IEEE Transactions Reliability Bd. 1/14, S. 23.

6.2   Moskowitz, F., McLean, J. B.: Some Reliability Aspects of Systems Design. IRE Transactions on Reliability and Quality Control Nr. 8 (Sept. 1956).

6.3   Störmer, H.: Mathematische Theorie der Zuverlässigkeit. München 1970.

6.4   Wehrig, H.: Mehrrechnersysteme. Elektronik Nr. 7 (1969).

7.1   Fischbuch, D., Herter, E.: Eine symmetrische elektronische Empfangsschaltung für Schleifensignale. Elektrisches Nachrichtenwesen 44 (1969) Nr. 4.

8.1   Entwicklungsberichte der Siemens & Halske AG 32 (Sept. 1969).

8.2   Libois, L. J., Lucas, P., Duquesne, J.: L'autocommutator semi-électronique experimental de Lannion-Project Socrate. Commutation & Electronique Nr. 7 (Okt. 1964).

8.3   Rajchman, J. A.: Static Magnetic Matrix Memory and Switching Circuits. RCA Review 13 (1952) S. 183.

9.1   Phillips, S. J.: Generic Programs for No. 1 ESS. Bell Laboratories Record, Juli 1969.

10.1 Ebel, H.: Übertragungstechnische Probleme der Tastenwahl, Gedanken und Gesichtspunkte zur Einführung der Tastenwahl. Siemens & Halske AG, Wernerwerk für Fernsprechtechnik.

11.1 Baranowski, E.: Elektronisch gesteuertes OHS-Ortsvermittlungssystem. Telefunken-Zeitung 39 (1966) Nr. 2.

11.2 Libois, L. J., Légaré, R., Pinet, A., Bodin, P.: Expérimentation d'un systém de commutation électronique intégrée dans la zone de Lannion — Le project Platon. Commutation & Electronique Nr. 20 (Jan. 1968).

12.1 No. 1 Electronic Switching System. The Bell System Technical Journal 43 (Sept. 1964) Nr. 5.

12.2 Doblmaier, A. H., Neville, S. M.: The No. 1 ESS Signal Processor. Bell Laboratories Record, April 1969.

12.3 Feiner, A.: The Ferreed. The Bell System Technical Journal 43 (Jan. 1964).

13.1 No. 2 ESS. The Bell System Technical Journal 48 (Okt. 1969) Nr. 4.

13.2 Averill, R. M., Stone, R. C.: No. 101 ESS: The Time Division Switch Unit. Bell Laboratories Record 41 (1963) Nr. 11.

14.1 System IV — Ein Fernsprech-Vermittlungssystem mit gespeichertem Steuerprogramm. Informationen Fernsprech-Vermittlungstechnik 6 (1970). Nr. 1/2.

14.2 Jahrbuch des elektrischen Fernmeldewesens 1971. Bad Windsheim 1970.

15.1 Röder, H.: Zur Entwicklung von Fernsprechnebenstellenanlagen mit vollelektronischem Raumvielfach und zentraler Logik. Nachrichtentechnische Zeitschrift 22 (1969) Nr. 8.

15.2 Druckschriften und Gespräche mit Herren der ITT, für die der Autor herzlich dankt!

15.3 Mertel, H.: Fernsprechbetrieb — ein Managementproblem. Informationen Fernsprech-Vermittlungstechnik 6 (1970) Nr. 1/2.

15.4 Meisel, R.: Die Nachrichtenverarbeitungstechnik als Hilfsmittel für die Betriebslenkung der Fernmeldenetze. Jahrbuch des elektrischen Fernmeldewesens 17 (1966).

15.5 Scheib, D.: Informations- und Führungssystem für das Fernmeldewesen der Deutschen Bundespost. Revue FITCE Nr. 5 (Sept./Okt. 1970).

Sachverzeichnis